GRöLS Verlage

„BÜCHER SIND WIE FALLSCHIRME. SIE NÜTZEN UNS NICHTS, WENN WIR SIE NICHT ÖFFNEN."

Gröls Verlag

Redaktionelle Hinweise und Impressum

Das vorliegende Werk wurde zugunsten der Authentizität sehr zurückhaltend bearbeitet. So wurden etwa ursprüngliche Rechtschreibfehler *nicht* systematisch behoben, denn kleine Unvollkommenheiten machen das Buch – wie im Übrigen den Menschen – erst authentisch. Mitunter wurden jedoch zum Beispiel Absätze behutsam neu getrennt, um den Lesefluss zu erleichtern.

Um die Texte zu rekonstruieren, werden antiquarische Bücher von Lesegeräten gescannt und dann durch eine Software lesbar gemacht. Der so entstandene Text wird von Menschen gegengelesen und korrigiert – hierbei treten auch Fehler auf. Wenn Sie ebenfalls antiquarische Texte einreichen möchten, finden Sie weitere Informationen auf www.groels.de

Viel Freude bei der Lektüre wünscht Ihnen das Team des Gröls-Verlags.

Adressen

Verleger: Sophia Gröls, Im Borngrund 26, 61440 Oberursel

Externer Dienstleister für Distribution & Herstellung: BoD, In de Tarpen 42, 22848 Norderstedt

Unsere „Edition | Werke der Weltliteratur" hat den Anspruch, eine der größten und vollständigsten Sammlungen klassischer Literatur in deutscher Sprache zu sein. Nach und nach versammeln wir hier nicht nur die „üblichen Verdächtigen" von Goethe bis Schiller, sondern auch Kleinode der vergangenen Jahrhunderte, die – zu Unrecht – drohen, in Vergessenheit zu geraten. Wir kultivieren und kuratieren damit einen der wertvollsten Bereiche der abendländischen Kultur. Kleine Auswahl:

Francis Bacon • Neues Organon • **Balzac** • Glanz und Elend der Kurtisanen • **Joachim H. Campe** • Robinson der Jüngere • **Dante Alighieri** • Die Göttliche Komödie • **Daniel Defoe** • Robinson Crusoe • **Charles Dickens** • Oliver Twist • **Denis Diderot** • Jacques der Fatalist • **Fjodor Dostojewski** • Schuld und Sühne • **Arthur Conan Doyle** • Der Hund von Baskerville • **Marie von Ebner-Eschenbach** • Das Gemeindekind • **Elisabeth von Österreich** • Das Poetische Tagebuch • **Friedrich Engels** • Die Lage der arbeitenden Klasse • **Ludwig Feuerbach** • Das Wesen des Christentums • **Johann G. Fichte** • Reden an die deutsche Nation • **Fitzgerald** • Zärtlich ist die Nacht • **Flaubert** • Madame Bovary • **Gorch Fock** • Seefahrt ist not! • **Theodor Fontane** • Effi Briest • **Robert Musil** • Über die Dummheit • **Edgar Wallace** • Der Frosch mit der Maske • **Jakob Wassermann** • Der Fall Maurizius • **Oscar Wilde** • Das Bildnis des Dorian Grey • **Émile Zola** • Germinal • **Stefan Zweig** • Schachnovelle • **Hugo von Hofmannsthal** • Der Tor und der Tod • **Anton Tschechow** • Ein Heiratsantrag • **Arthur Schnitzler** • Reigen • **Friedrich Schiller** • Kabale und Liebe • **Nicolo Machiavelli** • Der Fürst • **Gotthold E. Lessing** • Nathan der Weise • **Augustinus** • Die Bekenntnisse des heiligen Augustinus • **Marcus Aurelius** • Selbstbetrachtungen • **Charles Baudelaire** • Die Blumen des Bösen • **Harriett Stowe** • Onkel Toms Hütte • **Walter Benjamin** • Deutsche Menschen • **Hugo Bettauer** • Die Stadt ohne Juden • **Lewis Caroll** • *und viele mehr....*

Platon

Der Staat

(Politeia)

Inhalt

Erstes Buch

1. Ich ging gestern mit Glaukon, dem Sohne des Ariston, in den Piräus hinab, sowohl um zu der Göttin zu beten, als auch weil ich zugleich den Festzug anschauen wollte, auf welche Weise wohl sie ihn veranstalten würden, da sie ihn nemlich jetzt zum erstenmale aufführten. Schön nun schien mir zwar auch der Aufzug der Einheimischen zu sein, nicht weniger jedoch war offenbar jener sehr passend, welchen die Thrakier veranstalteten. Nachdem wir aber gebetet und zugeschaut hatten, gingen wir wieder fort gegen die Stadt zurück. Da sah uns nun, wie wir nach Hause zu aufgebrochen waren, von weitem Polemarchos, der Sohn des Kephalos, und hieß seinen Sklaven uns nacheilen und auffordern, auf ihn zu warten; und es ergriff mich der Sklave von hinten an dem Kleide und sagte: es heißt euch Polemarchos auf ihn warten. Und ich wendete mich um und fragte, wo jener selbst sei. – Hier hinter euch, sagte er, kömmt er heran; aber wartet nur auf ihn. – Gut, so wollen wir denn auf ihn warten, sagte Glaukon. – Und ein wenig später kam sowohl Polemarchos als auch Adeimantos, der Bruder des Glaukon und Nikeratos, der Sohn des Nikias, und einige Andere, eben wie von dem Festzuge her. Polemarchos nun sagte: O Sokrates, ihr scheint mir gegen die Stadt zu aufgebrochen zu sein, um wieder heimzugehen. – Nicht schlecht ja erräthst du es, sagte ich. – Siehst du also, erwiederte Jener, wie viele unser sind? – Warum sollte ich auch nicht? – Entweder demnach, sagte er, müßt ihr über uns Herr werden, oder ihr müßt hier bleiben. – Nicht wahr aber, sagte ich, Eins bleibt dabei noch übrig, der Fall nemlich, daß wir euch von der Nothwendigkeit überzeugen, uns willig fortzulassen. – Solltet ihr etwa gar, sagte er, uns hievon überzeugen können, wenn wir euch nicht anhören? – Dann sicher nicht, sagte Glaukon. – Stellt euch also, erwiederte er, die Sache nur so vor, als würden wir euch eben nicht anhören. – Und Adeimantos sagte: Wißt ihr also etwa nicht einmal, daß gegen Abend zu Ehren der Göttin ein Fackellauf zu Pferde sein wird? – Zu Pferde? sagte ich; das ist ja etwas ganz Neues; sie werden wohl Fackeln haben und dieselben der Reihe nach einander herumgeben, während sie mit den Pferden ein Kampfspiel aufführen, oder wie meinst du es sonst? – Eben so, sagte Polemarchos; und außerdem noch werden sie eine nächtliche Feier veranstalten, welche anzuschauen der Mühe werth ist; wir werden nemlich nach dem Abendessen uns wieder von demselben wegbegeben und der nächtlichen Feier zuschauen und dort selbst mit vielen jungen Männern beisammen sein und mit ihnen uns unterreden; aber bleibt ihr nur hier und thut es nicht anders. – Und

Glaukon sagte: Es scheint wohl, daß wir bleiben müssen. – Wohlan also, sagte ich, wenn es so gut dünkt, müssen wir es wohl thun. –

2. Wir gingen also in das Haus des Polemarchos hinein und trafen dortselbst auch sowohl den Lysias als den Eythydemos, die Brüder des Polemarchos, und auch den Chalcedonier Thrasymachos und den Paianienser Charmantides und den Kleitophon, den Sohn des Aristonymos. Es war aber in dem Hause auch der Vater des Polemarchos, nemlich Kephalos, und es schien mir derselbe schon sehr alt zu sein; ich hatte ihn nemlich erst seit langer Zeit wieder einmal gesehen. Er saß aber da bekränzt auf einem mit einem Kopfkissen versehenen Stuhle; nemlich er hatte so eben vorher in dem Hofe des Hauses ein Opfer dargebracht. Wir setzten uns also neben ihn, denn es standen rings im Kreise einige Stühle dort. Sogleich nun, als Kephalos mich sah, liebkoste er mich und sagte: O Sokrates, du kömmst aber auch gar nicht häufig zu uns herab in den Piräus: und doch solltest du; wenn nemlich ich noch bei Kräften wäre, um leicht zur Stadt zu gehen, so brauchtest allerdings du nicht hieher zu kommen, sondern wir kämen dann zu dir; nun aber mußt du häufiger hieher kommen; denn wisse wohl, daß bei mir in eben dem Maße, als die leiblichen Vergnügungen schwächer werden, die Begierde nach begründenden Reden und die hierauf bezüglichen Vergnügungen zunehmen. Also thue es nicht anders, sondern pflege sowohl mit diesen Jünglingen da einen Umgang, als auch besuche uns hier als deine Freunde und dir völlig Verwandte. – Und in der That, o Kephalos, sagte ich, ich habe ja meine Freude daran, mit den sehr alten Männern mich zu unterreden; denn es scheint mir, als müßte von ihnen, welche gleichsam irgend einen Weg schon vorausgegangen sind, welchen auch wir vielleicht wandeln sollen, es erfahren, welcherlei Art derselbe sei, ob rauh und schwierig, oder ob leicht und gangbar; und so möchte ich denn auch von dir gerne erfahren, was dir, da du bereits in diesem hohen Alter stehst, denn jenes zu sein scheine, wovon die Dichter sagen, daß es „an der Schwelle des Greisenalters“ sei; ob du es nemlich als einen schwierigen Theil des Lebens, oder wie sonst du es bezeichnest. –

3. Ich will, erwiederte er, bei Gott es dir sagen, o Sokrates, welcherlei es mir scheine. Es kommen nemlich oft unser Einige, welche ungefähr das gleiche Alter haben, zusammen, indem wir hiemit das alte Sprüchwort bewahren; da jammern nun die meisten von uns, wenn wir beisammen sind, indem sie nach den in der Jugend genossenen Vergnügungen ein Verlangen haben und sich an dieselben zurückerinnern, sowohl betreffs des Liebesgenusses und der Trinkgelage und Schmausereien, als auch betreffs irgend anderer Dinge, welche an Derartiges

sich knüpfen, und sie fühlen sich gedrückt, als wären sie irgend großer Dinge beraubt, und als wäre es wohl damals ein gutes Leben gewesen, jetzt aber nicht einmal mehr ein Leben; Einige aber beklagen auch die Beschimpfungen des Greisenalters von Seite ihrer Angehörigen, und singen darauf hin stets das Lied über das Greisenalter, an wie vielen Uebeln es für sie Schuld sei. Mir aber, o Sokrates, scheinen diese nicht dasjenige als Ursache anzugeben, was die Ursache ist; denn wenn dieses die Ursache wäre, so würde auch mir eben dieß Nemliche von wegen des Greisenalters widerfahren, und auch sämmtlichen Uebrigen, welche in diesem hohen Alter stehen; nun aber traf ich wenigstens bereits sowohl Andere, welche nicht so sich verhielten, als auch war ich einmal bei dem Dichter Sophokles, wie er eben von Jemandem folgendermaßen gefragt wurde: Wie steht es bei dir, o Sophokles, in Bezug auf den Liebesgenuß? Bist du noch im Stande, einem Weibe beizuwohnen? Und Jener antwortete: Sprich, o Mensch, nichts Frevelhaftes; höchst gerne ja bin ich doch solchem entflohen, gleichsam wie irgend einem wüthenden und wilden Gebieter. Sehr richtig also schien mir sowohl damals Jener dieses gesagt zu haben, als auch jetzt scheint es mir nicht weniger richtig zu sein; denn ganz und gar ja entsteht in dem Greisenalter bezüglich derartiger Dinge viel Friede und Freiheit; nemlich wann die Begierden uns zu spannen aufgehört und überhaupt nachgelassen haben, entsteht ganz und gar jenes, was Sophokles sagte: es ist nemlich möglich, von sehr vielen rasenden Gebietern los zu sein. Aber sowohl betreffs dieser Dinge als auch betreffs des Verhältnisses zu den Angehörigen gibt es irgendeine Ursache, und zwar ist diese nicht das Greisenalter, o Sokrates, sondern der Charakter der Menschen; wann sie nemlich ordentlich und zufrieden sind, ist auch das Greisenalter nur in mäßigem Grade lästig; wann aber nicht, dann, o Sokrates, ergibt sich für einen Derartigen sowohl das Greisenalter als auch die Jugend als etwas Schwieriges. –

4. Und ich nun freute mich über ihn, wie er dieses sagte, und indem ich den Wunsch hatte, daß er noch ferner spreche, suchte ich ihn hiezu zu veranlassen und sagte: Ich glaube, o Kephalos, daß die Meisten, wann du solches sagst, es nicht willig von dir annehmen, sondern der Ansicht sind, daß wohl du das Greisenalter leicht ertragest, nicht wegen deines Charakters, sondern weil du großes Vermögen besitzest, denn von den Reichen sagt man, daß sie gar viele Beschwichtigungsmittel haben. – Du sprichst wahr, erwiderte er; sie werden es wenigstens nicht willig annehmen, und sie bringen allerdings ihrerseits etwas vor, aber nicht so Bedeutendes, als sie glauben, sondern das Wort des

Themistokles ist ganz richtig, welcher jenem Seriphier auf die Schmähung, daß er nicht wegen seiner selbst, sondern nur wegen seiner Vaterstadt ein berühmter Mann sei, antwortete, daß weder er selbst, wenn er ein Seriphier wäre, einen Namen bekommen hätte, noch Jener, wenn er ein Athener wäre. Auch für diejenigen denn nun, welche nicht reich sind, ihr Greisenalter aber schwer ertragen, ist eben der nemliche Ausspruch ganz richtig, daß weder der Süchtige gar leicht das Greisenalter verbunden mit Armuth ertragen dürfte, noch der Untüchtige, wenn er reich geworden, je in sich selbst zufrieden sein wird. – Hast du aber, o Kephalos, sagte ich, von demjenigen, was du besitzest, den größeren Theil schon überkommen oder ihn erst selbst erworben? – Was ich selbst erworben habe, sagte er, frägst du, o Sokrates? So ziemlich in der Mitte stehe ich bezüglich der Geldgeschäfte zwischen meinem Großvater und meinem Vater; mein Großvater nemlich, welcher ebenso hieß wie ich, hat ungefähr das gleiche Vermögen, welches ich jetzt besitze, überkommen, es aber dann vielmal so groß gemacht, als es war; hingegen Lysanias mein Vater machte es noch kleiner als das jetzige ist; ich aber bin es zufrieden, wenn ich es diesen da nicht kleiner hinterlasse, sondern um irgend ein Weniges größer, als ich es überkommen. – Weshalb aber ich dich fragte, sagte ich, liegt darin, weil es mir schien, als schätzest du das Geld nicht sehr außerordentlich; so machen es aber meistens jene, welche es nicht selbst erworben haben, hingegen diejenigen, welche es erwarben, lieben es doppelt so sehr als die Uebrigen; sowie nemlich die Dichter ihre Dichtwerke und die Väter ihre Kinder schätzen, so wenden diejenigen, welche sich Geld gemacht haben, sowohl in dieser Beziehung ihren Eifer auf das Geld als ihr eigenes Werk, als auch gemäß dem Bedürfnisse in der nemlichen Beziehung wie auch die Uebrigen. Schwierig ist daher mit ihnen umzugehen, weil sie nichts Anderes, als nur den Reichthum preisen wollen. – Da sprichst du wahr, sagte er. –

5. Allerdings wohl, erwiederte ich. Aber sage mir auch noch Folgendes: Welches ist das größte Gut, das du von dem Besitze eines großen Vermögens genossen zu haben glaubst? – Etwas, antwortete er, wovon ich vielleicht nicht Viele überzeugen könnte, wenn ich es ausspreche. Du weißt nemlich wohl, o Sokrates, daß wenn Jemand nahe daran ist, den bevorstehenden Tod zu erwarten, ihn Furcht und Bedenken über Dinge beschleichen, über welche sie ihn vorher nie beschlichen; denn sowohl die über die Verhältnisse im Hades allgemein verbreiteten Sagen, daß, wer hier Unrecht gethan, dort bestraft werde, über welche er bis dahin gelacht hatte, bringen dann nun in seiner Seele eine

Wendung hervor, ob sie nicht vielleicht doch wahr seien, als auch er selbst sieht, entweder in Folge der Schwäche des Greisenalters, oder weil er gleichsam dem dortigen schon näher ist, diese Dinge irgend in höherem Grade; von Besorgniß aber und Furcht wird er hiemit erfüllt, und er rechnet bereits zurück und erwägt, ob er Jemandem irgend Unrecht gethan habe. Derjenige also, welcher in seinem eigenen Leben vieles Unrecht findet, ist, indem er auch aus dem Schlafe, wie die Kinder, häufig erwacht, stets in Furcht und führt sein Leben mit schlimmer Erwartung; jenem hingegen, welcher sich nichts Ungerechtes bewußt ist, steht immer eine freudige und gute Erwartung zur Seite als Pflegerin seines Alters, wie auch Pindar sich ausdrückt; nemlich gar zierlich ja, o Sokrates, hat jener es ausgesprochen, daß, wer gerecht und heilig sein Leben geführt hat,

> „diesem eine süße Erwartung, sein Herz aufnährend, als Pflegerin des Greisenalters das Geleit gibt, welche auch zumeist den vielbewegten Sinn der Sterblichen lenkt;" –

trefflich also sagt er dieß, wirklich in staunenswertem Grade. Im Hinblicke auf dieses demnach stelle ich die Behauptung auf, daß der Geldbesitz sehr viel werth sei, nicht jedoch für jedweden Mann, sondern nur für den tüchtigen; nemlich um auch nicht unfreiwillig Jemanden zu täuschen oder zu belügen, und um auch hinwiederum nicht in Furcht wegen einer Schuld, sei es an irgend Opfern gegen einen Gott oder sei es an Geld gegen einen Menschen, dorthin dann abzugehen, trägt der Geldbesitz gewiß einen großen Theil bei; derselbe hat aber auch andere vielfache Anwendungen; hingegen ja Eins gegen Eins gerechnet wäre eben jenes wenigstens nicht das unbedeutendste, bezüglich dessen ich für einen verständigen Mann, o Sokrates, den Reichthum als das nützlichste aufstellen möchte. – Sehr richtig, sagte ich, sprichst du, o Kephalos. Aber was eben dieses, nemlich die Gerechtigkeit, betrifft, sollen wir etwa in Wahrheit sagen, daß sie schlechthin gerade darin bestehe, Etwas wieder zu erstatten, wenn man es von Jemandem bekommen hat, oder kann man wohl auch selbst dieses bald in gerechter bald in ungerechter Weise thun? wie z. B. ich meine Folgendes: ein Jeder würde doch wohl sagen, daß, wenn Jemand von einem befreundeten, völlig bei Sinnen seienden Manne Waffen bekommen hat, er dieselben, falls jener im Zustande des Wahnsinnes sie zurückfordern würde, weder zurückerstatten solle, noch auch es gerecht wäre, sie zurückzuerstatten oder hinwiederum gegen den in einem solchen Zustande befindlichen die ganze Wahrheit sagen zu wollen. – Du hast Recht, sagte er. – Nicht also ist dieses die Begriffsbestimmung der

Gerechtigkeit, daß man sowohl die Wahrheit sage, als auch zurückerstatte, was man bekommen hat.

Allerdings doch wohl, o Sokrates, sagte Polemarchos in die Rede fallend, woferne man wenigstens irgend dem Simonides glauben soll. – Und in der That ja auch, sagte Kephalos, überlasse ich euch hiemit die Fortsetzung der Unterredung, denn bereits ist es Zeit, daß ich meine Opfer besorge. – Nicht wahr also, sagte ich, Polemarchos ist der Erbe des deinigen? – Ja wohl, sagte jener lachend, und zugleich ging er fort zu seinen Opfern–

6. So sprich denn nun, sagte ich, du Erbe der Unterredung, von welchem Ausspruche des Simonides betreffs der Gerechtigkeit behauptest du, daß er richtig sei? –"Daß", erwiederte jener, „das Zurückerstatten des einem Jeden geschuldeten gerecht ist", – mit diesem Ausspruche scheint er mir wenigstens Recht zu haben. – Aber allerdings ja, sagte ich, ist es nicht leicht, gegen einen Simonides ungläubig zu sein; denn weise und göttlich ist dieser Mann. Jedoch eben jenes, was er hiemit sagen wolle, erkennst vielleicht du, o Polemarchos, ich hingegen verstehe es nicht; denn klar ist, daß er nicht dasjenige meint, wovon wir so eben sprachen, daß man, wenn Jemand Etwas zur Aufbewahrung übergeben hat, man es Jedwedem, welcher auch nicht bei voller Besinnung es zurückfordert, zurückerstatten solle; und doch ist ja wohl, was er zur Aufbewahrung übergab, ein Geschuldetes; oder wie? – Ja gewiß. – Zurückzuerstatten aber ist es ja auch in keinerlei Weise, wenn Jemand nicht bei voller Besinnung es zurückfordert? – Dieß ist wahr, sagte er. – Irgend etwas Anderes demnach als das derartige meint, wie es scheint, Simonides unter dem Ausspruche, daß gerecht sei, das Geschuldete zurückzuerstatten. – Ja wahrlich bei Gott etwas Anderes, erwiederte er; er meint nemlich, die Freunde seien den Freunden schuldig, ihnen etwas Gutes zu thun, aber nichts Schlimmes. – Ich verstehe es nun, sagte ich, daß hiebei nicht derjenige das Geschuldete zurückerstattet, welcher Jemandem das zur Aufbewahrung übergebene Gold zurückerstattet, wann nemlich die Zurückerstattung und das Zurückerhalten schädlich ist und beide, nemlich der Zurückerhaltende und der Zurückerstattende, einander befreundet sind. Sagst du nicht, daß so es Simonides meine? – Ja wohl, allerdings. – Was aber nun? Müssen wir den Feinden zurückerstatten, was ihnen eben geschuldet wird? – Ja wohl durchaus, erwiederte er, nemlich eben, was man ihnen schuldet; geschuldet aber wird ja, glaube ich, dem Feinde von dem Feinde, was denselben auch gebührt, nemlich irgend Schlimmes. –

7. In einem Räthsel also, sagte ich, hat, wie es scheint, Simonides in dichterischer Weise angedeutet, was das Gerechte sei; nemlich er hatte dabei, wie sich nun zeigt, in Gedanken, daß das Zurückerstatten des einem Jeden Gebührenden gerecht sei, dieß letztere aber nannte er das Geschuldete. – Aber was meinst du hiemit? sagte er. – Bei Gott, erwiederte ich, wenn ihn also Jemand folgendermaßen fragen würde: Höre Simonides, wem und welches Geschuldete oder Gebührende muß denn nun eine Kunst erstatten, um Arzneikunst genannt zu werden? was glaubst du, daß er uns da wohl antworten würde? – Klärlich, sagte er, ist es jene Kunst, welche den Körpern sowohl Arzneien als auch Speisen und Getränke erstattet. – Wem aber und welches Geschuldete oder Gebührende muß eine Kunst erstatten, um Kochkunst genannt zu werden? – Es ist jene, welche den Speisen die Gewürze erstattet. – Weiter; wem und was muß eine Kunst erstatten, um etwa Gerechtigkeit genannt zu werden? – Wenn ich irgend, o Sokrates, sagte er, dem vorher Gesagten folgen soll, so ist dieß jene, welche den Freunden und den Feinden Nutzen und Schaden erstattet. – Den Freunden also Gutes zu thun und den Feinden Schlimmes, nennt er hiemit Gerechtigkeit? – So scheint es mir. – Wer nun hat die meiste Fähigkeit, den darniederliegenden Freunden Gutes und den Feinden Schlimmes zu thun in Bezug auf Krankheit und Gesundheit? – Der Arzt. – Wer aber den zur See fahrenden in Bezug auf die Gefahren des Meeres? – Der Steuermann. – Was aber nun? Bei welchem Thun und in Bezug auf welches Ding hat der Gerechte die meiste Fähigkeit, den Freunden zu nützen und den Feinden zu schaden? – In der gegenseitigen Kriegführung und Bundesgenossenschaft, scheint mir wenigstens. – Weiter; aber nun ja, wenn sie nicht krank sind, dann, o lieber Polemarchos, ist ihnen der Arzt unnütz. – Ja wahrlich. – Und wenn sie nicht zur See fahren, dann wohl der Steuermann? – Ja. – Also ist wohl auch denjenigen, welche nicht Krieg führen, der Gerechte unnütz? – Dieß scheint mir nicht völlig so. – Also nützlich ist auch im Frieden die Gerechtigkeit? – Ja, nützlich. – Denn es ist dieß ja auch die Landbaukunde, oder nicht? – Ja. – Neulich ja zum Besitze der Feldfrucht? – Ja. – Und doch wohl nun auch die Kunst des Schusters? – Ja. – Nemlich ja zum Besitze der Schuhe, würdest du doch wohl, glaube ich, sagen? – Ja, allerdings. – Was aber nun weiter? zu wessen Gebrauch oder Besitz würdest du die Gerechtigkeit als etwas im Frieden Nützliches bezeichnen? – In Bezug auf den Geschäftsverkehr, o Sokrates – Unter Geschäftsverkehr aber verstehst du irgend eine Theilnehmerschaft oder sonst Etwas? – Nun gut, eine Theilnehmerschaft. – Wird also nun der Gerechte ein guter und nützlicher Theilnehmer beim Brettspiele in Bezug auf Anordnung der Spielsteine sein, oder derjenige, welcher das Brettspiel

versteht? – Jener, welcher das Brettspiel versteht. – Aber in Bezug auf Anordnung der Backsteine und Bruchsteine, wird da der Gerechte ein nützlicherer und besserer Theilnehmer sein als der Baumeister? – Keinenfalls. – Aber zu welcher Theilnahme denn nun ist der Gerechte ein besserer Theilnehmer, als etwa der Citherspieler, sowie nemlich der Citherspieler zum Anschlagen der Saiten ein besserer ist als der Gerechte? – Zur Theilnahme am Gelde, scheint mir wenigstens. – Ja, nur vielleicht eben, o Polemarchos, nicht zur Verwendung des Geldes, wann man um Geld gemeinschaftlich ein Pferd kaufen oder verkaufen soll; denn dann ist, wie ich wenigstens glaube, der Pferdekundige der bessere; oder wie? – Ja, so zeigt sich's. – Und nun aber, wann ein Fahrzeug, dann ist es der Schiffbauer oder der Steuermann? – Es scheint so. – Also bei welcher gemeinschaftlicher Verwendung des Silbers oder des Goldes ist der Gerechte nützlicher als die Uebrigen? – Wann man es zur Aufbewahrung übergeben und unversehrt wissen will, o Sokrates. – Nicht wahr, also du meinst hiemit, wann man es zu weiter Nichts verwenden, sondern dasselbe ruhig liegen lassen soll? – Ja allerdings. – Also wann das Geld unnütz ist, dann ist in Bezug auf dasselbe die Gerechtigkeit nützlich? – Es kömmt darauf hinaus. – Und demnach, wenn man eine Hippe aufbewahren soll, dann ist die Gerechtigkeit sowohl bezüglich der Theilnahme als auch für den Einzelnen nützlich; hingegen wann man sie verwenden soll, ist die Kunst des Weinbauers nützlich? – Ja, so zeigt sich's. – Du wirst aber auch behaupten, daß wann man einen Schild und eine Leyer aufbewahren und zu Nichts verwenden soll, die Gerechtigkeit nützlich sei; wann man sie hingegen verwenden soll, die Kunst des Kriegers und die Tonkunst? – Ja, nothwendig. – Also auch bei dem sämmtlichen Uebrigen demnach ist die Gerechtigkeit für die Verwendung eines jeden einzelnen Dinges unnütz, für die Nutzlosigkeit desselben aber nützlich? – Es kömmt darauf hinaus. –

8. Also wohl nichts sehr Vorzügliches, mein Freund, dürfte ja die Gerechtigkeit sein, woferne sie eben für das Unnütze nützlich ist. Dieß aber wollen wir erwägen. Hat nicht derjenige, welcher in einem Kampfe, sei es in dem Faustkampfe oder in irgend einem anderen, die größte Gewandtheit hat, einen Streich zu führen, zugleich auch die größte, sich vor einem Streiche zu bewahren? – Ja, allerdings. – Wird also auch derjenige, welcher gewandt darin ist, sich vor einer Krankheit zu bewahren und sie nicht über sich kommen zu lassen, die größte Gewandtheit haben, sie einem Anderen einzupflanzen? – Ja, so scheint es mir wenigstens. – Nun aber ist ja auch der Nemliche ein guter Wächter eines Heerlagers, welcher auch die Gewandtheit hat, die Rathschläge

und das übrige Thun der Feinde zu erlauschen. – Ja, allerdings. – Also worin Jemand ein gewandter Wächter ist, in dem nemlichen ist er auch ein gewandter Schalk. – So scheint es. – Wenn also der Gerechte gewandt ist im Aufbewahren des Geldes, so ist er auch gewandt im Stehlen. – Unsere Begründung wenigstens, sagte er, deutet solches an. – Als ein Dieb also hat sich der Gerechte, wie es scheint, erwiesen, und es kömmt wohl darauf hinaus, daß du dieß von Homer gelernt hast, denn auch dieser ist mit Autolykos, dem mütterlichen Großvater des Odysseus, sehr zufrieden und sagt, „er habe alle Menschen übertroffen an Diebssinn und Meineid"; es scheint also die Gerechtigkeit sowohl nach deiner als auch nach Homers und des Simonides Ansicht eine Diebskunst zu sein, jedoch nur zum Nutzen der Freunde und zum Nachtheile der Feinde. Meintest du es nicht so? – Nein, bei Gott nicht, erwiederte er, sondern ich weiß eigentlich nicht mehr, was ich meinte; jedoch die Ansicht habe ich auch jetzt noch, daß die Gerechtigkeit den Freunden nütze, den Feinden aber schade. – Verstehst du aber dabei unter den Freunden diejenigen, welche einem Jeden wacker zu sein scheinen, oder jene, welche es wirklich sind, wenn sie es auch nicht scheinen, und ebenso unter den Feinden? – Wahrscheinlich ist es so, erwiederte er, daß Jemand jene, welche er für wacker hält, liebt, diejenigen hingegen haßt, welche er für schlechte hält. – Irren sich aber etwa die Menschen nicht in diesem Betreffe, so daß ihnen Viele wacker zu sein scheinen, während sie es nicht sind, und viele auch wieder gegentheilig? – Ja, sie irren sich. – Für diese also sind die Guten Feinde, die Schlechten aber Freunde. – Ja, allerdings. – Aber dennoch ist es dann eben für diese gerecht, den Schlechten zu nützen, den Guten aber zu schaden. – Ja, so zeigt sich's. – Nun aber sind ja die Guten gerecht und derartige, daß sie nicht Unrecht thun. – Dieß ist wahr. – Nach deiner Angabe demnach ist es gerecht, denjenigen, welche kein Unrecht verüben, Schlimmes zu thun. – Nein, keineswegs, o Sokrates, sagte er; nemlich meine Angabe scheint eine schlechte zu sein. – Also den Ungerechten zu schaden, sagte ich, ist gerecht, und den Gerechten zu nützen. – Diese Angabe scheint richtiger zu sein, als jene. – Für Viele also, o Polemarchos, nemlich für alle jene, welche sich an den Menschen geirrt haben, wird es sich ergeben, daß es gerecht sei, den Freunden zu schaden, denn diese sind für sie schlecht, und hingegen den Feinden zu nützen, denn sie sind für sie gut; und auf diese Weise werden wir gerade das Gegentheil von demjenigen sagen, was nach unserer Behauptung Simonides aussprach. – Und zwar in hohem Grade, sagte er, ergibt sich dieß. Aber laß uns die Sache anders stellen, denn es kömmt darauf hinaus, daß wir den Begriff des Freundes und Feindes nicht richtig gestellt haben. – Bei welcher Aufstellung des

Begriffes, o Polemarchos? – Daß derjenige Freund sei, welcher wacker zu sein scheine. – Wie aber wollen wir, sagte ich, ihn jetzt anders stellen? – Daß derjenige Freund sei, erwiederte er, welcher sowohl wacker zu sein scheint als auch es ist, hingegen jener, welcher es bloß zu sein scheint, aber nicht ist, bloß ein Freund scheine, nicht aber es sei; und betreffs des Feindes nun die nemliche Aufstellung. – Freund demnach wird, wie es scheint, nach dieser Angabe der Gute sein, Feind aber der Schlechte. – Ja. – Du heißest uns also, zu dem Gerechten Etwas hinzuzufügen im Vergleiche mit jenem, was wir zuerst sagten, als wir angaben, gerecht sei, dem Freunde Gutes zu thun, dem Feinde aber Schlimmes; außer diesem also es jetzt folgendermaßen anzugeben, daß es gerecht sei, dem Freunde als einem Guten Gutes zu thun, dem Feinde aber als einem Schlechten zu schaden? – Allerdings nun, sagte er, scheint es mir auf diese Weise wohl richtig angegeben zu sein. –

9. Ist es also wirklich, sagte ich, Sache eines gerechten Mannes, irgend Einem unter den Menschen zu schaden? – Ja, allerdings, sagte er, wenigstens den Schlechten und den Feinden soll man ja schaden. – Werden aber durch Schaden die Pferde besser oder schlechter? – Schlechter. – Etwa bezüglich der Vortrefflichkeit eines Hundes oder bezüglich jener eines Pferdes? – Bezüglich jener eines Pferdes. – Werden also auch Hunde durch Schaden schlechter bezüglich der Vortrefflichkeit eines Hundes und nicht bezüglich jener eines Pferdes? – Nothwendig. – Sollen wir aber nun von Menschen, mein Freund, nicht ebenso sagen, daß sie durch Schaden bezüglich der menschlichen Vortrefflichkeit schlechter werden? – Ja, allerdings wohl. – Aber die Gerechtigkeit, ist sie nicht eine menschliche Vortrefflichkeit? – Auch dieß muß nothwendig so sein. – Müssen also nothwendig, mein Freund, auch diejenigen unter den Menschen, welchen wir schaden, hiedurch ungerechtere werden? – Ja, so scheint es. – Können also etwa vermittelst der Tonkunst die Tonkundigen Jemanden zu einem in der Tonkunst Ungebildeten machen? – Dieß ist unmöglich. – Aber etwa vermittelst der Reitkunst die Reitkundigen Jemanden zu einem in der Reitkunst Ungebildeten? – Es ist nicht möglich. – Aber etwa vermittelst der Gerechtigkeit die Gerechten Jemanden zu einem Ungerechten, oder auch überhaupt vermittelst der Vortrefflichkeit die Guten Jemanden zu einem Schlechten? – Dieß ist ja unmöglich. – Nicht nemlich ist es das Werk der Wärme, glaube ich, kalt zu machen, sondern das ihres Gegentheiles. – Ja. – Und nicht Werk der Trockenheit, feucht zu machen, sondern das ihres Gegentheiles. – Ja wohl. – Und demnach auch nicht Werk des Guten, zu schaden, sondern das

seines Gegentheiles. – Ja, so zeigt sich's. – Aber der Gerechte ja ist gut? – Ja wohl. – Nicht also, o Polemarchos, ist es Werk des Gerechten, zu schaden, sei es dem Freunde oder sei es irgend einem Anderen, sondern Werk seines Gegentheiles, nemlich des Ungerechten. – Ganz und gar, sagte er, scheinst du mir wahr zu sprechen, o Sokrates. – Wenn also Jemand behauptet, gerecht sei, das einem Jeden Geschuldete zu erstatten, ihm aber hiebei dieß den Sinn hat, daß von Seite des gerechten Mannes den Feinden Schaden geschuldet werde und den Freunden Nutzen, so war derjenige, welcher so sprach, nicht weise; denn nicht das Wahre gab er an; es zeigte sich nemlich uns, daß es in keiner Weise gerecht sei, irgend Jemandem zu schaden. – Ich gestehe es zu, sagte jener. – Werden also, sagte ich, wir beide, nemlich ich und du, gemeinschaftlich dagegen kämpfen, falls Jemand behaupten würde, es habe jenes entweder Simonides oder Bias oder Pittakos oder irgend ein Anderer unter den weisen und gepriesenen Männern gesagt? – Ja, ich wenigstens, erwiderte er, bin bereit, bei dem Kampfe dein Theilnehmer zu sein. – Aber weißt du, sagte ich, von wem jenes Wort mir zu sein scheint, wenn man nemlich behauptet, gerecht sei, den Freunden zu nützen und den Feinden zu schaden? – Von wem nemlich? sagte er. – Ich glaube, es sei von Periander oder von Perdikkas oder von Xerxes oder von dem Thebaner Ismenias oder von irgend einem anderen sich mächtig dünkenden reichen Manne. – Völlig wahr sprichst du, sagte er. – Weiter, sprach ich; nachdem aber auch als dieses sich uns die Gerechtigkeit oder das Gerechte nicht erwiesen hat, was denn Anderes könnte wohl Jemand sagen, daß sie sei?

10. Und es hatte Thrasymachos schon öfters, während wir noch sprachen, einen Anlauf genommen, in die Unterredung einzugreifen, und war dann immer nur von den neben ihm Sitzenden, welche die Unterredung zu Ende hören wollten, hieran gehindert worden; als wir aber eine Pause machten und ich jenes gesagt hatte, konnte er sich nicht mehr ruhig halten, sondern nachdem er wie ein wildes Thier sich gleichsam in einen Knäul zusammengeballt, kam er auf uns los, als wolle er uns zerreißen; und ich und Polemarchos stoben in Furcht auseinander. Er aber schrie zwischen uns Alle hinein: Was für ein Geschwätz, o Sokrates, beschäftigt euch schon die ganze Zeit hindurch, und welch ein einfältiges Beginnen treibt ihr unter euch, indem ihr euch gegenseitig demüthig vor einander auf den Boden werft? Hingegen woferne du in Wahrheit wissen willst, was das Gerechte sei, so frage nicht bloß und setze nicht deinen Ehrgeiz darein, Andere zu überführen, sobald Einer Etwas geantwortet hat, wobei du allerdings die Gewißheit hast, daß es leichter ist zu fragen als zu antworten,

sondern antworte du auch selbst und gib an, was zufolge deiner Behauptung das Gerechte sei; und daß du mir dann nicht etwa sagest, daß es das Pflichtgemäße sei, und auch nicht, daß das Nützliche, und auch nicht daß das Vortheilhafte, und auch nicht daß das Gewinnbringende, und auch nicht daß das Zuträgliche, sondern deutlich und genau gib an, was du angibst, da ich es nicht werde gelten lassen, wenn du derartiges Gewäsche vorbringst. – Und ich erbebte, wie ich dieses hörte, und wenn ich auf ihn hinblickte, fürchtete ich mich, und ich glaube, daß wenn nicht eher ich ihn angeschaut hätte als er mich, ich sprachlos geworden wäre; nun aber blickte gerade in dem Zeitpunkte, als er durch das Reden in seine Wildheit versetzt wurde, zuerst ich ihn an, so daß ich im Stande war, ihm zu antworten, und ich sprach noch zitternd: Thue uns kein Leid an; denn wenn wir, ich und dieser da, bei der Erwägung der Begründungen irren, so wisse wohl, daß wir unfreiwillig irren; du wirst nemlich doch wohl nicht glauben, daß wir einerseits, wenn wir Gold suchen würden, sicher nicht freiwillig bei dem Suchen uns vor einander auf den Boden werfen und hiedurch das Auffinden desselben vereiteln würden, andererseits aber, wenn wir die Gerechtigkeit suchen, ein Ding, was doch schätzenswerther als vieles Gold ist, wir dann so unverständig einander nachgeben und nicht alle Mühe anwenden würden, daß sie sich in so hohem Grade als möglich zeige. Du magst wohl glauben, mein Freund, daß dir sie sich gezeigt habe, aber, meine ich, uns fehlt die Kraft hiezu; bemitleidet werden also sollten wir billiger Weise weit eher von euch, den Gewandten, als daß ihr böse auf uns seid. –

11. Und wie jener dieses hörte, brach er in ein Hohngelächter aus und sagte: Beim Herakles, da haben wir wieder jene übliche Ironie des Sokrates, und ich wußte dieß von vorneherein und sagte diesen auch im Voraus, daß du überhaupt eben nicht werdest antworten wollen, sondern deine Ironie üben und kurz alles Andere eher thun, nur aber nicht antworten würdest, wenn man dich um Etwas frägt. – Ja, sagte ich, denn du bist ein Weiser, o Thrasymachos; und wohl also wußtest du, daß wenn du Jemanden fragst, wie viel Zwölf sei, und du bei der Frage ihm vorher schon ankündigest, „daß du, Mensch, mir dann nicht etwa sagest, daß Zwölf zweimal sechs sei, und auch nicht, daß dreimal vier, und auch nicht daß sechsmal zwei, und auch nicht daß viermal drei, da ich es nicht werde gelten lassen, wenn du derartiges schwätzest", – klar also, meine ich, war dir, daß Niemand dir auf eine solche Frage antworten werde. Aber wenn jener zu dir sagen würde: „höre, Thrasymachos, was fällt dir ein? Ich soll Nichts von jenem, was du vorher ankündigtest, antworten? etwa, du Wunderlicher, auch dann

nicht, wenn es wirklich eines von jenen ist, sondern soll ich dann etwas Anderes als die Wahrheit sagen? oder wie meinst du es denn?" –, was würdest du ihm auf dieses erwiedern? – Nur fort so, sagte er; gerade als ob dieß dem Obigen ähnlich wäre! – Es steht wenigstens Nichts im Wege, sagte ich; aber wenn also auch es nicht wirklich ähnlich ist, es aber dem Gefragten so zu sein scheint, glaubst du, er werde irgend minder das, was ihm scheint, antworten, mögen wir es ihm verbieten oder nicht. – Wirst also auch du, sagte er, auf diese Weise etwas Anderes thun? wirst du wirklich Etwas von demjenigen, was ich mir verbeten habe, mir antworten? – Es sollte mich eben nicht wundern, sagte ich, woferne nemlich in Folge einer Erwägung es mir so zu sein schiene. – Was aber nun? sagte er, wenn ich zeigen werde, daß es betreffs der Gerechtigkeit eine anderweitige Antwort als alle jene gibt, und zwar eine bessere als jene, was verlangst du dann, daß dir geschehe? – Was Anderes, sagte ich, als was gebührend dem Nichtwissenden geschieht; es gebührt aber doch wohl, daß er von dem Wissenden lerne; und also auch ich verlange, daß mir dieß geschehe. – Ei du bist ja gar liebenswürdig, sagte er; aber außer dem Lernen bezahle auch Geld. – Nicht wahr wohl, wenn ich welches bekomme? erwiederte ich. – Aber du hast ja welches, sprach Glaukon; doch, was das Geld betrifft, o Thrasymachos, so magst du immerhin beginnen zu sprechen; denn wir sämmtliche werden dem Sokrates beisteuern. – Ja wohl, allerdings, meine ich, antwortete jener, damit ja Sokrates sein übliches Thun in's Werk setzen kann, nemlich er selbst Nichts antworte, aber wenn ein Anderer antwortet, er die Rede aufgreife und überführe. – Wie sollte ja aber auch, mein Bester, sagte ich, Jemand antworten, welcher erstens Nichts weiß und auch nicht behauptet, Etwas zu wissen, und welchem zweitens, falls er in solchem Betreffe auch nur eine Meinung hat, es von einem gar nicht verwerflichen Manne verboten ist, irgend Etwas von jenem zu sagen, was er dafür hält; hingegen weit eher ist es billig, daß du sprechest; denn du behauptest, es zu wissen und es angeben zu können. Thue es also nicht anders, sondern sei durch deine Beantwortung sowohl mir zu Gefallen, als auch enthalte diesem Glaukon da und den Uebrigen deinen Unterricht nicht bevor.

12. Nachdem ich aber dieses gesagt hatte, baten ihn sowohl Glaukon als auch die Uebrigen, es nicht anders zu thun. Und Thrasymachos hatte einerseits augenfällig eine Begierde, zu sprechen, um hiedurch Ruhm zu ärndten, weil er nemlich meinte, eine sehr schöne Beantwortung bereit zu haben; andrerseits aber zierte er sich eine Zeit lang mit einem Streite darüber, daß ich der Antwortende sein solle, zuletzt aber gab er nach und sagte: dieß demnach ist die

Weisheit des Sokrates, daß er selbst nicht lehren, von den Anderen aber, bei ihnen herumgehend, lernen und zwar hiefür nicht einmal Dank erstatten will. – Daß ich zwar von den Anderen lerne, erwiederte ich, sagst du der Wahrheit gemäß, o Thrasymachos; aber was du da behauptest, daß ich keinen Dank erlege, ist unwahr; denn ich erlege jenen, welchen ich kann; ich kann aber nur Lob spenden, denn Geld habe ich nicht, daß ich aber jenes bereitwillig thue, wann mir Jemand richtig zu sprechen scheint, wirst du augenblicklich sehr genau erfahren, sobald du deine Beantwortung aussprichst; denn ich glaube wirklich, daß du richtig sprechen werdest. – So höre denn, sagte er; ich behaupte nemlich, das Gerechte sei nichts Anderes als das dem Stärkeren Zuträgliche. Aber warum spendest du denn kein Lob? Du wirst wohl eben nicht wollen. – Ja, wann ich es vorerst verstanden habe, sagte ich, was du hiemit meinest; bis jetzt nemlich weiß ich es noch nicht. Du behauptest, das dem Stärkeren Zuträgliche sei gerecht; und was meinst du denn wohl hiemit, o Thrasymachos? Du behauptest nemlich doch wohl nicht Folgendes, daß wenn der Pankratiast Polydamas stärker als wir ist, und ihm für seinen Körper das Ochsenfleisch zuträglich ist, diese Speise dann auch für uns, die wir schwächer sind als er, zugleich zuträglich und gerecht sei. – Du bist unausstehlich, o Sokrates, sagte er, und du greifst es eben in jener Beziehung auf, in welcher du meinen Ausspruch am meisten mißhandeln kannst. – Keineswegs, mein Bester, erwiederte ich; sondern gib nur deutlicher an, was du meinst. – Weißt du dann etwa nicht, sagte er, daß von den Staaten die einen durch einen Gewaltherrscher, die anderen durch das Volk, die anderen durch die je Hervorragendsten regiert werden? – Wie sollte ich ja nicht es wissen? – Nicht wahr also eben dieses übt in jedem Staate seine Stärke aus, nemlich das je Herrschende? – Ja allerdings. – Es stellt aber ja jede Herrschaft die Gesetze im Hinblicke auf das ihr selbst Zuträgliche aus, nemlich die Volksherrschaft volkstümliche, die Gewaltherrschaft gewaltmäßige, und so auch die übrigen; nachdem sie dieselben aber aufgestellt, sprechen sie aus, daß dieses für die Beherrschten das Gerechte sei, nemlich das jenen selbst Zuträgliche, und sie bestrafen den dasselbe Uebertretenden als einen Widergesetzlichen und Unrechtthuenden. Dieß also ist es, mein Bester, was ich darunter meine, daß in sämmtlichen Staaten das Nämliche gerecht sei, nemlich das für die je bestehende Herrschaft Zuträgliche; diese Herrschaft aber ja übt ihre Stärke aus, und folglich ergibt sich, wenn man richtig schließt, daß überall das Nemliche gerecht sei, nemlich das dem Stärkeren Zuträgliche. – Jetzt, sagte ich, verstehe ich, was du meinst; zu verstehen aber, ob es wahr sei oder nicht, werde ich erst versuchen. Das Zuträgliche also nun hast auch du, o Thrasymachos, als Antwort betreffs des

Gerechten ausgesprochen, und doch verbotest du es mir, dieß zu antworten; es ist aber denn nun auch noch das dem „Stärkeren“ hinzugefügt. – Ja, vielleicht nur eine unbedeutende Hinzufügung. – Dieß ist noch nicht klar, ob nicht etwa auch eine bedeutende; hingegen das ist klar, daß wir erwägen müssen, ob du hierin Recht habest. Da nemlich ja auch ich zugestehe, daß das Gerechte wenigstens irgend ein Zuträgliches sei, du aber Etwas hinzufügst und behauptest, es sei das dem Stärkeren Zuträgliche, ich aber dieses nicht verstehe, so ist es demnach nun zu erwägen. – Erwäge nur, sagte er. –

13. Dieß soll geschehen, erwiederte ich. Und sage mir hiemit: Behauptest du nicht doch auch, daß es gerecht sei, den Herrschern zu gehorchen? – Gewiß. – Sind aber die Herrscher in den einzelnen Staaten von allem Irrthume frei, oder sind sie derartig, daß sie auch irren können? – Durchaus wohl sind sie so, daß sie auch irgend irren können. – Nicht wahr also, bei dem Bestreben, Gesetze aufzustellen, stellen sie die einen richtig, andere nicht richtig auf? – Ich glaube gewiß. – In richtiger Weise aber sie aufstellen, heißt also doch wohl das ihnen Zuträgliche aufstellen, in unrichtiger Weise aber wohl das ihnen Unzuträgliche? Oder wie meinst du es? – Eben so. – Dasjenige aber, was sie aufgestellt, müssen die von ihnen Beherrschten thun, und dieß ist das Gerechte? – Wie sollte es anders sein? – Nicht bloß also ist es gemäß deiner Begründung gerecht, das dem Stärkeren Zuträgliche zu thun, sondern auch im Gegentheile das nicht Zuträgliche zu thun. – Was sagst du da? sprach er. – Eben, was du sagst, wie mir wenigstens scheint. Laß es uns aber noch besser erwägen. Ist nicht zugestanden, daß die Herrscher, indem sie den Beherrschten irgend etwas zu thun gebieten, bisweilen von ihrem eigenen Besten abirren, es aber für die Beherrschten doch gerecht sei, es zu thun? Ist dieß nicht zugestanden? – Ja gewiß, glaube ich, sagte er. – Glaube demnach, sagte ich, daß hiemit auch die Vollziehung desjenigen, was den Herrschern und den Stärkeren nicht zuträglich ist, von dir als etwas Gerechtes zugestanden sei, wenn nemlich die Herrscher unfreiwillig etwas für sie selbst Schlimmes gebieten, für die Anderen aber es zufolge deiner Behauptung gerecht ist, das zu thun, was jene geboten haben. Muß also dann, o weisester Thrasymachos, nicht nothwendig es sich eben auf diese Weise ergeben, daß es gerecht sei, das Gegentheil von jenem zu thun, was du sagst? denn es wird hiemit den Schwächeren geboten, das den Stärkeren Unzuträgliche zu thun, – Ja bei Gott, o Sokrates, sprach Polemarchos; ganz deutlich ja ist es. – Ja besonders dann, sagte Kleitophon, das Wort nehmend, wenn du ihm Zeuge bist. – Und was bedarf es auch, erwiederte jener, eines Zeugen? Denn

Thrasymachos selbst gesteht ja zu, daß die Herrschenden bisweilen etwas ihnen selbst Schlimmes gebieten, es aber für die Beherrschten gerecht sei, solches dann zu thun. – Ja, nemlich daß man dasjenige, o Polemarchos, was von den Herrschenden befohlen wird, vollziehe, dieß hat Thrasymachos als ein Gerechtes aufgestellt. – Ja, nemlich er hat auch, o Kleitophon, das dem Stärkeren Zuträgliche als das Gerechte aufgestellt; eben aber indem er dieß beides aufstellte, hat er zugestanden, daß hinwiederum zuweilen die Stärkeren das ihnen Unzuträgliche den Schwächeren und Beherrschten zum Vollzuge gebieten; in Folge dieser Zugeständnisse aber dürfte in nicht höherem Grade das dem Stärkeren Zuträgliche ein Gerechtes sein, als das jenem nicht Zuträgliche. – Aber, sagte Kleitophon, unter dem dem Stärkeren Zuträglichen meinte er dasjenige, wovon der Stärkere glaubt, daß es ihm zuträglich sei; dieß nemlich müsse der Schwächere thun, und dieß stellte er als das Gerechte auf. – Aber so, sprach Polemarchos, wurde es vorhin nicht ausgedrückt. – Es macht dieß, o Polemarchos, sagte ich, keinen Unterschied, sondern wenn Thrasymachos es jetzt auf diese Weise meint, so wollen wir es uns auf diese Weise von ihm gefallen lassen.

14. Und sage mir hiemit, o Thrasymachos, war es dieß, was du unter dem Gerechten verstanden wissen wolltest, nemlich das dem Stärkeren Zuträgliche, inwieferne es dem Stärkeren ein solches zu sein scheint, mag es dabei wirklich zuträglich sein oder nicht? Sollen wir sagen, daß du es so meinst? – Nein, durchaus nicht, sagte er; oder glaubst du, daß ich einen Stärkeren den Irrenden nenne, wann er irrt? – Ja, erwiederte ich, ich wenigstens glaubte, du meinest dieses, als du zugestandest, daß die Herrschenden nicht frei von allem Irrthume seien, sondern irgend auch irren. – Du bist ja ein Wortverdreher, o Sokrates, sagte er, in deinen Reden, denn alsogleich wirst du auf diese Weise denjenigen einen Arzt nennen, welcher betreffs der Kranken irrt, und zwar gerade in jener Beziehung, in welcher er irrt, oder einen Rechner denjenigen, welcher in einer Rechnung irrt, gerade dann, wann er irrt, und zwar in Bezug auf eben diesen Irrthum. Hingegen ja, glaube ich, sprechen wir wohl dem Wortausdrucke nach so, daß der Arzt irrte, und daß der Rechner irrte, und daß der Schreiber; aber, glaube ich, ein jeder von diesen irrt niemals, insoweit er eben wirklich dasjenige ist, als was wir ihn bezeichnen. Folglich wird nach dem genauen Begriffe, da ja auch du die Begriffe genau nimmst, keiner unter den Werkmeistern irren; denn indem ein Wissen ihn im Stiche läßt, irrt der Irrende, wobei er eben dann nicht Werkmeister ist. Folglich irrt kein Werkmeister oder kein Weiser oder kein

Herrscher gerade dann, wann er Herrscher ist; hingegen Jedweder wohl würde sich so ausdrücken, daß der Arzt irrte, und daß der Herrscher irrte. Derartiges also nun nimm jetzt an, daß auch ich dir antworte; hingegen das Genaueste ist eben jenes, daß der Herrscher, so weit er Herrscher ist, nicht irrt, aber als ein nicht Irrender dasjenige aufstellt, was für ihn das Beste ist, dieß aber der Beherrschte thun müsse. Folglich, wie ich schon zu Anfang sagte, bezeichne ich als gerecht das dem Stärkeren Zuträgliche. –

15. Nur weiter, o Thrasymachos, sagte ich; scheine ich dir wirklich ein Wortverdreher zu sein? – Ja wohl, gar sehr, erwiederte er. – Glaubst du nemlich, daß ich mit Hinterlist in meinen Reden böswillig verfuhr und dich fragte, um was ich dich eben fragte? – Ja ich weiß es sogar sehr wohl, sagte er; und es soll dir dieß wenigstens Nichts weiter mehr nützen; denn weder wird es mir entgehen, wenn du böswillig verfährst, noch auch wirst du wohl, insoferne es mir nicht entgeht, mich durch das, was du sagst, wider meinen Willen zu einer anderen Ansicht zwingen können. – Dieß möchte ich aber, o du Hochzupreisender, ja auch nicht einmal versuchen, sprach ich; aber damit uns nicht noch einmal ein derartiger Zwischenfall begegne, so stelle du nun fest, in welcher von den zwei Bedeutungen du hiebei den Herrschenden und den Stärkeren verstehest, ob nemlich jener, wie man es gewöhnlich so sagt, oder ob der nach dem genauen Begriffe, wie du jetzt eben sagtest, es sei, für welchen als den Stärkeren das ihm Zuträgliche in Folge der Gerechtigkeit der Schwächere thun müsse. – Jener, sagte er, welcher nach dem genaueren Begriffe der Herrscher ist; auf dieß hin nun verfahre böswillig und verdrehe die Worte, wenn du kannst; von dir erbitte ich mir gar keine Schonung; aber du wirst eben kurzweg nicht können. – Ja glaubst du denn, sprach ich, ich sei so wahnsinnig, daß ich etwa versuche, einen Löwen zu scheeren und einen Thrasymachos durch Wortverdrehungen zu überlisten? – Jetzt wenigstens aber, sagte er, hast du es versucht, und zwar noch dazu im Zustande deiner Nichtigkeit. – Genug nun der derartigen Worte, erwiederte ich; hingegen sage mir: ist jener Arzt, der es dem genauen Begriffe nach ist, und von welchem du eben sprachst, ein Gelderwerber oder ein Pfleger der Kranken? und daß du dabei ja von einem Arzte sprechest, welcher es in Wirklichkeit ist. – Ein Pfleger der Kranken, sagte er, ist er. – Wie aber beim Steuermanne? ist der eigentliche Steuermann ein Herrscher der Seefahrer oder ein Seefahrer? – Ein Herrscher der Seefahrer. – Nicht ja, glaube ich, ist jenes dabei in Anschlag zu bringen, daß er in dem Schiffe zur See fährt, und er darf darum nicht Seefahrer genannt werden, denn nicht bezüglich des

Seefahrens wird er Steuermann genannt, sondern bezüglich seiner Kunst und seiner Herrschaft über die Seefahrer. – Du hast Recht, sagte er. – Nicht wahr also, für einen jeden von jenen gibt es irgend etwas Zuträgliches? – Ja wohl, durchaus. – Besteht nicht auch, sagte ich, die Kunst eben dazu von Natur aus, daß sie das einem jeden Zuträgliche suche und herbeischaffe? – Ja, eben dazu, sagte er. – Gibt es also nun auch für eine jede der Künste wieder irgend etwas anderes Zuträgliches, dessen sie noch bedarf, oder genügt eine jede schon selbst sich selbst, so daß sie so sehr als möglich eine vollkommene ist? – Wie meinst du diese Frage? – Gerade so, erwiederte ich, wie, falls du mich fragen würdest, ob dem Körper es schon genüge, Körper zu sein, oder ob er noch irgend etwas bedürfe, ich dann antworten würde: durchaus bedarf er noch Etwas, und darum ist auch die Arzneikunst jetzt erfunden, weil der Körper etwas Unkräftiges ist, und es ihm noch nicht genügt, eben bloß ein solcher zu sein; dazu also, daß sie ihm das Zuträgliche verschaffe, wurde diese Kunst eingerichtet. Scheine ich dir etwa hierin Recht zu haben oder nicht, wenn ich so spreche? – Ja, Recht zu haben, sagte er. – Wie aber nun? ist die Arzneikunst selbst gleichfalls etwas Unkräftiges, oder ist überhaupt irgend eine andere Kunst noch einer anderweitigen Tüchtigkeit bedürftig, wie etwa die Augen des Sehens und die Ohren des Hörens bedürftig sind, und darum bei ihnen irgend eine Kunst nothwendig ist, welche das hiefür Zuträgliche erwägt und herbeischafft? wohnt also wirklich auch der Kunst selbst eine solche Kraftlosigkeit ein, und bedarf eine jede Kunst erst noch einer anderweitigen Kunst, welche für sie das Zuträgliche erwägen wird, und diese Kunst des Erwägens dann wieder einer anderen derartigen, und geht dieß in's Unbegränzte so fort? oder erwägt sie selbst für sich selbst das Zuträgliche? oder bedarf sie weder ihrer selbst noch einer anderweitigen zur Abhilfe gegen ihre Kraftlosigkeit, um das Zuträgliche zu erwägen? wohnt nemlich wirklich keiner Kunst weder irgend eine Kraftlosigkeit noch irgend ein Irrthum ein, und gebührt es sich auch für die Kunst überhaupt nicht, daß sie für irgend etwas Anderweitiges das Zuträgliche suche, als eben für jenes, dessen Kunst sie ist, sondern ist sie wirklich in sich selbst als eine richtige Kunst unversehrt und lauter, so lange nemlich eine jede in Genauigkeit ganz jene ist, welche sie ist? Und erwäge dieß also nach jenem genauen Begriffe, ob es sich wirklich so oder etwa anders verhalte. – Eben so, sagte er, zeigt sich's. – Nicht also, sagte ich, erwägt eine Arzneikunst für eine Arzneikunst das Zuträgliche, sondern für einen Körper. – Ja, sagte er. – Und also auch nicht eine Pferde-Kunde für eine Pferde-Kunde, sondern eben für die Pferde; und also erwägt auch keine andere Kunst es für sich selbst, denn sie bedarf dieß nicht erst noch, sondern eben für jenes, dessen Kunst sie ist? – Ja, es zeigt sich so, sagte er. – Nun aber, o Thrasymachos, herrschen ja die Künste über jenes, dessen Künste sie sind, und üben auf dasselbe ihre Stärke aus. – Er machte auch hierin das Zugeständniß, und zwar sehr mit Noth. – Also keine Wissenschaft erwägt oder gebietet das dem Stärkeren Zuträgliche, sondern das dem Schwächeren und von ihr Beherrschten Zuträgliche. – Er gab zuletzt auch dieses noch zu, versuchte aber, betreffs desselben zu streiten. – Jedoch nachdem er es zugegeben hatte, sprach ich: Verhält sich's also etwa anders, als daß auch ein Arzt, insoweit er Arzt ist, nicht das dem Arzte Zuträgliche erwägt oder gebietet, sondern das dem Kranken? Denn zugegeben ist, daß der eigentliche Arzt ein Beherrscher der Körper, nicht aber ein Gelderwerber ist. – Er bejahte es. – Nicht wahr also auch, daß der Steuermann im eigentlichen Sinne ein Beherrscher der Seefahrer, nicht aber ein Seefahrer ist? – Ja, zugegeben ist dieß. – Nicht also wird der derartige Steuermann und Herrscher das dem Steuermanne Zuträgliche erwägen und gebieten, sondern das dem Seefahrer und Beherrschten. – Er bejahte es mit Noth. – Nicht wahr also, o Thrasymachos, sagte ich, auch kein Anderer in irgend einer Herrschaft wird, insoweit er eben Herrscher ist, das für ihn selbst Zuträgliche erwägen oder gebieten, sondern das für den Beherrschten und für denjenigen Zuträgliche, welchem er selbst der Werkmeister ist; und indem er auf jenes und das für dieses Zuträgliche und Geziemende sieht, wird er sowohl Alles sagen, was er sagt, als auch Alles thun, was er thut.

16. Nachdem wir also bei diesem Punkte unserer Begründung angekommen waren, und es Allen augenfällig war, daß der Begriff des Gerechten in das Gegentheil des vorigen sich verwandelt hatte, sprach Thrasymachos, anstatt zu antworten: Sage mir, o Sokrates, hast du eine Amme? – Wie so? sagte ich. Hättest du nicht vielmehr antworten, als eine derartige Frage stellen sollen? – Weil sie, sagte er, es übersieht, wenn du eine rotzige Nase hast, und dich nicht schneuzt, wenn du es brauchst, der du ja von ihr aus nicht einmal Schaf und Hirt auseinander kennst. – In wieferne denn eigentlich? sagte ich. – Weil du glaubst, daß die Schäfer oder Rinderhirten das Beste der Schafe oder der Rinder erwägen und dieselben mästen und pflegen, indem sie hiebei auf etwas Anderes sähen als auf das Beste ihrer Herrn und ihrer selbst, und weil du so denn auch von den Herrschern in den Staaten, welche in Wahrheit herrschen, glaubst, daß sie anders gegen die Beherrschten gesinnt seien, als Jemand etwa auch gegen Schafe gesinnt sein dürfte, und daß sie irgend etwas Anderes Tag und Nacht hindurch erwägen, als nur, woher sie selbst Vortheil erhalten möchten. Und so weit noch

bist du betreffs des Gerechten und der Gerechtigkeit und des Ungerechten und der Ungerechtigkeit vom Ziele entfernt, daß du nicht einmal verstehst, daß wirklich die Gerechtigkeit und das Gerechte ein fremdes Gut, nemlich das dem Stärkeren und Herrschenden Zuträgliche, ist, selbst aber für den Gehorchenden und Dienenden nur ein Schaden ist, die Ungerechtigkeit hingegen auch wirklich über die in Wahrheit Einfältigen und Gerechten herrscht, die Beherrschten aber dabei nur das jenem als dem Stärkeren Zuträgliche thun, und jenen, indem sie ihm dienen, zu einem Glücklichen machen, sich selbst aber in keinerlei Weise. Erwägen aber muß man, o einfältigster Sokrates, in dieser Weise, daß ein gerechter Mann gegen einen ungerechten überall den Kürzeren zieht; erstens in dem gegenseitigen Verkehre wirst du, wo nur ein Solcher mit einem Solchen in Gemeinschaft trat, nirgends finden, daß bei der Auflösung der Gemeinschaft der Gerechte Mehr habe als der Ungerechte, sondern eben Weniger; ferner wird, was die Verhältnisse zum Staate betrifft, sowohl wenn es sich um Beisteuer handelt, von gleichem Vermögen der Gerechte mehr, der Ungerechte aber Weniger beisteuern, als auch wenn um Einnahmen, der Eine Nichts, der Andere aber Vieles gewinnen; denn wenn ein jeder von beiden ein Amt führt, so wird dem Gerechten, wenn auch keine andere Einbuße, so doch diese sich ergeben, daß seine eigenen Verhältnisse in Folge einer Vernachlässigung schlechter stehen, er aber von dem Staate eben keinen Vortheil zieht, weil er ja gerecht ist, und außerdem auch noch mit seinen Verwandten und Bekannten sich verfeindet, wann er ihnen nicht wider das Recht Dienste erweisen will. Hingegen für den Ungerechten ergibt sich von all diesem das Gegentheil; denn ich meine hiebei denjenigen, von welchem ich eben jetzt sprach, nemlich jenen, welcher seiner Unersättlichkeit Genüge zu thun fähig ist. Von diesem also erwäge es, woferne du beurtheilen willst, um wie viel mehr es ihm persönlich zuträglich sei, ungerecht zu sein, als gerecht zu sein; von Allem aber am leichtesten wirst du es einsehen, wenn du dich zu jener vollendetsten Ungerechtigkeit wendest, welche den Unrechtthuenden zum glücklichsten, diejenigen aber, welche solches Unrecht erleiden und selbst nicht Unrecht thun wollen, zu den unglücklichsten macht. Es ist aber dieß die Gewaltherrschaft, welche nicht etwa bloß allmälig das Fremde sowohl heimlich als auch durch Gewaltthat, mag es unter Tempel-Schutz oder unter Rechts-Schutz stehen, oder mag es Privat- oder öffentliches Gut sein, hinwegnimmt, sondern gleich Alles zumal; wann nemlich im Einzelnen in diesen Dingen Jemand Unrecht thut und hiebei entdeckt wird, so wird er bestraft und trägt die größte Schande, denn Tempelräuber und Seelenverkäufer und Räuber und Plünderer und Diebe heißt man jene, welche im Einzelnen durch eine derartige böse That Unrecht thun; hingegen wann Jemand neben dem Vermögen der Bürger auch noch diese selbst zu Sklaven macht und knechtet, so werden sie nicht mit jenen schändlichen Namen, sondern glückliche und selige genannt, und zwar nicht bloß von jenen Bürgern selbst, sondern auch von allen denjenigen, welchen es kund wird, daß Einer vermöge der umfassenden Ungerechtigkeit Unrecht gethan hat; denn nicht aus Furcht vor dem Ausüben des Unrechtes, sondern aus Furcht vor dem Erleiden desselben schmähen diejenigen die Ungerechtigkeit, welche sie schmähen. Auf diese Weise, o Sokrates, ergibt sich hinreichend, daß etwas Kräftigeres und Freieres und Herrischeres die Ungerechtigkeit ist, als die Gerechtigkeit, und, was ich zu Anfang sagte, das dem Stärkeren Zuträgliche ist das Gerechte, das Ungerechte aber ist ein für sich selbst Gewinnbringendes und zuträgliches. –

17. Nachdem Thrasymachos dieses gesprochen hatte, war er Willens fortzugehen, indem er gleichsam wie ein Bademeister über unsere Ohren herab aus einem Schöpfeimer seine gesammte und ausgiebige Rede gegossen hatte; nicht jedoch ließen dieß die Anwesenden zu, sondern nöthigten ihn, auszuharren und über das Gesagte Rechenschaft zu geben. Und auch ich selbst denn bat ihn sehr und sprach: O wunderlicher Thrasymachos, welche Rede doch hast du da hereingeschleudert und bist jetzt Willens, fortzugehen, noch ehe du hinreichend uns gelehrt oder selbst gelernt hast, ob es sich wirklich so oder anders verhalte; oder glaubst du, du habest die Feststellung eines kleinen Dinges unternommen, und nicht die der gesammten Führung des Lebens, vermöge deren wohl ein Jeder von uns das vorteilhafteste Leben durchleben könnte? – Glaube denn etwa ich, sagte Thrasymachos, daß dem nicht so sei? – Du scheinst ja, erwiederte ich, entweder um uns dich gar nicht zu bekümmern, oder auch das nicht zu beachten, ob wir in Folge der Unwissenheit über jenes, was du zu wissen behauptest, schlechter oder besser unser Leben führen werden. Zeige dich aber hingegen, mein Guter, bereitwillig, auch uns jenes vorzuführen, denn wahrlich nicht schlecht soll die Wohlthat bewahrt bleiben, welche du uns, die wir so viele sind, hiedurch erweisen wirst. Ich nemlich sage dir hiemit denn auch meinerseits, daß ich mich nicht davon überzeugen und es nicht glauben kann, daß die Ungerechtigkeit gewinnbringender als die Gerechtigkeit sei, auch dann nicht, wenn man sie gewähren läßt und nicht daran hindert, zu verfahren, wie sie nur will; sondern, mein Guter, gesetzt auch, es sei Einer ungerecht und habe auch die Fähigkeit, Unrecht zu thun, indem er entweder nicht entdeckt wird oder in offenem Kampfe es durchsetzt, so wird er dennoch mich wenigstens

nicht davon überzeugen, daß dieß gewinnbringender als die Gerechtigkeit sei. Ebenso also ergeht es vielleicht auch manchem Anderen unter uns, nicht bloß mir allein; also überzeuge uns, o du Hochzupreisender, davon, daß wir nicht richtig berathen sind, wenn wir die Gerechtigkeit höher als die Ungerechtigkeit schätzen. – Und wie soll ich, sagte er, dich überzeugen? denn wenn du durch dasjenige, was ich so eben gesagt habe, nicht überzeugt worden bist, was soll ich mit dir noch weiter anfangen? oder soll ich dir etwa meine Begründung in die Seele selbst hineintragen und dort sie niederlegen? – Nein, bei Gott, sagte ich, du wenigstens sicher nicht. Hingegen erstens bleibe nur bei jenem, was du sagst, fest stehen, oder wenn du es anders wendest, so wende es in augenfälliger Weise anders, und täusche uns nicht. Nun aber siehst du ja, o Thrasymachos, – wir wollen nemlich noch immer das Vorhergehende erwägen –, daß, nachdem du zuerst den Begriff des wahren Arztes festgestellt, du bei dem des wahren Hirten später es nicht mehr genau einhalten zu müssen glaubtest, sondern der Meinung warst, er müsse, insoweit er ein Hirt ist, die Schafe nicht im Hinblicke auf das Beste der Schafe hüten, sondern wie ein Esser und wie Jemand, welcher ein Mahl geben will, im Hinblicke auf üppigen Genuß, oder auch hinwiederum im Hinblicke auf das Verkaufen, wie ein Gelderwerber, eben nicht aber wie ein Hirt. Die Kunst des Hirten aber kümmert sich doch wohl nicht um etwas Anderes, als daß sie für dasjenige, wofür sie aufgestellt ist, das Beste herbeischaffe, da ja, was ihr eigenes bestes Sein betrifft, doch wohl schon hinreichendes herbeigeschafft ist, so lange sie nur es daran nicht fehlen läßt, daß sie eben die Kunst des Hirten ist. So aber glaubte wenigstens ich, daß jetzt wir es nothwendig auch bezüglich einer jeden Herrschaft zugestehen müssen, daß, insoweit sie herrscht, sie für nichts Anderes das Beste erwägt als für das von ihr Beherrschte und Gepflegte, sowohl in der staatlichen als auch in der von Einzelnen geübten Herrschaft. Du aber nun, glaubst du von den Herrschern in den Staaten, nemlich von den wahrhaft Herrschenden, daß sie freiwillig herrschen? – Bei Gott, sagte er, ich glaube es nicht bloß, sondern ich weiß es gewiß. –

18. Wie so aber, o Thrasymachos, sagte ich; bemerkst du denn nicht, daß auch bei den übrigen Uebungen einer Herrschaft Keiner freiwillig sie übernehmen will, sondern Alle einen Lohn fordern, eben als ergebe sich nicht schon für sie selbst aus der Herrschaft ein Nutzen, sondern gerade für die Beherrschten? denn sage mir nur so viel: bezeichnen wir nicht eine jede der Künste jedesmal darum als eine andere, weil sie eine andere Fähigkeit besitzt? und antworte mir, o du Hochzupreisender, nicht wider alles Erwarten, damit wir doch auch dem Ziele

näher kommen. – Nun ja, eben darum, sagte er, ist eine Kunst eine andere. – Nicht wahr also auch irgend einen eigenthümlichen Nutzen gewährt uns eine jede, und nicht einen bloß allen Künsten gemeinschaftlichen, nemlich z. B. die Arzneikunst gewährt uns Gesundheit, die Kunst des Steuermanns aber Rettung in der Seefahrt, und so auch die übrigen? – Ja wohl, allerdings. – Nicht wahr also auch die Lohnkunst ist es, welche Lohn verschafft, denn dieß ist ihre Fähigkeit? oder nennst du die Arzneikunst und die Kunst des Steuermanns Ein und die nemliche? oder, woferne du genau es feststellen willst, wie du ja voraussetztest, so wirst du doch wohl nicht in höherem Grade, falls Jemand als Steuermann gesund wird, weil ihm das Seefahren zuträglich ist, darum nun etwa seine Kunst als Arzneikunst bezeichnen? – Nein, sicher nicht, sagte er. – Und also auch nicht die Lohnkunst, sagte ich, falls etwa Jemand als Lohnarbeiter gesund wird? – Nein, sicher nicht. – Was aber nun? wirst du die Arzneikunst als Lohnerwerbs-Kunst bezeichnen, falls Jemand als Heilender Lohn erwirbt? – Nein, sagte er. – Nicht wahr also, daß ja der Nutzen einer jeden Kunst ein ihr eigenthümlicher sei, haben wir schon zugestanden? – Es sei so, sagte er. – Betreffs jenes Nutzens also, welchen gemeinsam sämmtliche Werkmeister genießen, ist klar, daß sie ihn nur dadurch genießen, daß sie auch noch irgend etwas allen Gemeinsames hiezu in Anwendung bringen? – Es scheint so, sagte er. – Wir sagen aber ja, daß der Genuß eines durch Lohnerwerb erreichten Nutzens für die Werkmeister sich dadurch ergebe, daß sie die Lohnkunst noch hiezu in Anwendung bringen? – Er bejahte es mit Noth. – Nicht also in Folge seiner eigenen Kunst hat ein Jeder diesen Nutzen, nemlich den Ertrag eines Lohnes, sondern, woferne man es genau erwägen soll, erzeugt die Arzneikunst Gesundheit, die Lohnerwerbs-Kunst aber Lohn, und die Baukunst ein Haus, die Lohnerwerbs-Kunst aber als eine sie begleitende den Lohn, und so bewirkt auch jede von allen übrigen ihr eigenes Werk und nützt jenem, wofür sie aufgestellt ist; wann aber nicht Lohn zu ihr noch hinzukommt, genießt dann der Werkmeister von seiner Kunst einen Nutzen? – Es zeigt sich, daß keinen, sagte er. – Stiftet er also etwa dann nicht einmal Nutzen, wann er unentgeltlich arbeitet? – Ich glaube doch wohl. – Nicht wahr also, o Thrasymachos, dieß ist uns bereits klar, daß keine Kunst oder Herrschaft ihren eigenen Nutzen bereitet, sondern, was wir schon längst gesagt haben, eben das dem Beherrschten Nützliche bereitet und gebietet, indem sie das jenem als dem Schwächeren Zuträgliche erwägt, nicht aber das dem Stärkeren Zuträgliche. Deswegen denn nun habe ich wenigstens, o lieber Thrasymachos, auch so eben gesagt, daß Keiner freiwillig eine Herrschaft ausüben und das fremde Uebel zur Aufbesserung in die Hand nehmen will, sondern einen Lohn fordert, weil derjenige, welcher richtig gemäß seiner Kunst verfahren will, niemals für sich selbst das Beste verübt oder gebietet, insoferne er der Kunst gemäß gebietet, sondern nur für den Beherrschten. Um Dessen willen demnach, wie es scheint, muß für diejenigen, welche eine Herrschaft ausüben wollen, ein Lohn bestehen, sei es Geld oder Ehre oder eine Einbuße für den Fall, daß sie dieselbe nicht ausüben. –

19. Wie meinst du dieß, o Sokrates? sagte Glaukon; nemlich die zwei Arten des Lohnes kenne ich; welche Einbuße aber du meinest und wie du sie in Geltung eines Lohnes anführtest, habe ich noch nicht verstanden. – Den Lohn der Besten also, sagte ich, verstehst du nicht, wegen dessen die Tüchtigsten herrschen, wenn sie herrschen wollen; oder weißt du nicht, daß Ehrliebend und Geldliebend zu sein, als Schande bezeichnet wird und auch eine Schande ist? – Ja gewiß, sagte er. – Darum demnach, sagte ich, wollen die Guten weder um des Geldes willen noch um der Ehre willen eine Herrschaft ausüben, denn weder wollen sie Miethlinge heißen, insoferne sie offenkundig um der Herrschaft willen Lohn einnehmen, noch Diebe, insoferne sie heimlich in Folge der Führung der Herrschaft einen Lohn sich selbst nehmen; noch aber auch um der Ehre willen, denn sie sind nicht ehrliebend. Es muß demnach für sie ein Zwang und die Gefahr einer Einbuße hinzukommen, woferne sie den Willen haben sollen, eine Herrschaft auszuüben; daher es auch darauf hinauskömmt, daß es als schimpflich gilt, sich freiwillig zur Führung einer Herrschaft zu begeben und nicht einen Zwang abzuwarten. Die größte Einbuße aber besteht darin, daß ein Solcher von einem Schlechteren beherrscht wird, sobald er nicht selbst die Herrschaft ausüben will, und aus Furcht hievor scheinen mir die Tüchtigen, wann sie eine Herrschaft ausüben, dieß zu thun; und sie begeben sich dann zur Führung derselben, nicht als ob sie zu etwas Gutem kämen und dabei es ihnen wohlergehen werde, sondern wie zu einem Zwange der Nothwendigkeit und nur weil sie keine Besseren als sie selbst sind, und keine gleich Guten finden, welchen sie die Herrschaft überlassen könnten. Denn es kömmt darauf hinaus, daß, wenn es einen Staat von nur guten Männern gäbe, das Nichtausüben einer Herrschaft ebenso der Gegenstand eines Wettstreites wäre, wie es jetzt das Ausüben ist, und es würde da wohl augenfällig werden, daß wirklich der wahre Herrscher seiner Natur nach nicht das für ihn selbst Zuträgliche erwägt, sondern das für den beherrschten, so daß jeder Einsichtige es vorziehen würde, von einem Anderen Nutzen zu genießen, als einem Anderen zu nützen und hiedurch mit Geschäften überhäuft zu sein. Dieß also räume ich dem Thrasymachos in keinerlei Weise

ein, daß das Gerechte das dem Stärkeren Zuträgliche sei; doch diesen Punkt werden wir später noch einmal erwägen. Viel bedeutender aber scheint mir dasjenige zu sein, was jetzt eben Thrasymachos sagte, indem er behauptet, das Leben des Ungerechten sei selbst stärker als das des Gerechten, Nach welcher von beiden Seiten also, o Glaukon, sagte ich, steht deine Wahl, und welches von beiden scheint dir mehr mit Wahrheit gesagt zu sein? – Ich wenigstens glaube, sagte er, daß das Leben des Gerechten gewinnbringender sei. – Hast du gehört, erwiederte ich, wie viele Güter so eben Thrasymachos für jenes des Ungerechten aufgezählt hat? – Gehört habe ich es wohl, sagte er, aber er überzeugt mich hiedurch nicht. – Willst du also, daß wir, wenn wir hiezu irgend Mittel finden, ihn davon überzeugen, daß er nicht das Wahre sagt? – Wie sollte ich ja nicht wollen? sagte er. – Wenn wir demnach, sprach ich, uns ihm entgegenstemmen und Rede gegen Rede vorbringen, wie viele Güter hinwiederum das Gerechtsein in sich enthalte, und dann wieder dieser eine Rede vorbringt, und noch eine andere wieder wir, so werden wir die Güter zählen und abmessen müssen, wie viele nemlich wir beiderseits an beidem anführen, und wir werden hiezu bereits irgend Richter bedürfen, welche das Urtheil fällen sollen; wann wir hingegen, wie so eben, in gegenseitig hervorgerufenen Zugeständnissen die Erwägung anstellen, werden wir selbst zugleich sowohl Richter als auch Redner sein. – Ja wohl, allerdings, sagte er. – In welcher von beiden Weisen also, sagte ich, gefällt es dir? – Eben in dieser, sagte er. –

20. So komm also, o Thrasymachos, sprach ich, und antworte uns wieder von Anfang an. Du behauptest, die vollendete Ungerechtigkeit sei gewinnbringender als die vollendete Gerechtigkeit? – Ja, allerdings, sagte er, behaupte ich es sowohl, als auch habe ich angegeben, warum. – Wohlan denn nun, wie meinst du es betreffs derselben in Folgendem: das eine derselben nennst du doch wohl eine Vortrefflichkeit und das andere eine Schlechtigkeit? – Wie sollte ich nicht? – Nicht wahr also, die Gerechtigkeit nennst du eine Vortrefflichkeit, die Ungerechtigkeit aber eine Schlechtigkeit? – Es sieht auch darnach aus, mein Süßester, sagte er, nachdem ich gesagt habe, daß die Ungerechtigkeit gewinnbringend sei, die Gerechtigkeit aber nicht! – Aber nun was denn sonst? – Gerade das Gegentheil, sagte er. – Also nennst du etwa die Gerechtigkeit eine Schlechtigkeit? – Nein, sondern eine gar edle Gutwilligkeit. – Die Ungerechtigkeit also nennst du eine Böswilligkeit? – Nein, sagte er, sondern eine Wohlberathenheit. – Scheinen dir etwa, o Thrasymachos, auch verständig und gut die Ungerechten zu sein? – Ja, sagte er, wenigstens diejenigen, welche im

Stande sind, in vollendeter Weise Unrecht zu thun, indem sie die Fähigkeit haben, sowohl Staaten als auch Volksstämme der Menschen unter sich zu bringen. Du aber meinst vielleicht, ich spreche hiebei von den Beutelschneidern; nun, gewinnbringend, sagte er, ist auch derartiges, wann es unbemerkt geschieht, aber solches ist nicht des Redens werth, hingegen eben jenes, wovon ich so eben sprach. – Dieß nun allerdings, sagte ich, sehe ich wohl ein, was du hiemit meinest; hingegen darüber wundere ich mich, wenn du wirklich die Ungerechtigkeit in der Geltung einer Vortrefflichkeit und Weisheit aufführst, die Gerechtigkeit aber unter dem Entgegengesetzten. – Aber allerdings ja führe ich sie so auf. – Dieß nun, sagte ich, ist bereits etwas Greifbareres, mein Freund, und es ist nun nicht mehr leicht Etwas zu finden, was man weiter noch sagen soll; denn wenn du die Behauptung aufgestellt hättest, daß die Ungerechtigkeit wohl gewinnbringend sei, du aber dabei wie gewisse andere Leute zugegeben hättest, daß sie eine Schlechtigkeit und etwas Schimpfliches sei, so fänden wir wohl noch Etwas zu sprechen, insoferne wir gemäß der allgemein gültigen Ansichten sprechen würden; nun aber ist klar, daß du behauptest, es sei jenes etwas Schönes und Kraftvolles, und daß du ihm auch alles Uebrige beifügst, was wir dem Gerechten beifügten, nachdem du ja einmal es gewagt hast, es zur Vortrefflichkeit und Weisheit zu rechnen. – Völlig richtig, sagte er, erräthst du es. – Nicht jedoch, erwiederte ich, darf ich ja davor zurückschrecken, es vermöge meiner Begründung erwägend durchzugehen, so lange ich nur annehmen darf, daß du sagst, was du dir denkst; denn du scheinst mir, o Thrasymachos, doch so ziemlich uns jetzt nicht zum Besten haben zu wollen, sondern zu sagen, was dir betreffs der Wahrheit dünkt. – Warum aber, sagte er, soll es dir denn einen Unterschied machen, ob es mir wirklich so dünke oder nicht, und warum hingegen überführst du nicht meine Begründung? – Keinen Unterschied allerdings macht es mir, sagte ich; aber Folgendes noch zu dem Bisherigen versuche mir zu beantworten: Scheint dir der Gerechte in irgend Etwas dem Gerechten es zuvorthun zu wollen? – In keiner Beziehung, sagte er; denn dann wäre er ja nicht jener köstliche Mensch, der er jetzt ist, und wäre ja nicht gutwillig. – Was weiter? will er es dem gerechten Handeln zuvorthun? – Nein, auch nicht dem gerechten Handeln, sagte er. – Aber würde er wünschen, dem Ungerechten es zuvorzuthun, und würde er solches für gerecht halten oder nicht? – Für gerecht halten, sagte er, und auch wünschen würde er es wohl, aber die Fähigkeit dazu würde er nicht haben. – Aber nicht darum, erwiederte ich, frage ich dich, sondern ob der Gerechte im Vergleiche mit dem Gerechten nicht den Wunsch und den Willen habe, es ihm zuvorzuthun, wohl hingegen im

Vergleiche mit dem Ungerechten? – Ja, so verhält sich's wirklich, sagte er. – Wie aber nun steht es mit dem Ungerechten? wünscht er wirklich dem Gerechten und dem gerechten Handeln es zuvorzuthun? – Wie sollte er nicht, sagte er, der ja Allem es zuvorzuthun wünscht? – Nicht wahr, also auch dem ungerechten Menschen und dem ungerechten Handeln wird es der Ungerechte zuvorthun, und er wird in die Wette kämpfen, um von Allem das Meiste selbst zu bekommen? – Ja, so ist es. –

21. Wir wollen es demnach, sagte ich, folgendermaßen ausdrücken: der Gerechte thut es dem ihm Gleichen nicht zuvor, wohl aber dem ihm Ungleichen, hingegen der Ungerechte thut es sowohl dem ihm Gleichen, als auch dem ihm Ungleichen zuvor. – Vortrefflich, sagte er, hast du es angegeben. – Es ist aber ja, sagte ich, verständig und gut der Ungerechte, der Gerechte hingegen keines von Beiden? – Auch dieß, sagte er, ist richtig. – Nicht wahr also, sprach ich, es gleicht auch dem Verständigen und dem Guten der Ungerechte, der Gerechte hingegen gleicht ihm nicht? – Warum sollte auch, sagte er, jener, welcher ein Derartiger ist, nicht eben den Derartigen gleichen, derjenige hingegen, welcher es nicht ist, ihnen ungleich sein? – Gut; also ein Derartiger ist jeder von beiden, wie diejenigen sind, welchen er gleicht. – Was steht denn im Wege? sagte er. – Weiter, o Thrasymachos; du nennst doch wohl Manchen einen musikalisch Gebildeten, einen Anderen aber einen musikalisch Ungebildeten? – Ja gewiß. – Welchen von beiden nennst du einen Verständigen und welchen einen Unverständigen? – Doch wohl den musikalisch Gebildeten einen Verständigen, den musikalisch Ungebildeten aber einen Unverständigen. – Nicht wahr, also in jenen Dingen, in welchen er verständig ist, nennst du ihn einen Guten, worin er aber unverständig ist, einen Schlechten? – Ja. – Wie aber ist es bei dem Arzneikundigen? nicht ebenso? – Ja, ebenso. – Scheint dir also, mein Bester, der musikalisch gebildete Mann beim Stimmen der Lyra es in dem Anspannen und Nachlassen der Saiten einem gleichfalls musikalisch gebildeten Manne zuvorzuthun oder den Wunsch hiezu zu haben? – Nein, mir scheint er es nicht. – Wie aber? thut er es einem musikalisch Ungebildeten zuvor? – Ja, nothwendig, sagte er. – Wie aber ist es bei dem Arzneikundigen? scheint er in Bezug auf Speise und Trank es einem arzneikundigen Manne oder einem arzneikundigen Verfahren zuvorthun zu wollen? – Nein, sicher nicht. – Aber einem nicht arzneikundigen? – Ja. – Hiemit aber betreffs eines jeden Wissens und Nichtwissens sieh zu, ob es dir scheine, daß jedweder Wissende mehr als ein anderer Wissender zu thun oder zu sagen wünsche, und nicht eben das

Nemliche wie jeder ihm Gleiche in Bezug auf das nemliche Verfahren. – Aber vielleicht ja, sagte er, muß dieß allerdings sich nothwendig so verhalten. – Wie aber? würde der Unwissende nicht in gleicher Weise sowohl dem Wissenden als auch dem Unwissenden es zuvorthun wollen? – Ja, vielleicht. – Der Wissende aber ist weise? – So behaupte ich. – Der Weise aber ist gut? – So behaupte ich. – Also der Gute und Weise wird es dem ihm Gleichen nicht zuvorthun wollen, wohl aber dem ihm Ungleichen und Entgegengesetzten? – So scheint es, sagte er. – Der Schlechte und Unkundige aber sowohl dem ihm Gleichen, als auch dem ihm Entgegengesetzten? – So zeigt sich's. – Nicht wahr also, o Thrasymachos, sagte ich, der Ungerechte ist es uns, welcher es sowohl dem ihm Ungleichen, als auch dem ihm Gleichen zuvorthut, oder sagtest du nicht so? – Ja gewiß, sagte er. – Der Gerechte aber ja wird es dem ihm Gleichen nicht zuvorthun, wohl hingegen dem ihm Ungleichen? – Ja. – Es gleicht also, sagte ich, der Gerechte dem Weisen und Guten, der Ungerechte aber dem Schlechten und Unkundigen? – Es kömmt darauf hinaus. – Nun aber haben wir ja zugegeben, daß jeder von beiden auch ein Derartiger ist wie jener, welchem er gleicht. – Ja, allerdings haben wir es zugegeben. – Also hat sich uns der Gerechte als ein Guter und Weiser, der Ungerechte aber als ein Unkundiger und Schlechter gezeigt.

22. Thrasymachos denn nun gab wohl all dieses zu, aber nicht in so leichter Weise, wie ich es jetzt erzähle, sondern mit Widerstreben und nur zur Noth mit erstaunlich vielem Schweiße, zumal da damals es eben Sommerszeit war, und ich sah da, wie früher noch nie, den Thrasymachos roth werden. Nachdem wir aber gegenseitig zugegeben hatten, daß die Gerechtigkeit eine Vortrefflichkeit und eine Weisheit sei, die Ungerechtigkeit aber eine Schlechtigkeit und Unkenntniß, sagte ich: Weiter nun; dieß also möge uns in dieser Weise feststehen, wir behaupteten ja aber auch, daß die Ungerechtigkeit etwas Kraftvolles sei, oder erinnerst du, o Thrasymachos, dich nicht mehr? – Ich erinnere mich dessen, sagte er; aber mir wenigstens gefällt auch dieß nicht, was du jetzt sagst, und ich hätte hierüber Etwas zu sprechen; würde ich nun wirklich sprechen, so weiß ich sehr wohl, daß du sagen würdest, meine Rede passe eben für eine Volksversammlung; entweder also laß mich sprechen, was ich will, oder, falls es dir zu fragen beliebt, so frage du nur, ich aber werde dir, wie man es bei alten Weibern thut, welche Geschichtchen erzählen, nur immer „Weiter“ sagen und mit dem Kopfe nicken oder ihn schütteln. – Nur ja nicht, sagte ich, gegen deine eigene Ansicht. – O ja, sagte er, nur um dir zu gefallen, nachdem du mich ja nicht sprechen läßst; und was willst du denn sonst noch? – Nichts, bei Gott,

erwiederte ich, sondern wenn du es so machen willst, so mache es so; ich aber werde dich fragen. – So frage denn. – Eben darum demnach frage ich, um was ich gerade jetzt fragte, damit wir auch im weiteren Verlaufe die Begründung erwägen, welcherlei denn die Gerechtigkeit im Vergleiche mit der Ungerechtigkeit sei. Es wurde nemlich dort gesagt, daß die Ungerechtigkeit etwas Mächtigeres und Kraftvolleres sei, als die Gerechtigkeit; nun aber wird sich ja, sagte ich, woferne die Gerechtigkeit eine Weisheit und Vortrefflichkeit ist, leicht, wie ich glaube, zeigen, daß sie auch kraftvoller, als die Ungerechtigkeit ist, nachdem ja eine Unkenntniß die Ungerechtigkeit ist. Niemand wohl dürfte hierüber im Unklaren sein. Aber nicht so schlechthin, o Thrasymachos, verlange ich dieß, sondern ich möchte es ungefähr folgendermaßen erwägen: Würdest du wohl von einem Staate sagen, daß er ungerecht sei und daß er es in ungerechter Weise versuche, andere Staaten zu knechten und geknechtet zu haben, und daß er auch schon viele in Knechtschaft sich unterjocht habe? – Wie sollte ich nicht? sagte er; und dieß ja wird eben der tüchtigste Staat thun und jener, welcher in der vollendetsten Weise ungerecht ist. – Ich verstehe sehr wohl, sagte ich, daß dieß damals deine Begründung war; aber ich erwäge in diesem Betreffe Folgendes: wird jener Staat, welcher im Vergleiche mit einem anderen der stärkere war, diese Macht ohne Gerechtigkeit behaupten, oder muß er es nothwendig mit Gerechtigkeit? – Falls, sagte er, wie du so eben angabst, die Gerechtigkeit eine Weisheit ist, dann allerdings mit Gerechtigkeit, falls hingegen es sich verhält, wie ich angab, dann mit Ungerechtigkeit. – Es freut mich ja sehr, o Thrasymachos, erwiederte ich, daß du nicht bloß mit dem Kopfe nickest oder ihn schüttelst, sondern auch ganz schön antwortest. – Ich will ja, sagte er, dir zu Gefallen sein. – Da thust du sehr gut daran; aber nun sei mir auch im Folgenden noch zu Gefallen und sage mir: Glaubst du, daß ein Staat oder ein Heerlager oder Räuber oder Diebe oder irgend eine andere Menschenmasse, welche gemeinschaftlich in ungerechter Weise an irgend Etwas sich macht, Etwas zu vollführen fähig sei, wenn sie sich gegenseitig Unrecht thun? – Nein, sicher nicht, sagte er. – Wie aber, woferne sie nicht Unrecht thun, werden sie da nicht in höherem Grade es fähig sein? – Ja, allerdings. – Nemlich Aufruhr doch wohl, o Thrasymachos, bringt ja die Ungerechtigkeit mit sich und Haß und wechselseitige Kämpfe, hingegen die Gerechtigkeit Eintracht und Liebe; oder wie sonst? – Es sei so, sagte er; damit ich mich mit dir nicht entzweie. –

23. Aber da thust du ja sehr gut daran, mein Bester. Folgendes aber sage mir noch: Wird also, wenn dieß die Wirkung der Ungerechtigkeit ist, daß sie Haß

erzeugt, wo immer sie sich findet, sie dann nicht bei ihrem Entstehen sowohl unter Freien, als auch unter Sklaven bewirken, daß sie gegenseitig einander hassen und in Aufruhr und unfähig sind, Etwas gemeinschaftlich mit einander zu vollführen? – Ja, allerdings wohl. – Wie aber nun? wann sie bloß zwischen Zweien entsteht, werden diese sich nicht entzweien und einander hassen und Feind sein sowohl unter sich, als auch gegen das Gerechte? – Ja, sie werden es sein, sagte er. – Wann aber denn nun, du Wunderlicher, in Einem Ungerechtigkeit entsteht, wird sie da etwa ihre eigene Geltung verlieren, oder sie dennoch ebenso behalten? – Nun, sie möge sie dennoch ebenso behalten, sagte er. – Nicht wahr also, es zeigt sich, daß sie hiemit eine derartige Geltung hat, daß, wo sie entsteht, sei es in einem Staate oder in einem Stamme oder in einem Heerlager, oder sonst in irgend Etwas, sie dasselbe erstens in Folge des Aufruhrs und der Entzweiung unfähig macht, Etwas in Verbindung mit sich selbst zu vollführen, und sodann auch zu einem Feinde es macht gegen sich selbst und gegen jedes Entgegengesetzte und gegen das Gerechte? – Ja, allerdings. – Und auch in einem Einheitlichen denn nun, glaube ich, wird sie, wenn sie in ihm sich findet, Alles thun, was sie ihrer Natur nach zu bewirken bestimmt ist; erstens nemlich wird sie es unfähig machen, Etwas zu vollführen, weil jenes dann in Aufruhr und nicht in Eintracht mit sich selbst ist, und sodann wird sie es zu einem Feinde gegen sich selbst und gegen das Gerechte machen; oder wie sonst? – Ja. – Gerecht aber, mein Freund, sind ja auch die Götter? – Sie mögen es sein, sagte er. – Also, o Thrasymachos, auch gegen die Götter wird der Ungerechte Feind sein, der Gerechte hingegen ihnen Freund. – Schwelge du nur ungestört im Genusse deiner Begründung, sagte er; denn ich wenigstens werde dir nicht entgegentreten, um mich bei diesen da nicht verhaßt zu machen. – So komm denn nun, sagte ich, und mache auch noch im Uebrigen meinen Schmaus vollständig, indem du mir antwortest, wie bisher jetzt. Einerseits nemlich zeigt sich allerdings, daß die Gerechten weiser und besser und fähiger sind, Etwas zu vollführen, die Ungerechten hingegen nicht im Stande sind, irgend Etwas gemeinschaftlich mit einander zu vollführen, und es ist hiemit aber auch nicht vollständig richtig gesagt, was wir betreffs derjenigen behaupten, welche irgend jemals als Ungerechte Etwas in kräftiger Weise gemeinschaftlich vollführen; denn diese würden dann, wenn sie gar sehr ungerecht wären, auch wechselseitig einander sich nicht verschonen, sondern klärlich wohnte ihnen irgend eine Gerechtigkeit ein, welche bewirkt, daß sie nicht zugleich sowohl gegen sich untereinander, als auch gegen die von ihnen Angegriffenen Unrecht thun, und durch solche Gerechtigkeit konnten sie es wirklich vollführen, sie selbst aber machten sich an das Ungerechte, indem sie bezüglich der Ungerechtigkeit nur Halbschlechte waren, denn die Ganzschlechten und in vollendetem Maße Ungerechten sind auch in vollendetem Maße unfähig, Etwas zu vollführen, – daß also nun einerseits dieß sich so verhält, verstehe ich, und daß es nicht so sich verhält, wie du zuerst es aufstelltest; aber andrerseits, ob nun auch ein besseres Leben die Gerechten führen und glücklicher seien, als die Ungerechten, diese Frage, welche wir hernach dann zur Erwägung aufstellten, ist nun eben erst zu erwägen. Es zeigt sich also, wie mir wenigstens scheint, auch in Folge des Gesagten, daß sie wirklich glücklicher sind; dennoch aber müssen wir es noch Besser erwägen, denn nicht um das nächste Beste handelt es sich bei dieser Begründung, sondern darum, in welcher Weise man das Leben führen müsse. – So erwäge es denn nun, sagte er. – Ja, ich erwäge es, erwiederte ich, und du sage mir: Scheint es dir eine Werkthätigkeit eines Pferdes zu geben? – Ja, gewiß. – Würdest du also nun dasjenige als die Werkthätigkeit sowohl eines Pferdes, als auch jedweden anderen Dinges bezeichnen, was man entweder nur durch jenes Ding allein, oder wenigstens im höchsten Grade durch dasselbe erreichen könnte? – Dieß verstehe ich nicht, sagte er. – Aber wohl folgendermaßen: Gibt es etwas Anderes, vermittelst dessen du sehen könntest, als die Augen? – Nein, sicher nicht. – Was weiter? könntest du vermittelst eines Anderen als der Ohren hören? – Keineswegs. – Nicht wahr also, mit Recht würden wir sagen, daß solches die Werkthätigkeit solcher Dinge sei? – Ja, allerdings. – Was weiter? eine Rebe eines Weinstockes könntest du wohl vermittelst eines Schwertes und eines Messers und vieler anderer Dinge abschneiden? – Warum auch nicht? – Aber vermittelst keines anderen Dinges, glaube ich, so gut, wie vermittelst einer Hippe, welche eigens hiezu gemacht ist. – Dieß ist wahr. – Wollen wir also nicht solches als die Werkthätigkeit eines Solchen bezeichnen?– Nun ja, wir wollen es. –

24. Jetzt denn nun, glaube ich, dürftest du wohl besser verstehen, um was ich so eben fragte, als ich wissen wollte, ob nicht dasjenige die Werkthätigkeit eines jeden Dinges sei, was entweder durch dasselbe allein, oder wenigstens von ihm am schönsten bewerkstelligt wird. – Aber ich verstehe es nun ja auch, sagte er, und zugleich scheint mir solches wirklich die Werkthätigkeit eines jeden Dinges zu sein. – Weiter, sagte ich; nicht wahr, also auch eine Vortrefflichkeit scheint es dir bei jedem Dinge zu geben, welchem irgend eine Werkthätigkeit obliegt? Wir wollen aber dabei auf die nemlichen Dinge zurückgehen. Gibt es, sagen wir nemlich, eine Werkthätigkeit der Augen? – Ja, es gibt eine solche. – Gibt es also

wohl auch eine Vortrefflichkeit der Augen? – Ja, auch eine Vortrefflichkeit. – Was weiter? gab es uns eine Werkthätigkeit der Ohren? – Ja. – Nicht wahr, also auch eine Vortrefflichkeit derselben? – Ja, auch eine Vortrefflichkeit. – Wie aber? verhält es sich nicht betreffs aller übrigen Dinge ebenso? – Ja, ebenso. – So halte dieß denn nun fest. Würden also wohl jemals die Augen ihre eigene Werkthätigkeit gut verrichten können, wenn sie nicht die ihnen eigenthümliche Vortrefflichkeit hätten, sondern Schlechtigkeit, statt der Vortrefflichkeit? – Und wie sollten sie dieß dann? sagte er; hiemit nemlich bezeichnest du wohl vielleicht das Blindsein an der Stelle des Sehens. – Welcherlei immer ihre Vortrefflichkeit sein mag, sagte ich; denn um dieß gerade habe ich noch nicht gefragt, sondern nur ob das Verrichtende vermöge der ihm eigenthümlichen Vortrefflichkeit seine ihm eigene Werkthätigkeit gut verrichte, und schlecht vermöge der Schlechtigkeit. – Dieß wenigstens, sagte er, ist gewiß wahr. – Nicht wahr also, auch die Ohren wenden, wenn sie ihrer eigenen Vortrefflichkeit entbehren, die ihnen eigene Werktätigkeit schlecht verrichten? – Ja, allerdings. – Werden wir also auch alles Uebrige der gleichen Begründung einreihen? – So scheint es mir wenigstens. – So komm denn nun und erwäge hiernach Folgendes: Gibt es irgend eine Werkthätigkeit der Seele, welche du vermittelst keines einzigen anderen von allen übrigen Dingen vollführen könntest? wie z. B. das derartige: Fürsorge zu treffen und eine Herrschaft auszuüben und Berathung zu pflegen und alles dergleichen, könnten wir solches mit Recht irgend einem anderen Dinge, als eben nur der Seele zuweisen und es als das ihm Eigenthümliche bezeichnen? – Nein, keinem anderen. – Wie aber hinwiederum ist es mit dem Leben? werden wir sagen, daß es eine Werkthätigkeit der Seele sei? – Ja, im höchsten Grade, sagte er. – Nicht wahr also, wir werden auch sagen, daß es irgend eine Vortrefflichkeit der Seele gebe? – Ja, wir sagen es. – Wird also wohl jemals, o Thrasymachos, die Seele, wenn sie der ihr eigenthümlichen Vortrefflichkeit entbehrt, ihre Werkthätigkeiten gut verrichten, oder ist dieß unmöglich? – Es ist unmöglich. – Nothwendig also ist es für eine schlechte Seele, daß sie in schlechter Weise eine Herrschaft ausübe und eine Fürsorge treffe, hingegen für die gute, daß sie all dieses gut vollführe. – Ja, nothwendig. – Nicht wahr also, wir haben ja zugestanden, daß eine Vortrefflichkeit der Seele die Gerechtigkeit sei, eine Schlechtigkeit aber die Ungerechtigkeit? – Ja, zugestanden haben wir es allerdings. – Also die gerechte Seele und der gerechte Mann werden gut ihr Leben führen, schlecht aber der ungerechte. – Ja, so zeigt sich's, sagte er, gemäß deiner Begründung. – Nun aber ist ja derjenige, welcher gut lebt, glückselig und glücklich, das Gegentheil hievon aber derjenige, welcher es nicht thut. – Wie sollte es auch nicht so sein? – Also der Gerechte ist glücklich, der Ungerechte aber unglücklich. – Sie mögen es sein, sagte er. – Nun aber unglücklich zu sein, ist ja nicht gewinnbringend, wohl hingegen, glücklich zu sein. – Wie sollte es auch nicht so sein? – Niemals also, o du hochzupreisender Thrasymachos, ist Ungerechtigkeit gewinnbringender als Gerechtigkeit. – Dieß demnach, o Sokrates, sagte er, sei dir an den Bendideen als dein Festschmaus aufgetischt. – Ja, und zwar von dir, o Thrasymachos, sagte ich, nachdem du mir wieder sanft geworden warst und uns zu bedrohen aufgehört hattest. Ich habe jedoch nicht gut geschmaust, und zwar durch meine eigene Schuld, nicht durch die deinige; sondern ähnlich wie die Leckermäuler, nur immer von demjenigen, was gerade herbeigetragen wird, schnell Etwas hinwegnehmen und es verkosten, noch ehe sie die vorige Speise gehörig genossen haben, so scheint mir, habe auch ich, noch ehe wir das zuerst Erwogene fanden, nemlich, was denn wohl das Gerechte sei, eben jenes bei Seite gelassen und mich zur Erwägung dessen gewendet, ob die Gerechtigkeit eine Schlechtigkeit und Unkenntniß oder eine Weisheit und Vortrefflichkeit sei, und da hinwiederum hernach jene Begründung dessen uns in den Wurf kam, daß die Ungerechtigkeit gewinnbringender sei, als die Gerechtigkeit, so könnte ich mich auch da wieder nicht enthalten, von jenem weg auf dieß überzugehen, so daß mir jetzt in Folge der Unterredung gerade das erwachsen ist, daß ich Nichts weiß; denn wann ich von dem Gerechten nicht weiß, was es ist, werde ich schwerlich wissen, ob es eine Vortrefflichkeit sei oder nicht, und ob der es Besitzende nicht glücklich oder glücklich sei.

Zweites Buch

1. Ich glaubte nun, nachdem ich dieß gesprochen, einer weiteren Begründung überhoben zu sein, es war aber, wie es scheint, das Bisherige nur die Einleitung zu derselben; denn Glaukon, welcher auch sonst immer zu Allem den meisten Muth hat, ließ sich denn nun auch damals jenes freiwillige Zurücktreten des Thrasymachos nicht gefallen, sondern sagte: Ist deine Absicht, o Sokrates, dir bloß den Schein zu geben, als hättest du uns schon überzeugt, oder ist deine Absicht, uns wirklich erst noch zu überzeugen, daß in jeder Weise es besser sei, gerecht zu sein, als ungerecht? – Euch wirklich zu überzeugen, sprach ich, würde ich wenigstens wohl vorziehen, wenn es bei mir stünde. – Du thust demnach nicht, was deine Absicht ist. erwiederte er; denn sage mir: Scheint es dir etwa irgend ein derartiges Gut zu geben, welches wir gerne besitzen möchten, ohne

hiebei seine weiteren Folgen zu verlangen, sondern wobei wir nur es selbst um seiner selbst willen lieben, wie z. B. die Freude und die unschädlichen Vergnügungen derartig sind, wann auch für die kommende Zeit durch dieselben gar Nichts weiter erwächst, als daß eben sich freut, wer sie hat? – Ja mir wenigstens, sagte ich, scheint es irgend ein Derartiges zu geben. – Was weiter? auch ein solches, welches wir sowohl um seiner selbst willen, als auch um dessen willen, was aus ihm erwächst, gerne wünschen, wie z. B. hinwiederum das Nachdenken und das Sehen und das Gesundsein; denn derartiges lieben wir doch wohl aus beiden Gründen? – Ja, sagte ich. – Siehst du aber auch eine dritte Art des Guten, sagte er, zu welcher die Leibesübung und die Krankenpflege und die ärztliche Thätigkeit und der Gelderwerb überhaupt gehört? von Solchem nemlich würden wir wohl sagen, daß es uns nützt, und um seiner selbst willen möchten wir es wohl nicht gerne besitzen, wohl aber um des Lohnes und der übrigen Dinge willen, welche aus ihm erwachsen. – Ja wohl, sagte ich, gibt es auch diese dritte Art; aber was soll's hiemit? – Zu welcher von diesen, sagte er, rechnest du die Gerechtigkeit? – Ich glaube, erwiederte ich, zu jener schönsten, welche sowohl um ihrer selbst willen, als auch um dessen willen, was aus ihr erwächst, derjenige gerne wünschen muß, welcher glückselig sein will. – Nicht jedoch, sagte er, scheint sie auch der Menge dahin zu gehören, sondern eher zu jener mühevollen Art, welche man um des Lohnes und um des in der allgemeinen Meinung beruhenden Ruhmes willen anstreben, um ihrer selbst willen aber als etwas Lästiges meiden soll. –

2. Ich weiß, sagte ich, daß sie den Leuten dahin zu gehören scheint, und längst ja auch schon wird sie von Thrasymachos als ein Derartiges getadelt, die Ungerechtigkeit hingegen gelobt; aber ich bin eben, wie es scheint, etwas schwerfällig im Verstehen. – So komm denn nun, sagte er, und höre auch mich, ob du etwa die nemliche Meinung habest. Thrasymachos nemlich scheint mir etwas voreiliger, als es hätte sein sollen, gleichsam wie eine Schlange von dir durch Zauber gebannt worden zu sein, hingegen für mich ist der Nachweis betreffs jener beiden Begriffe noch nicht so recht nach meinem Sinne geliefert worden; denn ich wünsche zu hören, was jedes von jenen beiden sei und welche Geltung, wenn es in der Seele sich findet, es an und für sich habe, dabei aber eben den Lohn und das aus ihnen Erwachsende bei Seite zu lassen. Ich werde es also folgendermaßen machen, woferne es auch dir so dünkt; ich werde die Begründung des Thrasymachos erneuern und erstens angeben, wie beschaffen nach der Behauptung der Leute die Gerechtigkeit sei und woher sie entstanden

sei, zweitens daß Alle, welche das Gerechte betreiben, es unfreiwillig als eine Nothwendigkeit und nicht als ein Gut betreiben, und drittens daß sie dieß aus guten Gründen thun, denn viel besser also ja ist das Leben des Ungerechten, als jenes des Gerechten, wie Jene sagen; nemlich mir wenigstens, o Sokrates, scheint es keineswegs so zu sein; jedoch fühle ich mich rathlos, wenn mir die Ohren voll sind von jenem, was ich von Thrasymachos und tausend Anderen höre; die Begründung aber zu Gunsten der Gerechtigkeit, daß nemlich dieselbe besser sei, als die Ungerechtigkeit, habe ich noch von Keinem so gehört, wie ich sie wünsche, ich wünsche aber dieselbe an und für sich gepriesen zu hören; am ehesten aber glaube ich solches von dir vernehmen zu können. Darum also werde ich meiner Rede den Lauf lassen und das ungerechte Leben loben, hernach aber, wenn ich gesprochen habe, dir zeigen, in welcher Weise hinwiederum ich von dir die Ungerechtigkeit getadelt und die Gerechtigkeit gelobt hören möchte. Sieh aber zu, ob bei dem, was ich eben sagte, auch dein Wille sei. – Im höchsten Grade von Allem, sagte ich; denn über welchen Gegenstand möchte ein verständiger Mensch in höherem Maße gerne sprechen und Gesprochenes hören? – Vortrefflich, sagte er, sprichst du da. – Und so höre denn nun betreffs dessen, was ich zuerst angeben zu wollen sagte, nemlich was wohl nach der Meinung der Leute und woher entstanden die Gerechtigkeit sei. Sie behaupten nemlich, von Natur aus sei das Unrechtthun ein Gut, das Unrechterleiden aber ein Uebel, dabei aber überwiege an der Menge des Uebels das Unrechtleiden noch weit über die Menge des Guten beim Unrechtthun, und nachdem nun die Menschen wechselseitig Unrecht thun und Unrecht erleiden und beides zu kosten bekommen, so scheine es folglich denjenigen, welche nicht fähig sind, dem einen hievon zu entgehen und das andere zu wählen, gewinnbringend, gegenseitig einen Vertrag zu machen, daß man weder Unrecht thun, noch Unrecht erleiden solle. Und von da an denn nun habe man begonnen, Gesetze und wechselseitige Verträge aufzustellen, und man habe das von dem Gesetze Gebotene sowohl ein Gesetzmäßiges, als auch ein Gerechtes genannt. Und dieß demnach sei die Entstehung und das Wesen der Gerechtigkeit, daß sie ein Mittleres sei zwischen jenem besten Falle, in welchem der Unrechtthuende straflos wäre, und jenem schlimmsten, in welchem der Unrechterleidende sich nicht rächen könnte; das Gerechte aber werde als ein Mittelding zwischen diesen beiden gerne gewünscht, nicht etwa weil es ein Gut sei, sondern weil man es wegen der Unfähigkeit des Unrechtthuns schätze, denn derjenige, welcher die Fähigkeit habe, Unrecht auszuüben und in Wahrheit ein Mann sei, werde niemals mit irgend Jemanden jenen Vertrag eingehen, weder Unrecht zu thun, noch Unrecht zu erleiden, denn wahnsinnig wäre es ja dann. Die Natur nun also der Gerechtigkeit, o Sokrates, ist diese und eine derartige, und die natürliche Quelle ihres Entstehens eben eine derartige, wie nemlich die Leute sagen.

3. Daß aber auch diejenigen, welche das Gerechte betreiben, nur aus Unfähigkeit des Unrechtthuns es unfreiwillig betreiben, möchten wir wohl am ehesten bemerken, wenn wir in Gedanken Folgendes veranstalten würden: wir würden nemlich jedem von beiden, sowohl dem Gerechten, als auch dem Ungerechten, volle Freiheit verleihen, zu thun, was jeder wolle, und dann würden wir ihnen zuschauend folgen, wohin jeden von Beiden die Begierde führen werde. Auf frischer That nun würden wir wohl den Gerechten ertappen, daß er den nemlichen Weg wie der Ungerechte in Folge der Unersättlichkeit gehe, denn dieß ist es, was als ein Gut jedwede Natur an sich zu verfolgen bestimmt ist, nur aber durch Gesetz und Gewalt wird jede zur Beachtung des Gleichmaßes hingelenkt. Es möchte aber wohl jene volle Freiheit, von welcher ich spreche, zumeist eine derartige sein, wenn ihnen jene Fähigkeit erwüchse, von welcher man sagt, daß sie einstens dem Sohne des Gyges, dem Vorfahren des Lyderköniges erwachsen sei. Es sei nemlich derselbe als Hirt bei dem damaligen Herrscher von Lydien in Dienst gewesen, und in Folge eines heftigen Platzregens und Erdbebens habe sich die Erde gespalten und eine Schlucht sei an dem Orte, wo jener eben weidete, entstanden. Derselbe habe dieß gesehen, und voll Erstaunen sei er hinabgestiegen und habe dort sowohl viel anderes Wunderbare, von welchem die Sage erzählt, gesehen, als auch ein hohles ehernes Pferd mit Flügelthüren, durch welche er hineingeschlüpft sei und dann darinnen einen, wie es schien, mehr als mannesgroßen Leichnam erblickt habe; dieser aber habe nichts Weiteres an sich gehabt, als nur an der Hand einen goldenen Ring, welchen jener abgezogen und dann sich wieder entfernt habe. Als aber die gewöhnliche Zusammenkunft der Hirten, um dem Könige den monatlichen Bericht betreffs der Heerden zu melden, stattfand, sei auch jener mit seinem Ringe gekommen. Und wie er nun mit den Uebrigen dasaß, habe er eben zufällig den Stein des Ringes gegen sich zu in das Innere der Hand gekehrt; sobald aber dieß geschehen, sei er den neben ihm Sitzenden unsichtbar geworden, und dieselben hätten über ihn wie über einen Weggegangenen gesprochen. Und jener nun habe sich hierüber gewundert, und indem er verstohlens den Ring berührte, den Stein desselben wieder nach Außen gedreht, und er sei, sobald er ihn gedreht, wieder sichtbar geworden. Und als er dieß bemerkt hatte, habe er den Ring auf die Probe gestellt, ob derselbe wirklich diese Kraft habe, und stets

sei es ihm so von Statten gegangen, daß er bei dem Einwärtsdrehen des Steines unsichtbar, beim Auswärtsdrehen aber sichtbar wurde. Sobald er aber dieß wahrgenommen, habe er sogleich es veranstaltet, daß er einer der königlichen Boten wurde; als er aber dorthin gekommen sei, habe er die Gemahlin des Königes zum Ehebruche verführt und in gemeinschaftlicher List mit jener den König getödtet und so die Herrschaft erlangt. Wenn es also nun zwei derartige Ringe gäbe, und den einen der Gerechte sich ansteckte, den anderen aber der Ungerechte, so dürfte wohl, wie es scheint, es keinen Einzigen geben, welcher so felsenfest wäre, um innerhalb der Gerechtigkeit zu verbleiben und es über sich zu gewinnen, von fremdem Gute sich zu enthalten und es nicht zu berühren, während er die Freiheit hat, sowohl auf dem öffentlichen Markt ungescheut, was ihm beliebt, wegzunehmen, als auch in die Häuser zu gehen und Beischlaf zu üben, mit wem es ihm beliebt, und zu tödten und aus dem Gefängnisse zu befreien, wen es ihm beliebt, und alles Uebrige zu vollführen, als ein den Göttern gleicher unter den Menschen. Indem er aber so handelte, würde er nichts Verschiedenes von jenem thun, was auch der anderweitige thut, sondern beide würden den nemlichen Weg gehen; und man möchte wohl sagen, daß dieß ein bedeutendes Kennzeichen dafür sei, daß Keiner freiwillig gerecht sei, sondern Jeder nur gezwungen, weil jenes für den Einzelnen eben nicht ein Gut sei, denn wo ein Jeder glaubt, im Stand zu sein, Unrecht zu thun, da thut er Unrecht; jeder Mann nemlich glaubt, daß für ihn als Einzelnen weit mehr die Ungerechtigkeit als die Gerechtigkeit gewinnbringend sei, und er meint dieß mit Recht, wie jeder sagt, welcher über die derartige Begründung spricht, denn woferne Jemand eine derartige volle Freiheit erlangt hätte und dann doch keinerlei Unrecht thun und fremdes Gut nicht berühren wollte, würde er denjenigen, welche dieß wahrnähmen, der unglücklichste und unverständigste Mensch zu sein scheinen, loben aber würden sie ihn allerdings gegenseitig einander in's Gesicht, indem sie sich aus Furcht, Unrecht zu erleiden, gegenseitig einander belügen würden. Dieß also denn nun verhält sich in dieser Weise.

4. Die Beurtheilung selbst aber des Lebens derjenigen, über welche wir sprechen, werden wir wohl richtig vorzunehmen im Stande sein, wenn wir den Gerechtesten und den Ungerechtesten auseinander halten, nicht hingegen, wenn wir jenes nicht thun. Wie also wollen wir sie auseinander halten? Folgendermaßen: wir wollen Nichts hinwegnehmen bei dem Ungerechten von der Ungerechtigkeit, und Nichts bei dem Gerechten von der Gerechtigkeit, sondern jeden von beiden bezüglich seines Bestrebens als einen vollendeten

hinstellen. Erstens also der Ungerechte soll es machen wie die gewandten Werkmeister, wie nemlich ein hervorragender Steuermann oder Arzt sowohl das Unmögliche, als auch das Mögliche in seiner Kunst wohl auseinander kennt, und das eine hievon versucht, das andere aber unterläßt, und ferner auch, wenn er irgendwo fehlgegriffen, tüchtig genug ist, es wieder gut zu machen, ebenso bleibe auch der Ungerechte, wenn er richtige Versuche zum Unrechtthun macht, dabei unentdeckt, woferne es in hohem Grade ungerecht sein soll; jenen hingegen, welcher sich ertappen läßt, muß man für einen Verächtlichen halten, denn die äußerste Ungerechtigkeit ist eben, gerecht zu sein scheinen, während man es nicht ist. Verleihen also müssen wir dem in vollendeter Weise Ungerechten auch die vollendetste Ungerechtigkeit, und nicht dürfen wir etwas hinwegnehmen, sondern wir müssen es zulassen, daß er, während er das größte Unrecht verübt, die höchste öffentliche Meinung bezüglich seiner Gerechtigkeit sich verschafft habe, und, falls er in irgend Etwas fehlgegriffen, die Fähigkeit hat, es wieder gut zu machen, indem er tüchtig genug ist sowohl im Reden bezüglich des Ueberzeugens, falls eine seiner unrechten Thaten zur Anzeige gebracht wurde, als auch im Anwenden der Gewalt, wo es Gewalt bedarf, sei es durch Tapferkeit und Stärke, oder sei es durch Bereithalten von Freunden und von Geld. Nachdem wir aber diesen als einen derartigen aufgestellt haben, wollen wir in unserer Rede den Gerechten neben ihn stellen, als einen schlichten und edlen Mann, welcher nach des Aeschylos Wort "nicht gut scheinen, sondern gut sein will". Hinwegnehmen demnach müssen wir von ihm das bloße Scheinen; denn woferne er gerecht zu sein scheinen würde, kämen ihm Ehren und Geschenke zu, weil er eben derartig zu sein schiene; ungewiß also wäre es, ob er um des Gerechten willen oder um der Geschenke und Ehren willen ein derartiger sei. Zu entblößen demnach ist er von Allem mit Ausnahme der Gerechtigkeit selbst, und gerade in dem entgegengesetzten Verhalten gegen den Vorigen ist er darzustellen. Nemlich er habe, während er kein Unrecht thut, die höchste öffentliche Meinung seiner Ungerechtigkeit, damit er bezüglich der Gerechtigkeit ein Erprobter sei, daß nemlich dieselbe in Folge übler Meinung und des hieraus Erwachsenden nicht befleckt werde; sondern unwandelbar verbleibe er bis zu seinem Tode, sein ganzes Leben hindurch ungerecht scheinend, wirklich aber gerecht seiend, damit jene beiden, fortgeschritten bis zum äußersten Punkte, der Eine in der Gerechtigkeit, der Andere aber in der Ungerechtigkeit, nun beurtheilt werden mögen, welcher von ihnen beiden nemlich der Glücklichere sei. –

5. Weh, o lieber Glaukon, sagte ich, mit welch kräftigen Zügen stellst du jeden jener beiden Männer, wie eine Bildsäule, zur Beurtheilung rein her! – Ja, sagte er, so sehr ich eben kann. Da aber beide die derartigen sind, so wird es, wie ich glaube, nichts Schwieriges mehr sein, in der weiteren Begründung durchzugehen, welcherlei Leben jeden von beiden erwarte. Dieß muß ich also hiemit angeben. Und wann dieß denn auch in etwas gröberer Weise ausgedrückt wird, so glaube nicht, o Sokrates, daß ich es sei, der spreche, sondern diejenigen, welche im Vergleiche mit der Gerechtigkeit die Ungerechtigkeit loben. Diese werden demnach Folgendes sagen, daß der Gerechte bei solchem Verhalten gegeißelt, gefoltert, in Ketten gelegt, durch Ausbrennen seiner Augen beraubt werden, und zuletzt, nachdem er all dieses erduldet, aufgehängt werden und hiemit erkennen wird, daß man nicht den Willen haben soll, gerecht zu sein, sondern nur es zu scheinen; jenen Spruch des Aeschylos aber müßte man also weit richtiger von dem Ungerechten anwenden, denn in der That wird man von dem Ungerechten sagen, daß er, indem er ein in sich wahrheitsgetreues Geschäft betreibt und nicht ein Scheinleben führt, „ungerecht nicht scheinen, sondern sein wolle"

> „eines tiefen Saatbodens Frucht in seinem Sinne genießend,
> aus welchem die sorgsamen Rathschlüsse entsprossen".

und daß er dann erstens im Staate herrsche, weil er ja gerecht zu sein scheint, sodann auch heirathe, aus welcher Familie er will, seine Töchter verheirathe, an wen er will, Geschäftsverkehr und Gemeinschaft mache, mit wem es ihm beliebt, und außer all diesem auch noch durch Gewinn sich Nutzen verschaffe, weil er am Unrechtthun nicht Anstoß nimmt. Wenn er demnach in irgend Kämpfe eintrete, sei es im Privat-, oder sei es im öffentlichen Leben, so erringe er die Oberhand und thue es seinen Feinden zuvor, indem er aber es Allen zuvorthue, werde er reich und erweise seinen Freunden Gutes und seinen Feinden Schlimmes, und auch Opfer und Weihgeschenke für Götter veranstalte er in genügender und großartiger Weise, und verehre weit besser als der Gerechte die Götter und unter den Menschen diejenigen, welche er eben will, so daß er aus guten Gründen gebührender Weise auch weit mehr ein Gottgeliebter ist, als der Gerechte. So, o Sokrates, behaupten die Leute, daß seitens der Götter und der Menschen dem Ungerechten ein besseres Loos bereitet sei, als dem Gerechten. –

6. Als Glaukon dieß gesprochen, hatte ich im Sinne, Etwas hierauf zu erwiedern, aber sein Bruder Adeimantos sprach nun: Du wirst doch wohl nicht glauben, o Sokrates, daß schon genügend betreffs dieser Begründung

gesprochen worden sei? – Wie so denn aber nicht? erwiederte ich. – Gerade jenes, sagte er, ist noch nicht angegeben worden, was doch zumeist hätte angegeben werden sollen. – Nicht wahr also, sagte ich, es gilt das Sprüchwort „ein Bruder möge dem Manne zur Seite stehen“, und sonach leiste denn auch du Hülfe, woferne Dieser eine Lücke gelassen hat; und doch ist ja schon auch das von diesem Vorgebrachte genügend, um mich niederzukämpfen und unfähig zu machen, der Gerechtigkeit beizustehen. – Und jener sprach: dieß bedeutet Nichts, was du da sagst; hingegen höre auch noch Folgendes; denn wir müssen auch die entgegengesetzten Begründungen gegen die von diesem vorgebrachten durchgehen, nemlich jene, welche die Gerechtigkeit loben und die Ungerechtigkeit tadeln, damit hiedurch deutlicher werde, was mir Glaukon eigentlich zu wollen scheint. Es sagen aber doch wohl die Väter ihren Söhnen und Alle ihren Pflegebefohlenen und ermahnen dieselben, daß man gerecht sein müsse, indem sie nemlich hiebei nicht die Gerechtigkeit an sich selbst loben, sondern den aus ihr erwachsenden guten Ruf, damit dem gerecht zu sein Scheinenden aus der öffentlichen Meinung Herrschaft und Ehe und all dasjenige erwachse, was Glaukon so eben als Folge des guten Rufes aufgezählt hat. Noch weiter aber erstrecken diese das Gebiet der Meinung; indem sie nemlich auch den bei den Göttern geltenden guten Ruf herbeiziehen, haben sie eine reichliche Menge von Gütern aufzuzählen, welche ihrer Behauptung zu Folge den Frommen die Götter verleihen, wie ja auch der edle Hesiodos und Homeros sagen, Ersterer nemlich, daß für die Gerechten die Götter die Eiche wachsen lassen

> „oben an der Spitze voll von Eicheln, in der Mitte aber voll von Bienen,
> und es strotzen ihnen die wolligen Schafe mit reichen Fellen“,

und auch noch viele andere Güter seien es, welche hieran sich anschließen; Aehnliches aber sagt auch Letzterer, denn

> „wie einem wackeren Könige, welcher den Göttern ähnlich
> die Gerechtigkeit schützt, und welchem die dunkle Erde
> Weizen und Gerste trägt, und von Frucht die Bäume strotzen,
> leicht auch das Vieh Junge wirft, und das Meer Fische darbietet –“.

Musäos aber und sein Sohn verleihen seitens der Götter den Gerechten noch spaßhaftere Güter als jene; nemlich indem sie in ihrer Erzählung die Frommen in den Hades hinabführen und sie dort auf Stühle setzen und ein Trinkgelage derselben veranstalten, lassen sie dieselben mit Kränzen auf den Häuptern die gesammte Zeit hindurch als Berauschte zubringen, in der Meinung, der schönste Lohn der Vortrefflichkeit sei ein ewiger Rausch. Wieder Andere aber erstrecken die Belohnungen seitens der Götter noch weiter hinaus; nemlich sie behaupten, Kindeskinder und das ganze Geschlecht verbleibe so nach dem Abscheiden des Frommen und Eidgetreuen. In solchen Dingen denn nun und in anderen derartigen preisen sie die Gerechtigkeit. Die Frevelhaften aber hinwiederum und die Ungerechten vergraben sie in irgend einen Schlamm des Hades und lassen sie gezwungen sein, in einem Siebe Wasser zu tragen. Und ferner indem sie dieselben auch bei Lebzeiten in schlimmen Ruf bringen, führen sie diejenigen Bestrafungen, welche Glaukon betreffs der Gerechten, welche als Ungerechte angesehen werden, aufzählte, nun betreffs der Ungerechten an; Anderes aber wissen sie nicht vorzubringen. Das Lob also und der Tadel gegen jene beiden ist dieß.

7. Hiezu aber erwäge auch, o Sokrates, wieder eine andere von Reden, welche betreffs der Gerechtigkeit und der Ungerechtigkeit sowohl von gewöhnlichen Leuten, als auch von Dichtern angewendet wird. Nemlich Alle singen stets wie aus Einem Munde das Lied, wie schön die Besonnenheit und die Gerechtigkeit sei, aber wie schwierig und mühevoll, daß hingegen Zügellosigkeit und Ungerechtigkeit süß und leicht zu erwerben, nur aber vermöge der öffentlichen Meinung und der je geltenden Gesetze schimpflich sei; gewinnbringender aber, sagen sie, sei meistentheils das Ungerechte als das Gerechte, und sie sind gleich bereit, schlechte Reiche und anderweitige Machthaber glücklich zu preisen und zu ehren, sowohl im öffentlichen, als auch im Privatleben, die übrigen hingegen, welche irgend schwach und arm sind, als Ehrlose zu behandeln und gering zu schätzen, während sie zugestehen, daß diese letzteren besser seien, als jene Anderen. Und von all diesem sind ihre Reden betreffs der Götter und der Vortrefflichkeit erst noch das Merkwürdigste, nemlich daß auch die Götter vielen Guten Unglück und ein schlimmes Leben, den Gegentheiligen aber das gegentheilige Loos verliehen hätten. Bettelpriester aber und Wahrsager kommen zu den Thüren der Reichen und suchen diese zu überzeugen, daß ihnen eine von den Göttern ausgehende Kraft zu Gebote stehe, durch Opfer und Gesänge sowohl ein Unrecht, falls etwa ein solches durch jenen Reichen selbst oder durch seine Vorfahren geschehen ist, mit Anwendung von Vergnügungen und Festzügen zu heilen, als auch, wenn jener irgend einem Feinde ein Leid zufügen will, dann vermittelst eines geringen Kostenaufwandes in gleicher Weise einem Gerechten, wie einem Ungerechten Schaden zuzufügen, da sie ja, wie sie

behaupten, durch irgend Beschwörungen und Bannflüche auf die Götter einwirken können, so daß diese selbst ihnen dienstbar sind. Für all diese Reden aber bringen sie Dichter als Zeugen bei, die Einen, indem sie betreffs der Schlechtigkeit die leichten Mittel und Wege angeben,

> „denn Schlechtigkeit kann man auch haufenweise leicht erfassen,
> glatt ja ist der Weg zu ihr, und sehr nahe wohnt sie;
> hingegen vor die Vortrefflichkeit hin pflanzten die Göttern den Schweiß“

und irgend einen langen und steilen Pfad. Andere aber rufen für den Einfluß der Menschen auf die Götter den Homeros als Zeugen an, da ja auch jener sagte:

„lenkbar aber sind auch die Götter selbst,
und diese können durch heilige Feste und beschwichtigende Gelübde
und durch Trank- und Brand-Opfer die Menschen umlenken
in flehendem Gebete, wann Einer gefrevelt und gefehlt hat“.

Und einen ganzen Schwarm von Schriften des Musäus und des Orpheus, den Abkömmlingen der Mondgöttin und der Musen, wie sie behaupten, zeigen sie vor, und nach dem Wortlaute dieser sind sie geschäftig mit Opfern, indem sie nicht bloß einzelne Leute, sondern auch ganze Staaten davon überzeugen, daß es eine Erlösung und eine Reinigung von unrechten Thaten vermittelst der Opfer und vergnüglicher Spiele, sowohl für die noch Lebenden, als auch für die Gestorbenen gebe, Dinge, welche sie Weihe-Sühnungen nennen, und welche von den Uebeln jenseits uns erlösen sollen; falls man aber nicht opfere, stehe Arges bevor.

8. All dieses Derartige und so Vieles, o Sokrates, was betreffs der Vortrefflichkeit und Schlechtigkeit gesagt wird, in welcher Weise nemlich Menschen und Götter sie schätzen, welche Wirkung, glauben wir, daß es beim Anhören auf die Seelen jener jungen Leute mache, welche begabt und tüchtig genug sind, bei Allem, was gesagt wird, gleichsam im Fluge daraus sich einen Schluß zu entnehmen, in welcher Beschaffenheit und bei welcher Richtung des Weges man wohl am besten das Leben durchwandern möge? Aus guten Gründen nemlich möchte Einer wohl jenes Wort des Pindaros zu sich selbst sprechen:

> „soll ich in Gerechtigkeit oder in krummem Betruge die hohe Mauer erklimmen, und so mich selbst beschirmend das Leben führen?“

Denn was man da sagt, enthält die Behauptung, daß, wenn ich gerecht bin, es mich Nichts nützt, falls ich es nicht auch zu sein scheine, hingegen enthält es augenfällige Mühe und Einbuße; wann ich aber als ein Ungerechter mir den Schein der Gerechtigkeit verschafft habe, dann wird mein Leben als ein göttliches bezeichnet. Also nachdem der Schein, wie die Weisen mir kundgeben, auch die Wahrheit bezwingt und Herr des Glückes ist, so muß ich mich denn nun vollständig zu ihm hinwenden. Als Vorhalle und als äußere Form muß ich rings um mich einen Schattenriß der Vortrefflichkeit beschreiben, aber jenen Fuchs des weisesten Archilochos, den gewinnbringenden und verschmitzten, muß ich stets hinter mir nachschleifen. Aber es ist ja, wird man einwenden, nicht leicht, stets beim Unrechtthun unentdeckt zu bleiben. Es ist ja aber, werden wir sagen, auch nichts anderes Großes leicht zu bewerkstelligen; hingegen dennoch müssen wir, woferne wir glücklich sein wollen, denjenigen Weg gehen, auf welchen uns die Spur jener Reden führt; nemlich um unentdeckt zu bleiben, werden wir Verschwörungen und Genossenschaften zusammenbringen, und dann gibt es ja auch Lehrer der Überredungskunst, welche uns eine für die Volksversammlung und für den Gerichtshof passende Weisheit verleihen, und in Folge hievon werden wir in einigen Fällen durch Ueberredung siegen, in anderen aber es mit Gewalt durchsetzen, so daß wir im Vortheile sind und nicht bestraft werden. Nun aber ja den Göttern gegenüber ist es weder möglich, unentdeckt zu bleiben, noch Gewalt anzuwenden. Wohl also werden, falls es keine Götter gibt, oder sie sich um die menschlichen Dinge nicht bekümmern, auch wir uns um das Unentdecktbleiben nicht bekümmern; falls es aber Götter gibt und sie jene Fürsorge hegen, so haben wir ja doch nirgend anderswoher eine Kenntniß von ihnen oder über so Etwas gehört, als eben aus jenen Reden und von den Dichtern, welche die Stammtafeln der Götter erzählen; aber eben diese sagen ja zugleich auch, daß jene derartig sind, daß sie durch heilige Feste und beschwichtigende Gelübde und durch Weihgeschenke überredet und umgelenkt werden können; wir müssen aber jenen entweder beides oder keines von beiden glauben; falls wir ihnen also glauben, so müssen wir Unrecht thun und dann aus dem Ertrage der ungerechten Thaten Opfer veranstalten; denn wenn wir gerecht wären, so würden wir bloß seitens der Götter straflos sein, aber den aus der Ungerechtigkeit fließenden Gewinn verabsäumen; hingegen wenn wir ungerecht sind, werden wir sowohl den Gewinn haben, als auch, indem wir in Folge des Frevels und Fehltrittes flehentlich beten, die Götter überreden und so straflos davonkommen. Nun aber ja im Hades werden wir bestraft werden für das hier gethane Unrecht, entweder wir selbst oder unsere Kindeskinder. Aber, o lieber Freund, wird jener fortschließend sagen, die Weihe-Sühnungen vermögen ja hinwiederum gar viel und auch die erlösenden Götter, wie uns dieß die größten

Staaten und auch jene Söhne der Götter berichten, welche Dichter und Verkündiger der Götter wurden, und welche ja kundgeben, daß dieß sich so verhalte.

9. Welch andere Begründung also gibt es noch, nach welcher wir der Gerechtigkeit den Vorzug vor der höchsten Ungerechtigkeit geben sollten? Denn wenn wir letztere in Verbindung mit einer verfälschten Güte der äußeren Form erwerben, wird es uns sowohl bei den Göttern, als auch bei den Menschen im Leben und nach dem Tode unserer Absicht gemäß ergehen, wie nemlich die Begründung lautet, welche sowohl von der Menge, als auch von den Hervorragenden ausgesprochen wird. Welchen möglichen Ausweg also, o Sokrates, gibt es in Folge von all diesem Gesagten, daß irgend Jemand noch den Willen habe, die Gerechtigkeit zu ehren, wer nemlich eine bedeutende Macht seiner Seele, oder seines Vermögens, oder seines Körpers, oder seiner Familie besitzt, und daß ein Solcher nicht lache, wenn er die Gerechtigkeit loben hört. Denn falls ja auch Jemand das von uns Gesagte als falsch nachweisen kann und genügend einsieht, daß das Beste Gerechtigkeit sei, so hat er jedenfalls doch große Nachsicht gegen die Ungerechten und zürnt ihnen sicher nicht, sondern ist sich dessen bewußt, daß mit der einzigen Ausnahme, wenn Jemand vermöge einer göttlichen Begabung das Unrechtthun verschmäht, oder in Folge eines erfaßten Wissens sich von demselben enthält, von allen Uebrigen ja kein Einziger freiwillig gerecht ist, sondern nur in Folge einer Feigheit, oder seines hohen Alters, oder irgend einer anderen Schwäche das Unrechtthun tadelt, weil er selbst unfähig ist, es zu verüben; daß dem aber so sei, ist klar, denn der erste Beste unter den derartigen ist, sobald er die Fähigkeit erlangt hat, gleich der Erste, welcher Unrecht thut, so viel er nur im Stande ist.

Und von all diesem ist nichts Anderes die Ursache, als eben jenes, wovon diese gesammte Begründung sowohl für Diesen da, als auch für mich selbst ausging, nemlich daß wir zu dir, o Sokrates, sagen müssen: Von euch Allen, du Wunderlicher, die ihr behauptet Lobredner der Gerechtigkeit zu sein, angefangen von jenen ersten ursprünglichen Helden an, deren Worte noch bis zu den jetzigen Menschen übrig geblieben sind, hat noch kein Einziger jemals die Ungerechtigkeit in anderer Weise getadelt oder die Gerechtigkeit in anderer Weise gelobt, als daß er eben die aus jenen erwachsende öffentliche Meinung und Ehren und Geschenke lobte. Was hingegen jedes von jenen beiden an sich betrifft, wie es vermöge der ihm eigenen Geltung in der Seele dessen, der es hat, sich findet und vor Göttern und Menschen unbemerkt ist, so hat noch Keiner jemals weder in dichterischer, noch in gewöhnlicher Rede auf eine für die Begründung genügende Weise es durchgegangen, daß das Eine das größte Uebel von allen sei, welche die Seele in sich hat, die Gerechtigkeit aber das größte Gut sei. Denn wenn es in dieser Weise von Anfang an von euch Allen gesagt worden wäre und ihr so von Jugend auf uns überzeugt hättet, so würden wir uns nicht gegenseitig voreinander wegen des Unrechtthuns hüten, sondern jeder Einzelne wäre für sich selbst der beste Wächter, weil er fürchten würde, durch Unrechtthun mit dem größten Uebel verflochten zu sein. Dieß, o Sokrates, und vielleicht auch noch mehr als dieß, möchte sowohl Thrasymachos, als auch wohl mancher Andere betreffs der Gerechtigkeit und Ungerechtigkeit sprechen, indem sie hiebei, wie mir wenigstens scheint, ziemlich plump die Geltung jener beiden Begriffe verdrehen würden. Aber ich nun habe, – denn ich wünsche dir Nichts zu verhehlen –, nur aus Begierde, von dir das Gegentheil zu hören, nach allen Kräften meiner Rede den Lauf gelassen. Weise uns also in deiner Begründung nach, nicht bloß daß die Gerechtigkeit besser sei, als die Ungerechtigkeit, sondern was jede von beiden selbst an und für sich in demjenigen, der sie hat, bewirke, und hiedurch die eine ein Uebel und die andere ein Gut sei. Die öffentliche Meinung aber laß hiebei weg, wie schon Glaukon verlangt hat; denn wenn du nicht von beiden Seiten die wahre weglässest und die falsche hinzufügst, so werden wir noch immer nicht sagen, daß du das Gerechte lobest, sondern eben nur den Schein desselben, und auch nicht sagen, daß du das Ungerechte tadelst, sondern eben nur den Schein desselben, und wir werden sagen, daß du hiemit den Rath ertheilest, beim Unrechtthun unentdeckt zu bleiben, und daß du mit Thrasymachos darin übereinstimmest, daß das Gerechte ein fremdes Gut, nemlich nur das dem Stärkeren Zuträgliche, sei, das Ungerechte aber eben für jenen selbst das Zuträgliche und Gewinnbringende, hingegen für den Schwächeren ein nicht Zuträgliches sei. Nachdem du also zugegeben hast, daß die Gerechtigkeit zu jenen größten Gütern gehöre, welche sowohl um ihrer weiteren Folgen willen besitzenswerth sind, als auch noch in viel höherem Grade um ihrer selbst willen, wie z. B. das Sehen, das Hören, das Nachdenken, das Gesundsein und welcherlei andere Güter sonst noch vermöge ihrer eigenen Natur, nicht aber bloß dem Scheine nach, zeugungsfähig sind, so lobe also nun eben dieses an der Gerechtigkeit, worin sie selbst an und für sich demjenigen, der sie hat, nützt und andrerseits die Ungerechtigkeit schadet. Lohn aber und öffentliche Meinung zu loben, überlaß Anderen, denn von den Uebrigen möchte ich es wohl ertragen, wenn sie auf diese Weise die Gerechtigkeit loben und die Ungerechtigkeit tadeln, indem sie nemlich die öffentliche Meinung über dieselben und den Lohn lobpreisen oder schmähen, von dir aber möchte ich solches nicht wohl ertragen, woferne es nicht du selbst mir gebietest, weil du ja dein ganzes Leben mit keiner anderen Erwägung, als eben mit dieser durchwandert hast. Nicht also weise uns in deiner Begründung bloß nach, daß die Gerechtigkeit besser, als die Ungerechtigkeit sei, sondern was eine jede der beiden selbst an und für sich in demjenigen, der sie hat, bewirke, und hiedurch, mag es vor Göttern und Menschen unbemerkt bleiben oder nicht, die eine ein Gut und die andere ein Uebel sei. –

10. Und als ich dieß angehört hatte, so war ich, der ich ja schon stets die Begabung des Glaukon und des Adeimantos bewundert hatte, nun damals erst höchlich erfreut und sprach: Nicht mit Unrecht wahrlich hat aus euch, ihr Söhne jenes trefflichen Vaters, der Liebhaber des Glaukon wegen eures Ruhmes in der megarensischen Schlacht den ersten Vers seiner Elegie gedichtet, welcher lautet:

„Söhne Ariston's, göttlich Geschlecht ruhmwürdiger Herkunft".

Dieß, o Freunde, scheint mir sich richtig zu verhalten; denn wirklich etwas ganz Göttliches ist euch widerfahren, da ihr euch nicht davon habt überzeugen können, daß die Ungerechtigkeit besser, als die Gerechtigkeit sei, während ihr doch in seiner Weise zu Gunsten der ersteren zu sprechen die Fähigkeit habt. Ihr scheint mir denn nun in Wahrheit nicht davon überzeugt zu sein; ich entnehme dieß aber aus eurem übrigen Charakter, denn nach eueren Reden selbst wenigstens müßte ich euch mißtrauen. Je mehr ich aber wirklich auf euch vertraue, desto mehr bin ich rathlos, was ich mit der Sache anfangen solle; nemlich weder finde ich einen Ausweg, um Hülfe zu leisten, denn ich scheine mir hiezu unfähig zu sein; ein Zeichen hievon aber ist, daß ihr jenes, worin ich gegen Thrasymachos darzulegen glaubte, daß die Gerechtigkeit besser als die Ungerechtigkeit ist, mir nicht gelten lassen wollt; noch aber auch hinwiederum finde ich einen Ausweg, um nicht Hülfe zu leisten, denn ich fürchte, es möchte unerlaubt sein, bei Schmähungen gegen die Gerechtigkeit zugegen zu sein und dann Alles abzulehnen und nicht Hülfe zu leisten, so lange man noch athmet und einen Laut von sich geben kann. Das Beste also wohl ist, daß ich ihr in jener Weise, in welcher ich eben kann, rettend beistehe. – Glaukon also und alle Uebrigen baten mich, in jeder Weise zu Hülfe zu kommen und von der begründenden Rede nicht abzulassen, sondern aufzuspüren, sowohl was jedes von jenen beiden sei, als auch nach welcher Seite hin betreffs ihres Nutzens die Wahrheit liege. – Ich sagte also, was meine Ansicht war: die Untersuchung, an welche wir uns gemacht, ist, wie sich mir zeigt, nicht Sache eines schlecht

Sehenden, sondern eines scharf Sehenden. Da also wir nicht gewandt sind, sagte ich, so dünkt es mir gut, ein derartiges Verfahren bei dem Untersuchen einzuschlagen, wie etwa, falls Jemand uns, die wir nicht sehr scharf sehen, beföhle, kleine Buchstaben von Weitem zu lesen, und hierauf Einer auf den Gedanken käme, daß diese nemlichen Buchstaben auch schon irgendwo anders größer und an einem Größeren vorhanden seien, es dann wahrhaftig ein glücklicher Fund wäre, jene letzteren zuerst zu lesen und so dann betreffs der kleineren zu erwägen, ob sie wirklich die nemlichen seien. – Ja wohl, allerdings, sagte Adeimantos; aber welches Derartige denn, o Sokrates, erblickst du in der Untersuchung betreffs des Gerechten? – Ich will es dir sagen, erwiederte ich: die Gerechtigkeit ist, behaupten wir, theils Sache eines einzelnen Mannes, theils aber doch wohl auch Sache eines ganzen Staates? – Ja wohl, sagte er. – Nicht wahr also, ein Staat ist etwas Größeres, als ein einzelner Mann? – Ja, etwas Größeres, sagte er. – Vielleicht demnach dürfte in dem Größeren mehr Gerechtigkeit sich finden und dort leichter zu erkennen sein. Wenn ihr also wollt, so laßt uns zuerst untersuchen, welcherlei sie in den Staaten sei, und so dann es auch bei jedem Einzelnen erwägen, indem wir die Ähnlichkeit des Größeren in der Form des Kleineren erwägen. – Du scheinst mir aber, sagte er, hiemit Recht zu haben. – Wir würden also wohl, sagte ich, wenn wir in unserer Begründung schauten, wie der Staat entsteht, auch die Gerechtigkeit und Ungerechtigkeit desselben entstehen sehen? – Vielleicht wohl, sagte er. – Nicht wahr also, wenn jenes, was wir suchen, entstanden ist, werden wir hoffen dürfen, es leichter einzusehen? – Ja, bei Weitem. – Scheint es also so sein zu müssen, daß wir versuchen, an's Ende zu kommen? ich glaube nemlich, daß es keine kleine Arbeit sein werde. Erwägt dieß also. – Wir haben es schon erwogen, sagte Adeimantos; thue es nicht anders. –

11. Entsteht demnach, sagte ich, ein Staat, wie ich glaube, darum, weil jeder Einzelne von uns nicht für sich allein sich schon genügt, sondern Vieler bedarf; oder von welch anderem Anfange glaubst du, daß er die Bevölkerung eines Staates zusammenführe? – Von keinem anderen, sagte er. – Indem also so der Eine von uns den Anderen bald zu diesem, bald zu jenem Bedürfnisse zu Hülfe nimmt, und wir, weil wir Vieles bedürfen, viele Teilnehmer und Helfer zu Einer Bewohnerschaft versammeln, so geben wir diesem Zusammenwohnen den Namen „Staat“; oder was sonst? – Ja wohl, völlig. – Es theilt demnach der Eine dem Anderen mit, woferne er eben mittheilt, oder er empfängt seinen Antheil, weil er glaubt, es werde so für ihn besser sein. – Ja, allerdings. – Wohlan denn

nun, sagte ich, so wollen wir nun in unserer begründenden Rede den Staat von Anfang an entstehen lassen; es läßt ihn aber, wie es scheint, unser Bedürfniß entstehen. – Wie aber sollte es nicht so sein? – Nun aber ist ja das erste und größte unserer Bedürfnisse die Herstellung der Nahrung um des Daseins und Lebens willen. – Ja, durchaus. – Ein zweites aber das einer Wohnung, ein drittes aber das einer Kleidung und der derartigen Dinge. – Ja, so ist es. – Wohlan denn nun, sagte ich, wie wird ein Staat zur Herstellung so vieler Dinge sich selbst genügen? als ein Verschiedener nemlich ist der Eine ein Landbebauer, der Andere ein Häuserbauer, wieder ein Anderer ein Weber, oder sollen wir den Lederverarbeiter eben dort noch hinzufügen, oder irgend eine andere Kunst unter jenen, welche die Pflege des Leibes betreffen? – Ja, allerdings ist es so. – Es möchte also wohl der notdürftigste Staat wenigstens aus vier oder fünf Männern bestehen? – Ja, so zeigt sich's. – Was weiter also? muß ein jeder Einzelne von diesen seine Werkthätigkeit als eine für Alle gemeinschaftliche darbieten, wie z. B. der Landbebauer als ein Einzelner die Nahrung für Vier herstellen und die vierfache Zeit und Mühe auf Herstellung der Nahrung verwenden und sie dann den Anderen mittheilen, oder soll er um die letzteren sich nicht bekümmern und bloß für sich allein den vierten Theil jener Nahrung im vierten Theile der Zeit erzeugen, von den übrigen drei Viertheilen aber das eine mit Herstellung des Hauses zubringen, das zweite mit Herstellung der Kleidung, das dritte mit Herstellung der Schuhe, und hiemit nicht durch Mittheilung an Andere mit Geschäften überhäuft sein, sondern nur durch sich selbst allein seine eigenen Geschäfte betreiben? – Und Adeimantos sagte: Vielleicht ja aber, o Sokrates, ist es in jener ersteren Weise leichter, als in dieser letzteren. – Dieß ist bei Gott, sagte ich, auch nicht ungereimt; denn ich bemerke auch selbst, während du sprichst, daß erstens jeder Einzelne von uns von Natur aus nicht völlig gleich einem jedem anderen Einzelnen ist, sondern eben verschieden seiner Natur nach ein Jeder zur Vollführung einer anderen Werkthätigkeit tauglich ist; oder scheint es dir nicht so? – Ja, sicher. – Was weiter? würde Jemand es schöner vollführen, wenn er als ein Einzelner mit vielen Künsten sich beschäftigt, oder wenn ein Einzelner nur mit Einer? – Wenn ein Einzelner nur mit Einer, sagte er. – Nun aber ist ja, glaube ich, auch dieß klar, daß, wenn Jemand den richtigen Zeitpunkt einer Werkthätigkeit vorbeigehen läßt, dieselbe verdorben ist. – Ja, klar ist dieß. – Nicht nemlich, glaube ich, will das Vollführtwerdende darauf warten, wann es dem Vollführenden gelegen sei, sondern nothwendig muß der Vollführende an das Vollführtwerdende sich anschließen, und zwar nicht nach Geltung einer Nebensache. – Ja, nothwendig. – In Folge hievon demnach entsteht Jedes sowohl in größerer Menge, als auch schöner und leichter, wenn ein Einzelner naturgemäß nur Eines und im richtigen Zeitpunkte, ungestört von Anderen, vollführt. – Ja, völlig wohl. – Folglich sind, o Adeimantos, mehr Bürger als vier zur Herstellung des von uns Erwähnten nöthig; denn der Landbebauer wird, wie es scheint, nicht selbst sich den Pflug machen, wofern er gut sein soll, und auch nicht die Hacke und auch nicht die übrigen Werkzeuge zum Landbaue; und auch hinwiederum nicht der Häuserbauer; gar Vieles aber bedarf auch dieser; ebenso aber auch ist es beim Weber und beim Lederverarbeiter; oder etwa nicht? – Ja, dieß ist wahr. – Wenn aber Zimmerleute und Schmiede und viele derartige Werkmeister uns Theilnehmer des Städtchens werden, so machen sie es zu einem volkreichen. – Ja, allerdings wohl. – Jedoch dürfte es wohl noch nicht sehr groß sein, wenn wir zu jenen auch noch die Hirten und Schäfer und die Uebrigen hinzufügen, welche sich mit Viehweide beschäftigen, damit sowohl die Landbebauer Ochsen zum Ackern bekommen, als auch die Häuserbauer zu ihren Transporten neben den Landbebauern sich gleichfalls der Zugthiere, die Weber aber und die Lederverarbeiter sich der Felle und der Wolle bedienen können. – Aber ja auch kein kleiner Staat mehr, sagte er, wäre es, wenn er all dieses enthält. – Nun aber ist es ja, sagte ich, so ziemlich unmöglich, den Staat selbst in einem derartigen Orte zu gründen, wo er keine Einfuhr bedürfen wird. – Ja, unmöglich ist es. – Also werden auch noch anderweitige Leute nöthig sein, welche für ihn herbeischaffen, was er bedarf. – Ja, sie werden nöthig sein. – Und wenn nun der diesen Dienst Leistende leer fortgeht und Nichts mitbringt, was Jene bedürfen, von welchen sie ihren Bedarf herbeischaffen wollen, so wird er auch von dort wieder leer zurückgehen; oder wie sonst? – So scheint es mir. – Demnach müssen sie die einheimischen Dinge nicht bloß so anfertigen, daß sie ihnen selbst genügen, sondern auch in solcher Beschaffenheit und Menge, daß sie dieselben zu Jenen bringen können, welche ihnen mitteilen werden, was sie bedürfen. – Ja. sie müssen wohl. – Folglich noch mehrere Landbebauer und übrige Werkmeister sind uns nun für den Staat nöthig. – Ja wohl, noch mehrere. – Und also wohl auch ebenso von den übrigen einen Dienst Leistenden, nemlich von denjenigen, welche das Einzelne sowohl einführen, als auch ausführen; dieß aber sind die Kaufleute; oder wie sonst? – Ja. – Also auch Kaufleute werden wir nöthig haben? –Ja, allerdings. – Und wenn der Handel zur See stattfindet, werden auch noch zahlreiche Andere nöthig sein, welche sich auf die Thätigkeiten bezüglich des Seewesens verstehen. – Ja gewiß zahlreiche. –

12. Was aber weiter? in welcher Weise werden sie innerhalb des Staates selbst einander mittheilen, was die Einzelnen verarbeitet haben, um dessen willen wir ja eine Gemeinschaft veranstalteten und einen Staat einrichteten? – Es ist ja klar, daß sie dieß durch Kaufen und Verkaufen thun. – Ein Markt demnach und eine als Zeichen geltende Münze wird sich uns um des Verkehres willen in Folge hievon ergeben. – Ja, allerdings wohl. – Wann also der Landbebauer oder irgend ein anderer Werkmeister Etwas von demjenigen, was er macht, auf den Markt bringt und dabei nicht zur nemlichen Zeit kömmt, wie diejenigen, welche seine Sachen eintauschen wollen, wird er dann, ohne in seiner eigenen Werkthätigkeit Etwas zu thun, müßig auf dem Markte dasitzen? – Keineswegs, sagte er, sondern es gibt Leute, welche, wenn sie dieß sehen, sich selbst zu dieser Dienstleistung hinstellen; und zwar sind dieß in den richtig eingerichteten Staaten so ziemlich diejenigen, welche bezüglich ihrer Körper die schwächsten und überhaupt zur Verrichtung irgend einer anderen Werkthätigkeit unbrauchbar sind, denn sie müssen dort auf dem Markte selbst verbleiben und einerseits gegen Geld Etwas von jenen eintauschen, welche Etwas zu verkaufen wünschen, und andrerseits hinwiederum gegen Geld Etwas an jene austauschen, welche Etwas zu kaufen wünschen. – Dieß Bedürfniß also, sagte ich, bewirkt uns für den Staat das Entstehen der Krämer; oder werden wir nicht Krämer diejenigen nennen, welche zum Kaufe und Verkaufe dienstleistend festgebannt auf dem Markte stehen, jene hingegen, welche in den Städten umherwandeln, Kaufleute? – Ja, allerdings wohl. – Es gibt aber auch noch irgend andere Dienstleistende, welche zwar bezüglich ihrer Denkkraft nicht sehr würdige Theilnehmer der Gemeinschaft sind, aber eine für die Mühen hinreichende Körperkraft besitzen; diese denn nun verkaufen den Gebrauch ihrer Körperkraft und sind, indem sie diese ihre Würde einen Lohn nennen, hiernach, wie ich glaube, Lohnknechte genannt worden; oder wie sonst? – Ja, allerdings wohl. – Um demnach den Staat vollzählig zu machen, gehören, wie es scheint, auch noch Lohnknechte dazu. – Ja, so scheint es mir. – Ist uns also, o Adeimantos, jetzt der Staat so gewachsen, daß er ein vollendeter ist? –Ja, vielleicht. – Wo also wohl möchte in ihm die Gerechtigkeit und die Ungerechtigkeit sein, und mit welchem unter jenem, was wir jetzt erwogen haben, ist sie gleichzeitig in ihm entstanden? – Ich wenigstens, o Sokrates, sagte er, kann es mir nicht denken, wenn sie nicht etwa in irgend einem wechselseitigen Bedürfnisse eben dieser Leute beruht. – Aber vielleicht auch, sagte ich, hast du hierin Recht, und wir müssen dieß ja erwägen und dürfen hiebei nicht ermüden. Erstens also wollen wir erwägen, in welcher Art und Weise jene so Eingerichteten ihr Leben führen werden. Werden sie es irgend anders

machen, als daß sie eben Nahrung und Wein und Kleider und Schuhe herstellen und Häuser aufführen, und dann im Sommer größtenteils nackt und unbeschuht arbeiten, im Winter aber genügend eingehüllt und beschuht? nähren aber werden sie sich wohl, indem sie aus Gerste Graupe und aus Weizen Mehl bereiten, erstere kochen und letztere backen, tüchtige Kuchen und Brode auf Binsen oder reine Blätter legen, sich selbst auf hingestreute Taxus- und Myrthen-Zweige hinstrecken und dann mit ihren Kindern in solchem Genusse schwelgen und Wein dazu trinken, mit Kränzen auf dem Haupte und Loblieder auf die Götter singend, indem sie vergnügt mit einander beisammen sind, ohne eine ihr Vermögen übersteigende Zahl von Kindern zu erzeugen, vor Armuth oder Krieg sich wohl hütend? –

13. Und Glaukon nahm nun das Wort und sagte: Ohne Zukost ja läßst du, wie es scheint, deine Männer schmausen. – Du sprichst wahr, sagte ich; ich vergaß, daß sie auch Zukost haben werden, Salz nemlich, versteht sich, und Oliven und Käse; auch Wurzel- und Kraut-Gemüse, was es so auf dem Felde für die Küche gibt, werden sie kochen; und auch einen Nachtisch wollen wir ihnen aufsetzen, bestehend aus Feigen und Felderbsen und Bohnen; auch Myrthenfrüchte und Eicheln werden sie sich am Feuer rösten, und dazu mit Maß einen Schluck Wein trinken; und auf diese Weise werden sie ihr Leben in Frieden zubringen, in voller Gesundheit, wie es scheint, sehr alt werden, und bei ihrem Tode wieder ein anderes solches Leben ihren Nachkommen hinterlassen. – Und Jener sagte: Falls du etwa, o Sokrates, einen Staat von Schweinen einzurichten hättest, mit welch anderer Kost, als mit eben dieser, würdest du sie wohl füttern? – Aber wie soll ich es denn anders machen, o Glaukon? sagte ich. – Doch ja in einer Weise, wie sie allgemeingültig ist, sagte er; daß sie sich, meine ich, sowohl auf Stühlen niederlassen, wenn sie nicht ein klägliches Leben führen sollen, als auch an Tischen speisen, und auch eine Zukost und einen Nachtisch haben, wie eben die jetzigen Menschen. – Weiter! sagte ich; ich verstehe wohl; nicht von einem Staate bloß, wie es scheint, erwägen wir es also, wie er entstehe, sondern auch von einem üppigen Staate. Vielleicht nun ist dieß auch nicht ungehörig; denn bei der Erwägung desselben könnten wir ja etwa sowohl die Gerechtigkeit, als auch die Ungerechtigkeit erblicken, in welcher Beziehung nemlich sie sich wohl den Staaten einpflanzen. Der wahrhafte Staat nun scheint mir jener zu sein, welchen wir so eben durchgegangen haben, gleichsam nemlich ein gesunder Staat; wenn ihr aber hinwiederum wollt, daß wir auch einen entzündlich angeschwollenen Staat betrachten, so steht dem Nichts im Wege. Nemlich jenes

wird also, wie es scheint, Einigen nicht genügen, und auch jene Lebensweise nicht, sondern es werden Stühle und Tische und die übrigen Geräthschaften hinzukommen, und Zukost und Salben und Räucherwerk und Lustdirnen und Süßigkeiten und Jegliches all dieser Art. Und wir dürfen hiemit nicht mehr jenes, wovon wir zuerst sprachen, nemlich bloß das Nothdürftige, Häuser und Kleider und Schuhe, aufstellen, sondern müssen auch sowohl die Malerei und bunte Ausschmückung in Bewegung setzen, als auch Gold und Elfenbein und all derartiges uns erwerben; oder wie sonst? – Ja, sagte er. –

14. Nicht wahr also, größer hinwiederum müssen wir unsere Staat machen? nemlich jener gesunde ist nicht mehr genügend, sondern bereits mit einer Masse und einer Menge von Dingen müssen wir ihn anfüllen, welche nicht mehr um des Nothdürftigen willen in den Staaten sich finden, wie z. B. sämtliche Jäger und Alle, welche mit den nachahmenden Künsten sich beschäftigen, nemlich viele, welche dieß in Bezug auf die Formen und auf die Farben, und viele auch, welche es bezüglich der musischen Kunst thun, die Dichter und deren Diener, die Volkssänger, die Schauspieler, die Tänzer, die Theater-Unternehmer, und auch die Verfertiger mannigfacher Geräthe, sowohl anderer, als auch besonders betreffs des Schmuckes der Weiber; und wir werden denn nun auch mehrere Dienstleistende bedürfen, oder scheinen dir nicht Knabenaufseher, Ammen, Wärterinnen, Kammerzofen, Bartscheerer, und hinwiederum auch Feinbäcker und Köche nöthig? Ferner aber werden wir auch die Schweinhirten bedürfen; nemlich diese fanden sich in unserem früheren Staate nicht, denn sie waren dort nicht nöthig; in diesem jetzigen aber werden auch diese ebenso nöthig sein, wie gar viele andere Thiergattungen, woferne man sie verspeist; oder wie sonst? – Warum aber auch nicht? – Nicht wahr also, auch Aerzte zu bedürfen, werden wir bei dieser Lebensweise weit mehr in dem Fall sein, als früher? – Ja, bei weitem. – Und auch das Land doch wohl, welches damals noch genügte, die damaligen zu ernähren, wird nun aus einem genügenden schon ein zu kleines geworden sein? oder wie anders sollen wir sagen? – Ja, eben so, sagte er. – Nicht wahr also, wir müssen uns Etwas von dem Lande der Nachbarn abschneiden, woferne wir ein genügendes für Weide und Acker haben sollen? und jene hinwiederum Etwas von dem unsrigen, wann auch jene sich freien Lauf zu unbegränztem Erwerbe von Dingen lassen und die Gränze des Nothdürftigen überschritten haben? – Ja, dringend nothwendig ist dieß, o Sokrates, sagte er. – Krieg führen also werden wir hierauf, o Glaukon, oder wie anders soll es sein? – Eben so, sagte er. – Und wir wollen hiebei noch Nichts davon sprechen,

erwiederte ich, ob der Krieg ein Uebel oder ein Gut bewirke, sondern eben nur so viel, daß wir hiemit auch wieder die Entstehung des Krieges gefunden haben, woraus zumeist den Staaten sowohl für den Einzelnen, als auch für die öffentlichen Verhältnisse Uebel erwachsen, wenn eben welche daraus erwachsen. – Ja, allerdings wohl. – Ein noch größerer Staat also, o Freund, wird nun nöthig sein, und zwar nicht um ein Kleines, sondern um ein ganzes Heer, welches zum Schutze des gesammten Vermögens auszieht und zum Schutze von all jenem, was wir so eben angeführt haben, mit den Gegnern kämpfen wird. – Wie so aber? sagte jener; sind denn nicht jene selbst hiezu genügend? – Nein, erwiederte ich, woferne du und wir Alle in richtiger Weise Etwas zugestanden haben, als wir unseren Staat gestalteten; wir gestanden aber ja doch zu, wenn du dich dessen erinnerst, daß unmöglich Einer in vielen Künsten sich gut bethätigen könne. – Ja, du hast Recht, sagte er. – Wie nun also? sagte ich; scheint dir der Kampf im Kriege nicht Sache einer Kunst zu sein? – Ja wohl, sehr, sagte er. – Soll man also etwa um die Kunst der Lederbereitung mehr besorgt sein als um die Kriegskunst? – Keineswegs. – Aber den Lederarbeiter haben wir ja daran gehindert, daß er versuche, zugleich auch ein Landbebauer oder ein Weber oder ein Häuserbauer zu sein, damit nemlich eben die Werkthätigkeit der Lederbereitungskunst uns gut von Statten gehe, und auch jedem einzelnen der Uebrigen haben wir in gleicher Weise nur Eins zugetheilt, zu welchem nemlich Jeder von Natur aus geeignet ist, und welches er, ungestört von Anderem, sich angelegen sein lassen soll, und hiedurch, indem er sein Leben lang es treibt, keinen günstigen Zeitpunkt vorbeilassend, es gut bewerkstelligt. Gelten aber denn nun die Kriegsverhältnisse nicht am höchsten, wenn sie gut bewerkstelligt werdend oder ist dieß so leicht, daß auch irgend Einer ein Krieger sein wird, während er zugleich das Land bebaut und Leder verarbeitet und irgend eine andere Kunst betreibt; ein tüchtiger Brett- oder Würfel-Spieler aber könnte etwa doch kein Einziger werden, der sich nicht von Kindheit an hiemit beschäftigte, sondern als Nebensache es betrachtete? und bei dem Schilde oder irgend einer anderen kriegerischen Waffe oder einem solchen Werkzeuge würde derjenige, welcher es nur in die Hand nimmt, zur selben Stunde schon ein genügender Kämpfer für eine Schlacht der Schwerbewaffneten oder sonst irgend eine andere Kriegführung, von den übrigen Werkzeugen hingegen würde keines dadurch, daß es bloß in die Hand genommen wird, irgend Jemanden schon zu einem Werkmeister oder Kämpfer machen, ja dieselben nicht einmal brauchbar für denjenigen sein, welcher weder das Wissen eines Jeglichen erfaßt, noch genügende Uebung darauf verwendet hat? – Viel werth, sagte er, wären ja außerdem freilich schon die Werkzeuge. –

15. Nicht wahr also, sagte ich, je mehr die Werkthätigkeit jener Wächter die größte ist, um so mehr bedarf sie auch sowohl des meisten Zeitaufwandes unter allen übrigen, als auch andrerseits der größten Kunst und Sorgfalt? – Ich wenigstens glaube es wohl, sagte er. – Wohl also bedarf es auch einer zu diesem Betriebe tauglichen Begabung? – Wie sollte es auch nicht so sein? – Unsere Aufgabe demnach ist es, wie es scheint, woferne wir es im Stande sind, eine Auswahl zu treffen, welche und welcherlei Begabungen tauglich seien zur Bewachung eines Staates. – Ja, unsere Aufgabe wohl. – Wahrlich bei Gott, sagte ich, nicht ein geringes Geschäft also haben wir uns aufgeladen; dennoch aber dürfen wir den Muth nicht sinken lassen, so weit wenigstens unsere Kraft ausreicht. – Nein, allerdings nicht, sagte er. – Glaubst du also, sprach ich, daß irgend ein Unterschied sei in Bezug auf Bewachung zwischen der Begabung eines tüchtigen jungen Hundes und eines edlen Jünglinges? – Was meinst du hiemit? – Nemlich Jeder von beiden soll doch sowohl einen geschärften Sinn haben, um etwas wahrzunehmen, als auch soll er behend sein, um, wenn er Etwas wahrnimmt, es zu verfolgen, und dann auch wieder kräftig soll er sein, falls er, wenn er es ereilt hat, mit demselben kämpfen muß. – Ja allerdings, sagte er, ist all dieses nöthig. – Und nun aber tapfer soll er ja sein, woferne er gut kämpfen soll. – Wie sollte es auch nicht so sein? – Wird aber etwa dasjenige tapfer sein wollen, was nicht muthig ist, sei es ein Pferd oder ein Hund oder irgend ein anderes Thier? oder hast du nicht bemerkt, daß etwas Unbekämpfbares und Unbesiegbares der Muth ist, bei dessen Anwesenheit jede Seele gegen Alles furchtlos und unüberwindlich ist? – Ich habe es wohl bemerkt. – Wie also bezüglich des Körperlichen der Wächter sein solle, ist klar. – Ja. – Und nun ja auch bezüglich der Seele, nemlich daß er muthig sein soll. – Auch dieses. – Wie also, o Glaukon, sagte ich, soll es geschehen, daß Solche nicht unter sich und gegen die übrigen Bürger grimmig sind, da sie bezüglich ihrer Begabung derartige sind? – Bei Gott, sagte er, nicht leicht wird es anders sein. – Nun aber sollen dieselben ja doch gegen ihre eigenen Leute sanft, nur aber gegen die Feinde gefährlich sein; denn außerdem werden sie gar nicht darauf warten, daß Andere ihnen Verderben drohen, sondern sie selbst werden dieß als die ersten thun. – Dieß ist wahr, sagte er. – Was sollen wir also anfangen? sagte ich; woher werden wir einen Charakter finden, welcher zugleich sanft und sehr muthig ist? denn entgegengesetzt doch wohl ist der muthigen die sanfte Begabung. – Ja, so

zeigt sich's. – Nun aber wird er ja, wenn er irgend eines dieser beiden entbehrt, niemals ein guter Wächter werden; jenes aber gleicht den Unmöglichkeiten, und auf diese Weise ergibt sich daß unmöglich ein guter Wächter entstehen kann. – Es kömmt darauf hinaus, sagte er. – Und ich war rathlos und erwog das vorher Gesagte und sprach: Mit Recht ja wurden wir rathlos, mein Freund; denn wir haben uns von dem Gleichnisse entfernt, welches wir vorher aufstellten. – Wie meinst du dieß? – Wir haben nemlich nicht bemerkt, daß es also doch solche Begabungen gibt, wie wir glaubten, daß es nicht gebe, welche nemlich diese Gegensätze in sich enthalten. – Wo denn? – Man möchte es sowohl an anderen Thieren sehen, als auch wahrlich in keinem geringen Grade bei jenem, welches wir vorhin verglichen, nemlich bei dem jungen Hunde. Du weißt nemlich doch wohl, daß dieß von Natur aus in der Art der tüchtigen Hunde liegt, daß sie gegen diejenigen, an welche sie gewöhnt sind und welche sie kennen, so sanft als möglich sind, gegen die Unbekannten aber das Gegenteil. – Ja, ich weiß es allerdings. – Dieß also, sagte ich, ist hiemit etwas Mögliches, und nicht naturwidrig suchen wir darnach, daß der Wächter ein derartiger sei. – Es scheint nicht naturwidrig –

16. Scheint dir also wohl auch noch Folgendes der künftige Wächter zu bedürfen, daß er außer der muthigen auch eine weisheitsliebende Begabung erhalte? – Wie so? sagte er; denn ich verstehe dieß noch nicht. – Auch dieß, erwiederte ich, wirst du an den Hunden erblicken, was noch dazu bei einem Thiere bewunderungswürdig ist. – Nemlich was? – daß er demjenigen, welchen er als einen Unbekannten sieht, gefährlich ist, obwohl er vorher nichts Schlimmes von ihm erfahren hat; jenen aber, welchen er als einen Bekannten sieht, liebkost er, auch wenn er niemals von ihm irgend etwas Gutes erfahren hat; oder hast du dich darüber noch nie gewundert? – Ich habe, sagte er, eben nicht so weit meine Aufmerksamkeit erstreckt; aber daß er solches thut, ist wohl klar. – Nun aber zeigt sich ja dieser Vorgang in der Begabung desselben als ein gar Feines und in Wahrheit als ein Weisheitsliebendes. – Wie so denn? – Insoferne er, sagte ich, Freundes- und Feindes-Anblick nach nichts Anderem unterscheidet als darnach, daß er den einen kennen lernte und den anderen nicht kennt. Und doch wie sollte Etwas nicht ein Lernbegieriges sein, was die Gränze zwischen Angehörigem und Fremdem eben nur nach dem Kennen und Nichtkennen zieht? – Jedenfalls, sagte er, ist es ein Lernbegieriges. – Nun aber, sprach ich, ist doch das Lernbegierige und das Weisheitsliebende das Nemliche? – Ja wohl, das Nemliche, sagte er. – Nicht wahr also, auch bei dem Menschen

werden wir getrost die Behauptung aufstellen, daß er, woferne er gegen seine eigenen Leute und gegen die Bekannten sanft sein soll, weisheitsliebend und lernbegierig sein muß? – Ja, wir wollen sie aufstellen, sagte er. – Weisheitsliebend demnach und muthig und behend und stark wird uns bezüglich seiner Begabung derjenige sein, welcher dereinst ein trefflicher und tüchtiger Wächter eines Staates sein soll. – Ja wohl, völlig so, sagte er. – Dieser also nun möge uns hiemit auf diese Weise gefunden sein; aber auf welche Weise denn nun werden uns diese aufgenährt und herangebildet werden? Und wird also auch, wenn wir dieß erwägen, es uns förderlich sein zur Einsicht in jenes, um dessen willen wir Alles erwägen, nemlich auf welche Weise Gerechtigkeit und Ungerechtigkeit in einem Staate entstehe? damit wir nicht etwa eine zulängliche Begründung übergehen oder andrerseits zu Vieles durchgehen. – Und der Bruder des Glaukon sagte: Allerdings wohl erwarte ich, daß jene Erwägung zu diesem förderlich sein werde. – Nicht also, bei Gott, o Adeimantos, sagte ich, dürfen wir ablassen, auch dann nicht, wenn die Erwägung eine ziemlich lange sein sollte. – Nein, allerdings nicht. – Wohlan also, gleichsam wie in einer Dichtung Fabeln erzählend und die Erörterung uns angelegen sein lassend, wollen wir jene Männer nun heranbilden. – Aber es muß auch sein. –

17. Welches also ist die Heranbildung derselben? oder ist es schwierig, eine bessere zu finden, als jene, welche schon durch die Länge der Zeit gefunden wurde? diese aber ist doch wohl einerseits für den Körper die gymnische, andrerseits für die Seele die musische? – Ja, diese ist es. – Werden wir also nicht zuerst beginnen, sie musisch heranzubilden, und dann erst gymnisch? – Warum nicht? – Wenn du aber von der musischen sprichst, so rechnest du darunter die mündlichen Aussprüche; oder nicht? – Ja, ich wenigstens gewiß. – Der mündlichen Aussprüche aber gibt es eine doppelte Art, einerseits wahre und andrerseits unwahre? – Ja. – Bilden aber soll man jene in beiden, und zuerst in den unwahren? – Ich verstehe nicht, sagte er, wie du dieß meinst. – Du verstehst nicht, erwiederte ich, daß wir den Kindern zuerst Fabeln erzählen? diese aber sind doch wohl, um es im Ganzen zu sagen, etwas Unwahres, darin enthalten aber ist auch Wahres; zuerst aber wenden wir ja bei den Kindern Fabeln an, und dann erst Leibesübungen. – Ja, so ist es. – Dieß demnach meinte ich damit, daß die musische Bildung früher als die gymnische zu ergreifen sei. – Du hast hierin Recht, sagte er. – Nicht wahr also, du weißt, daß der Anfang eines jeden Dinges das Größte ist, zumal bei Allem, was jung und zart ist? denn zumeist ja in jener Zeit wird das Gepräge sich bilden und eindringen, welches man einem Jeden

aufdrücken will. – Ja wohl, gar sehr. – Sollen wir nun so leichthin es zulassen, daß die Kinder alle beliebigen von jedem Beliebigen gedichteten Fabeln hören und in ihren Seelen meistenteils entgegengesetzte Meinungen erfassen gegen jene, welche sie unserer Ansicht nach haben sollen, wenn sie erwachsen sind? – Nein, in keinerlei Weise werden wir dieß zulassen. – Erstens demnach müssen wir, wie es scheint, die Fabeldichter beaufsichtigen, und jede Fabel, welche sie gut dichten, auswählen, jene hingegen, welche nicht gut, ausscheiden; die von uns ausgewählten aber den Kindern vorzusagen, werden wir die Ammen und Mütter überreden, sowie daß sie die Seelen derselben weit mehr durch Fabeln bilden, als den Körper vermittelst der Hände; von jenen Fabeln aber, welche die Leute ihnen jetzt vorsagen, müssen wir die meisten verbannen. – Welche denn? sagte er. – In den größeren Fabeln, erwiederte ich, werden wir auch die kleineren erblicken; denn es sollen doch wohl das nemliche Gepräge und die nemliche Kraft sowohl die größeren als auch die kleineren haben; oder glaubst du nicht? – Dieß gewiß, sagte er; aber ich verstehe auch noch nicht, welche du unter den größeren meinest. – Diejenigen, sprach ich, welche Hesiodos und Homeros und die übrigen Dichter uns erzählten; denn diese doch wohl sind es, welche unwahre Fabeln zusammenstellten und erzählten und noch erzählen. – Ja welche denn? sagte er, und was tadelst du denn hiemit an ihnen? – Was man, erwiederte ich, zuerst und zumeist tadeln muß, zumal wenn Jemand in unrichtiger Weise Unwahres sagt. – Was soll dieses sein? – Wenn Jemand in seiner Rede schlechte Gleichnisse betreffs dessen gebraucht, wie beschaffen die Götter und die Heroen seien, gerade wie ein Maler, welcher Dinge malt, die demjenigen gar nicht gleichen, was er in einer Verähnlichung malen wollte. – Es ist ja auch völlig richtig, sagte er, Derartiges zu tadeln; aber in welchem Sinne denn und von welchen Dingen meinen wir dieß hier? – Erstens, erwiederte ich, die größte Unwahrheit und betreffs des Größten hat der sie Aussprechende in unrichtiger Weise gesagt, daß nemlich sowohl Uranos vollführt habe, was von ihm Hesiodos sagt, daß er gethan habe, als auch hinwiederum die Art und Weise, in welcher Kronos sich an ihm rächte; die Thaten aber eben des Kronos und was er wieder durch seinen Sohn erlitt, sollten nach meiner Meinung selbst dann nicht, wenn sie wahr wären, so leichthin von Unverständigen und jungen Leuten gesagt, sondern zumeist verschwiegen werden; falls aber eine Nothwendigkeit bestünde sie zu sagen, so sollten solches nur als Geheimniß so Wenige als nur möglich hören, nachdem sie ein Opfer, und zwar nicht etwa bloß ein Ferkel, sondern irgend ein großes und schwer herbeizuschaffendes Opfer dargebracht haben, damit eben so Wenigen als möglich es gelinge, solches zu hören. – Es sind ja auch wirklich, sagte er, wenigstens diese Erzählungen gefährlich. – Und nicht ja, o Adeimantos, sagte ich, darf man sie in unserem Staate vorbringen; und nicht darf man zu einem jungen Menschen, so daß er es hören könnte, sagen, daß er bei Verübung des äußersten Unrechtes oder wenn er etwa einen ihm Unrecht thuenden Vater auf jede Weise züchtigte, durchaus nichts Auffallendes verübe, sondern eben nur das Nemliche thue, wie auch die obersten und größten Götter. – Wahrlich, bei Gott, sagte er, auch mir selbst scheint solches nicht passend zu sein, um es zu sagen. – Und überhaupt ja, sagte ich, auch nicht, daß Götter mit Göttern Krieg führen und einander nachstellen und mit einander kämpfen (denn solches ist nicht einmal wahr), woferne ja bei uns die künftigen Wächter des Staates es für das Schimpflichste halten sollen, gegenseitig leicht sich zu verfeinden. Weit gefehlt also, daß man ihnen die Kämpfe gegen die Giganten und viele und mancherlei andere Feindschaften der Götter und der Heroen gegen ihre Verwandten und Angehörigen in den Fabeln erzählen und ausschmücken soll, sondern woferne wir irgend sie überzeugen wollen, daß noch kein Bürger jemals mit einem anderen Bürger sich verfeindete, und dieß auch nicht erlaubt ist, so müssen weit eher eben Derartiges von vorneherein zu den Kindern die Greise und die alten Frauen und überhaupt die Aelteren sagen, und die Dichter muß man nöthigen, sich in ihrer Sagendichtung nahe an Solches zu halten. Dinge aber wie die Fesselung der Hera durch ihren Sohn und wie das Herabschleudern des Hephästos durch seinen Vater, weil ersterer seiner Mutter, welche Schläge bekömmt, beistehen will, und all jene Götterschlachten, welche Homeros gedichtet hat, darf man in unseren Staat nicht aufnehmen, weder wenn sie mit einem tiefer liegenden Sinne gedichtet sind, noch wenn ohne einen solchen; denn der junge Mensch ist nicht im Stande, zu beurtheilen, was der tiefer liegende Sinn sei und was nicht, sondern dasjenige, was er in solchen Jahren in seinen Ansichten erfaßt, pflegt ein Unaustilgbares und Unwandelbares zu werden. Um dessen willen also ist es vielleicht über Alles hoch anzuschlagen, daß, was sie als erstes hören, in Bezug auf Trefflichkeit so richtig als möglich gedichtet sei. –

18. Ja, es hat allerdings seinen Grund, sagte er; aber wenn hinwiederum uns Jemand fragte, welcherlei Art eben dieß selbst und welche diese Fabeln sein sollen, welche würden wir angeben? – Und ich sprach: o Adeimantos, wir sind für jetzt keine Dichter, weder du noch ich, sondern Gründer eines Staates, für Gründer aber gebührt es sich, daß sie wohl das Gepräge wissen, in welchem die Dichter Fabeln erzählen sollen, so daß, wenn sie wider dasselbe verstoßen, dieß

nicht zu dulden ist, nicht jedoch müssen sie selbst auch Fabeln dichten. – Ganz richtig, sagte er; aber eben dieß nun meine ich, welches wohl jenes Gepräge betreffs der Göttersage sei. – Ungefähr folgendes, sagte ich: wie beschaffen Gott wirklich ist, so muß man ihn doch wohl stets angeben, mag ihn Jemand in epischer oder in lyrischer oder in dramatischer Poesie dichterisch aussprechen. – Ja, so soll es sein. – Nicht wahr also, Gott ist ja wirklich gut und so muß man es auch aussprechen? – Wie denn sonst? – Nun aber ist ja Nichts von demjenigen, was gut ist, schädlich; oder wie etwa? – Meiner Meinung nach Nichts. – Schadet also etwa jenes, was nicht schädlich ist? – In keiner Weise. – Thut aber dasjenige, was nicht schadet, irgend Schlimmes? – Auch dieß nicht. – Was aber nichts Schlimmes thut, dieß dürfte ja auch nicht die Ursache irgend eines Schlimmen sein? – Wie sollte es ja auch? – Was weiter? ist das Gute nützlich? – Ja. – Also Ursache des Wohlergehens ist es? – Ja. – Nicht also von Allem ja ist das Gute die Ursache, sondern nur von demjenigen, was sich wohl verhält, hingegen von dem Schlimmen ist es nicht Ursache. – Ja völlig so, sagte er. – Also dürfte wohl auch der Gott, sprach ich, da er gut ist, nicht von Allem die Ursache sein, wie die meisten Leute sagen, sondern nur von Wenigem ist er für die Menschen die Ursache, von Vielem hingegen ist er nicht Ursache; denn weit Wenigeres ist für uns das Gute, als das Schlimme; und von dem Guten dürfen wir keinen Anderen als Ursache bezeichnen, für das Schlimme aber soll man irgend andere Ursachen suchen, aber nicht den Gott. – Durchaus wahr, sagte er, scheinst du mir zu sprechen. – Nicht also, sagte ich, dürfen wir von Homeros oder von irgend einem anderen Dichter es uns gefallen lassen, wenn er in unverständiger Weise diesen Fehler betreffs der Götter begeht und sagt, daß

„zwei Fässer in der Schwelle des Zeus liegen,
voll von Lebens-Loosen, das eine von guten, das andere aber von schlechten“,

und daß, wenn Zeus mischend von beiden verleihe,

„bald Schlimmes diesen trifft, bald aber Gutes“,

wem hingegen nicht, sondern aus dem einen ungemischt,

„diesen treibt eine schlimme verzehrende Noth zur göttlichen Erde“,

und auch dieß dürfen wir uns nicht gefallen lassen, daß für uns

„Zeus der Schatzwalter des Guten und Schlimmen ist“,

19. Wenn aber Jemand von jener Verwirrung der Eide und Verträge, welche Pandaros anzettelte, behauptet, sie sei durch Athene und Zeus eingetreten, so

werden wir dieß nicht loben, noch auch daß jener Streit der Götter und dessen Entscheidung durch Themis und Zeus eingetreten sei, noch auch hinwiederum dürfen wir dulden, daß die jungen Leute hören, daß, wie Aeschylos sagt:

> „Gott erzeugt die Ursache für die Sterblichen,
> wann er ein Haus vollständig verderben will“,

sondern wenn Jemand als Stoff seiner Dichtung, in welcher diese Verse vorkommen, die Leiden der Niobe oder jene der Pelopiden und die Verhältnisse vor Troja oder irgend etwas Anderes derartiges behandelt, so dürfen wir entweder nicht dulden, daß er Solches als Werk eines Gottes bezeichne, oder, wenn sie es als eines Gottes Werk bezeichnen, so müssen sie so ziemlich jene nemliche Begründung auffinden, welche auch wir jetzt suchen, und müssen sagen, daß der Gott gerechtes und Gutes wirkt, jene aber durch ihre Bestrafung einen Nutzen erfuhren. Daß aber diejenigen, welche büßen, unglücklich seien, und dabei doch der dieß Bewirkende ein Gott sei, daß dieß der Dichter sage, dürfen wir nicht dulden; wenn sie hingegen sagen würden, daß die Schlechten als Unglückliche eine Bestrafung bedurften, durch ihr Büßen aber von dem Gotte ihnen Nützliches zu Theil wurde, dann dürfen wir es zulassen; bei der Behauptung aber, daß ein Gott, während er ein Guter ist, für Jemanden die Ursache von Schlimmem werde, müssen wir auf jede Weise kämpfen, daß weder irgend Einer dieß in seinem Staate ausspreche, woferne dieser als ein wohlgesetzlicher bestehen soll, noch auch irgend Jemand, sei es ein Jüngerer oder ein Aelterer, es höre, mag die Erzählung der Fabel in gebundener oder in ungebundener Rede sein, da ja Solches, wenn es ausgesprochen wird, weder eine bezüglich des Göttlichen erlaubte Rede, noch auch uns zuträglich, noch endlich mit sich selbst in Einklang ist. – Ich gebe zugleich mit dir, sagte er, diesem Gesetze meine Stimme, und es gefällt mir. – Dieß demnach, sprach ich, wäre hiemit Eines von den Gesetzen betreffs der Götter und von jenen Geprägen, demzufolge die Erzählenden und die Dichtenden nicht erzählen und dichten dürfen, daß der Gott von Allem die Ursache sei, sondern nur daß von dem Guten. – Ja, und zwar ein sehr genügendes, sagte er. – Welches aber nun ist das folgende zweite? Glaubst du etwa, daß der Gott ein Zauberer sei und derartig, daß er in hinterlistiger Absicht bald in dieser bald in jener Gestalt erscheine, indem er bisweilen selbst so sich umwandle und seine eigene Form in viele Gestaltungen verändere, bisweilen aber auch uns täusche und bewirke, daß uns Derartiges betreffs seiner scheine, oder glaubst du, daß er sowohl einfach sei als auch von Allem am wenigsten aus seiner eigenen Gestalt heraustrete? – Ich kann, sagte er, für den Augenblick jetzt es nicht so schlechthin beantworten. – Wie aber? vielleicht Folgendes? Muß nicht nothwendig, woferne Etwas aus seiner eigenen Form heraustritt, es entweder selbst durch sich selbst oder durch irgend ein Anderes umgeändert werden? – Ja, nothwendig. – Nicht wahr also, durch ein Anderes wird jenes, was sich am besten verhält, wohl am wenigsten geändert und in Bewegung gesetzt, wie z. B. wenn der Körper durch Speise und Trank und Anstrengungen, und jede Pflanze durch Sonnenhitze und Winde und die derartigen Vorkommnisse geändert wird, wird da nicht das Gesündeste und Kräftigste wohl am wenigsten geändert? – Wie sollte es nicht so sein? – Aber würde nicht auch auf die Seele selbst, wenn sie die tapferste und verständigste ist, wohl am wenigsten ein äußeres Ereigniß erschütternd und ändernd einwirken? – Ja. – Und nun ja auch von allen zusammengesetzten Gerätschaften und Baulichkeiten und Kleidungsstücken werden diejenigen, welche gut gearbeitet sind und sich gut verhalten, wohl am wenigsten durch die Zeit und durch die übrigen Vorkommnisse geändert? – Ja, es ist so. – Jedes demnach, was entweder vermöge der Natur oder vermöge der Kunst oder vermöge beider sich richtig verhält, läßt im geringsten Grade eine Veränderung durch irgend ein Anderes in sich zu. – Ja, so scheint es. – Nun aber verhält sich ja doch der Gott und das Göttliche in jeder Beziehung am besten. – Wie sollte es auch nicht so sein? – In dieser Beziehung demnach möchte wohl der Gott am wenigsten viele Gestaltungen annehmen. – Ja, sicher am wenigsten. –

20. Möchte also wohl er selbst es sein, welcher sich selbst verwandelt und ändert? – Klärlich, sagte er, bleibt dieß allein noch übrig, woferne er überhaupt verändert werden soll. – Würde er nun etwa in ein Besseres und Schöneres oder in ein Schlechteres und Häßlicheres, als er selbst ist, sich verwandeln? – Nothwendig in das Schlechtere, sagte er, woferne er sich verändert; denn wir werden ja doch wohl nicht behaupten, daß der Gott erst noch einer höheren Schönheit und Trefflichkeit bedürftig sei. – Völlig richtig, sagte ich, sprichst du; und wenn dieß sich so verhält, scheint dir dann, o Adeimantos, irgend Jemand freiwillig sich selbst schlechter machen zu wollen, sei es ein Gott oder ein Mensch? – Unmöglich, sagte er. – Unmöglich also, sprach ich, ist es auch für einen Gott, daß er sich selbst verändern wolle, sondern, wie es scheint, als der möglichst schönste und beste verharrt jeder derselben stets schlechthin in seiner Gestaltung. – Durchaus nothwendig, sagte er, scheint mir dieß zu sein. – Keiner also unter den Dichtern, mein bester, sprach ich, möge uns etwa sagen, daß

„Götter fremden Wanderern gleich
in mancherlei Gestalt die Städte durchziehen“,

und keiner möge Lügen verbreiten über den Proteus oder über die Thetis, noch auch führe Einer in Tragödien oder anderen Gedichten die Hera in eine Priesterin verwandelt ein, indem sie Gaben sammelt

„von den fruchtspendenden Söhnen des argivischen Flusses Inachos“,

und überhaupt auch viele andere derartige Lügen mögen sie uns nicht vorsagen. Und hinwiederum sollen auch nicht die Mütter Diesem Glauben schenkend ihre Kinder in Furcht setzen, indem sie in ungehöriger Weise Fabeln erzählen, daß irgend Götter des Nachts herumwandeln, vielen und mancherlei fremden gleichend, damit sie nemlich nicht einerseits gegen die Götter lästern und andrerseits zugleich ihre Kinder feig machen. – Nein, sie sollen es nicht, sagte er. – Sind aber etwa, sagte ich, die Götter wohl an sich selbst derartig, daß sie sich nicht verwandeln, und bewirken sie hingegen nur für uns durch Täuschung und Zauberei, daß sie uns in mancherlei Gestalten vorzukommen scheinen? – Vielleicht, sagte er. – Wie aber? sprach ich; möchte wohl ein Gott in Wort oder That durch Vorspiegelung eines Trugbildes täuschen wollen? – Ich weiß es nicht, sagte er. – Du weißt nicht, erwiederte ich, daß die wahrhaftige Täuschung, wenn es möglich ist, eben diesen Ausdruck zu gebrauchen, alle Götter und Menschen hassen? – Wie meinst du dieß? sagte er. – Ich meine es so, sprach ich, daß Niemand mit dem Eigentlichsten und betreffs des Eigentlichsten, was ihm gehört, freiwillig täuschen will, sondern es am meisten von Allem fürchtet, in jenem eine Täuschung mit sich herumzutragen. – Auch jetzt noch verstehe ich es nicht, sagte er. – Du meinst nemlich wohl, sprach ich, daß ich hiemit etwas gar Großartiges sage; ich sage aber ja nur, daß, wenn man in seiner eigenen Seele betreffs des Seienden täuscht und getäuscht ist und unwissend ist und dort selbst die Täuschung hat und mit sich herumträgt, dieß wohl Alle am wenigsten sich gefallen ließen und zumeist an Derartigem hassen würden. – Ja, bei Weitem, sagte er. – Nun aber möchte ja am richtigsten das, was ich jetzt gerade sagte, eben eine wahrhafte Täuschung genannt werden, nemlich die Unwissenheit des Getäuschten in seiner eigenen Seele selbst, da ja dasjenige, was in der Rede enthalten ist, nur irgend eine Nachahmung eines Vorganges in der Seele und ein späteres Abbild desselben, nicht aber selbst schon eine völlig unvermischte Täuschung ist; oder ist es nicht so? – Ja, allerdings wohl. –

21. Die wirkliche Täuschung demnach wird nicht bloß von Göttern, sondern auch von Menschen gehaßt. – So scheint es mir. – Wie aber nun? ist die in den Reden liegende Täuschung wohl zuweilen auch irgend etwas Nützliches, so daß sie nicht hassenswerth ist? wird sie etwa nicht gegen die Feinde und gegen manche der sogenannten Freunde, wenn sie aus Wahnsinn oder irgend einem Unverstande etwas Schlimmes zu vollführen versuchen, dann um der Abwendung willen wie eine Arznei etwas Nützliches? und machen wir denn nun nicht auch in jenen fabelhaftem Sagen selbst, von welchen wir jetzt sprachen, darum, weil mir betreffs der ältesten Dinge nicht wissen wie die Wahrheit stehe, nun durch möglichste Verähnlichung der Täuschung mit der Wahrheit dieselbe auf diese Weise wirklich zu einer nützlichen? – Ja, gar sehr, sagte er, verhält es sich so. – Nach welcher nun von diesen Beziehungen soll dem Gotte die Täuschung nützlich sein? sollte er etwa darum, weil er die ältesten Dinge nicht weiß, gleichfalls durch eine Verähnlichung eine Täuschung begehen? – Dieß wäre ja lächerlich, sagte er. – Ein solcher täuschender Dichter also ist im Gotte nicht vorhanden. – Mir scheint nicht. – Soll er aber etwa aus Furcht vor den Feinden eine Täuschung begehen? – Weit gefehlt. – Aber etwa wegen eines Unverstandes oder Wahnsinnes der ihm Befreundeten? – Es ist ja aber, sagte er, kein Unverständiger und Wahnsinniger ein Gottbefreundeter. – Also gibt es keinen Grund, um dessen willen Gott täuschen sollte. – Nein, es gibt es keinen. – Also in jeder Beziehung ist das Dämonische und Göttliche ohne Täuschung. – Ja, völlig wohl, sagte er. – Gar sehr also ist der Gott ein Einfaches und Wahres in That und Wort, und weder selbst verwandelt er sich, noch täuscht er Andere, weder in Truggebilden noch in Reden noch in Sendung von Zeichen, weder im Wachen noch im Traume. – So zeigt es sich, sagte er, nun auch mir selbst, während du sprichst. – Du gestehest also zu, sprach ich, daß dieß jenes zweite Gepräge sei, dem zufolge man über die Götter sprechen und dichten soll, daß nemlich dieselben weder Zauberer sind und sich selbst verwandeln können, noch auch uns durch Täuschungen in Wort oder That berücken? – Ich gestehe es zu. – Also während wir Vieles an Homeros loben, werden wir hingegen Solches nicht loben, wie nemlich die Sendung des Traumes durch Zeus an Agamemnon, noch auch an Aeschylos, wenn dort Thetis sagt, Apollo habe bei ihrer Hochzeit gesungen:

„er verleihe Kindersegen
und ein von Krankheit freies und langdauerndes Leben.
Und in Allem mein Geschick als gottgeliebt bezeichnend

sprach der Gott gnädige Worte, mich erfreuend;
und ich hoffte, des Phöbus göttlicher Mund sei täuschungslos,
sowie er von der Kunst des Wahrsagens überfließt;
er aber, der selbst jenes sang, der selbst beim Mahle war,
der selbst es sprach, er selbst ist es, der getödtet hat
meinen Sohn“.

Wann Jemand Derartiges betreffs der Götter sagt, werden wir ihm zürnen und für seine Tragödie ihm keinen Chor bewilligen, und auch nicht zulassen, daß die Lehrer Solches zur Bildung der jungen Leute benützen, woferne unsere Wächter gottesfürchtig und, soweit es einem Menschen nur irgend möglich ist, göttlich werden sollen. – Ja, durchaus, sagte er, gestehe ich dir diese zwei Arten des Gepräges zu, und würde sie als Gesetze in Anwendung bringen.

Drittes Buch

1. Was demnach die Götter betrifft, sagte ich, so müssen ungefähr Derartiges, wie es scheint, sogleich von ihrer Kindheit an Diejenigen hören und nicht hören, welche dereinst die Götter und die Eltern ehren und die wechselseitige Freundschaft nicht gering achten sollen. – Ja, und ich glaube wenigstens, sagte er, daß dieß sich richtig uns so zeige. – Wie aber nun? wenn jene auch tapfer werden sollen, muß man ihnen dann nicht sowohl eben Solches als auch Derartiges sagen, was bewirken würde, daß sie den Tod am wenigsten fürchten? oder glaubst du, es könne Einer jemals tapfer werden, wenn er diese Furcht in sich trägt? – Nein, bei Gott, sagte er, gewiß nicht. – Wie aber? Meinst du, daß Jemand, welcher an die Dinge im Hades glaubt und sie für so fürchterlich hält, wohl furchtlos sein und in den Schlachten den Tod statt der Niederlage und Sklaverei wählen werde? – In keiner Weise. – Wir müssen demnach, wie es scheint, auch betreffs dieser Fabeln jene beaufsichtigen, welche hierüber zu sprechen versuchen, und wir müssen verlangen, daß sie nicht schlechthin über die Dinge im Hades schmähen, sondern weit eher sie loben, da sie ja außerdem weder Wahres noch für die künftigen Kämpfer Nützliches sagen würden. – Wir müssen dieß allerdings, sagte er. – Ausstreichen also, sagte ich, werden wir von folgendem Verse angefangen alles derartige:

„Lieber wollte ich als Ackerknecht bei einem Anderen im Dienste stehen, bei einem Unbegüterten, welcher nicht Viel zu leben hat, als über sämmtliche dahingeschwundene Todte Herrscher sein";

und auch die folgenden:

„ein Haus aber würde den Sterblichen und Unsterblichen sich zeigen, gräßlich, voll dumpfen Grauens, wovor selbst Götter es schaudert";

und auch:

„Weh! so gibt es also auch in den Gemächern des Hades eine Seele und ein Schattenbild, aber gänzlich ohne Besinnung";

und auch folgendes:

„er allein athmet, die übrigen sind unstete Schatten";

und auch:

„die Seele aber entflog aus den Gliedern und ging in den Hades, ihr Geschick beklagend, verlassend die Manneskraft und Blüthe der Jahre";

und auch folgendes:

„die Seele aber ging unter die Erde, wie ein Rauch, fort in schwirrendem Laufe";

und auch:

„wie wann Fledermäuse in einer Kluft einer wundersamen Höhle schwirrend flattern, wenn Eine derselben herabfiel aus dem Schwarme von Felsen nieder, und sie aneinander sich klammern, so gingen auch diese Seelen schwirrend miteinander".

Bei diesem und all derartigem werden wir den Homeros und die übrigen Dichter um Nachsicht bitten, daß sie uns nicht zürnen, wenn wir es durchstreichen, nicht, weil Solches etwa nicht dichterisch und nicht für die Menge vergnüglich zu hören wäre, sondern gerade je dichterischer es ist, desto weniger dürfen es Knaben und Männer hören, welche frei sein sollen, insoferne sie Sklaverei mehr als den Tod fürchten. – Ja, durchaus wohl. –

2. Nicht wahr also, auch die vielen fürchterlichen und erschrecklichen Namen betreffs jener Dinge sind zu verbannen, wie „Kokytos", „Styx", „die Unterirdischen", „die Kraftlosen", und alle Worte, welche sonst noch nach diesem Gepräge ausgesprochen werden und so sehr als möglich alle Hörenden

schaudern machen; und vielleicht wohl mögen sie in anderer Beziehung gut sein, wir aber fürchten unsere Wächter, sie möchten uns aus diesem Schauder in größerer Fieberhitze und mit mehr Erschlaffung, als nöthig ist, hervorgehen. – Und mit Recht ja, sagte er, fürchten wir dieß. – Also tilgen müssen wir jene? – Ja. – Aber das entgegengesetzte Gepräge von diesem müssen wir aussprechen und dichten? – Klärlich. – Und auch jene Wehklagen also und jenes Jammern der ruhmwürdigen Männer werden wir tilgen? – Ja, nothwendig, sagte er, woferne auch das Vorige. – So erwäge denn nun, sprach ich, ob wir mit Recht dieß tilgen werden oder nicht; wir behaupten aber demnach, daß der tüchtige Mann für den tüchtigen Mann, dessen Gefährte er wohl auch ist, den Tod nicht für etwas Fürchterliches halten wird. – Ja, wir behaupten es. – Nicht also würde er über jenen, als wäre ihm etwas Fürchterliches widerfahren, wehklagen. – Nein, sicher nicht. – Nun aber sagen wir ja auch noch Folgendes, daß der Derartige zumeist für sich allein schon sich genügt zu einem guten Leben und in einer vor den Uebrigen hervorragenden Weise am wenigsten eines Anderen hiezu bedarf. – Dieß ist wahr, sagte er. – Am wenigsten also ist es für ihn etwas Fürchterliches, eines Sohnes oder Bruders oder seines Vermögens oder anderer derartiger Dinge beraubt zu werden. – Allerdings am wenigsten. – Am wenigsten also würde er auch wehklagen, und so mild als möglich es ertragen, wenn ihn ein derartiges Geschick getroffen? – Ja, bei Weitem. – Mit Recht also möchten wir wohl jenes Weinen der berühmten Männer tilgen und den Weibern es überlassen, und nicht einmal unter diesen den tüchtigen, und unter den Männern den feigen, damit es für uns denjenigen verleidet werde, Aehnliches zu thun, welche wir ja zur Bewachung des Landes zu erziehen behaupten. – Ja, mit Recht, sagte er. – Abermals demnach werden wir den Homeros und die übrigen Dichter bitten, nicht zu dichten, daß Achilleus, der Sohn einer Göttin,

> „bald auf der Seite liegend, bald wieder auf dem Rücken, bald auf dem Gesichte, bald wieder aufrecht stehend, seufzte umherirrend am Ufersande des öden Meeres“;

und auch nicht, daß er

> „mit beiden Händen schwärzlichen Staub ergreifend ihn streute über das Haupt“;

noch auch daß er sonst weinte und klagte, wie jener oft dichtete; und daß auch nicht Priamos, welcher doch den Göttern nahe ist, flehentlich bitte

„sich wälzend im Staube
und bei Namen rufend jeden einzelnen Mann".

Noch viel mehr aber als um dieses wollen wir sie bitten, daß sie ja doch nicht von Göttern selbst dichten, wie dieselben klagen und sagen:

„wehe mir Armen, wehe mir, der unglücklichen Mutter meiner Kinder".

Wenn sie es denn auch von Göttern dichten, so sollen sie sich doch nicht erkühnen, den größten der Götter so unähnlich darzustellen, daß er ruft:

„wehe mir, wie ein mir lieber Mann um die Mauer verfolgt wird,
sehe ich mit meinen Augen, und es wehklagt mein Herz",

und auch:

„wehe mir, daß mir den Sarpedon, den liebsten der Männer,
das Geschick durch die Hand des Patroklos, des Menötiaden, bändigt".

3. Denn wenn, o lieber Adeimantos, die jungen Leute Derartiges im Ernste anhören und nicht darüber lachen, da es in unwürdiger Weise ausgesprochen ist, so würde kaum irgend Jemand sich selbst, da er ja ein Mensch ist, für unwürdig solcher Dinge halten und es sich zum Vorwurfe machen, wenn auch ihm es in den Sinn käme, Derartiges zu sagen oder zu thun, sondern ohne sich zu schämen und ohne standhaft zu sein, würde er bei kleinen Vorkommnissen viele Thränen und Wehklagen ausgießen. – Du sprichst sehr wahr, sagte er. – Er darf es aber ja nicht, wie so eben unsere Begründung uns zeigte, welcher wir glauben müssen so lange, bis uns Jemand durch eine andere, bessere, überzeugt. – Also er darf ja nicht. – Nun aber sollen jene ja auch nicht lachlustig sein; denn wenn sich Jemand heftigem Lachen hingibt, so pflegt solches auch einen heftigen Rückschlag nach sich zu ziehen. – So scheint es mir, sagte er. – Weder also dürfen wir es uns gefallen lassen, wenn Jemand von Menschen, welche der Rede werth sind, dichtet, daß sie vom Lachen überwältigt wurden, noch aber viel weniger, wenn er es von Göttern dichtet. – Ja, noch viel weniger allerdings, sagte er. – Nicht wahr also, auch Derartiges werden wir uns von Homeros betreffs der Götter nicht gefallen lassen:

„unauslöschliches Gelächter aber entstand unter den seligen Göttern,
wie sie den Hephästos so emsig durch die Gemächer umhergehen sahen".

Nicht dürfen wir uns Solches gefallen lassen zufolge deiner Begründung. – Ja, wenn du sie als die meinige bezeichnen willst; also wir dürfen ja nicht es uns gefallen lassen. – Nun aber ist ja auch die Wahrheit hoch zu schätzen; denn wenn wir so eben richtig angaben, daß auch wirklich für Götter die Täuschung unbrauchbar ist, für Menschen aber gleichsam in Form einer Arznei brauchbar, so ist klar, daß ja das Derartige den Aerzten zuzuweisen ist, von den einzelnen gewöhnlichen Menschen aber nicht berührt werden darf. – Ja, klar ist dieß, sagte er. – Den Herrschern also eines Staates kömmt es, wenn je überhaupt irgend Jemandem, zu, Täuschungen zu begehen, entweder um der Feinde, oder um der Bürger willen zum Nutzen des Staates; die sämmtlichen Uebrigen aber dürfen das Derartige nicht berühren, sondern eine gegen solche Herrscher von einem Einzelnen begangene Täuschung werden wir als das nemliche und sogar als ein größeres Vergehen bezeichnen, wie wenn ein Kranker gegen einen Arzt, oder ein die Leibesübungen Lernender gegen einen Ringmeister betreffs der Zustande seines eigenen Körpers nicht die Wahrheit sagt, oder wenn gegen einen Steuermann Einer betreffs des Schiffes und der Schiffsgenossen nicht das wirklich Seiende sagt, wie es mit ihm selbst oder mit irgend einem der Mitfahrenden stehe. – Sehr wahr ist dieß, sagte er. – Wenn er also irgend einen Anderen in dem Staate auf einer Täuschung ertappt, Einen von denjenigen,

„welche da Werkmeister sind,
einen Scher, einen Arzt in der Noth, oder einen Baumeister“,

so wird er ihn züchtigen, da er ein Bestreben einführt, welches dem Staate, wie einem Schiffe, den Untergang bereitet und verderblich ist. – Ja, wenigstens dann, wenn zum Worte auch die vollendete That hinzukömmt. – Was aber weiter? wird uns nicht etwa für die Jünglinge auch Besonnenheit nöthig sein? – Wie sollte es anders sein? – Was aber eben Besonnenheit bezüglich der Menge des Volkes betrifft, ist da nicht Folgendes das Bedeutendste, daß sie einerseits den Herrschern gehorchen, andrerseits aber selbst eine Herrschaft ausüben über die Vergnügungen in Speise und Trank und Liebesgenuß? – So scheint es mir wenigstens. – Folgendes demnach werden wir, glaube ich, als richtig gesagt bezeichnen, was auch bei Homeros Diomedes sagt:

„Trauter, schweig stille, und folge meiner Rede“,

und die darauf folgenden Worte, sowie auch:

„es gingen dahin stillschweigend muthbeseelt die Achäer“,
„stillschweigend fürchtend ihre Gebieter“,

und was sonst Derartiges ist. – Ja, als richtig gesagt. – Wie aber nun? das folgende:

> „Weintrunken, mit dem Auge eines Hundes und dem Herzen eines Hirsches“

und die darauf folgenden Worte, ist dieß etwa richtig gesagt, und aller andere jugendliche Uebermuth der Einzelnen gegen die Herrscher, welchen Jemand in ungebundener oder in dichterischer Rede erzählt? – Nein, nicht richtig. – Nicht ja, glaube ich, ist Solches wenigstens bezüglich der Besonnenheit für junge Leute tauglich, um es anzuhören; in wieferne es aber irgend ein anderes Vergnügen gewährt, ist es allerdings nicht zu verwundern; oder wie scheint es dir? – Eben so, sagte er. –

4. Wie aber? wenn man dichtet, daß der weiseste Mann sage es scheine ihm von Allem das Schönste zu sein, wenn

„die Tische dastehen voll
von Brod und Fleische, und Wein aus dem Mischkruge schöpfend
der Mundschenk trägt und in die Becher eingießt“,

scheint dir dieß tauglich zu sein für einen jungen Menschen bezüglich der Selbstbeherrschung, um es anzuhören? oder folgendes?

> „durch Hunger zu sterben und sein Lebensende zu finden, ist das jammervollste“,

oder daß Zeus all dasjenige, was er während des Schlafes der übrigen Götter und Menschen als der allein Wachende beratschlagt hatte, gar leicht aus Begierde nach Liebesgenuß vergißt, und beim Anblicke der Hera so durchzuckt wird, daß er nicht einmal in das Schlafgemach sich begeben, sondern gleich dortselbst auf der Erde mit ihr in Liebe sich vereinigen will und sagt, er werde in solchem Grade von Begierde gefesselt, wie nicht einmal damals, als sie das erstemal „ohne Wissen der liebenden Eltern“ einander sich näherten; oder dann auch wohl nicht die Fesselung des Ares und der Aphrodite durch Hephästos aus anderen derartigen Gründen. – Nein, bei Gott, sagte er, Solches scheint mir nicht tauglich. – Aber wenn irgendwo, sprach ich, eine Selbstbeherrschung gegen Alles seitens ruhmwürdiger Männer entweder erzählt oder geübt wird, so muß man bei Solchem zusehen und es anhören, wie z. B. folgendes:

> „an die Brust aber schlagend, redete er sein Herz mit den Worten an:
> dulde denn nun, mein Herz; auch anderes Härteres hast du geduldet“. –

Ja wohl, völlig, sagte er. – Und nicht bestechlich ja auch dürfen wir unsere Männer sein lassen, noch geldliebend. – In keiner Weise. – Also dürfen wir ihnen auch nicht singen:

„Geschenke wirken auf Götter, Geschenke auf ehrwürdige Könige";

und auch den Erzieher des Achilleus, den Phönix, dürfen wir nicht loben, als hätte er nach richtigem Maße einen Rath ertheilt mir den Worten, jener solle nur, wenn er Geschenke erhalte, den Achäern beistehen, ohne Geschenke aber von seinem Grolle nicht ablassen, und auch von Achilleus selbst werden wir nicht erwarten, noch auch es zugestehen, daß er so geldgierig sei, Geschenke von Agamemnon anzunehmen, und nur, nachdem er ein Lösegeld für den Leichnam erhalten, ihn auszuliefern, außerdem aber dieß nicht thun zu wollen. – Nicht also ist es ja gerecht, sagte er, Derartiges zu loben. – Ja, und ich nehme auch nur, erwiederte ich, um des Homeros willen Anstand, zu sagen, daß es auch nicht einmal frevellos sei, Solches über Achilleus zu behaupten oder von Anderen sich glauben machen zu lassen, oder auch hinwiederum, wie jener zu Apollo gesagt habe:

„Benachtheiligt hast du mich, Fernhintreffer, verderblichster aller Götter;
Wahrlich, ich würde an dir mich rächen, wenn ich die Kraft hätte",

und wie er gegen den Flußgott sich ungehorsam zeigte und bereit war, mit ihm zu kämpfen, und hinwiederum wie er von den einem anderen Flußgotte, dem Spercheios, geweihten Locken gesagt habe:

„dem Helden Patroklos möchte ich wohl das Haar mitgeben",

ihm, dem Leichname, und wie er dieß dann wirklich ausgeführt habe, ist gleichfalls nicht zu glauben; und hinwiederum auch von dem Schleifen Hektor's um das Grabmal des Patroklos, und von dem Hinschlachten der Gefangenen an dem Scheiterhaufen, von all diesem werden wir nicht sagen, daß es wahr gesprochen sei, und wir werden den Unsrigen nicht gestatten, zu glauben, daß Achilleus, der Sohn einer Göttin und des Peleus, welcher der besonnenste Mann und noch dazu in der Abstammung von Zeus der dritte war, und der Zögling des weisesten Cheiron, von so großen inneren Wirren erfüllt gewesen sei, daß er in sich selbst zwei einander entgegengesetzte Krankheiten getragen habe, nemlich unfreien Sinn mit Geldsucht, und andrerseits hochmüthige Erhebung über Götter und Menschen. – Du hast Recht, sagte er. –

5. Nicht demnach, sprach ich, wollen wir auch Folgendes glauben oder erzählen lassen, daß Theseus, der Sohn des Poseidon, und Peirithoos, der Sohn des Zeus, auf so schreckliche Räubereien auszogen, oder daß irgend ein anderer Heros und Sohn eines Gottes es über sich gebracht habe, solch schreckliche und ruchlose Dinge zu verüben, wie man sie jetzt über jene lügt; sondern wir wollen die Dichter zwingen, entweder Solches nicht als die Thaten jener zu bezeichnen, oder jene nicht als Söhne von Göttern, beides verbunden aber eben nicht zu sagen und unsere jungen Leute nicht glauben machen zu wollen, daß die Götter Schlimmes erzeugen und die Heroen um Nichts besser als die Menschen seien; denn wie wir schon im Obigen sagten, Solches ist weder frevellos, noch wahr; wir zeigten nemlich doch wohl, daß unmöglich ans Göttern Schlimmes entstehen könne. – Wie sollte es auch nicht so sein? – Und nun ist es ja auch den Anhörenden schädlich, denn Jeder wird mit sich selbst, wenn er schlecht ist, Nachsicht haben, weil er nemlich glaubt, daß Derartiges auch verüben und verübt haben

„die Sprößlinge der Götter,
die nahen Verwandten des Zeus, von welchen im Idäischen Gefilde
hoch im Aether ein Altar des Ahnherrn Zeus ist,
und in welchen das Dämonenblut noch nicht versiegt ist“

Darum müssen wir die derartigen Fabeln von vorneherein abschneiden, damit sie uns nicht einen großen Leichtsinn zur Schlechtigkeit in den jungen Leuten erzeugen. – Ja wohl, gar sehr, sagte er. – Welche Gattung also, sprach ich, wäre uns nun betreffs der mündlichen Aussprüche noch übrig, um festzustellen, welcherlei man sagen dürfe und welcherlei nicht? Nemlich betreffs der Götter haben wir angegeben, wie man sich ausdrücken solle, und auch betreffs der Dämonen und der Heroen und betreffs der Dinge im Hades. – Ja wohl, allerdings. – Nicht wahr also, es wäre nun auch noch übrig betreffs der Menschen? – Ja, klärlich. – Unmöglich denn nun, mein Freund, ist es uns, hierüber im gegenwärtigen Augenblicke schon Vorschriften zu geben. – Wie so? – Weil, wie ich glaube, wir sagen müßten, daß sowohl Dichter, als auch Prosaiker in schlimmer Weise betreffs der Menschen das Wichtigste aussprechen, nemlich daß es viel Ungerechte, dabei aber Glückliche gebe, und viele gerechte Unglückliche, und daß das Unrechtthun gewinnbringend sei, wann man dabei unentdeckt bleibe, die Gerechtigkeit hingegen ein fremdes Gut und eine eigene Einbuße sei, und wir hiemit verbieten müßten, Derartiges zu sagen, das Gegentheil aber hievon für Poesie und Fabel-Erzählung vorschreiben müßten;

oder glaubst du nicht? – Ja, ich weiß es sogar ganz gewiß, sagte er. – Nicht wahr also, wenn du zugestehst, daß ich Recht habe, werde ich wohl behaupten, du habest bereits zugestanden, was wir schon längst suchen? – Deine Annahme, sagte er, ist richtig. – Nicht wahr also, darüber, daß man betreffs der Menschen derartige Aussprüche thun solle, werden wir uns dann verständigen, wann wir gefunden haben werden, wie beschaffen die Gerechtigkeit sei und daß sie von Natur aus für jenen, der sie hat, gewinnbringend sei, mag er ein Solcher zu sein scheinen oder nicht? – Ja, völlig wahr, sagte er. –

6. Was demnach die mündlichen Aussprüche selbst betrifft, so mögen wir es hiemit beschließen; was die Form des Ausdruckes betrifft, so ist dieß, wie ich glaube, nun im Folgenden zu erwägen, und wir werden dann vollständig erwogen haben, sowohl was man sagen müsse, als auch wie. – Und Adeimantos sagte: Dieß verstehe ich nicht, was du hiemit meinest. – Aber doch, sagte ich, sollst du es ja verstehen; vielleicht nun wirst du es folgendermaßen eher einsehen: Ist etwa nicht Alles, was von Fabel-Erzählern oder Dichtern gesagt wird, irgend eine Kundgebung entweder von Vergangenem oder von Gegenwärtigem oder von künftigem? – Was denn Anderes? sagte er. – Und vollbringen sie nun dieß etwa nicht entweder eben durch einfache Kundgebung oder vermittelst einer Nachahmung, oder vermittelst dieser beiden zugleich? – Auch dieß, sagte er, wünsche ich erst noch deutlicher zu verstehen. – Ich bin doch, sagte ich, wie es scheint, ein lächerlicher und unverständlicher Lehrer; also will ich wie Diejenigen, welche unfähig zu einer Rede sind, nicht im Ganzen es sagen, sondern irgend einen einzelnen Theil herausnehmen und an demselben dir klar zu machen versuchen, was ich dabei meine. Und sage mir also: Du kennst den Anfang der Ilias, in welchem der Dichter sagt, Chryses bitte den Agamemnon, seine Tochter ihm freizugeben, jener aber zürne, und der Erstere nun bete, da er jenes nicht erlangte, zu dem Gotte um Schlimmes für die Achäer. – Ja, ich kenne dieß. – Du weißt also, daß bis zu den Worten

„und er flehte zu allen Achäern,
zumeist aber zu den beiden Atriden, den zwei Lenkern der Völker“,

der Dichter sowohl selbst spricht, als auch es gar nicht versucht, unsere Gedanken anderswohin zu lenken, als spreche irgend jemand Anderer außer ihm selbst. Hernach aber spricht er, wie wenn er der Chryses selbst wäre, und er ist so sehr als möglich bestrebt zu bewirken, daß uns nicht Homeros, sondern der Priester, der alte Mann, der Sprechende zu sein scheine; und auf diese Weise denn nun hat er auch so ziemlich die gesammte übrige Kundgebung über die

Vorkommnisse bei Ilium und in Ithaka und in der ganzen Odyssee gemacht. – Ja wohl, allerdings, sagte er. – Nicht wahr also, eine Kundgebung wohl ist es, sowohl wenn er jedesmal die Reden angibt, als auch wenn das zwischen den Reden Stehende? – Wie sollte es auch anders sein? – Hingegen wenn er irgend eine Rede angibt, als wäre er ein Anderer, werden wir dann nicht sagen, daß er seine eigene Redeweise so sehr als möglich demjenigen ähnlich mache, welchen er vorher als den sogleich reden Wollenden bezeichnet hatte? – Ja, wir werden es sagen; warum auch nicht? – Nicht wahr also, sich selbst einem Anderen ähnlich zu machen, sei es in der Stimme oder in der Figur, heißt eben jenen nachahmen, welchem man sich ähnlich macht? – Was weiter? – In Derartigem demnach, machen, wie es scheint, dieser und die übrigen Dichter die Kundgebung vermittelst einer Nachahmung. – Ja wohl, allerdings. – Wann aber nirgends der Dichter sich selbst verbirgt, dann wohl ja ist ihm die ganze Dichtung und Kundgebung ohne Nachahmung entstanden. Damit du aber nicht hinwiederum sagest, daß du nicht verstehest, wie dieß geschehen könnte, so will ich es dir sagen: nemlich wenn Homeros, nachdem er angegeben, daß der Chryses mit dem Lösegelde für seine Tochter und als Bittender zu den Achäern, zumeist aber zu den Königen, kam, hernach nicht, als wäre er selbst Chryses geworden, sondern eben noch als Homeros sprechen würde, so weißt du hiemit wohl, daß es dann nicht eine Nachahmung, sondern eine einfache Kundgebung wäre; diese würde sich aber ungefähr folgendermaßen verhalten (ich will es aber ohne das Versmaß sagen, denn zum Dichten bin ich nicht fähig): es kam der Priester und betete für jene zu den Göttern, daß diese ihnen verleihen möchten, nach Einnahme von Troja unversehrt zurückzukehren, die Tochter aber sollten sie ihm freigeben, indem sie Sühnegeld für dieselbe annähmen und Scheu vor dem Gotte hätten; nachdem aber dieser Solches gesprochen, waren die Uebrigen fromm und stimmten ihm bei, Agamemnon aber geberdete sich wild, indem er ihm gebot, sowohl für jetzt sich zu entfernen, als auch hernach nicht wieder zu kommen, damit ihm nicht sein heiliger Stab und die Kränze der Götter ein ungenügender Schutz seien; ehe aber die Tochter ihm freigegeben werde, dürfte sie wohl, sagte er, in Argos bei ihm selbst alt werden; und er hieß ihn sich entfernen und ihn ja nicht reizen, damit er unversehrt nach Hause komme; der Alte aber hörte dieß an, fürchtete sich und entfernte sich stillschweigend; nachdem er aber aus dem Lager fortgegangen war, betete er viel zu Apollo, indem er die Beinamen des Gottes rufend aufzählte und ihn daran erinnerte und dabei beschwor, woferne er jemals irgend etwas ihm Gefälliges in Erbauung von Tempeln oder Darbringung von Opfern geleistet habe; zum Danke hiefür also, betete er, solle jener durch seine Geschosse die von ihm geweinten Thränen an den Achäern rächen. So also, mein Freund, sagte ich, entsteht ohne Nachahmung eine bloße einfache Kundgebung. – Ich verstehe es, sagte er. –

7. So verstehe demnach auch, erwiederte ich, daß hinwiederum die entgegengesetzte es ist, wenn Jemand das zwischen den Reden Stehende herausnimmt und bloß das Wechselgespräch übrig läßt. – Und auch dieß, sagte er, verstehe ich, daß nemlich, was in den Tragödien der Fall ist, ein Derartiges sei. – Ganz richtig, sagte ich, ist deine Annahme, und ich glaube, dir nun hiemit klar gemacht zu haben, was ich vorhin nicht im Stande war, nemlich daß innerhalb der Poesie und der Fabel Erzählung die eine gänzlich vermittelst der Nachahmung besteht, wie du selbst sagst, die Tragödie und Komödie, eine andere aber vermittelst des Berichtes des Dichters selbst (du möchtest aber diese wohl zumeist in den Dithyramben finden), wieder eine andere aber vermittelst dieser beiden zugleich, nemlich sowohl in der epischen Poesie, als auch sonst noch vielfach anderwärts, woferne du mich recht verstehst. – Aber ich begreife nun ja auch, sagte er, was du damals sagen wolltest. – Und nun erinnere dich auch an das diesem Vorhergehende, daß wir sagten, es sei bereits angegeben, welche Ansprüche nothwendig seien, hingegen erst noch zu erwägen sei, in welcher Weise sie sein sollen. – Aber ich erinnere mich ja auch. – Eben dieß demnach war es, was ich sagte, daß wir uns darüber verständigen müssen, ob wir den Dichtern verstatten sollen, uns die Kundgebungen durch Nachahmung zu machen, oder bei Einigem wohl durch Nachahmung, bei Anderem aber nicht, und welcherlei dieß beides sei, oder ob sie überhaupt nicht nachahmen sollen. – Ich errathe, sagte er, daß du erwägen willst, ob wir eine Tragödie und Komödie in unseren Staat aufnehmen sollen oder nicht. – Vielleicht, sagte ich, sogar auch noch Mehreres, als dieß; denn ich weiß es jetzt noch nicht, sondern wohin uns die Begründung gleichsam wie ein Wind trägt, dahin müssen wir gehen. – Ja, und du hast Recht, sagte er. – Betrachte demnach dieß, o Adeimantos, ob uns die Wächter gewandte Nachahmer sein sollen oder nicht. Oder folgt auch dieß dem Obigen, daß jeder Einzelne wohl Ein Ding gut betreiben dürfte, viele Dinge aber nicht, sondern, wenn er dieß versuchen würde, er bei dem Ergreifen von Vielem wohl in Allem es verfehlen würde, irgend nennenswerth zu sein? – Warum auch soll es nicht so sein? – Nicht wahr also, auch betreffs der Nachahmung gilt die nemliche Begründung, daß Ein und der Nämliche nicht fähig ist, Vieles so wie Eines nachzuahmen? – Nein, er ist es nicht fähig. – Schwerlich also wohl wird Einer irgend ein der Rede werthes Ding betreiben und

zugleich Vieles nachahmen und überhaupt ein gewandter Nachahmer sein können, da ja nicht einmal in zwei Gegenständen der Nachahmung, welche doch einander nahe verwandt zu sein scheinen, Ein und die Nemlichen zugleich gute Nachahmer sind, nemlich daß sie eine Komödie und eine Tragödie herstellen würden; oder nanntest du diese beiden nicht so eben Gegenstande der Nachahmung? – Ja gewiß, und du sprichst auch wahr, daß nicht die Nemlichen beides können. – Aber es sind ja auch nicht Volkssänger und zugleich Schauspieler die Nemlichen. – Es ist wahr. – Aber ja auch nicht die Schauspieler sind für die Komödien und die Tragödien die nemlichen; all dieses aber sind Gegenstande der Nachahmung; oder nicht? – Ja, Gegenstände der Nachahmung. – Und auch noch in kleinere Theile als diese, o Adeimantos, scheint mir die Begabung des Menschen gespalten zu sein, so daß er unfähig ist, Vieles gut nachzuahmen oder jenes selbst zu vollführen, dessen Verähnlichungen eben die Nachahmungen sind. – Sehr wahr, sagte er. –

8. Wenn wir also unsere ursprüngliche Begründung bewahrt wissen wollen, daß uns die Wächter, von allen übrigen Werkthätigkeiten entledigt, nur die Werkmeister der Freiheit des Staates in vollster Genauigkeit sein und nichts Anderes betreiben sollen, was nicht auf dieß hin führt, so dürfen sie wohl demnach nichts Anderweitiges vollführen oder nachahmen; wann sie aber Etwas nachahmen, so sollen sie gleich von Jugend an das hiezu Gebührende nachahmen, nemlich tapfere, besonnene, frevellose, freie Männer und überhaupt das Derartige, das Unfreie hingegen sollen sie weder ausüben noch gewandt sein, es nachzuahmen, und auch überhaupt nichts Schimpfliches, damit sie nicht von der Nachahmung das wirkliche Sein als Gewinn davontragen; oder hast du etwa nicht bemerkt, daß die Nachahmungen, wenn sie von Jugend auf weit hinaus fortdauern, in die Gewohnheiten und in die Begabung selbst eintreten, sowohl bezüglich des Körpers, als auch bezüglich der Stimme, als auch bezüglich der Gedanken? – Ja wohl, gar sehr, sagte er. – Nicht also werden wir es gestatten, sagte ich, daß diejenigen, um welche wir uns bekümmern und welche zufolge unserer Behauptung gute Männer werden sollen, ein Weib nachahmen, sie, die ja Männer sind, sei es ein junges oder ein älteres Weib, mag dasselbe den Ehmann beschimpfen oder mit den Göttern hadern und übermüthig sich geberden, weil es sich für glücklich hält, oder mag es in Unglück und Leiden und Thränen befangen sein; ein krankes aber, oder ein liebendes, oder ein in den Wehen liegendes Weib doch wohl noch weniger. – Ja, durchaus wohl, sagte er. – Und auch Sklaven oder Sklavinnen nicht, welche vollführen, was Sache von

Sklaven ist. – Nein, auch dieß nicht. – Und ja auch nicht schlechte Männer, wie es scheint, welche feig sind und das Gegentheil von jenem vollführen, was wir eben sagten, indem sie auf einander schmähen und spotten und, betrunken oder nüchtern, schimpfliche Reden führen, oder auch Anderes von all dem thun, was die Derartigen in Worten und in Thaten gegen sich selbst und gegen die Uebrigen verbrechen; aber auch nicht mit Wahnsinnigen, glaube ich, sich in Worten oder Thaten ähnlich zu machen sollen sie sich gewöhnen; denn kennen wohl muß man allerdings die wahnsinnigen und die schlechten Männer und Weiber, aber thun oder nachahmen darf man Nichts von Solchen. – Sehr wahr, sagte er – Was weiter? sprach ich, sollen sie Erzschmiede oder irgend andere Werkmeister, oder Solche, welche auf Kriegsschiffen rudern oder den Ruderern Befehle geben, oder irgend etwas Anderes dorthin Gehöriges nachahmen? – Und wie sollten sie dieß, sagte er, da ihnen ja auch nicht einmal erlaubt sein wird, auf irgend Etwas hievon ihre Aufmerksamkeit zu richten? – Was weiter? Werden sie etwa wiehernde Pferde und brüllende Stiere und rauschende Flüsse und das tobende Meer und Donnerschläge und all Derartiges nachahmen? – Aber es ist ihnen ja untersagt, sprach er, sei es zu rasen oder sei es Rasenden sich ähnlich zu machen. – Wenn also, sagte ich, ich recht verstehe, was du sagst, so gibt es irgend eine Art des Sprachausdruckes und der Kundgebung, in welcher der wirklich Gute und Treffliche Etwas kundgeben würde, wann er Etwas aussprechen soll, und hinwiederum eine andere, der ersten ungleiche Art, an welche sich wohl immer derjenige halten und in ihr Etwas kundgeben würde, welcher eine dem ersteren entgegengesetzte Begabung und Erziehung hat. – Welche sind denn diese zwei Arten? sagte er. – Einerseits, sprach ich, wird, wie mir scheint, der ordentliche Mann, wenn er in seiner Kundgebung auf eine Rede oder eine That eines guten Mannes gekommen ist, dieß berichten wollen, wie wenn er selbst jener wäre, und sich einer derartigen Nachahmung nicht schämen, zumeist ja, wenn er den Guten nachahmt, insoferne derselbe sicher und verständig handelt und seltener und in geringerem Grade in Folge von Krankheiten oder Liebesneigungen oder der Trunkenheit oder irgend einer anderen Zufälligkeit einen Fehltritt macht; hingegen wenn er auf einen seiner selbst Unwürdigen gekommen ist, so wir er nicht mit Eifer sich selbst dem Schlechteren ähnlich machen wollen, außer nur auf ganz kurze Zeit, wenn jener etwas Wackeres thut, sondern er wird sich schämen, indem er sowohl ungeübt in der Nachahmung der Derartigen ist, als auch zugleich Aerger darüber empfindet, sich selbst in das Gepräge der Schlechteren auszuprägen und in dasselbe sich hineinzufinden, da er dieß in seinem Denken verachtet, außer etwa, wenn es sich um einen Scherz handelt. – Ja, wahrscheinlich so, sagte er. – Nicht wahr also, er wird wohl einer Kundgebung sich bedienen, wie wir sie kurz vorher betreffs der epischen Gedichte des Homeros angaben, und es wird sein Sprachausdruck wohl an jenem beiden Theil haben, nemlich an der Nachahmung und auch an der einfachen Kundgebung, aber eben nur in irgend einem kleinen Theile an der Nachahmung während einer ganzen langen Darlegung oder Kundgebung; oder sage ich hiemit Nichtiges? – Gar sehr ja, sagte er, eben Solches, wie das Gepräge des derartigen Redners nothwendig sein muß. –

9. Nicht wahr also andrerseits, sprach ich, wird derjenige, welcher nicht so ist, gerade, je verwerflicher er selbst ist, desto mehr sowohl Sämmtliches kundgeben wollen und Nichts seiner für unwürdig halten, so daß er versuchen wird, Alles mit Eifer und in Gegenwart Vieler nachzuahmen, als auch wird er nachahmen, was wir so eben erwähnten, nemlich Donnerschläge und den Lärm von Winden und Hagelwetter, von Wagen-Achsen und von Haspeln, von Trompeten und von Flöten und von Pfeifen und aller Instrumente Stimmen, und auch die Laute von Hunden und von Schafen und von Vögeln; und es wird demnach der Sprachausdruck dieses Mannes insgesammt vermittelst der Nachahmung in Stimmen und Gestalten sich bewegen, oder nur irgend einen kleinen Theil an eigentlicher Kundgebung enthalten. – Ja, nothwendig, sagte er, ist auch dieses. – Dieß demnach, sagte ich, sind die zwei Arten des Sprachausdruckes, von welchen ich sprach. – Ja, sie sind es auch, sagte er. – Nicht wahr also, die eine der beiden enthält nur geringe Veränderungen in sich, und wenn Jemand diesem seinem Sprachausdrucke eine passende Tonweise und Rhythmus verleiht, so wird er, insoferne er sich richtig ausdrückt, fast immer in der nemlichen Weise sprechen können und nur in Einer Tonweise (denn gering ja sind die Veränderungen) und ebenso auch in irgend einem hiemit verwandten Rhythmus? – Gar sehr allerdings, sagte er, verhält sich's so. – Was weiter? wird die Art des Anderen nicht das Entgegengesetzte hievon bedürfen, nemlich sämmtliche Tonweisen und sämmtliche Rhythmen, woferne auch sie ihrerseits in der ihr eigenthümlichen Weise ausgedrückt werden soll, weil sie ja alle möglichen Gestaltungen von Veränderungen in sich enthält? – Ja, gewiß verhält sich's so. – Werden also wohl sämmtliche Dichter und Erzähler entweder auf das eine dieser beiden Gepräge des Sprachausdrucks verfallen, oder auf das andere derselben, oder auf ein aus beiden gemischtes? – Ja, nothwendig, sagte er. – Was also werden wir thun? sprach ich; werden wir in unseren Staat alle diese

zulassen, oder nur Eines von den ungemischten oder das gemischte? – Wenn meine Ansicht, sagte er, durchdringt, so werden wir jenes ungemischte Gepräge zulassen, welches eine Nachahmung des Tüchtigen ist. – Nun aber, o Adeimantos, ist ja auch schon das gemischte ein gar vergnügliches, bei weitem aber das vergnüglichste ist für Kinder und deren Aufseher das Entgegengesetzte von jenem, welches du meinst, und eben auch für den großen Haufen. – Ja wohl, das vergnüglichste. – Aber vielleicht ja, erwiederte ich, möchtest du sagen, daß dieses für unseren Staat nicht passe, weil es bei uns keinen zweifachen oder mehrfachen Mann gibt, sondern Jeder nur Eines vollführt. – Ja, allerdings paßt es darum nicht. – Nicht wahr also, darum werden wir ja allein in dem derartigen Staate den Lederarbeiter eben nur als Lederarbeiter und nicht zugleich als Steuermann neben seinem Ledergeschäfte treffen, und den Landbebauer nur als Landbebauer und nicht zugleich als Richter neben seinem Landbaue, und den Krieger nur als Krieger und nicht als Gelderwerber neben seiner Kriegskunst, und so auch alle Uebrigen? – Ja, in Wahrheit, sagte er. – Einen Mann demnach, welcher in Folge seiner Weisheit die Fähigkeit hat, ein Mannigfaltiger zu werden und alle Dinge nachzuahmen, würden wir, wie es scheint, wenn er zu uns in den Staat käme und sich selbst und seine Dichterwerke hören lassen wollte, wohl wie einen Gottgeweihten und Staunenswerten und Vergnügungsreichen verehren, aber ihm doch wohl sagen, daß es bei uns in unserem Staate keine derartigen Männer gibt und auch nicht erlaubt ist, daß Solche sich einfinden, und wir würden ihn daher fortschicken in einen anderen Staat, nachdem wir Salben über sein Haupt geträufelt und es mit Wolle bekränzt, wir selbst unter uns hingegen würden von dem herberen und weniger vergnügungsreichen Dichter und Fabel-Erzähler Gebrauch machen um des Nutzens willen, von jenem nemlich, welcher uns den Sprachausdruck des Tüchtigen nachahmen und auch den Inhalt seiner Rede in jenen Geprägen aussprechen würde, welche wir zu Anfang schon, als wir versuchten, die Krieger zu bilden, als Gesetze aufstellten. – Ja wohl, gar sehr würden wir es so machen, sagte er, woferne es bei uns stünde. – Jetzt demnach, mein Freund, sprach ich, kommt es darauf hinaus, daß wir, was innerhalb der musischen Bildung die mündlichen Ansprüche und die Fabeln betrifft, nun völlig zu Ende gekommen sind; wir haben nemlich hiemit angegeben, sowohl was ausgesprochen werden solle, als auch wie. – Ja, auch mir selbst scheint es so, sagte er. –

10. Nicht wahr also, sprach ich, hiernach ist noch übrig, was die Art und Weise des Gesanges und der Lieder betrifft? – Ja, klärlich. – Würde also nicht wohl

bereits ein Jeder es selbst finden, was wir betreffs der nothwendigen Beschaffenheit derselben sagen müssen, woferne wir nur im Einklang mit dem früher Gesagten bleiben wollen? – Und Glaukon lachte hiezu und sagte: Bei mir demnach, o Sokrates, kömmt es darauf hinaus, daß ich bei diesem „Jeder" nicht mitgerechnet bin; nicht genügend ja kann ich wenigstens im gegenwärtigen Augenblicke schon schließen, welche Beschaffenheit wir von jenem angeben sollen; nur vermuthen jedoch kann ich es. – Jedenfalls denn nun, sagte ich, kannst du doch wohl folgendes genügend angeben, daß das Lied aus drei Dingen besteht, nemlich aus den Worten und aus der Tonweise und aus dem Rhythmus. – Ja, sagte er; dieß wenigstens kann ich angeben. – Nicht wahr also, was an ihm die Worte sind, so unterscheidet es sich hierin doch wohl in Nichts von dem nicht gesungenen Worte bezüglich der Nothwendigkeit, in eben jenen Geprägen und in der gleichen Weise ausgedrückt zu werden, welche wir so eben im Vorigen angaben? – Dieß ist wahr, sagte er. – Und nun muß aber ja die Tonweise und der Rhythmus den Worten folgen. – Wie sollte es auch nicht so sein? – Aber von Thränen und Wehklagen haben wir wenigstens schon gesagt, daß wir sie bei den mündlichen Aussprüchen nicht bedürfen. – Allerdings bedürfen wir sie nicht. – Welche Tonweisen:

die streng lyrische	c	h	a	g	f	e	d	c
die gemischt lyrische (mixolydisch):	c	ais	gis	fis	f	dis	cis	c
die schlaff lydische (hypolydisch):	c	h	a	g	fis	e	d	c
die jonische, d. h. die hypophrygische:	c	ais	a	g	f	e	d	c
die phrygische:	c	ais	a	g	f	dis	d	c
die dorische:	c	ais	gis	g	f	dis	cis	c
hier nicht genannt ist die hypodorische	c	ais	gis	g	f	dis	d	c,

oder mit anderen Worten, wenn wir mit dem oberen Grundtone wechseln, ist

c	h	a	g	f	e	d	c	lydisch,
h	a	g	f	e	d	c	h	mixolydisch,
a	g	f	e	d	c	h	a	hypodorisch,
g	f	e	d	c	h	a	g	hypophrygisch,
f	e	d	c	h	a	g	f	hypolydisch,
e	d	c	h	a	g	f	e	dorisch,
d	c	h	a	g	f	e	d	phrygisch.

also sind wehklagend? sage du es mir, denn du bist ein Musiker. – Die gemischt lydische und die streng lydische, sagte er, und einige andere derartige. – Nicht wahr also, sagte ich, diese müssen wir tilgen; denn unbrauchbar sind sie selbst auch für Weiber, welche tüchtig sein sollen, geschweige denn erst für Männer. – Ja, allerdings. – Nun aber ist ja Trunkenheit und Weichlichkeit und Trägheit für Wächter das allerunpassendste. – Wie sollte es auch nicht so sein? – Welche unter den Tonweisen also sind weichlich und für Trinkgelage geeignet? – Die Jonische, sagte er, und unter den lydischen jene, welche man als die weniger strengen bezeichnet. – Wirst du also diese, mein Freund, für kriegerische Männer irgend anwenden können? – In keiner Weise, sagte er; aber es kömmt darauf hinaus, daß dir nur die dorische und die phrygische übrig bleiben. – Ich kenne, sagte ich, die Tonweisen nicht selbst; aber laß du nur eben jene Tonweise übrig, welche die Töne und die Ausrufe eines tapferen Mannes in passender Weise nachahmt, sowohl wenn dieselbe in kriegerischem Thun und in jeder anderen gewaltmäßigen Werkthätigkeit begriffen ist, als auch wenn er sein Ziel nicht erreicht und in Wunden und Tod geht oder in irgend ein anderes Mißgeschick geräth, bei all diesem aber fest auf seinem Posten bleibt und mit Ausdauer gegen das Geschick sich wehrt; und hinwiederum auch noch eine zweite Tonart für den Fall, daß er in friedlichem und nicht gewaltmäßigem, sondern freiwilligem Thun begriffen ist, indem er entweder irgend Einen überredet und bittet, sei es einen Gott durch Gebet, oder einen Menschen durch Belehrung und Ermahnung, oder im Gegentheile einem anderen ihn bittenden oder Belehrenden oder Ueberredenden sich selbst hingibt, und in Folge hievon nach seinem Sinne handelt, und nicht übermüthig sich verhält, sondern besonnen und mit richtigem Maße bei all diesem verfährt und bei dem Erfolge sich begnügt. Diese beiden Tonweisen, eine gewaltmäßige und eine freiwillige, welche die Töne der unglücklichen und der glücklichen Männer, welche besonnen und tapfer sind, am schönsten nachahmen, diese beiden also laß mir übrig. – Aber, sagte er, du willst hiemit keine anderen übrig gelassen wissen, als eben jene zwei, welche ich so eben nannte. – Nicht also, sprach ich, werden wir einen Reichthum an Saiten oder eine Vereinigung aller Tonweisen in den Gesängen und Liedern bedürfen. – Es zeigt sich mir, sagte er, daß wir Solches nicht bedürfen. – Die Verfertiger also jener Formen, welche wir Trigonon und Pektis nennen, und aller jener Instrumente, welche viele Saiten haben und zu mannigfaltigen Tonweisen passen, werden wir in unserem Staate nicht ernähren. – Es zeigt sich, daß wir dieß nicht thun werden. – Wie aber? wirst du etwa Flöten-Verfertiger oder Flötenbläser in den Staat aufnehmen wollen? oder ist dieß nicht eben das tonreichste Instrument, und sind nicht gerade jene Vereinigungen aller Tonweisen nur Nachahmungen der Flöte? – Dieß ist ja klar, sagte er. – Die Lyra demnach und die Kithara, sagte ich, bleiben dir übrig, und diese sind bezüglich des Staates brauchbar, und hinwiederum auf dem Lande für die Hirten möchte es wohl eine Art einfacher Rohrpfeifen geben. – Ja, sagte er, wie wenigstens unsere Begründung dieß ausspricht. – Nichts neues wenigstens, mein Freund, sprach ich, thun wir hiemit, indem wir dem Apollo und den Instrumenten des Apollo vor dem Marsyas und den Instrumenten desselben den Vorzug geben. – Bei Gott, sagte er, Nichts Neues scheinen wir hiemit zu thun. – Und ja wohl, beim Hunde, sprach ich, wir haben hiemit, ohne daß wir es selbst bemerkten, den Staat wieder gereinigt, welchen wir oben als einen üppigen bezeichnet hatten. – Ja wohl, sagte er, indem wenigstens wir die Besonnenen waren. –

11. Wohlan denn, sagte ich, so wollen wir nun auch das Uebrige reinigen; nemlich auf die Tonweisen dürfte uns zunächst folgen, was die Rhythmen betrifft, nemlich daß wir auch bei ihnen nicht nach Buntheit und nicht nach allen möglichen Taktschritten streben dürfen, sondern darauf sehen müssen, welches die Rhythmen eines ordentlichen und tapferen Lebens seien; und haben wir dieß gesehen, so müssen wir den Versfuß und das Lied nöthigen, den derartigen Worten zu folgen, nicht aber die Worte, dem Versfuße und dem Liede zu folgen. Welches aber diese Rhythmen seien, dieß anzugeben ist wieder wie bei den Tonweisen deine Aufgabe. – Aber bei Gott, sagte er, ich kann dieß nicht sagen; denn daß es irgend drei Grundformen gibt, aus welchen alle Taktschritte geflochten werden, wie bei den Tönen jene obigen vier es sind, aus welchen alle Tonweisen entstehen, könnte ich wohl, weil ich es beobachtet habe, anführen,

aber welche hievon die Nachahmungen von bestimmten Lebensweisen und von welchen sie es seien, kann ich nicht sagen. – Aber dieß ja, sprach ich, werden wir wohl mit Beiziehung des Damon berathen, welches die passenden Taktschritte für einen unfreien Sinn oder für Uebermuth und für Wahnsinn oder eine andere Schlechtigkeit seien, und welche Rhythmen man für das diesem Entgegengesetzte übrig lassen müsse; ich glaube aber, nicht völlig deutlich von ihm gehört zu haben, wie er irgend Einen als den zusammengesetzten Waffenschritt und als den Dactylus und als den heroischen Schritt bezeichnete, und ihn, ich weiß nicht wie, anordnete und als einen gleichen zu oberst und zu unterst stellte, so daß er sowohl in eine kurze, als auch in eine lange Silbe auslief; und sodann bezeichnete er, wie ich glaube, Einen als Jambus und wieder einen anderen als Trochäus, und fügte Längen und Kürzen hinzu; und von all diesem tadelte und lobte er, glaube ich, bei einigen die Bildung des Versfußes nicht weniger als die Rhythmen selbst, oder auch beides zusammen; ich kann dieß nemlich nicht so sagen. Aber dieß, wie gesagt, möge auf den Damon hinausgeschoben bleiben, denn es vollständig zu gliedern erfordert keine kleine Begründung; oder glaubst du es zu können? – Bei Gott, ich gewiß nicht. – Aber Folgendes ja kannst du wohl gliedern, daß die Wohlanständigkeit und die Unanständigkeit dem Rhythmischen und dem Unrhythmischen folgt? – Warum auch nicht? – Nun aber folgen ja das Rhythmische und das Unrhythmische wieder dem Sprachausdrucke, nemlich ersteres dem Schönen und letzteres dem Entgegengesetzten, weil sie jenen ähnlich sind, und ebenso auch das Harmonische und das Unharmonische, woferne ja, wie wir so eben vorhin sagten, Rhythmus und Tonweise den Worten folgen, nicht aber die Worte diesen. – Nun aber sollen hiemit, sagte er, auch wirklich diese den Worten folgen. – Wie aber? sagte ich; folgt nicht die Art und Weise des Sprachausdruckes und das Wort selbst dem Charakter der Seele? – Wie sollte es nicht so sein? – Dem Sprachausdrucke aber eben folgt das Uebrige? – Ja. – Die Wohlredenheit also und die richtige Harmonie und die Wohlanständigkeit und der richtige Rhythmus folgen der Gutmütigkeit, nicht aber in jener Bedeutung dieses Wortes, in welcher wir es mit milderndem Ausdrucke statt Einfältigkeit gebrauchen, sondern in der Bedeutung einer Gesinnung welche in Wahrheit bezüglich des Gemüthes gut und richtig beschaffen ist. – Ja, völlig so, sagte er. – Müssen also nicht etwa in allen Dingen die jungen Leute eben nach jenen Eigenschaften streben, woferne sie ihre Pflicht thun sollen? – Ja, sie müssen darnach streben. – Voll von jenen aber ist ja doch wohl die Zeichnungskunst und jede derartige Werkthätigkeit, voll auch die Weberkunst und die Buntfärberei und die Baukunst und hinwiederum jede Herstellung der übrigen Geräthe, ferner aber auch die Natur der Leiber und selbst anderweitig die der Pflanzen; denn in all diesem gibt es eine Wohlanständigkeit und eine Unanständigkeit, und die Unanständigkeit und schlechter Rhythmus und schlechte Harmonie sind Geschwisterte der schlechten Rede und des schlechten Gemüthes, die gegenteiligen Eigenschaften aber sind Geschwisterte und Nachahmungen des Gegenteiligen, nemlich des besonnenen und guten Gemüthes. – Ja, völlig so, sagte er. –

12. Müssen wir also nur die Dichter allein beaufsichtigen und dabei nöthigen, entweder das Bild des guten Charakters ihren Gedichten einzupflanzen oder bei uns sich der Dichtung zu enthalten, oder müssen wir auch die übrigen Werkmeister beaufsichtigen und sie hindern, daß sie jenes Bösartige und Zügellose und Sklavische und Unanständige etwa in Bildern von Thieren oder in Gebäuden oder in irgend einem anderen Werke ihrer Kunst einpflanzen, oder aber darf, wer nicht befähigt ist, bei uns zur Werkthätigkeit gar nicht zugelassen werden, damit nicht unsere Wächter in Bildern der Schlechtigkeit erzogen, gleichsam wie bei schlechtem Grasfutter jeden Tag Vieles allmälig von Vielem abpflückend und verzehrend, zulegt unbemerkt irgend Ein großes Uebel in ihrer eigenen Seele aufpflanzen; sondern müssen wir vielmehr jene Werkmeister aufsuchen, welche in guter Begabung die Fähigkeit haben, die Natur des Schönen und Anständigen aufzuspüren, damit die jungen Leute, gleichsam wie in einer gesunden Gegend wohnend, von Jeglichem Nutzen erfahren, woher nur an sie von schönen Thaten, sei es zum Anblicke oder sei es zum Gehöre, gleichsam eine Luftströmung herandringt, welche von trefflichen Gegenden her Gesundheit bringt, und sogleich von Kindheit an unvermerkt zur Aehnlichkeit mit den guten mündlichen Aussprüchen und zur Liebe zu denselben und zum Einklange mit ihnen führt? – Ja, bei weitem wohl am schönsten, sagte er, würden sie auf diese Weise erzogen. – Ist also wohl, o Glaukon, sprach ich, um dieser Dinge willen die Erziehung in musischer Bildung die bedeutendste, weil zumeist in das Innere der Seele der Rhythmus und die Tonweise eindringen und am stärksten sie ergreifen, wenn sie Wohlanständigkeit mit sich bringen, und sie selbst zu einer wohlanständigen machen, woferne Jemand richtig erzogen ist, woferne aber nicht, das Gegentheil bewirken; und weil hinwiederum auch dasjenige, was hinter dem Ziele zurückbleibt und nicht trefflich gearbeitet oder nicht trefflich von Natur aus entstanden ist, wohl Jener am schärfsten herausfühlt, welcher dort, wie es sein soll, erzogen wurde, und ein Solcher denn

auch in richtigem Mißbehagen über jenes das Schöne loben und, sich daran erfreuend und in seine Seele es aufnehmend, durch dasselbe erzogen und so selbst ein Guter und Trefflicher werden würde, das Schimpfliche aber in richtiger Weise tadeln und noch in seiner Jugend hassen würde, noch ehe er fähig ist, einen Vernunftgrund zu erfassen; wenn aber dann der Vernunftgrund kömmt, würde wohl der auf diese Weise Erzogene zumeist ihn lieben, weil er ihn vermöge einer Aehnlichkeit erkennt. – Mir wenigstes scheint, sagte er, um des Derartigen willen die Erziehung in der musischen Bildung zu beruhen. – Ebenso also, sprach ich, sowie wir ja auch betreffs des Lesens erst dann eine genügende Stufe einnehmen, wenn die Buchstaben des Alphabetes in ihrer geringen Anzahl in Sämmtlichem, was da vorkömmt, uns nicht entgehen, und wir sie weder im Kleinen, noch im Großen für werthlos halten, als dürfe man sie nicht wahrnehmen, sondern wir den Vorsatz haben, sie überall zu erkennen und zu unterscheiden, weil wir ja nicht eher tüchtige Leser sein werden, als wenn wir eben auf dieser Stufe stehen, – Dieß ist wahr. –, und nicht wahr also, auch die Abbilder von Buchstaben, falls welche sich im Wasser oder in Spiegeln zeigen sollten, werden wir nicht eher erkennen, als wenn wir jene selbst schon erkannt haben, sondern es gehört dieß eben zu der nemlichen Kunst und Betriebsamkeit, – Ja, völlig so. –, werden wir also wohl, was ich eben sagen wollte, bei Gott, in der nemlichen Weise, weder wir selbst, noch die Wärter, welche wir als die von uns zu erziehenden bezeichnen, auch nicht eher musisch gebildet sein, als wenn wir die Ideen der Besonnenheit und der Tapferkeit und der Freiheit und der Großartigkeit und alles dessen, was hiemit verschwistert ist, und hinwiederum auch ihre Gegenteile überall, wo sie vorkommen, erkennen und als ein in jenem, wo sie sind, Befindliches herausfühlen, sowohl sie selbst, als auch ihre Abbilder, und weder im Kleinen, noch im Großen sie für werthlos halten, sondern glauben, es gehöre dieß eben zu der nämlichen Kunst und Betriebsamkeit? – Ja, durchaus nothwendig ist es so, sagte er. – Nicht wahr also, sprach ich, wenn bei einem Menschen ein Zusammentreffen stattfindet zwischen einem schönen Charakter, welcher in seiner Seele ist, und zwischen Dingen, welche in seiner äußeren Form mit jenem übereinstimmen und in Einklang sind, weil sie an dem nemlichen Gepräge Theil haben, so würde dieß wohl der schönste Anblick für Jeden sein, der Solches schauen könnte? – Ja bei weitem. – Und nun ist aber ja das Schönste auch das Liebenswürdigste. – Wie sollte es anders sein? – Diejenigen Menschen demnach, welche so sehr als möglich Derartige sind, würde wohl der musisch Gebildete lieben; wenn hingegen Jener nicht in Einklang ist, würde er ihn wohl nicht lieben. – Allerdings, sagte er, dann nicht, wenn Jener bezüglich seiner Seele einen Mangel enthält; wenn hingegen bezüglich des Körpers, so würde er einen solchen wohl ertragen, um Jenen dennoch lieben zu wollen. – Ich verstehe wohl, sagte ich, daß du sicher Lieblingsknaben der letzteren Art hast oder einmal gehabt hast, und ich gebe dir dann zu, was du eben sprachst; aber sage mir Folgendes: Haben Besonnenheit und übermäßiges Vergnügen irgend eine Gemeinschaft mit einander? – Wie sollten sie auch, sagte er, da ja letzteres nicht weniger als die Betrübniß Besinnungslosigkeit erzeugt? – Aber hat es mit der übrigen Vortrefflichkeit eine Gemeinschaft? – In keiner Weise. – Wie aber? wohl mit dem Uebermuthe und der Ziellosigkeit? – Ja, zumeist von Allem. – Kannst du aber ein größeres und heftigeres Vergnügen nennen, als dasjenige, welches den Liebesgenuß betrifft? – Nein, ich kann nicht, sagte er, und auch keines, welches dem Wahnsinne mehr verwandt wäre. – Die richtige Liebe aber enthält es ihrer Natur nach in sich, einen Ordentlichen und Schönen in besonnener Weise und mit musischer Bildung zu lieben? – Ja wohl, gar sehr, sagte er. – Also Nichts mit dem Wahnsinne oder der Zügellosigkeit Verwandtes darf mit der richtigen Liebe in Verbindung gebracht werden? – Nein, es darf nicht. – Nicht also darf mit ihr das Vergnügen in Verbindung gebracht werden, und an demselben dürfen der Liebhaber und der Lieblingsknabe, soferne sie in richtiger Weise lieben und geliebt werden, keinen Theil haben? – Nein, bei Gott, o Sokrates, sagte er, nicht darf Solches mit ihr in Verbindung gebracht werden. – Demnach wirst du, wie es scheint, in dem von uns gegründeten Staate als gesetzliche Bestimmung aufstellen, daß zwar ein Liebhaber Lieblingsknaben lieben und mit ihnen beisammen sein und sie berühren dürfe, wie man einen Sohn berührt, nemlich all dieß nur um des Schönen willen, woferne er ihn hiezu überredet, daß er aber im Uebrigen in solcher Weise mit demjenigen, um dessen Liebe er sich bemüht, einen Umgang pflege, daß er niemals in weiterer Absicht, als in solcher, mit ihm beisammen ist, und ihn außerdem der Tadel eines Mangels an musischer Bildung und einer Unkenntniß des Schönen treffe. – Ja, eben in dieser Weise, sagte er. – Hiemit also nun, sprach ich, scheint wohl auch dir die Begründung betreffs der musischen Bildung ihr Ende erreicht zu haben? und sie endete wenigstens dahin, wohin sie enden soll; es soll aber das Musische auch wirklich in die Liebe zum Schönen enden. – Ich bejahe dieß mit dir, sagte er. –

13. Nach der musischen Bildung denn nun müssen die Jünglinge in der gymnischen erzogen werden. – Was soll auch im Wege stehen? – Es soll aber nun auch in dieser Beziehung die Erziehung eine genaue sein von Jugend an das

ganze Leben hindurch. Es verhält sich aber hiemit wohl, wie ich glaube, folgendermaßen; erwäge aber auch du es. Mir nemlich scheint es nicht so zu sein, daß, wenn ein Körper tüchtig ist, dieser durch seine Vortrefflichkeit die Seele zu einer guten mache, sondern im Gegentheile eine gute Seele durch ihre Vortrefflichkeit den Körper als einen so gut als möglichen zur Folge habe; wie aber scheint es dir? – Auch mir, sagte er, scheint es ebenso. – Nicht wahr also, wenn wir die Gesinnung hinreichend pflegen und ihr dann, was den Körper betrifft, zur genauen Fürsorge anvertrauen würden, wir aber hiezu nur bezüglich des allgemeinen Gepräges die Anleitung geben würden, so möchten wir wohl richtig verfahren? – Ja wohl, allerdings. – Daß nun jene sich der Trunkenheit enthalten müssen, haben wir schon angegeben; denn für jeden Anderen, nur nicht für einen Wächter, geht es noch eher an, daß er betrunken nicht wisse, wo in aller Welt er sei. – Lächerlich ja wäre es, sagte er, wenn der Wächter selbst eines Wächters bedürfte. – Wie aber denn nun verhält es sich betreffs der Speise? denn Kämpfer ja sind diese Männer, und zwar bezüglich des größten Kampfes; oder etwa nicht? – Ja. – Würde also wohl das Verhalten eben dieser, welche stets für das Kämpfen sich üben, jenen passend sein? – Ja, vielleicht. – Aber, sagte ich, das Verhalten dieser ist gewissermaßen zum Schlafe geneigt und bezüglich der Gesundheit unzuverlässig; oder siehst du nicht, daß diese ihr Leben verschlafen und, wenn sie nur ein klein wenig von der vorgeschriebenen Lebensweise abweichen, in lange und heftige Krankheiten verfallen, sie, die ja Kämpfer sind? – Ja, ich sehe es. – Eine feinere Uebung demnach bedürfen die kriegerischen Kämpfer, welche ja wie Hunde schlaflos sein und so scharf als möglich sehen und hören müssen, und, während sie bei den Feldzügen vielen Veränderungen in Getränken und anderweits in Speisen und auch in Sonnenhitze und Winterstürmen ausgesetzt sind, bezüglich der Gesundheit nicht empfindlich sein dürfen. – Ja, so zeigt sich's mir. – Möchte also wohl die beste gymnische Bildung irgend verschwistert sein mit jener einsamen musischen, welche wir kurz vorher durchgingen? – Wie meinst du dieß? – Einfach doch wohl und gediegen ist die gymnische Bildung, und zwar zumeist die kriegerische. – In wieferne denn? – Auch aus Homeros ja, sagte ich, möchte man Solches wohl kennen lernen; denn du weißt, daß er im Felde bei den Mahlzeiten der Heroen diese nicht mit Fischen bewirthet, obwohl dieselben sich doch am Meere im Hellesponte befinden, und auch nicht mit gesottenem Fleische, sondern nur mit gebratenem, welches ja auch für Krieger am leichtesten herbeizuschaffen ist; denn überall, so zu sagen, ist es doch leichter, von dem Feuer allein Gebrauch zu machen, als erst noch Kochgeschirre mit herum zu schleppen. – Ja wohl, gar sehr.

– Aber auch der Gewürze hat, wie ich glaube, Homeros niemals Erwähnung gethan; oder wissen dieß wohl vielleicht auch jene anderen Kämpfer, daß ein Körper, welcher sich gut verhalten soll, von all Derartigem sich enthalten muß? – Ja, völlig richtig, sagte er, wissen sie es, und enthalten sich hievon. – Eine Syrakusische Mahlzeit aber, o Freund, und sicilische Mannigfaltigkeit der Zuspeisen lobst du, wie es scheint, hiemit nicht, woferne dir jenes richtig zu sein scheint. – Ich glaube nicht. – Du tadelst also auch, daß ein Korinthisches Freudenmädchen die Geliebte jener Männer sei, welche körperlich sich gut verhalten wollen? – Ja, durchaus. – Nicht wahr also, auch von dem attischen Gebäcke dasjenige, was Leckerei zu sein scheint? – Ja, nothwendig. – Nemlich, glaube ich, wenn wir die gesammte derartige Speise- und Lebens-Weise mit jener Lieder-Komposition und jenem Gesange vergleichen würden, bei welchen eine Vereinigung aller Tonweisen und aller Rhythmen besteht, so möchten wir wohl einen richtigen Vergleich ziehen. – Warum auch nicht? – Nicht wahr also, dort erzeugte die Buntheit Ziellosigkeit, hier aber dann Krankheit, die Einfachheit hingegen erzeugt bezüglich der Musik in den Seelen Besonnenheit, bezüglich der Gymnastik aber in den Körpern Gesundheit? – Ja, völlig wahr, sagte er. – Sobald aber Zügellosigkeit und Krankheiten in einem Staate in vollem Gange sind, thun sich da nicht eine Menge Gerichtshöfe und ärztliche Anstalten auf, und machen sich da nicht Prozeßkunde und Arzneikunde breit, wann nemlich auch viele freie Männer in hohem Grade auf jenes ihr Streben gerichtet haben? – Warum sollte es auch nicht so sein? –

14. Könntest du aber von schlechter und schimpflicher Erziehung in einem Staate irgend ein größeres Kennzeichen erfassen, als wenn das Bedürfniß nach hervorragenden Aerzten und Richtern nicht bloß bezüglich der Geringen und der Handarbeiter, sondern auch bezüglich derjenigen besteht, welche Anspruch darauf machen, in den Formen des freien Mannes erzogen zu sein; oder scheint es dir nicht schimpflich und ein großes Zeichen eines Mangels an Erziehung zu sein, wenn man gezwungen ist, ein von anderen Leuten, wie von Gebietern und Richtern, erst herbeigebrachtes Gerechtes, und zwar aus Mangel an eigenem, anwenden zu müssen? – Ja wohl, von Allem, sagte er, ist dieß das Schändlichste. – Scheint dir aber etwa, sprach ich, noch schimpflicher als dieß es zu sein, wenn Jemand nicht bloß den größeren Theil seines Lebens in Gerichtshöfen als Beklagter oder als Kläger zubringt, sondern auch aus Unkenntniß des Schönen eben damit sich zu brüsten sich entschlossen hat, daß er gewandt sei im Unrechtthun und tüchtig genug, um sich in allen Windungen zu winden und bei

allen Hinterthürchen entschlüpfend sich wohlberechnet durchzuwinden, so daß er nie Buße zu bezahlen hat, und noch dazu all dieß um unbedeutender und nichtswürdiger Dinge willen, er, der nicht weiß, um wie viel schöner und besser es sei, sein Leben so einzurichten, daß man eines schlaftrunkenen Richters nicht bedarf? – Gewiß, sagte er, ist dieß noch schimpflicher als jenes. – Wenn man aber, sprach ich, die Arzneikunst nicht etwa wegen eingetretener Verwundungen oder irgend im Jahreswechsel beruhender Krankheiten bedarf, sondern in Folge des Müssigganges und einer Lebensweise, wie wir sie so eben durchgingen, man wegen eingetretener Strömungen und Winde gleichwie bei angeschwollenen Sümpfen die fein gebildeten Asklepiaden nöthigt, solchen Krankheiten neue Namen, wie z. B. Blähungen und Schnupfen, zu geben, scheint dieß nicht schimpflich? – Ja wohl, gar sehr, sagte er, da dieß ja auch wirklich neue und ungereimte Namen von Krankheiten sind. – Namen, sagte ich, wie sie es, glaube ich, zur Zeit des Asklepios noch nicht gab; ich schließe dieß aber daraus, daß die Söhne desselben vor Troja bezüglich des verwundeten Eurypylus jenen Trank von Pramnischem Weine, auf welchen viel Mehl gestreut und Käse geschabt war, was doch wohl Entzündung zu erregen scheint, weder gegen die Magd, welche ihm denselben reichte, tadelten, noch auch dem Patroklos, welcher jenen hiedurch heilen wollte, es zum Vorwurfe machten. – Und wirklich, sagte er, ist jener Trank ja auch ganz ungereimt für einen Menschen in solchem Zustande. – Nein, er ist es nicht, sprach ich, wenn du bedenkst, daß jener jetzigen förmlichen Erziehungskunst der Krankheiten seitens der Aerzte selbst in früheren Zeiten die Asklepiaden sich nicht bedienten, ehe nemlich, wie man sagt, Herodikos kam; Herodikos aber war ein Ringmeister, und als er kränklich wurde, mischte er die gymnische Kunst und die ärztliche, und quälte zuerst und zumeist sich selbst, dann aber später auch viele Andere. – In wieferne denn? sagte er. – Insoferne er, sagte ich, sich selbst das Sterben lang machte; indem er nemlich seiner Krankheit, welche tödtlich war, auf jedem Schritte folgte, war er einerseits, glaube ich, nicht im Stande, sich selbst zu heilen, und andrerseits curirte er, da er nichts Anderes zu thun hatte, sein ganzes Leben hindurch an sich herum und lebte so sich selbst quälend, so oft er irgend die gewohnte Diät überschritt, und gelangte, da er in Folge seiner Weisheit nur schwer sterben konnte, zu einem hohen Greisenalter. – Also eine schöne Ehrengabe, sagte er, trug dieser von seiner Kunst davon. – Ja, eine solche, sprach ich, wie man sie von demjenigen erwarten mußte, welcher nicht wußte, daß Asklepios nicht etwa aus Unkenntniß oder Unerfahrenheit in dieser Gattung der Arzneikunst seinen Nachkommen keine Anleitung in derselben gab, sondern wohl wissend, daß bei

Allen, welche guter Gesetze sich erfreuen, in dem Staate einem jeden Einzelnen irgend eine Werkthätigkeit aufgetragen ist, welche er nothwendig verüben muß, und daß keiner Zeit hat, sein Leben hindurch an sich herumzucuriren und daniederzuliegen, ein Umstand, welchen wir lächerlicher Weise bloß bei den Handwerkern bemerken, bei den Reichen aber und bei denjenigen, welche als Glückliche gelten, nicht bemerke. – Wie so denn? sagte er. –

15. Ein Werkmeister, sprach ich, verlangt, wenn er krank ist, von dem Arzte eine Arznei, um, nachdem er sie getrunken, die Krankheit durch Erbrechen wegzubringen, oder um nach Unten abzuführen, oder um durch Anwendung des Brennens oder des Schneidens von ihr loszukommen; wenn ihm aber Jemand jene im Kleinen wirkende Diät verschriebe, indem er ihm Käppchen auf das Haupt legte oder was sonst dergleichen ist, so würde er bald sagen, daß er keine Zeit habe, krank zu sein, und ein solches Leben ihm nicht gewinnbringend sei, wo er seine Gedanken auf die Krankheit richten, die ihm obliegende Arbeit aber vernachlässigen müßte; und hierauf würde er dem derartigen Arzte Lebewohl sagen und, nachdem er zur gewohnten Lebensweise zurückgekehrt, gesund werden und sein Geschäft vollführend leben; falls aber der Körper nicht stark genug wäre, dieß zu ertragen, würde er sterben und aller Plage überhoben sein. – Ja, und für einen Derartigen wohl, sagte er, scheint es zu passen, in dieser Weise von der Arzneikunst Gebrauch zu machen. – Wohl eben, sprach ich, darum, weil er ein Geschäft hatte, ohne dessen Betrieb ihm das Leben nicht gewinnbringend wäre. – Ja, dieß ist klar, sagte er, – Der Reich aber denn nun hat, wie wir sagen, kein derartiges ihm obliegendes Geschäft, bei dessen nothgedrungenem Aufgeben er nicht mehr leben könnte. – Sicher nicht; so sagt man wenigstens. – Auf den Spruch des Phokylides nemlich hörst du wohl nicht, wenn er sagt, man müsse, sobald man erst zu leben habe, Vortrefflichkeit üben, – Ich glaube aber ja, sagte er, wohl auch schon vorher. – Hierüber, sprach ich, wollen wir mit ihm nicht streiten, sondern darüber uns selbst belehren, ob Letzteres überhaupt der Reiche betreiben müsse und er, wenn er dieß nicht thue, nicht mehr leben könne, oder ob jenes förmliche Nähren der Krankheit wohl bloß für die Tätigkeit des Handwerkers und für die übrigen Künste ein Hemmniß der Aufmerksamkeit des Sinnes sei, dem Rathe des Phokylides hingegen durchaus nicht im Wege stehe. – Ja wahrlich, bei Gott, sagte er, darüber wollen wir uns belehren. – So ziemlich ja von Allem zumeist gilt dieß wenigstens von jener über die Gymnastik hinausgehenden und übermäßigen Sorgfalt für den Leib; denn dieß ist sowohl für Führung des Hauswesens, als auch für Feldzüge

und für sitzende Geschäfte im Staate etwas Mißliches; das Wichtigste aber denn nun ist, daß sie auch für jedwedes Lernen und Nachdenken und für jede innere Betriebsamkeit gefährlich ist, indem sie immer Kopfschmerzen und Schwindel befürchtet und hievon dem Weisheitsstreben die Schuld beimißt, so daß, wo sie waltet, sie ein Hemmniß dagegen ist, daß man in der Vortrefflichkeit sich übe und erprobe; denn sie bewirkt, daß man stets krank zu sein glaubt und niemals aufhört, bezüglich des Körpers voll Schmerzen zu sein. – Ja, wahrscheinlich wohl, sagte er. – Nicht wahr also, sprach ich, auch von Asklepios wollen wir sagen, daß er von dieser Einsicht durchdrungen wohl für Diejenigen und deren Beschaffenheit, welche von Natur aus und durch ihre Lebensweise körperlich gesund sind, aber irgend eine vereinzelte Krankheit in sich haben, seine Arzneikunst darlege und, indem er durch Arzneien und durch Schneiden die Krankheiten aus ihren Körpern wegbringe, ihnen wieder die gewohnte Lebensweise vorschreibe, um ja dem Staatlichen keinen Schaden zuzufügen, daß er hingegen an die innerlich durchaus kranken Körper gar nicht Hand anlege, um etwa durch Verhaltungsregeln allmälig immer Etwas abzuschöpfen und wieder hinzuzuträufeln und so dem Manne ein langes und zugleich schlimmes Leben zu bewirken, und hiedurch, wie zu erwarten ist, auch die Nachkommenschaft derselben wieder als eine derartige hervorzurufen, sondern daß er der Ansicht sei, man dürfe denjenigen, welcher einmal in dem jeweilig bestehenden Zeitalter nicht zu leben befähigt ist, überhaupt gar nicht pflegen, da dieß weder ihm selbst, noch dem Staate gewinnbringend sei. – Ein Staatsmann ja, sagte er, ist zufolge deiner Aeußerungen Asklepios. – Ja, klärlich, sagte ich; und auch seine Söhne möchten wohl zeigen, daß er ein solcher war; oder siehst du nicht, wie sie vor Troja als tüchtig im Kriege erschienen und von der Arzneikunst in der Weise, wie ich sage, Anwendung machten? oder erinnerst du dich nicht, daß sie auch dem Menelaos aus jener Wunde, welche ihm Pandaros versetzt hatte,

„das Blut aussogen, und dann lindernde Mittel auflegten";

aber was jener hernach essen oder trinken solle, schrieben sie ihm ebenso wenig als dem Eurypylos vor, eben als seien die Arzneimittel genügend, um Männer zu heilen, welche vor der Verwundung gesund waren und eine ordentliche Lebensweise führen, selbst wenn sie dann sogleich nach der Verwundung jenen Mischtrank von Wein und Käse tränken; von jenem hingegen, welcher von Natur aus kränkelt und ein zügelloses Leben führt, glaubten sie, es nütze weder ihm selbst, noch den Uebrigen, wenn er lebe, und für diese sei die Arzneikunst gar nicht da, noch dürfe man sie pflegen, selbst wenn sie reicher als Midas wären. – Gar feine Leute ja, sagte er, sind zufolge deiner Aeußerungen die Aeskulap-Söhne. –

16. Dieß ziemt sich aber auch, sprach ich; und doch stimmen ja mit uns die Tragödiendichter und Pindaros nicht überein und behaupten, Asklepios sei zwar ein Sohn des Apollo, habe sich aber durch Gold bereden lassen, einen reichen, bereits dem Tode nahen, Mann zu heilen, und daher denn auch sei er durch einen Blitz getötet worden; wir hingegen werden gemäß dem früher Gesagten Jenen nicht zugleich beides glauben, sondern wenn er der Sohn eines Gottes war, so war er, werden wir sagen, nicht gewinnsüchtig, wenn aber gewinnsüchtig, so war er nicht eines Gottes Sohn. – Ja, völlig richtig wohl, sagte er, ist dieß wenigstens; aber, o Sokrates, was meinst du betreffs des folgenden: müssen wir etwa nicht in unserem Staate tüchtige Aerzte haben, und waren nicht solche zumeist diejenigen, welche die größte Anzahl Gesunder, aber auch die größte Anzahl Kranker unter ihren Händen gehabt, und hinwiederum ebenso auch tüchtige Richter diejenigen, welche mit gar mannigfaltigen Charakteren Umgang gehabt haben? – Ja wohl, gar sehr, sagte ich, bezeichne ich solche als tüchtige; aber weißt du, welche ich für derartige halte? – Wenn du es angibst, sagte er. – Aber ich will es versuchen, sprach ich; du jedoch fragtest in Einem Satze um Dinge, welche einander nicht ähnlich sind. – Wie so? sagte er. – Als Aerzte nemlich, sprach ich, möchten sie allerdings die größte Gewandtheit erlangen, wenn sie, von Jugend auf anfangend, neben dem Erlernen ihrer Kunst auch mit möglichst vielen und möglichst schlechten Körpern umgingen und auch alle Krankheiten sie selbst einmal erlitten und überhaupt keine sehr feste Gesundheit hätten; nemlich, meine ich, nicht vermittelst des Körpers heilen sie den Körper, denn außerdem ginge es ja eben nicht an, daß ihr eigener Körper jemals schlecht wäre oder würde, sondern vermittelst der Seele heilen sie den Körper, bei welcher es ja eben nicht angeht, daß sie schlecht wird oder ist und dabei doch eine gute Heilung bewirkt. – Dieß ist richtig, sagte er. – Hingegen der Richter ja, mein Freund, sprach ich, übt vermittelst der Seele eine Herrschaft über die Seele aus, für welche es nicht angeht, daß sie von Jugend auf unter schlechten Seelen aufgewachsen und mit ihnen umgegangen sei und alle ungerechten Thaten in eigener Ausübung selbst durchlaufen habe, so daß sie etwa von sich selbst aus mit scharfem Blicke die ungerechten Thaten der Uebrigen erkennen würde, wie bezüglich des Körpers die Krankheiten; sondern unerfahren in schlechten Sitten und unvermischt muß sie schon in ihrer Jugend

dastehen, woferne sie als treffliche und tüchtige in unverdorbener Weise das Gerechte beurtheilen soll; darum denn nun zeigen sich die Wackeren in ihrer Jugend auch als gutmüthig Einfältige und können von den Ungerechten leicht getäuscht werden, weil sie ja in sich selbst keine Vorbilder besitzen, welche einen dem Schlechten ähnlichen Zustand enthalten. – Ja wohl, sagte er, gar sehr auch widerfährt ihnen wirklich dieß. – Demnach also, sprach ich, darf der tüchtige Richter nicht jung, sondern muß bereits ein Greis sein, welcher spät erst gelernt hat, was Ungerechtigkeit sei, indem er nicht etwa eine ihm eigenthümliche und in seiner eigenen Seele befindliche wahrgenommen hat, sondern sich bemühte, betreffs einer fremden in fremden Seelen nach langer Zeit herauszufühlen, welch ein Uebel sie sei, dabei nemlich ein Wissen, nicht aber selbsteigene Erfahrung in Anwendung bringend. – Wohl der edelste Mensch wenigstens, sagte er, scheint also der derartige Richter zu sein. – Ja, und eben ein tüchtiger, sagte ich, um welchen du nemlich vorhin fragtest; denn wer eine tüchtige Seele hat, ist tüchtig. Jener Gewandte hingegen und überall Schlechtes Argwöhnende, welcher selbst viel Ungerechtes verübt hat und sich selbst für einen Gewaltigen und Weisen hält, wird, wenn er mit seines Gleichen umgeht, sich als einen Gewandten zeigen, weil er sich bei dem Hinblicke auf die in ihm befindlichen Vorbilder wohl in Acht nimmt; wann er hingegen in die Nahe von Tüchtigen und bereits Aelteren kömmt, dann hinwiederum zeigt er sich als einen Unausstehlichen, weil er zur Unzeit mißtrauisch ist und nicht weiß, was ein unverdorbener Charakter sei, insoferne er ja kein Vorbild eines Derartigen besitzt; weil er aber eben häufiger auf Schlechte als auf Gute trifft, so scheint es sowohl ihm selbst, als auch anderen, daß er mehr weise als unwissend sei. – Ja, durchaus ist dieß wahr, sagte er. –

17. Nicht einen Derartigen demnach, sagte ich, darf man als den tüchtigen und weisen Richter suchen, sondern eben jenen Vorigen; denn die Schlechtigkeit wird niemals zur Erkenntniß ihrer selbst und der Vortrefflichkeit gelangen, hingegen die Vortrefflichkeit einer durch die Erziehung geregelten Begabung wird mit der Zeit das Wissen über sich selbst und über die Schlechtigkeit erfassen; weise also wird, wie mir scheint, ein Solcher, nicht aber der Schlechte werden. – Auch mir, sagte er, scheint es ebenso wie dir. – Nicht wahr also, auch eine Arzneikunst, wie wir sie oben angaben, wirst du in Verbindung mit einer derartigen Richter-Thätigkeit in unserem Staate gesetzlich feststellen, indem beide dir unter den Bürgern jenen, welche eine gute Begabung haben, bezüglich ihrer Körper und ihrer Seelen eine Pflege angedeihen lassen, die nicht gut

Begabten aber theils, wenn sie bezüglich des Körpers so sind, sterben lassen, theils, wenn sie bezüglich der Seele schlecht begabt und unheilbar sind, sie selbst tödten? – Als das Beste wenigstens, sagte er, zeigt sich's auf diese Weise sowohl für die Betheiligten selbst, als auch für den Staat. – Die jungen Leute demnach, sprach ich, werden dir klärlicher Weise sich wohl in Acht nehmen, daß sie nicht die Richter-Thätigkeit bedürfen, da sie ja jener einfachen musischen Bildung sich bedienen, von welcher wir oben sagten, daß sie Besonnenheit erzeuge. – Warum auch nicht? sagte er. – Wird also nun nicht der musisch Gebildete, indem er nach der gleichen Spur auch die gymnische Bildung verfolgt, ebenso, sobald er will, es auch erreichen, daß er der Arzneikunst nicht bedarf, außer in Fällen der wirklichen Nothwendigkeit? – So scheint es mir wenigstens. – In den gymnastischen Uebungen selbst also und in den körperlichen Anstrengungen wird er weit mehr im Hinblicke auf das Muthige seiner Begabung und um dieß zu wecken sich anstrengen, als etwa im Hinblicke auf die bloße Starke; nicht ja wird er, wie die übrigen Kämpfer, um der bloßen Körperkraft willen die Diät und die Anstrengungen betreiben. – Völlig richtig, sagte er. – Es werden also, o Glaukon, sprach ich, auch diejenigen, welche die musische und die gymnische Bildung vorschreiben, nicht aus jenem Grunde, welchen Einige annehmen, dieß vorschreiben, nemlich damit sie durch die eine dem Körper und durch die andere der Seele eine Pflege angedeihen lassen? – Aber aus welchem Grunde denn sonst? sagte er. – Es kömmt darauf hinaus, sagte ich, daß sie beides gerade in der Hauptsache um der Seele willen vorschreiben. – Wie so? – Bemerkst du nicht, sagte ich, in welchen Zustand gerade bezüglich der geistigen Thätigkeit diejenigen versetzt werden, welche ihr Leben lang nur mit der Gymnastik sich beschäftigen, die musische Bildung aber gar nicht einmal berühren? oder auch diejenigen, welche in den entgegengesetzten Zustand versetzt wurden? – Betreffs welchen Zustandes, sagte er, meinst du dieß? – Betreffs der Wildheit und Härte, sagte ich, und hinwiederum betreffs der Weichheit und Sanftheit. – Hierüber, sagte er, glaube ich, daß, wer ganz allein untermischt die gymnische Bildung anwendet, wilder daraus hervorgeht, als nöthig ist, und wer hinwiederum nur die musische allein, weicher wird, als es schön ist. – Und in der That auch, sprach ich, möchte das Wilde eben das Muthige in der Begabung zur Folge haben und bei richtiger Bildung nichts Anderes als das Tapfere sein, hingegen bei einer mehr als nöthigen Anspannung wohl, wie zu erwarten ist, ein Hartes und Bedrohliches werden. – Ja, so scheint es mir, sagte er. – Was weiter? Möchte das Sanfte nicht in der weisheitsliebenden Begabung liegen und bei größerem Nachlassen weicher werden als nöthig ist, hingegen bei richtiger

Bildung eben ein Sanftes und Ordentliches? – Ja, so ist es. – Wir behaupten aber ja, daß unsere Wächter diese beiden Begabungen haben sollen. – Ja, sie sollen es. – Nicht wahr also, wechselseitig müssen dieselben in Harmonie stehen? – Wie sollte es anders sein? – Und die Seele desjenigen, welcher harmonisch so gebildet ist, ist besonnen und tapfer? – Ja wohl. – Die desjenigen hingegen, welcher nicht harmonisch, feig und roh? – Ja wohl, gar sehr. –

18. Nicht wahr also, wenn Jemand der musischen Bildung sich darbietet, daß sie durch die Ohren wie durch einen Trichter in seine Seele jene von uns so eben erwähnten süßen und weichen und weinerlichen Tonweisen hineinflöte und in ihr ausgieße, und wenn er sowohl in wehklagender, als auch in fröhlicher Stimmung in Folge des Gesanges sein ganzes Leben zubringt, so wird er allerdings beim ersten Anfange, woferne er ein Muthiges in sich trug, es wie Eisen erweichen und aus einem unbrauchbaren und harten zu einem brauchbaren machen; wenn er aber so fortfährt und, ohne hierin nachzulassen, es stets besänftigt, so wird er bald hernach es bereits zerschmelzen und flüssig machen, bis er den Muth herausgeschmolzen und die Sehnen aus der Seele herausgeschnitten und einen „weichlichen Kämpfer" erzeugt hat. – Ja wohl, allerdings, sagte er. – Und wenn er, sprach ich, es hiebei von vorneherein mit einem Muthlosen zu thun hat, so ist er schnell damit fertig, wenn aber mit einem Muthigen, so wird er den Muth schwächen und zu einem unüberlegten machen, welcher von kleinen Veranlassungen schnell aufbraust und wieder gelöscht wird; also Jähzornige und leidenschaftliche, nicht aber Mutige, sind diese geworden, voll von Unverträglichkeit. – Ja wohl, gar sehr. – Wie aber nun? Wenn hinwiederum Jemand in gymnischer Kunst sich vielfach anstrengt und in derselben förmlich schwelgt, musische Bildung aber und Streben nach Weisheit gar nicht einmal berührt, wird er da nicht beim ersten Anfange allerdings sich körperlich wohl verhaltend mit Selbstvertrauen und Muth erfüllt und tapferer werden, als er selbst war? – Ja, sehr. – Was aber weiter? sobald er gar Nichts anderes betreibt und in keinerlei Gemeinschaft mit irgend Musischem tritt, wird dann nicht, wenn auch in seiner Seele ein Lernbegieriges sich fand, dasselbe, weil es weder irgend einen Lerngegenstand oder eine Forschung zu kosten bekam, noch auch der begründenden Reden oder der übrigen musischen Thätigkeit theilhaftig wurde, nicht sicher ein Schwaches und Taubes und Blindes werden, insoferne es nicht geweckt und nicht genarrt und seine Wahrnehmungen nicht gereinigt wurden? – Ja, ebenso, sagte er. – Also ein Feind der begründenden Rede, glaube ich, wird der Derartige und ein musisch Ungebildeter, und von der

Ueberzeugung durch Angabe der Gründe wird er keinerlei Gebrauch mehr machen, sondern mit Gewalt und Wildheit wird er wie ein Thier bei Allem seinen Willen durchsetzen, und in Unwissenheit und Unbeholfenheit verbunden mit Formlosigkeit und Garstigkeit wird er sein Leben führen. – Ja durchaus so, sagte er, verhält sich's. – Zum Behufe dieser beiden demnach, wie es scheint, hat diese beiden Künste, wie ich wohl behaupten möchte, irgend ein Gott den Menschen verliehen, nemlich die musische und die gymnische Kunst zum Behufe des Muthigen und des Strebens nach Weisheit, nicht aber zum Behufe der Seele und des Leibes, außer etwa nur nebenbei, sondern eben zum Behufe jener anderen beiden, damit nemlich dieselben durch wechselseitiges Anspannen und Nachlassen bis zum eigentlich Gebührenden sich harmonisch vereinigen. – Ja, so scheint es auch, sagte er. – Also von demjenigen, welcher am schönsten mit der musischen Bildung die gymnische mischt und im richtigsten Maße sie an die Seele heranbringt, möchten wir wohl am füglichsten behaupten, daß er in vollendeter Weise der am meisten musisch Gebildete und harmonisch Gestaltete ist, weit mehr als jener, welcher bloß die Saiten harmonisch zusammen stellt. – Ja, aus guten Gründen wohl, o Sokrates, sagte er. – Nicht wahr also, auch in unserem Staate, o Glaukon, bedürfen wir stets eines derartigen Vorstehers, woferne die Staatsverfassung bewahrt bleiben soll. – Ja allerdings, im möglichst höchsten Grade werden wir eines solchen bedürfen. –

19. Das Gepräge denn nun der Erziehung und der Pflege dürfte dieses sein; denn wozu sollte man noch die Reigentänze der derartigen und ihre Jagden mit oder ohne Hunde und ihre gymnischen Wettkämpfe und Pferderennen durchgehen? es ist nemlich so ziemlich klar, daß Solches mit dem Vorigen im Einklange sein muß, und es ist nicht schwer, es ausfindig zu machen. – Ja, vielleicht, sagte er, ist es nicht schwer. – Weiter, sagte ich, was also dürfte uns wohl nach diesem festzustellen sein? etwa nicht die Frage, wer denn nun von eben diesen der Herrschende und der Beherrschtwerdende sei? – Was denn sonst? – Daß nun wohl bejahrtere die Herrscher sein müssen, jüngere aber die Beherrschten, ist klar? – Ja, klar. – Und auch, daß es ja die besten unter ihnen sein müssen? – Ja, auch dieß. – Sind aber nicht unter den Landbebauern die besten jene, welche im höchsten Grade Landbebauer sind? – Ja. – Nun aber, da jene ja unter den Wächtern die besten sein sollen, müssen es nicht diejenigen sein, welche im höchsten Grade Wächter des Staates sind? – Ja. – Nicht wahr also, sowohl klug müssen sie in dieser Beziehung sein, als auch befähigt, und ferner auch muß ihnen der Staat ein Gegenstand ihrer Sorge sein? – Ja, so ist es.

– Gegenstand der Sorge aber ist zumeist jenes, was man liebt? – Ja, nothwendig. – Und nun aber möchte Jemand wohl jenes zumeist lieben, für welches er das Nemliche als zuträglich erachtet wie für sich selbst, und zwar auch, wenn er glaubt, daß bei dem Wohlergehen desselben auch für ihn selbst ein Wohlergehen sich ergebe, im entgegengesetzten Falle aber das Entgegengesetzte. – Ja, ebenso, sagte er. – Auszuwählen also sind aus den übrigen Wächtern derartige Männer, von welchen bei unserer Erwägung es sich zumeist zeigt, daß sie ihr ganzes Leben hindurch dasjenige, was sie für den Staat als zuträglich erachten, mit aller Bereitwilligkeit thun, was aber als nicht zuträglich, in keiner Weise vollführen wollen. – Solche sind allerdings tauglich, sagte er. – Mir scheint demnach, man müsse sie in allen Lebensaltern beobachten, ob sie gute Wächter dieser Ansicht seien und weder durch eine Bezauberung noch durch Gewalt jene Meinung, daß man thun müsse, was für den Staat das beste ist, je vergessen und aus sich verbannen. – Welches Verbannen, sagte er, meinst du hiemit? – Ich will es dir sagen, erwiederte ich. Es scheint mir eine Meinung aus der Denkthätigkeit zu entschwinden entweder in freiwilliger oder in unfreiwilliger Weise; in freiwilliger nemlich die falsche Meinung aus demjenigen, welcher sich eines Anderen belehren ließ, in unfreiwilliger aber jede wahre Meinung. – Was hiebei das freiwillige Verbannen betrifft, sagte er, so verstehe ich es, hingegen das unfreiwillige wünsche ich erst noch kennen zu lernen. – Wie aber? sprach ich; hältst nicht auch du dafür, daß des Guten die Menschen unfreiwillig beraubt werden, des Schlimmen aber freiwillig? oder ist es nicht etwas Schlimmes, betreffs der Wahrheit getäuscht zu sein, etwas Gutes aber, die Wahrheit zu besitzen? oder scheint es dir nicht ein Besitz der Wahrheit zu sein, wenn man das wirklich Seiende in seiner Meinung erfaßt? – Du hast aber hiemit Recht, sagte er, und es scheinen mir die Menschen nur unfreiwillig ihrer wahren Meinung beraubt zu werden. – Nicht wahr also, entweder durch Ueberlistung oder durch eine Bezauberung oder durch Vergewaltigung widerfährt ihnen dieß? – Auch jetzt noch, sagte er, verstehe ich es nicht. – Es kömmt ja darauf hinaus, erwiederte ich, daß ich dunkel wie ein Tragiker spreche; überlistete nemlich nenne ich diejenigen, welche eines Andern sich belehren ließen und jene, welche Etwas vergaßen, weil nemlich den Einen die Zeit, den Anderen eine begründende Rede ihre Meinung, ohne daß sie es bemerken, benimmt; nemlich jetzt doch wohl verstehst du es? – Ja. – Vergewaltigte hingegen nenne ich diejenigen, welche irgend ein Schmerz oder eine Qual auf eine andere Meinung brachte. – Auch dieß, sagte er, verstehe ich, und du hast Recht. – Als Bezauberte aber möchtest ja wohl auch du, wie ich glaube, diejenigen bezeichnen, welche ihre Meinung ändern, indem sie durch irgend ein Vergnügen eingelullt wurden oder durch irgend eine Furcht in Angst sind. – Es scheint ja auch, sagte er, all jenes bezaubernd zu wirken, was eine Täuschung enthält. –

20. Demnach müssen wir, wie ich so eben sagte, suchen, welche die besten Wächter ihrer eigenen Ansicht seien, nemlich daß sie jenes wirklich thun müssen, was sie stets für den Staat als das Beste erachten. Beobachten also müssen wir sie von Jugend auf, indem wir ihnen Aufgaben vorlegen, bei welchen man das Derartige am ehesten vergessen und darin getäuscht werden könnte; und denjenigen, welcher eingedenk bleibt und sich nicht leicht täuschen läßt, müssen wir auswählen, jenen hingegen, der nicht so ist, bei Seite stellen; oder wie sonst? – Ja. – Auch Anstrengungen hinwiederum und Qualen und Kämpfe müssen wir für sie veranstalten, in welchen wir eben Jenes beobachten müssen. – Dieß ist richtig, sagte er. – Nicht wahr also, sprach ich, auch von der dritten Art nun, nemlich von der Bezauberung, müssen wir ihnen einen Wettstreit bewerkstelligen und dabei zuschauen; sowie man die jungen Pferde zu Geräusch und Lärm hinführt und hiedurch erkennt, ob sie furchtsam seien, ebenso müssen wir jene in der Jugend zu irgend Gegenständen der Furcht bringen und dann hinwiederum in Vergnügungen sie versetzen, indem wir sie in weit höherem Grade als Gold im Feuer erproben, ob Einer als schwer zu bezaubernd und als wohlanständiger in Allem sich zeige, ein tüchtiger Wächter seiner selbst und der musischen Bildung, welche er gelernt hat, in schönen Formen und in harmonischem Einklang in all diesem sich bewährend, wie er denn auch sowohl für sich als auch für den Staat der brauchbarste wäre. Und denjenigen, welcher immer, im Knaben- und im Jünglings- und im Mannes-Alter erprobt wurde und ohne Makel daraus hervorging, müssen wir als Herrscher und Wächter des Staates aufstellen und ihm bei Lebzeiten und im Tode Ehren erweisen, indem er bezüglich des Begräbnisses und der übrigen Zeichen des Andenkens die größte Auszeichnung erlangt; jenen aber, welcher nicht derartig ist, müssen wir bei Seite stellen. Solcher Art, o Glaukon, sagte ich, scheint mir die Auswahl und die Aufstellung der Herrscher und Wächter zu sein, um sie hiemit bloß dem allgemeinen Gepräge nach, nicht aber in aller Genauigkeit, anzugeben, – Auch mir, sagte er, zeigt sich's ungefähr so. – Ist es also wohl in Wahrheit das Richtigste, diese als vollständige Wächter sowohl bezüglich der äußeren Feinde als auch bezüglich der Freunde im Innern zu bezeichnen, damit nemlich die letzteren nicht den Willen und die ersteren nicht die Fähigkeit haben, Böses zu

verüben, diejenigen Jünglinge hingegen, welche wir bisher jetzt Wächter nannten, als Helfer und Beiständer für die Ansicht der Herrschenden zu bezeichnen? – Ja, mir wenigstens, sagte er, scheint es so. –

21. Welche Möglichkeit also nun, sprach ich, möchte sich uns wohl ergeben, daß es noch etwas Edles sei, wenn wir mit irgend einer jener nothwendigen Lügen, von welchen wir schon sprachen, die Leute belügen und hiedurch vor Allem zwar die Herrscher selbst und, wenn dieß nicht gelingen sollte, den übrigen Staat überreden wollen? – Welche Lüge denn? sagte er. – Keine neue, erwiederte ich, sondern irgend eine Phönikische, welche zwar früher schon an vielen Orten vorkam, wie die Dichter behaupten und uns hievon auch überzeugt haben, in unseren Zeiten aber nie vorgekommen ist und vielleicht, was ich nicht weiß, auch nicht vorkommen wird, jedenfalls aber eine bedeutende Ueberzeugungskraft erfordert, um Jemanden davon zu überzeugen. – Es sieht ja aus, sagte er, als nehmest du Anstand, es zu sagen. – Ich werde dir aber auch, erwiederte ich, aus guten Gründen Anstand zu nehmen scheinen, sobald ich es nur wirklich gesagt habe. – So sprich es nur aus, sagte er, und habe keine Furcht. – So spreche ich es denn nun aus; und doch weiß ich nicht, mit welcher Kühnheit oder mit welchen Worten ich es sagen und versuchen soll, zunächst die Herrscher selbst und die Krieger, sodann aber auch den übrigen Staat davon zu überzeugen, daß sie all dasjenige, was wir bisher über ihre Pflege und Bildung sagten, gleichsam in einem Traume zu erleben und an sich zu erfahren schienen, sie aber damals in Wahrheit unter der Erde im Innern derselben geformt und gepflegt wurden, sie selbst und ihre Waffen und all ihre übrigen kunstvoll gefertigten Geräthe, und sie dann, nachdem sie vollständig ausgearbeitet waren, und ihre Mutter, die Erde, sie nach Oben an's Licht gesendet hatte, nun auch über das Land, in welchem sie sind, wie über eine Mutter und Pflegerin, sich berathen und dasselbe vertheidigen müssen, wenn Jemand es angreift, und sie ebenso auch über die übrigen Bürger wie über Brüder und gleichfalls Erdentsprossene denken müssen. – Nicht umsonst allerdings, sagte er, hast du schon von vorneherein dich geschämt, diese Lüge auszusprechen. – Allerdings, erwiederte ich, aus guten Gründen; aber dennoch höre auch noch das Uebrige dieser Fabel. Ihr alle nemlich, – so werden wir zu ihnen in Erzählung der Fabel sprechen –, seid Brüder im Staate; aber der Gott hat, als er euch formte, denjenigen von euch, welche tüchtig zum Herrschen sind, bei der Entstehung Gold beigemischt, daher diese auch die Ehrwürdigsten sind, Silber hingegen jenen, welche Helfer sind, Eisen aber und Erz den Landbebauern und den

übrigen Handwerkern. Insoferne ihr also sämmtlich mit einander verwandt seid, erzeugt ihr wohl meistenteils solche Nachkommen, welche euch selbst ähnlich sind, zuweilen aber kann auch aus einem Goldenen ein silberner Sprößling und aus einem Silbernen ein goldener Sprößling und ebenso auch bei allen Uebrigen wechselseitig entstehen. Den Herrschern also gebietet der Gott vor Allem und zumeist, daß sie in Nichts so gute Wächter sein und Nichts so sehr bewachen sollen, als eben ihre Sprößlinge, nemlich was in den Seelen derselben etwa beigemischt sei, und daß sie, wenn ihr Sprößling mit Erz oder mit Eisen versetzt zur Welt komme, in keiner Weise Mitleid haben, sondern die seiner Begabung gebührende Geltung ihm verleihen und ihn in die Handwerker und Landbebauer verstoßen, und hinwiederum auch, wenn von diesen Einer mit Gold oder Silber versetzt geboren wird, sie ihm seine Geltung anweisen und ihn entweder zu den Wächtern oder zu den Helfern hinaufbringen, da es ein altes Orakel ist, daß der Staat dann zu Grunde gehe, wann ihn das Eisen oder das Erz bewache. Weißt du also nun betreffs dieser Fabel irgend eine Möglichkeit, daß die Leute von ihr überzeugt werden? – In keiner Weise, sagte er, wenigstens, daß diese Jetzigen selbst es werden, vielleicht aber, daß deren Söhne und Nachkommen und überhaupt die späteren Menschen. – Aber auch dieß, sagte ich, wäre gut, damit sie dereinst mehr den Staat und wechselseitig sich selbst zum Gegenstande ihrer Sorge machen würden; ich verstehe nemlich so ziemlich, was du hiemit meinst. Und dieß denn nun wird sich wohl so verhalten, wie es der göttliche Ausspruch lenkt.

22. Wir aber wollen diese Erdgebornen nun bewaffnen und unter Anführung ihrer Herrscher ausrücken lassen. Nachdem sie aber ausmarschirt sind, sollen sie sich umsehen, wo im Staate sie am besten ein Lager schlagen werden, um von dort aus sowohl die Einwohner am meisten im Zaume zu halten, falls Jemand den Gesetzen sich nicht fügen wollte, als auch die Auswärtigen abzuwehren, falls Jemand als Feind wie ein Wolf zur Heerde herankäme; nachdem sie aber Lager geschlagen haben, sollen sie die nöthigen Opfer verrichten, und dann sich Schlafstätten bereiten; oder wie anders? – Eben so, sagte er. – Nicht wahr also, derartige Schlafstätten, daß dieselben sowohl im Winter Schutz gewähren, als auch für den Sommer genügend sind? – Warum auch nicht? Wohnungen nemlich, sagte er, scheinst du mir hiemit zu meinen. – Ja, erwiederte ich; nemlich eben Krieger-Wohnungen, nicht aber Wohnungen für den Gelderwerb. – Wie meinst du hinwiederum, sagte er, daß letztere von ersten sich unterscheiden? – Ich will es versuchen, dieß dir anzugeben. – Nemlich das Schrecklichste von

Allem und das Schimpflichste für Hirten ist doch wohl, wenn sie derartige Hunde in solcher Weise als Wächter der Heerde aufziehen, daß in Folge der Zügellosigkeit oder des Hungers oder irgend einer anderen schlechten Angewöhnung die Hunde selbst sich daran machen, den Schafen Böses zuzufügen, und so eher Wölfen als Hunden gleichen. – Ja, schrecklich, sagte er, ist es, und wie sollte es auch nicht? – Nicht wahr also, auf jede Weise muß man es verhüten, daß unsere Helfer nicht Derartiges gegen die Bürger, da sie denselben überlegen sind, verüben, nemlich daß sie nicht eher wilden Gebietern als wohlwollenden Bundesgenossen gleichen. – Ja, verhüten muß man dieß, sagte er. – Nicht wahr also, mit der größten Vorsicht hierin wären sie wohl schon ausgerüstet, woferne sie in Wahrheit gut erzogen sind? – Nun aber sind sie dieß ja schon, sagte er. – Und ich erwiederte: Dieß gerade soll man nicht zu sehr betheuern, mein lieber Glaukon; hingegen, was wir eben sagten, soll man betheuern, daß es nemlich nothwendig ist, daß jene die richtige Erziehung, welche immer sie sein mag, erlangen, woferne sie den wichtigsten Punkt dazu besitzen sollen, um sanft zu sein gegen sich selbst unter sich und gegen die von ihnen Bewachten. – Ja, und zwar mit Recht, sagte er. – Aber neben dieser Erziehung nun sollen sie, wie jeder Verständige wohl behaupten dürfte, auch derartige Wohnungen und eine derartige übrige Habe sich bereitet haben, welche weder den Wächtern selbst es unmöglich machen, daß sie die Besten sind, noch sie veranlassen, den übrigen Bürgern Böses zu thun. – Ja, und in Wahrheit wird man dieß behaupten. – Sieh also zu, sagte ich, ob sie etwa in folgender Weise leben und wohnen müssen, woferne sie eben Derartige sein sollen: Erstens nemlich daß Keiner irgend eine ihm eigenthümliche Habe besitze, wenn es nicht durchaus nothwendig ist; ferner daß Keiner eine Wohnung oder irgend eine Vorratskammer habe, in welche nicht ein Jeder, der will, eintreten kann; alles Nöthige aber, was besonnene und tapfere Kriegs-Kämpfer bedürfen, sollen sie nach bestimmter Feststellung von den übrigen Bürgern als Lohn für ihren Wachdienst erhalten, und zwar gerade so Viel, daß für den Zeitraum eines Jahres ihnen weder Etwas übrig bleibt, noch sie Mangel haben; gemeinschaftliche Mahlzeiten aber sollen sie besuchen und so, wie im Feldlager, gemeinschaftlich leben; was aber Gold und Silber betrifft, so soll man ihnen sagen, daß sie von den Göttern her stets in ihrer Seele göttliches Gold und Silber besitzen und das menschliche nicht bedürfen, und daß es nicht erlaubt sei, den Besitz des ersteren durch Mischung mit dem Besitze des sterblichen Goldes zu beflecken, weil ja viel Frevelhaftes betreffs des gewöhnlichen Geldes schon geschehen sei, das bei ihnen selbst befindliche aber makellos sei; hingegen ihnen allein unter den im Staate Lebenden soll es verpönt sein, Gold und Silber in die Hand zu nehmen und zu berühren, oder unter demselben Dache mit ihm zu wohnen, oder es als Schmuck umzuhängen oder aus silbernem und goldenem Geschirre zu trinken. Und auf diese Weise also möchten sie sowohl selbst bewahrt bleiben, als auch den Staat bewahren; wann hingegen sie selbst sowohl eigenes Land als auch Wohnungen und Geld besitzen, dann werden sie nicht Wächter, sondern Haushälter und Landbebauer sein und eher feindliche Gebieter als Bundesgenossen der übrigen Bürger werden, und hassend und gehaßt und Hinterlist übend und durch Hinterlist verfolgt werden sie ihr ganzes Leben hinbringen, da sie weit mehr und heftiger die Eingebornen als die äußeren Feinde fürchten müssen und hiemit bereits sogleich dem Verderben entgegenrennen, sie selbst sowohl als auch der übrige Staat. Wollen wir also, sagte ich, um all dieser Dinge willen behaupten, daß auf diese Weise die Wächter betreffs ihrer Wohnung und des sämmtlichen Uebrigen eingerichtet sein sollen, und wollen wir dieß gesetzlich feststellen oder nicht? – Ja, allerdings, sagte Glaukon. –

Viertes Buch

1. Und Adeimantos griff nun in die Unterredung ein und sagte: Wie aber, o Sokrates, wirst du dich verteidigen, wenn Jemand sagt, du machest diese Männer gar nicht sehr glücklich, und zwar durch sie selbst, sie, in deren Händen eigentlich der Staat liege, und welche dann doch nichts Gutes vom Staate genießen wie alle Uebrigen, welche Ländereien besitzen und sich schöne und große Häuser bauen und für dieselben eine passende innere Einrichtung sich anschaffen und Privat-Opfer für die Götter entrichten und Gastfreunde bewirthen und denn nun auch, was du vorhin erwähnst, Gold und Silber und alles Uebrige besitzen, was für jene allgemein als nothwendig gilt, welche glückselig sein sollen; sondern so ziemlich, möchte man sagen, wie um Sold gemietete Helfer scheinen sie in deinem Staate dazusitzen, indem sie nichts Anderes thun, als eben nur Wache halten. – Ja, sagte ich, und zwar sind sie noch dazu bloß um die Kost gedungen und erhalten außer der Kost keinen Lohn mehr wie die Uebrigen, so daß nicht einmal, wenn sie für sich allein eine Reise machen wollen, sie dieß können, und auch den Freudenmädchen nichts schenken können, noch auch, wenn sie auf irgend etwas Anderes Geld verwenden sollen, wie ja doch jene es verwenden, welche als die Glücklichen gelten; dieß nemlich

und viel anderes derartiges hast du bei deiner Einwendung ausgelassen. – Nun gut aber, sagte er, es sei hiemit auch dieß eingewendet. – Was wir also zu unserer Vertheidigung sagen werden, frägst du? – Ja. – Auf eben dem nemlichen Pfade fortschreitend, erwiederte ich, werden wir, wie ich glaube, auch finden, was wir sagen müssen. Wir werden nemlich sagen, daß es wohl gar nichts Wundersames sein dürfte, wenn auch auf diese Weise jene etwa doch noch die glücklichsten wären, und daß wir ja nicht im Hinblicke darauf unsern Staat gründen, daß uns irgend Eine Klasse in hervorragender Weise glücklich sei, sondern darauf, daß so sehr als möglich der ganze Staat es sei; denn wir glaubten ja auch in einem solchen zumeist die Gerechtigkeit finden zu werden und ebenso auch hinwiederum in dem am schlechtesten eingerichteten die Ungerechtigkeit, und dann wohl, wenn wir dieß erblickt hätten, auch beurtheilen zu können, was wir schon längst suchen. Jetzt also gestalten wir, wie wir glauben, den glücklichen Staat, und zwar nicht einen bloßen Theil desselben hervorhebend, indem wir etwa nur einige Wenige als glückliche aufstellen würden, sondern eben den ganzen; hernach aber dann werden wir den entgegengesetzten erwägen. Ebenso also wie wenn Jemand, während wir Bildsäulen bemalen, zu uns herzuträte und uns tadelte, daß wir den schönsten Theilen der ganzen Gestalt nicht auch die schönsten Farben geben, denn die Augen, die doch das schönste sind, seien nicht mit Purpur, sondern schwarz angestrichen, wir dann wohl ganz genügend uns gegen ihn durch die Worte zu vertheidigen schienen: „Du Wunderlicher, glaube doch nicht, es sei nothwendig, die Augen so schön zu malen, daß sie gar nicht einmal mehr als Augen erscheinen, und ebenso auch bei den übrigen Theilen, sondern beachte nur, ob wir jedem einzelnen das ihm Gebührende verleihen und hiedurch das Ganze zu einem schönen machen“, – ebenso zwinge uns jetzt auch nicht, den Wächtern einen derartigen Glückszustand beizumessen, welcher sie eher zu allem Anderen, nur nicht zu Wächtern machen wird; denn wir verstehen es allerdings sehr wohl, den Landbebauern den Rath zu geben, daß sie mit Prunkgewändern angethan und mit Goldschmuck behängt völlig nach Vergnügen ihr Land bestellen, und so auch den Töpfern, daß sie sich hinstrecken neben dem Feuer und der Reihe nach sich zutrinken und schwelgen und die Töpferscheibe dabei neben sich legend so viel verfertigen als sie eben Lust haben, und wir verstehen es, auch alle Uebrigen auf solche Weise zu beglücken, damit ja der ganze Staat glücklich sei; aber gib uns nur nicht solche Lehren, daß, wenn wir dir folgen, weder der Landbebauer mehr ein Landbebauer, noch der Töpfer ein Töpfer ist, noch irgend ein Anderer mehr jene ihm eigene Form hat, woraus zuletzt ein Staat entsteht. Aber jene Uebrigen kommen weniger in Betracht;

denn wenn Schuhflicker schlecht werden und zu Grunde gehen und sich als solche geberden, während sie es nicht sind, so ist dieß für den Staat nichts Arges; wenn aber Wächter der Gesetze und des Staates es nicht wirklich sind, sondern bloß zu sein scheinen, dann siehst du wohl, daß sie den gesammten Staat von Grund aus vernichten, und daß hinwiederum auch sie allein für die richtige Einrichtung und für das Glück desselben den Anhaltspunkt in Händen haben. Wenn also wir die Wächter in Wahrheit zu solchen machen, welche am wenigsten dem Staate Böses zufügen, der Urheber jenes Einwandes aber sie zu irgend Landbebauern und zu solchen macht, welche wie in einer Festversammlung und nicht wie in einem Staate die glücklichen Festgeber spielen, so meint er hiemit wohl etwas Anderes als einen Staat. Es ist also zu erwägen, ob wir die Wächter im Hinblicke darauf aufstellen sollen, daß ihnen selbst der größte Glücksstand ermöglicht werde, oder ob wir dieß im Hinblicke auf den ganzen Staat, ob nemlich ihm es ermöglicht werde, betrachten sollen, jene Helfer aber und die Wächter zwingen und überreden müssen, das zu bewerkstelligen, daß sie die bestmöglichen Werkmeister der ihnen eigenen Werkthätigkeit seien, und bei allen Uebrigen ebenso, und hiemit auf diese Weise, indem der gesammte Staat wächst und richtig eingerichtet wird, es eben so belassen müssen, wie den je einzelnen Klassen ihre innere Natur selbst eine Teilnahme an dem Glücksstande verleiht. – Aber du scheinst mir, sagte er, hierin Recht zu haben. –

2. Werde ich also wohl, sagte ich, auch das hiemit nahe Verwandte dir richtig anzugeben scheinen? – Was denn eigentlich? – Erwäge hinwiederum auch betreffs der übrigen Werkmeister, ob Folgendes sie verderbe, so daß sie gleichfalls schlechter werden. – Welcherlei soll dieß sein? – Reichthum und Armuth, sagte ich. – Wie so denn? – Folgendermaßen: Scheint es dir, daß ein reich gewordener Töpfer noch um seine Kunst sich bekümmern werde? – Keineswegs, sagte er. – Sondern träge wohl und sorglos wird er in höherem Grade werden, als er früher war? – Ja, bei Weitem. – Nicht wahr also, ein schlechterer Töpfer wird er? – Ja, bei Weitem auch dieß. – Und nun ja, wenn er in Folge von Armuth Werkzeuge oder irgend etwas Anderes, was zu seiner Kunst gehört, sich nicht anschaffen kann, so wird er sowohl seine Arbeit schlechter machen, als auch seine Söhne oder Andere, welche er heranbildet, zu schlechteren Werkmeistern heranbilden. – Warum nicht? – Durch beides demnach, nemlich durch Armuth und durch Reichthum werden schlechter die Werke der Künste, schlechter aber auch die Künstler selbst. – Ja, so zeigt sich's. – Also schon ein

Weiteres, wie es scheint, haben wir wieder für die Wächter gefunden, von welchen man auf jede Weise verhüten muß, daß es nicht, von ihnen unbemerkt, in den Staat eindringe. – Welches ist dieß? – Eben Reichthum und Armuth, sagte ich, da ersterer Ueppigkeit und Trägheit und Neuerungssucht erzeugt, letztere aber auch unfreien Sinn und schlechte Arbeit neben der Neuerungssucht. – Ja, allerdings wohl, sagte er; aber erwäge, o Sokrates, auch Folgendes: Wie wird unser Staat im Stande sein, Krieg zu führen, wenn er nicht Geld besitzt, zumal falls er genöthigt ist, gegen einen großen und reichen Staat Krieg zu führen? – Es ist klar, sagte ich, daß es gegen Einen solchen schwerer sein wird, leichter aber gegen Zwei derartige. – Was sagtest du da? erwiederte er. – Erstens ja, sagte ich, werden sie, wenn es zum Kampfe kömmt, doch wohl mit reichen Männern zu kämpfen haben, sie, die geübte Streiter im Kriege sind? – Ja, dieß gewiß, sagte er. – Wie also nun? o Adeimantos, sprach ich; scheint es dir nicht, daß Ein Faustkämpfer, welcher hiezu so trefflich als möglich gerüstet ist, mit Zweien, welche keine Faustkämpfer, wohl aber reich und fett sind, gar leicht kämpfen würde? – Nicht doch vielleicht, sagte er, wenigstens zu gleicher Zeit. – Etwa auch dann nicht, wenn er die Möglichkeit hätte, in verstellter Flucht jedesmal denjenigen von den beiden, welcher zuerst sich ihm naht, sobald er nach ihm sich umwendet, zu schlagen, und er dieß zu wiederholten Malen in der brennenden Sonnenhitze thäte? würde etwa ein Solcher nicht sogar auch mehrere Solche bändigen? – Ja, es wäre zuletzt, sagte er, dieß wohl kein Wunder. – Aber glaubst du nicht, daß die Reichen vermöge ihres Wissens und ihrer Erfahrung an der Kunst des Faustkampfes doch selbst noch mehr Antheil haben als an jener des eigentlichen Krieges? – Ja, sicher, sagte er. – Gar leicht also würden, wie es wahrscheinlich ist, unsere geübten Streiter gegen eine doppelt oder dreifach so große Anzahl, als sie selbst sind, kämpfen? – Ich will es dir hiemit zugeben, sagte er; denn du scheinst mir Recht zu haben. – Wie aber? wenn sie eine Gesandtschaft in jenen anderen Staat schicken und, was auch die Wahrheit ist, sagen würden: „Wir machen keinen Gebrauch von Gold oder Silber, und es ist dieß bei uns nicht erlaubt, bei euch hingegen wohl; vereiniget euch daher im Kriege mit uns und nehmt hiemit die Habe der Uebrigen" –, glaubst du da, daß irgend Jemand, wenn er dieß hört, es vorziehen würde, gegen abgehärtete und hagere Hunde zu kämpfen, als in Verbindung mit den Hunden gegen fette und weichliche Schafe? – Keiner, wie mir scheint; aber wenn ja in Einen Staat das Vermögen aller übrigen etwa vereinigt würde, so sieh doch zu, ob dieß nicht dem des Reichthumes entbehrenden Staate Gefahr bringe. – Du besitzest doch eine glückliche Unbefangenheit, sagte ich, daß du es der Mühe werth hältst, auch noch irgend etwas Anderes mit dem Namen „Staat" zu bezeichnen, als denjenigen, welchen wir bisher einrichteten. – Aber was soll es denn sonst sein? sagte er. – Eine weit größere Bezeichnung, sprach ich, ist für die übrigen erforderlich; denn ein jeder einzelne derselben ist, wie man im Scherze sagen könnte, gar viele Staaten, nicht aber ein Staat; nemlich zwei sind es, mag es gehen wie es wolle, jedenfalls, und zwar gegenseitig feindliche, der eine der Staat der Armen und der andere der Staat der Reichen, und in jedem dieser beiden sind wieder sehr viele; wenn du aber all diesen wie einem Einzigen dich näherst, so greifst du überall Fehl, hingegen wenn du dich ihnen wie wirklich vielen näherst, indem du, was Sache der Verschiedenen ist, eben den Verschiedenen zutheilst, mag dieß das Geld oder die Macht oder die Personen selbst betreffen, so wirst du wenigstens immer viele Bundesgenossen, aber wenige Feinde haben. Und so lange dein Staat eben in jener besonnenen Weise, welche wir bisher feststellten, eingerichtet ist, wird er an sich der größte sein, ich meine aber hiemit nicht der Geltung bei den Leuten nach, sondern in Wahrheit der größte, und sollte er auch nur tausend Streiter zählen; denn einen einheitlichen Staat, welcher in eben diesem Sinne ein großer wäre, findest du überhaupt nicht leicht, weder bei den Griechen noch bei den Nichtgriechen, wohl aber sehr viele, welche groß und vielmal größer als der derartige zu sein scheinen; oder bist du anderer Meinung? – Nein, bei Gott nicht, sagte er. –

3. Nicht wahr also, sagte ich, dieß wäre wohl auch für unsere Herrscher das schönste Maß bezüglich der Größe, in welcher man den Staat anlegen, und wie viel Land man für den so oder so großen abgränzen, das übrige aber bei Seite lassen solle? – Welches Maß? sagte er. – Ich glaube, sprach ich, folgendes: so lange der Staat, während er wächst, noch ein einheitlicher bleiben kann, lasse man ihn wachsen, darüber hinaus aber nicht. – Ja, und so ist es recht, sagte er. – Nicht wahr also, auch diese Vorschrift hinwiederum wollen wir den Wächtern aufstellen, nemlich in jeder Weise zu verhüten, daß der Staat weder klein noch groß zu sein scheine, sondern eben irgend ein genügender und einheitlicher sei. – Ja, und eine sehr schlichte Vorschrift, sagte er, ist dieß, welche wir ihnen hiemit geben. – Und noch schlichter als diese, sprach ich, ist folgende, welche wir auch schon im Obigen erwähnten, wo wir sagten, man solle, sowohl wenn ein schlechter Sprößling der Wächter zur Welt komme, ihn zu den Anderen fortschicken, als auch wenn ein tüchtiger Sprößling der Anderen, zu den Wächtern. Dieß aber wollte uns damals besagen, daß man auch von den übrigen Bürgern einen jeden Einzelnen zu jener je einzelnen Werkthätigkeit, für welche

er begabt ist, hinbringen solle, damit jeder, indem er das ihm eigene Eine betreibt, nicht ein Vielheitlicher, sondern Einer werde, und so denn nun auch der gesammte Staat als Einer und nicht als vielheitlicher hervorwachse. – Ja, es ist auch wirklich diese Vorschrift noch kürzer gefaßt als die vorhergehende. – Nicht also, mein guter Adeimantos, sage ich, werden wir, wie wohl Mancher erwarten möchte, ihnen all jene vielen und langen Vorschriften geben, sondern lauter schlichte, woferne sie nur jene Eine von uns angegebene große, oder vielmehr nicht große, sondern nur genügende, bewahren. – Welche ist diese? sagte er, – Die Bildung und die Pflege, sagte ich, – Denn wenn sie in Folge richtiger Bildung geziemende Männer werden, so werden sie all dieses leicht selbst durchschauen, und auch alles Andere, was wir für jetzt übergehen, den Bestand der Frauen und der Ehen und der Kindererzeugung, daß man nemlich dieß Alles nach dem Sprüchworte so sehr als möglich zu einem für Freunde Gemeinsamen machen solle. – Am richtigsten wohl, sagte er, geschähe es so, – Und in der That auch, sprach ich, schreitet ein Staat, wenn er Einmal auf richtigem Wege ist, bei seiner Zunahme wie im Kreislauf fort; Pflege und Bildung nemlich, wenn sie wacker bewahrt werden, erzeugen eine gute Begabung, und hinwiederum eine wackere Begabung wird, wenn sie an derartiger Bildung theilnimmt, wieder noch besser als die der Früheren war, sowohl im Uebrigen als auch insbesondere bezüglich der Zeugung, ebenso wie auch bei den übrigen lebenden Wesen. – Ja, wie zu erwarten ist, sagte er. – Um es demnach kurz zu sagen, daran müssen die Fürsorger des Staates festhalten, daß nicht ihnen unbemerkt bleibe, wenn hierin Etwas verdorben wird, und daß sie in jeder Beziehung eine ordnungswidrig Neuerungssucht betreffs der gymnischen und musischen Bildung verhüten, hingegen so sehr als möglich dieselbe bewahren, befürchtend, es möchte bei den Worten:

> „auf jenen Gesang merken die Menschen lieber auf,
> welcher als der neueste beim Singen sie umschwebt"

gar oft Jemand meinen, der Dichter spreche hier nicht von neuen Gesängen, sondern von einer neuen Gesangsweise, und er möchte Solches dann loben; man darf aber das Derartige weder loben noch auch jenen Vers so auslegen; nemlich vor der Einführung einer neuen Art der Musik muß man sich hüten, da man dabei bezüglich des Gesammten Gefahr läuft, denn nirgends wird an den musikalischen Weisen gerüttelt, ohne daß dieß zugleich auch an den wichtigsten staatlichen Gesetzen geschehe, wie sowohl Damon behauptet, als auch ich es ihm glaube. – Rechne aber hiemit auch mich, sagte Adeimantos, zu jenen, welche es glauben. –

4. Den eigentlichen Wachposten also, sprach ich, müssen die Wächter, wie es scheint, wohl hier irgendwo, nemlich in der musischen Bildung, aufschlagen. – Wenigstens eine Widersetzlichkeit dieser Art, sagte er, dringt leicht, ohne daß man es bemerkt, tiefer ein. – Ja, sagte ich, eben weil sie in Geltung eines bloßen Spieles in einer Weise wirkt, als wäre sie gar kein Uebel. – Sie wirkt nemlich auch nichts Anderes, sprach er, als daß sie allmälig sich einnistet und gar stille in die Sitten und Bestrebungen überfließt, aus diesen aber schon in größerer Gestalt in den wechselseitigen Verkehr hinaustritt, aus diesem Verkehre aber bereits gegen die Gesetze und gegen die Staaten, o Sokrates, mit vieler Unverschämtheit sich wendet, bis sie zuletzt Alles im Privat- und im öffentlichen Leben umstürzt. – Gut, sagte ich; verhält sich dieß wirklich so? – Ja, mir scheint es, sagte er. – Nicht wahr also, es müssen, wie wir schon zu Anfang sagten, unsere Kinder sogleich schon an einem gesetzlicheren Spiele sich betheiligen, da, wenn jenes ein widergesetzliches ist und auch Kinder selbst ebenso beschaffen sind, unmöglich aus ihnen gesetzliche und tüchtige Männer heranwachsen werden? – Wie sollte es auch anders sein? – Wenn also die Kinder schon das Spielen richtig beginnen und so die Wohlgesetzlichkeit vermittelst des Musischen in sich aufnehmen, so begleitet sie dieß in entgegengesetzter Weise wie jene zu Allem und befördert ihr Wachsthum, indem es selbst wieder aufrichtet, was vorher im Staate darniederlag. – Dieß ist allerdings wahr, sagte er. – Und also auch jene für unbedeutend gehaltenen gesetzlichen Bestimmungen, sprach ich, werden diese leicht selbst finden, welche von den Vorigen sämmtlich waren vernichtet worden. – Welcherlei? – Die folgenden: Das Schweigen der Jüngeren in Gegenwart der Aelteren, wie sich's geziemt, und die Rangordnung im Sitzen und das Sicherheben vor den Aelteren und die Pflege von Vater und Mutter, und auch das Schneiden der Haare und des Bartes und die Kleidung und die Beschuhung und die gesammte Haltung des Körpers und was sonst dergleichen ist; oder glaubst du nicht? – Ja gewiß. – Gesetzliche Bestimmungen aber hierüber aufzustellen, halte ich für einfältig, denn weder läßt sich solches doch wohl als Gesetz in Worte und Buchstaben bringen, noch hätte es in denselben Bestand. – Wie sollte es auch? – Es kömmt also wohl darauf hinaus, o Adeimantos, sagte ich, daß, nach welcher Richtung hin Jemand in Folge seiner Bildung den Weg einschlägt, eben derartiges auch das hierauf Folgende sein wird; oder ruft nicht immer das Gleiche Gleiches hervor? – Wie denn anders? – Und wir könnten,

glaube ich, wohl behaupten, daß es zuletzt in irgend ein Einziges und Vollständiges und Uebersprudelndes, sei es ein Gutes oder dessen Gegentheil, auslaufe. – Warum auch nicht? sagte er. – Ich demnach, sprach ich, möchte deswegen es nicht mehr versuchen, über Derartiges gesetzliche Bestimmungen zu geben. – Ja, aus guten Gründen, sagte er. – Wie aber? bei Gott! sagte ich, dieses Alltägliche da, was den Marktverkehr betrifft, in welchem die Einzelnen wechselseitig stehen, und was, wenn du willst, auch den Handwerker-Verkehr betrifft und was die Schmähungen und die Beschimpfungen und das Anhängigmachen von Prozessen und das Aufstellen von Richtern betrifft, und wenn irgend das Eintreiben und Feststellen von Abgaben auf Marktplätzen oder an Häfen nöthig ist, oder überhaupt auch die sämmtliche Markt-, Stadt- oder Hafen-Polizei und was sonst derartig ist, – sollen wir es über uns gewinnen, irgend Etwas von Diesem gesetzlich festzustellen? – Aber es lohnt sich ja nicht der Mühe, sagte er, guten und tüchtigen Männern hierüber Vorschriften zu geben, denn das meiste hievon, was nemlich gesetzlich festgestellt werden soll, werden sie leicht selbst finden. – Ja, mein Freund, sagte ich, woferne ihnen ein Gott die Bewahrung jener Gesetze verleiht, welche wir im Vorigen durchgingen. – Wenn aber dieß nicht geschieht, sagte er, so werden sie mit fortwährendem Aufstellen und Wiederverbessern vieler derartiger Bestimmungen ihr Leben hinbringen, in dem Wahne, doch einmal das Beste treffen zu werden. – Du sprichst hiemit aus, sagte ich, daß die Derartigen ein Leben führen werden, wie jene Kranken, welche in Folge ihrer Zügellosigkeit ihre schlechte Lebensweise nicht aufgeben wollen. – Ja, allerdings. – Und in der That führen diese ja ein gar köstliches Leben; an sich herumcurirend nemlich bringen sie Nichts zu Wege, als daß sie ihre Krankheiten noch mannigfaltiger und größer machen und immer in der Erwartung sind, daß, sobald ihnen Jemand eine Arznei räth, sie durch diese gesund würden. – Gar sehr ja, sagte er, ist dieß wirklich der Zustand jener, welche auf solche Weise krank sind. – Wie aber nun? sprach ich; ist Folgendes an ihnen nicht gar köstlich, daß sie denjenigen für den ärgsten Feind von Allen halten, welcher ihnen die Wahrheit sagt, daß vor dem Aufhören ihrer Trinksucht und Völlerei und ihrer Liebesgenüsse und des Müßigganges weder Arznei, noch Brennen, noch Schneiden, noch Zauberformeln, noch Amulette, noch irgend sonst etwas Derartiges ihnen Etwas nützt? – Eben sehr köstlich ist dieß nicht, sagte er; denn demjenigen zu grollen, welcher Recht hat, ist nichts Köstliches. – Kein Lobredner, sagte ich, bist du, wie es scheint, der derartigen Männer. – Nein, bei Gott nicht. –

5. Und also auch, wenn der gesammte Staat Solches thut, wie wir so eben vorhin sagten, wirst du es nicht loben.. Oder scheinen dir nicht das Nämliche, wie jene, unter den Staaten alle diejenigen zu thun, welche, während sie schlecht verwaltet werden, den Bürgern das Verbot verkünden, irgend an der gesammten Verfassung des Staates zu rütteln, da die Todesstrafe den Thäter treffe, wobei aber derjenige, welcher die unter solcher Verwaltung stehenden am süßesten schmeichelt und ihnen zu Gefallen ist, indem er zuvorkommend eilt und ihre Wünsche vorher erräth, und diese zu erfüllen gewandt ist, als ein tüchtiger Mann und als ein Weiser in den wichtigsten Dingen gilt und von ihnen geehrt wird? – Ja wohl, sagte er, das Nemliche scheinen sie mir zu thun, und ich lobe sie in keinerlei Weise. – Wie aber hinwiederum? bewunderst du nicht diejenigen, welche den Willen und Eifer haben, derartigen Staaten zu schmeicheln, wegen ihres Muthes und ihrer Geschmeidigkeit? – Ja gewiß, sagte er, nur diejenigen nicht, welche von jenen sich täuschen ließen und in Wahrheit sich für Staatsmänner halten, weil sie vom großen Haufen gelobt werden. – Wie sagst du? keine Verzeihung also läßst du, sprach ich, solchen Männern angedeihen? oder glaubst du, es sei für einen Mann, welcher sich auf das Messen nicht versteht, irgend möglich, es nicht von sich selbst wirklich zu glauben, wenn andere Derartige ihm sagen, er sei vier Ellen groß? – Ja, dieß wenigstens, sagte er, möchte ich schwerlich glauben. – Also zürne ihnen nicht; denn es sind ja auch wohl von Allen die köstlichsten Diejenigen, welche gesetzliche Bestimmungen, wie wir sie so eben vorhin durchgingen, immer aufstellen und wieder verbessern, in dem Wahne, sie fänden irgend eine feste Gränze betreffs der Vergehen in dem Verkehre und betreffs der so eben erwähnten Dinge, dabei aber nicht wissend, daß sie in Wahrheit gleichsam nur einer Hydra die Köpfe abschneiden. – Und in der That ja, sagte er, sie thun wirklich nichts Anderes. – Ich demnach, sprach ich, möchte glauben, daß mit der derartigen Gattung betreffs der Gesetze und der Verfassung weder in einem gut, noch in einem schlecht verwalteten Staate der wahrhafte Gesetzgeber sich beschäftigen solle, in dem letzteren, weil da diese Bestimmungen nutzlos sind und Nichts fördern, in ersterem, weil die einen derselben Jedweder leicht selbst finden dürfte, die anderen aber in Folge früherer Bestrebungen ganz von selbst sich einstellen. – Was also, sagte er, möchte uns wohl von der Gesetzgebung jetzt noch übrig sein? – Und ich sprach: Uns selbst Nichts mehr, aber dem Apollo, dem Gotte in Delphi, noch die wichtigsten und schönsten und ursprünglichsten aller gesetzlichen Bestimmungen. – Welche sind dieß? sagte er. – Gründungen von Tempeln und Opfer und andere Dienstleistungen gegen Götter, Dämonen und Heroen, und hinwiederum

Bestattungen der Todten und welcherlei Dienstleistungen sonst noch wir den dort Befindlichen erstatten sollen, um sie uns gnädig zu erhalten. Nemlich das Derartige verstehen wir weder selbst, noch auch werden wir bei Gründung des Staates es irgend einem Anderen glauben, woferne wir verständig sind, noch werden wir uns hierin eines anderen Erklärers bedienen, als des schon von unsern Voreltern verehrten Gottes; denn dieser Gott ist doch wohl betreffs der derartigen Dinge für alle Menschen der von den Voreltern uns überlieferte Erklärer, und im Mittelpunkte des Erdenrundes am Nabel der Erde thronend erklärt er sie. – Ja, du hast Recht, sagte er, und wir müssen es so machen. –

6. Gegründet demnach, sagte ich, wäre dir hiemit, o Sohn des Ariston, unser Staat. Aber was denn nun hernach folgt, sollst du in demselben erwägen, irgendwoher genügendes Licht für die Untersuchung herbeischaffend, sowohl du selbst, als auch sollst du deinen Bruder hiezu zu Hülfe nehmen und den Polemarchos und die Uebrigen, ob wir wohl irgendwie erblicken mögen, wo denn in dem Staate die Gerechtigkeit und die Ungerechtigkeit sei, und worin sich beide unterscheiden, und welche von beiden derjenige, welcher glücklich sein soll, besitzen muß, mag er hiebei allen Göttern und Menschen unbemerkt bleiben oder nicht. – Nichtige Dinge sind es, die du da sprichst, sagte Glaukon; denn du ja warst es, der du versprachst, die Untersuchung führen zu wollen, da es für dich ein Frevel sei, wenn du nicht nach Kräften in jeder Weise der Gerechtigkeit Hülfe leisten würdest. – Mit Recht, sagte ich, erinnerst du mich daran, und ich muß es wohl so machen; aber auch ihr müßt mit Hand anlegen. – Aber wir werden es auch so machen, erwiderte er. – Ich hoffe demnach allerdings, sprach ich, jenes in folgender Weise zu finden: Ich glaube, daß unser Staat, woferne er richtig gegründet ist, vollkommen gut sein wird. – Ja, nothwendig, sagte er. – Klar demnach ist, daß er weise und tapfer und besonnen und gerecht sein wird. – Ja, klar ist dieß. – Nicht wahr also, welche immer von diesen Eigenschaften wir in ihm gefunden haben mögen, so ist stets die noch übrig bleibende die annoch nicht gefundene? – Was sonst? – Also ist es so, wie wenn wir von irgend anderen vier Dingen das Eine in einem beliebigen Gegenstande suchen würden, und wir dann, wenn wir es gleich auf den ersten Griff fänden, hiebei uns völlig begnügen würden, hingegen aber, wenn wir zuerst die übrigen drei fänden, eben hiedurch ja auch schon das Gesuchte gefunden wäre; denn klärlich konnte dies nichts Anderes mehr sein, als eben das übrig bleibende. – Ja, du hast Recht, sagte er. – Nicht wahr, also auch betreffs dieser Eigenschaften müssen wir, da sie ja vier sind, die Untersuchung ebenso führen.

– Ja, dieß ist klar. – Und zwar scheint mir nun unter jenen zuerst die Weisheit schon klar zu sein; und es zeigt sich in diesem Betreffe etwas Sonderbares. – Was denn? sagte er. – Weise nemlich scheint in Wirklichkeit jener Staat zu sein, welchen wir durchgingen; denn wohlberathen ist er; oder nicht? – Ja. – Und nun ist ja von eben diesem, nemlich von der Wohlberathenheit, klar, daß sie irgend ein Wissen ist; denn nicht vermöge einer Unkenntniß, sondern vermöge eines Wissens beräth man sich gut. – Dieß ist klar. – Aber ein vielheitliches und mannigfaltiges Wissen ja gibt es in dem Staate. – Wie sollte es auch anders sein? – Werden wir also wegen des Wissens der Baumeister den Staat einen weisen und wohlberathenen nennen müssen? – Keineswegs, sagte er, wegen dieses Wissens, sondern einen baukundigen würden wir ihn da nennen. – Nicht also wegen des Wissens betreffs der hölzernen Geräthe ist der Staat, wenn er sich etwa darüber beriethe, wie jene die besten seien, darum als ein weiser zu bezeichnen. – Nein, gewiß nicht. – Wie aber? wegen des Wissens betreffs des Erzes oder eines anderen Derartigen? – Nein, wegen keines Derartigen, sagte er. – Auch nicht wegen des Wissens betreffs der Erzeugung der Feldfrüchte aus dem Boden, sondern da ist er ein landbaukundiger zu nennen. – Ja, so scheint es. – Wie aber? sagte ich; gibt es irgend ein Wissen in dem von uns so eben gegründeten Staate bei irgend einigen Bürgern, welches nicht über etwas Einzelnes von dem im Staate vorkommenden sich beräth, sondern über den ganzen Staat, auf welche Weise er sowohl selbst mit sich selbst, als auch mit den anderen Staaten am besten in Verkehr sei? – Ja, es gibt ein solches. – Welches ist es, sagte ich, und bei welchen Bürgern? – Eben dieses Wissen des Wächters ist es, erwiederte er, und es ist bei diesen Herrschern, welche wir vorhin so eben die vollkommenen Wächter nannten. – Wie also nennst du wegen dieses Wissens den Staat? – Einen wohlberathenen, sagte er, und einen wirklich weisen. – Glaubst du also nun, sprach ich, daß in unserem Staate eine größere Anzahl von Erzschmieden oder von diesen wahrhaften Wächtern sein werde? – Bei weitem ja, sagte er, eine größere von Erzschmieden. – Nicht wahr also, sagte ich, auch von allen übrigen, welche irgend ein einzelnes Wissen besitzen und von ihm ihren Namen haben, möchten wohl diese Wächter die wenigsten sein? – Ja, bei weitem. – Also vermöge der kleinsten Klasse und Abtheilung und des in ihr befindlichen Wissens, nemlich vermöge desjenigen, was das Vorstehende und das Herrschende ist, möchte wohl der ganze Staat, wenn er naturgemäß gegründet ist, ein weiser sein; und es entsteht, wie es scheint, von Natur aus in geringster Anzahl jene Gattung, welcher es zukömmt, an diesem Wissen Theil zu nehmen, das allein von allem Wissen eine Weisheit genannt werden soll. –

Völlig wahr, sagte er, sprichst du da. – Also dieses Eine von den vieren haben wir, ich weiß selbst nicht, auf welche Weise hiemit gefunden, sowohl es selbst, als auch wo im Staate es sitze. – Mir wenigstens, sagte er, scheint es in hinreichender Weise gefunden zu sein. –

7. Nun aber ist es ja von der Tapferkeit, sowohl was sie selbst, als auch was den Theil des Staates betrifft, in welchem sie beruht und von welchem aus der Staat selbst als ein derartiger zu bezeichnen ist, durchaus nicht schwer einzusehen. – Wie so denn? – Wer möchte wohl im Hinblicke auf etwas Anderes einen Staat entweder einen feigen oder einen tapferen nennen, als im Hinblicke auf jenen Theil, welcher für ihn kämpft und in's Feld zieht? – Wohl Niemand, sagte er, im Hinblicke auf etwas Anderes. – Nicht nemlich, sagte ich, liegt es, wie ich glaube, in der Macht der übrigen in ihm Befindlichen, daß, wenn sie selbst feig oder tapfer sind, darum auch schon der Staat so oder so beschaffen wäre. – Nein, allerdings nicht. – Also auch tapfer ist ein Staat vermöge eines seiner Theile, weil er nemlich in ihm die derartige Kraft besitzt, welche in jeder Beziehung die richtige Meinung betreffs des Furchtbaren bewahren wird, daß dieses eben dasjenige und das Derartige sei, was schon der Gesetzgeber in der Erziehung als solches bezeichnet hat; oder nennst du das eben Gesagte nicht Tapferkeit? – Nicht völlig habe ich verstanden, sagte er, was du angabst, sondern gib es noch einmal an. – Als eine Bewahrung, sprach ich, bezeichne ich hiemit irgend die Tapferkeit. – Als welche Bewahrung denn? – Als die jener Meinung, welche durch das Gesetz in Folge der Erziehung betreffs des Furchtbaren entstanden ist, was und welcherlei das Furchtbare sei; in jeder Beziehung aber eine Bewahrung nannte ich sie darum, weil man sie, mag man in Trauer oder in Vergnügungen oder in Begierden oder in Furcht sich befinden, bewahrt und nicht verliert. Womit dieß aber mir Aehnlichkeit zu haben scheint, will ich, wenn du wünschest, durch ein Gleichniß ausdrücken. – Ja. ich wünsche es auch. – Nicht wahr also, sprach ich, du weißt, daß die Färber, wenn sie Wolle so färben wollen, daß sie purpurn wird, zuerst aus einer so großen Menge von Färbungen der Wolle die Eine natürliche Begabung, nemlich die der weißen Wolle, auswählen und dann mit nicht geringer Zurichtung sie so zurichten und sorgfältig behandeln, daß sie so sehr als möglich den Farbstoff in sich aufnehme, und so denn erst wirklich sie färben; und was auf diese Weise gefärbt ist, wird farbehaltig, und kein Auswaschen mit oder ohne Seife vermag aus ihm den Farbstoff wegzunehmen; was aber nicht so gefärbt ist, von dem weißst du ja, wie es wird, mag man es mit dieser oder mit irgend einer anderen Farbe ohne

vorhergehende Zurichtung färben. – Ja, ich weiß, sagte er, daß Solches im Waschen ausgeht und überhaupt sich lächerlich ausnimmt. – Etwas Derartiges demnach, sprach ich, nimm nun an, daß auch wir nach Kräften bewerkstelligen, wenn wir die Krieger auswählen und in musischer und gymnischer Bildung erziehen; stelle dir nemlich vor, daß wir hiemit nichts Anderes veranstalten, als daß sie uns so trefflich als möglich durch Ueberzeugung die Gesetze in sich aufnehmen wie eine Farbe, damit ihre Meinung farbehaltig werde, sowohl betreffs des Furchtbaren, als auch betreffs des Uebrigen, weil sie eine taugliche Begabung und Pflege erhalten haben, und daß ihr Färbestoff von jener zum Wegspülen so wirksamen Seife nie ausgewaschen werden könne, nemlich von dem Vergnügen, welches ja hierin wirksamer als alle Lauge und Asche ist, und von Trauer und von Furcht und von Begierde, welche wirksamer sind als alle Seife. Die derartige Kraft und Bewahrung also der richtigen und gesetzlichen Meinung in jeder Beziehung betreffs des Furchtbaren und nicht Furchtbaren nenne ich Tapferkeit und stelle dieß als ihren Begriff auf, woferne nicht du etwas Anderes aussprichst. – Aber ich spreche ja, sagte er, nichts Anderes aus; denn du scheinst mir jene richtige Meinung, welche betreffs eben dieser Dinge ohne Bildung entstanden ist, nemlich die bei Thieren und Sklaven sich findende, nicht gerade für eine sehr gesetzliche zu halten und daher als etwas Anderes, nicht aber als Tapferkeit zu bezeichnen. – Völlig wahr, sagte ich, sprichst du da. – Ich lasse es demnach gelten, daß dieß Tapferkeit sei. – Ja, allerdings, sagte ich, laß es dir wenigstens als die staatliche Tapferkeit gefallen, und du wirst hiemit in richtiger Weise dieß thun; später aber einmal werden wir, wenn du wünschest, diesen Punkt noch einmal besser besprechen; nemlich für jetzt suchen wir ja nicht diesen selbst, sondern die Gerechtigkeit; bezüglich also jener Untersuchung reicht das Bisherige, wie ich glaube, hin. – Aber du hast hierin, sagte er, auch Recht. –

8. Zwei Dinge hiemit, sagte ich, sind noch übrig, welche wir in dem Staate erblicken müssen, die Besonnenheit und dasjenige, um dessen willen wir ja Alles suchen, die Gerechtigkeit. – Ja wohl, allerdings. – In welcher Weise also möchten wir wohl die Gerechtigkeit finden, um nemlich mit der Besonnenheit nicht mehr weiter uns aufzuhalten? – Ich nun wohl, sagte er, weiß dieß weder, noch auch wünschte ich, daß es eher sich uns zeige, außer wenn wir vorher auch noch die Besonnenheit erwogen haben, sondern wenn du mir zu Gefallen sein willst, so erwäge vor jenem noch diese letztere. – Wohlan also, sagte ich, so will ich es denn thun, woferne es nicht Unrecht von mir ist. – So erwäge dieß denn nun,

sagte er. – Ja, erwägen müssen wir es, sprach ich; und zwar, so viel ich von hier aus sehen kann, gleicht sie weit mehr als die vorigen einem Einklange und einer Harmonie. – Wie so? – Eine Ordnung doch wohl, sagte ich, ist die Besonnenheit und eine Beherrschung irgend der Vergnügungen und Begierden, wie man sagt; als die Eigenschaft demnach, stärker zu sein, als man selbst ist, bezeichnet man sie zuweilen, ich weiß nicht, auf welche Weise, und auch andere derartige Ausrücke werden gleichsam als Spuren dessen, was sie ist, vorgebracht; oder etwa nicht? – Ja wohl, zumeist jenes, sagte er. – Nicht wahr also, der Ausdruck „stärker, als man selbst ist", ist lächerlich; denn wer stärker ist, als er selbst ist, ist doch wohl zugleich auch schwächer, als er selbst ist, und umgekehrt, wer schwächer ist, ist auch stärker; denn Ein und der Nämliche ja ist es, von welchem bei all diesem die Rede ist. – Wie sollte es auch anders sein? – Aber, sagte ich, es will, wie sich mir zeigt, jene Redeweise das ausdrücken, daß in dem Menschen selbst bezüglich seiner Seele das Eine als ein Besseres, das andere als ein Geringeres sich findet, und wann nun das von Natur aus Bessere eine Herrschaft über das Geringere ausübt, so nenne man dieß das „stärker, als man selbst ist", und lobe es, wann hingegen in Folge schlechter Pflege oder irgend eines Verkehres durch die Menge des Geringeren das wenigere bessere bewältigt wurde, dann tadle man dieß als eine Schande und nenne es das „schwächer, als man selbst ist", und den derartig sich verhaltenden Menschen einen Zügellosen. – Ja, so scheint es auch, sagte er. – Blicke demnach, sprach ich, auf unsern jungen Staat hin, und du wirst finden, daß in demselben das eine von diesen beiden statthabe; du wirst nemlich sagen, daß er mit Recht ein stärkerer, als er selbst ist, genannt werde, woferne dasjenige, dessen tüchtigerer Theil über den geringeren herrscht, ein besonnenes und ein solches genannt werden muß, welches stärker ist, als es selbst ist. – Ja, ich blicke hin, sagte er, und finde, daß du Recht hast. – Und nun möchte man ja jene vielen und mannigfaltigen Begierden und Vergnügungen und Betrübnisse wohl zumeist bei fast Allen finden, und bei Weibern und Sklaven und unter den sogenannten Freien bei der großen Menge und bei den Verwerflichen. – Ja, allerdings wohl. – Jene einsamen aber und mäßigen, welche mit Einsicht und richtiger Meinung verbunden sind und durch eine vernünftige Erwägung geleitet werden, möchte man wohl nur bei Wenigen antreffen, und zwar bei denjenigen, welche am besten begabt und am besten gebildet sind. – Dieß ist wahr, sagte er. – Nicht wahr also, du siehst, daß auch dieß dir in deinem Staate sich vorfindet, und daß dortselbst die Begierden der Mehreren und Verwerflichen durch die Begierden und die

Klugheit der Wenigeren und Tüchtigeren bewältigt werden. – Ja gewiß, sagte er. –

9. Woferne man also von einem Staate überbauet die Bezeichnung gebrauchen soll, daß er stärker sei, als die Vergnügungen und Begierden sind, und stärker, als er selbst ist, so muß man dieß auch von diesem Staate sagen. – Ja, durchaus wohl, sagte er. – Müssen wir ihn also nicht auch einen besonnenen aus all diesen Gründen nennen? – Ja, in hohem Grade, sagte er. – Und nun wird auch hinwiederum, wenn in irgend einem anderen Staate den Herrschenden und Beherrschtwerdenden diese Meinung betreffs der Frage, wer der Herrschende sein solle, einwohnt, gewiß auch in diesem das Nemliche stattfinden; oder scheint es dir nicht? – Ja, in sehr hohem Grade, sagte er. – In welcher von beiden Arten von Bürgern wirst du nun sagen, daß das Besonnensein beruhe, in den Herrschenden oder in den Beherrschtwerdenden? – In beiden doch wohl, sagte er. – Siehst du also, sagte ich, daß wir es vorhin so ziemlich richtig ahnten, daß die Besonnenheit einer Harmonie ähnlich sei? – Wie so? – Weil nicht in der Weise, wie die Tapferkeit und die Weisheit je in einem bestimmten Theile des Staates befindlich ihn zu einem weisen und tapfern uns machte, etwa ebenso auch die Besonnenheit wirkt, sondern diese durch den ganzen Staat ausgespannt ist und so ziemlich wie in einer Ton-Octave ein Zusammenstimmen bewirkt zwischen den Schwächsten und den Mächtigsten und den Mittleren, magst du hiebei an Klugheit oder an Macht oder an Menge und Vermögen oder irgend etwas Anderes dergleichen denken; so daß wir wohl am richtigsten diese Eintracht als Besonnenheit bezeichnen mochten, insoferne sie ein Zusammenstimmen des von Natur aus Geringeren und Tüchtigeren darüber ist, welches von diesen beiden im Staate und in jedem einzelnen Menschen das Herrschende sein solle. – Ja, völlig ebenso, sagte er, scheint es auch mir. –

Weiter, sagte ich; diese drei Dinge also haben wir hiemit in dem Staate erblickt, wenigstens insoweit sie uns so zu sein schienen; aber wie nun mag es wohl mit jener vierten Art stehen, vermöge deren der Staat noch an Vortrefflichkeit Theil hat? daß nemlich diese vierte die Gerechtigkeit sei, ist uns schon klar. – Ja, klar ist dieß. – Nicht wahr also, o Glaukon, jetzt wohl müssen wir gleichsam wie Jäger ein Gebüsch rings im Kreise umstellen, wohl darauf achtend, daß uns nicht irgendwo die Gerechtigkeit entwische und, unseren Blicken sich entziehend, unsichtbar werde; denn offenbar muß sie da irgendwo stecken; sieh also zu und gib dir Mühe, sie zu erblicken, ob du sie vielleicht eher siehst, als ich, und mir es dann sagest. – Ja, ich wollte wohl, sagte er; aber weit eher wirst du mich dazu brauchen können, daß ich hinter dir darein gehe und allenfalls erblicken kann, was du mir zeigst, und du wirst so ganz richtig mich gebrauchen. – So geh denn hinter mir, sprach ich, und verrichte mit mir ein Gebet. – Ich werde dieß thun, sagte er, aber geh nur du voran. – Ja, und in der That, sprach ich, schwer zugänglich und stark umschattet scheint der Ort zu sein; er ist wenigstens gar dunkel und schwer zu durchspähen: dennoch aber müssen wir vorwärts dringen. – Ja wohl, vorwärts dringen, sagte er. – Und ich erblickte etwas und rief: Hier! Hier! o Glaukon; es kommt darauf hinaus, daß wir bereits eine Spur haben, und es scheint mir, sie solle uns nicht leicht entwischen. – Eine treffliche Botschaft, sagte er. – Ei, wahrlich, sprach ich, welch eine Tölpelei ist uns doch widerfahren! – Welche denn? – Schon längst, ja, o du Hochzupreisender, hat offenbar von Anfang an das Ding zu unseren Füßen sich herumgewälzt, und wir sahen es nicht, sondern waren wirklich höchst lächerliche Menschen, wie diejenigen, welche bisweilen suchen, was sie schon in Händen haben; und so haben auch wir nicht auf jenes hingeblickt, sondern weit in die Ferne hinaus irgendwohin gespäht, daher denn auch es wohl kam, daß jenes uns entging. – Wie meinst du dieß? sagte er. – So meine ich es, sprach ich, daß es mir vorkommt, als wenn wir, obwohl wir es schon längst gesagt und gehört haben, doch aus unseren eigenen Worten es nicht verstünden, daß wir es in gewisser Weise ja schon gesagt haben. – Lang, sagte er, ist dieses Vorspiel für denjenigen, der die Sache zu hören wünscht. –

10. Aber höre nun, sprach ich, ob ich auch das Richtige sage; nemlich jenes, wovon wir gleich zu Anfang, als wir unseren Staat gründeten, aufstellten, daß man es in jeder Beziehung thun müsse, ist entweder selbst, wie mir scheint, oder wenigstens irgend eine Art desselben die Gerechtigkeit. Aufgestellt aber haben wir ja damals und dann öfters noch es ausgesprochen, wenn du dich erinnerst, daß ein jeder Einzelne irgend Eines von demjenigen, was zum Staate gehört, betreiben solle, wozu nemlich seine Begabung von Natur aus am tauglichsten sei. – Ja. so sagten wir. – Und nun haben wir ja auch den Anspruch, daß Gerechtigkeit darin bestehe, das Seinige zu thun und nicht Vielgeschäftigkeit zu treiben, schon sowohl von vielen Anderen gehört, als auch selbst dieß häufig gesagt. – Ja wohl, wir sagten dieß. – Es kömmt demnach darauf hinaus, mein Freund, daß in gewisser Weise dieß, wenn es wirklich geschieht, nemlich wenn Jedes das Seinige thut, die Gerechtigkeit sei. – Und weißst du, woraus ich dieß abnehme?.– Nein, sondern sprich es aus, sagte er. – Es scheint mir, sprach ich, dasjenige, was im Staate außer dem bisher schon Betrachteten, nemlich außer

der Besonnenheit und der Tapferkeit und der Klugheit, noch übrig bleibt, eben jenes zu sein, welches allen diesen die Fähigkeit verleiht, daß sie entstehen, und wenn sie entstanden sind, ihnen das Bewahrtbleiben verleiht, so lange sie vorhanden sind; und wir sagten ja doch, daß Gerechtigkeit das übrig bleibende sein werde, sobald wir die anderen drei gefunden hatten. – Ja, nothwendig muß es auch so sein, sagte er. – Aber in der That, sprach ich, wenn wir ein Urtheil fällen müßten, welches von all diesen durch sein Eintreten am meisten den Staat zu einem trefflichen mache, so möchte es schwer zu beurtheilen sein, ob dieß jene Eintracht zwischen den Herrschenden und den Beherrschtwerdenden, oder ob es jene Bewahrung der gesetzlichen Meinung über das irgend Furchtbare und nicht Furchtbare sei, welche bei den Kriegern sich einstellt, oder ob es jene Klugheit und Bewachung sei, welche in den Herrschern sich findet, oder ob eben dieß den Staat zumeist zu einem trefflichen mache, wenn es in Kindern und in Frauen und in Sklaven und in Freien und in Handwerkern und in Herrschenden und in Beherrschtwerdenden sich findet, daß nemlich ein jeder Einzelner als Einer das Seinige thut und nicht Vielgeschäftigkeit treibt. – Ja, schwer zu beurtheilen ist dieß, sagte er; und warum auch nicht? – In einem Wettstreite also, wie es scheint, mit der Weisheit und mit der Besonnenheit und mit der Tapferkeit befindet sich bezüglich der Trefflichkeit eines Staates die Fähigkeit, daß jeder Einzelne in ihm das Seinige thue. – Ja, und zwar in hohem Grade, sagte er. – Nicht wahr also, du würdest hiemit Gerechtigkeit als dasjenige bezeichnen, was eben mit jenen bezüglich der Trefflichkeit eines Staates im Wettstreite ist? – Ja, durchaus wohl. – Erjage es demnach auch folgendermaßen, ob es dir so zu sein scheine: Wirst du den Herrschern im Staate auftragen, daß sie die Rechtshändel richterlich entscheiden? – Wem denn sonst? – Werden sie wohl nach irgend etwas Anderem bei ihrer richterlichen Entscheidung streben, als darnach, daß jeder Einzelne weder das Fremde habe, noch des Seinigen beraubt werde? – Nein, sondern eben darnach. – Und zwar als nach einem Gerechten? – Ja. – Also auch nach dieser Beziehung möchte wohl zugestanden werden, daß das Behüten und das Verüben des je Eigenthümlichen Gerechtigkeit sei. – Ja, so ist es. – So sieh denn nun zu, ob es dir auch so scheine wie mir: Wenn ein Baumeister die Arbeit eines Lederarbeiters oder ein Lederarbeiter die eines Baumeisters zu verfertigen versuchte, oder sie wechselseitig an ihren Werkzeugen oder ihrer Standes-Geltung Antheil nehmen würden, oder auch Ein und der Nemliche beides zu verüben versuchen würde und dabei alles Uebrige wechselseitig vertauscht wäre, schiene er dir ja einen großen Schaden dem Staate zuzufügen? – Hiedurch wohl noch keinen gar großen, sagte er. – Aber ja, glaube ich, wenn Einer, welcher von Geburt aus ein Handwerker oder irgend ein anderer Gelderwerber ist, hernach durch Reichthum oder durch die Zahl seiner Leute oder durch Kraft oder sonst etwas Derartiges sich selbst überheben und in die Klasse der Krieger einzutreten versuchen würde, oder einer der Krieger in die der Berathenden und Wächter, ohne solches zu verdienen, und wenn da diese wechselseitig an ihren Werkzeugen oder ihrer Standes-Geltung Antheil nehmen würden, oder wenn Ein und der Nemliche all dieß zu verüben versuchen würde, dann glaube, daß wohl auch dir dieser wechselseitige Uebergang und diese Vielgeschäftigkeit dieser für den Staat ein Verderben zu sein scheinen wird. – Ja, durchaus wohl. – Also die Vielgeschäftigkeit der drei Gattungen, welche es gibt, und ihr wechselseitiger Uebergang in einander ist sowohl der größte Schaden für den Staat, als auch möchte dieß wohl am richtigsten im höchsten Grade ein Verüben des Bösen genannt werden. – Ja wohl, gar sehr. – Das größte Verüben des Bösen aber gegen seinen eigenen Staat, wirst du dieß nicht als Ungerechtigkeit bezeichnen? – Wie sollte ich anders? – Dieß also ist die Ungerechtigkeit.

11. Hinwiederum aber wollen wir es folgendermaßen ausdrücken: Die eigenthümliche Tätigkeit der gelderwerbenden und der helfenden und der wachenden Klasse, wenn nemlich jede derselben im Staate das Ihrige thut, möchte wohl als das Gegentheil von jenem die Gerechtigkeit sein und den Staat zu einem gerechten machen? – Nicht anders, sagte er, scheint es mir sich zu verhalten, als eben so. – Wir wollen jedoch, sprach ich, hierüber noch nichts völlig Festes sagen, sondern erst, wenn diese Form, auch auf jeden einzelnen Menschen angewendet, dort gleichfalls in Uebereinstimmung hiemit als Gerechtigkeit sich zeigt, wollen wir es völlig zugestehen; denn was könnten wir dann auch Anderes sagen? wenn aber nicht, dann wohl werden wir etwas Anderes erwägen. Nun aber wollen wir eben jene obige Erwägung zu ihrem Ende führen, bei welcher wir der Ansicht waren, daß, wenn wir zuerst in irgend einem größeren die Gerechtigkeit enthaltenden Dinge versuchen würden, sie zu betrachten, wir sie dann leichter auch im einzelnen Menschen erblicken könnten, welcherlei nemlich sie sei; und es schien uns dieß ja damals der Staat zu sein, und so gründeten wir diesen als einen bestmöglichsten, da wir wohl wußten, daß nur in dem guten das Gerechte sein könne. Also was uns dort im Staate sich zeigte, wollen wir jetzt auf den Einzelnen zurückbeziehen, und wenn es da in Uebereinstimmung bleibt, wird es gut gehen; falls aber in dem Einzelnen etwas Anderes sich zeigen sollte, müssen wir wieder zum Staate zurück

hinausgehen und dort es erproben; und vielleicht möchten wir, wenn wir wechselseitig es erwägen und gegenseitig aneinander reiben, bewirken, daß wie aus zwei geriebenen Feuerholzen die Gerechtigkeit aufflamme, und wir sie dann als eine uns sichtbar gewordene auch bei uns selbst befestigen. – Du bezeichnest aber hiemit auch völlig den richtigen Weg, und wir müssen es so machen. –

Ist also nun, sprach ich, dasjenige, was man in seiner kleineren und auch in seiner größeren Gestalt als Ein und das Nemliche bezeichnet, eben in jener Beziehung, in welcher man es das Nemliche nennt, ein Unähnliches oder ein Aehnliches? – Ein Aehnliches, sagte er. – Also wird auch ein gerechter Mann von einem gerechten Staate eben bezüglich der Form der Gerechtigkeit sich nicht unterscheiden, sondern ihm ähnlich sein? – Ja, ähnlich, sagte er. – Ein Staat aber schien uns ja darum gerecht zu sein, weil von den drei in ihm befindlichen Gattungen verschiedener Begabungen jede einzelne das Ihrige that; besonnen aber hinwiederum und tapfer und weise war er uns vermöge jener nemlichen Gattungen in irgend anderweitigen Zuständen und Verhältnissen. – Dieß ist wahr, sagte er. – Also auch von dem einzelnen Manne, mein Freund, werden wir ebenso verlangen, daß er jene nemlichen Formen in seiner eigenen Seele habe und vermöge jener nemlichen Zustände auf jene nemlichen Bezeichnungen, wie der Staat, Anspruch mache. – Ja, durchaus nothwendig ist dieß, sagte er. – In eine gar schlichte Erwägung ja, du Bewunderungswürdiger, sprach ich, sind wir hiemit wieder hineingerathen betreffs der Seele, ob diese wirklich jene drei Formen in sich trage oder nicht. – Nun, in eine so gar schlichte, sagte er, glaube ich, doch wohl nicht; denn vielleicht, o Sokrates, ist das Sprüchwort richtig „Schwer ist das Schöne". – Ja, so zeigt sich's, sprach ich; und wisse wohl, o Glaukon, daß, wie wenigstens meine Ansicht ist, wir in völlig genauer Weise diesen Punkt aus derartigen Erörterungen, wie wir sie jetzt bei unseren Begründungen anwenden, gar niemals erfassen werden; sondern ein längerer und weiterer Weg ist es, welcher hiezu führt; vielleicht jedoch können wir es wenigstens auf eine des bisher Gesagten und bisher Erwogenen würdige Weise. – Müssen wir uns also nicht schon damit begnügen? sagte er; denn für mich wenigstens möchte es für den jetzigen Augenblick wohl so hinreichend sein. – Aber wirklich, sagte ich, auch mir wird es völlig genügen. – Ermüde demnach nicht, sagte er, sondern beginn es zu erwäge. – Besteht also wohl für uns, sprach ich, eine bedeutende Nothwendigkeit, es zuzugestehen, daß ja in jedem Einzelnen von uns jene nemlichen Formen und Charaktere sich finden, wie in dem Staate? denn doch wohl nirgend anders woher sind sie dorthin gekommen;

nemlich lächerlich ja wäre es, wenn Jemand glauben würde, das Muthige habe sich in den Staaten nicht durch diejenigen Einzelnerer eingestellt, welche ja auch als die Veranlasser derartiger Erscheinungen bezeichnet werden, wie dieß von den Thrakern und Skythen und so ziemlich überhaupt den Bewohnern der nördlichen Gegenden gilt, oder auch das Lernbegierige, wovon man doch zumeist die Bewohner unserer Gegenden als die Veranlasser bezeichnen dürfte, oder das Geldbegierige, von welchem man behaupten möchte, daß es in hohem Grade in Phönikien und Ägypten sich finde. – Ja wohl, sicher, sagte er. – Dieß denn nun verhält sich so, sagte ich, und nicht schwierig ist es, dieß zu erkennen. – Nein, gewiß nicht. –

12. folgendes aber ist bereits etwas Schwieriges, ob wir vermittelst Ein und des Nämlichen jedes Einzelne von diesen verüben, oder ob, da jenes drei sind, vermittelst eines jeden ein Anderes, so daß wir nemlich vermittelst des Einen lernen, vermittelst des Anderen in uns aber muthig sind, und hinwiederum vermittelst eines dritten begehrlich sind in den die Nahrung und Zeugung betreffenden Vergnügungen und Allem, was hiemit verschwistert ist, oder ob wir vermittelst der gesammten Seele in jedem von diesen thätig sind, wann wir einmal in Bewegung gekommen sind. Dieß wird es sein, was schwierig in einer der Begründung würdigen Weise festzustellen sein dürfte. – Ja, auch mir scheint es so, sagte er. – Folgendermaßen demnach wollen wir versuchen, festzustellen, ob es das Nemliche oder gegenseitig verschieden sei. – In welcher Weise? – Klar ist, daß das Nemliche niemals in der nemlichen Beziehung und gegen das Nemliche zugleich das Entgegengesetzte wird thun oder leiden wollen, so daß, falls wir etwa finden sollten, daß Solches bei jenen stattfinde, wir gewiß wissen werden, daß sie nicht das Nemliche, sondern eben ein Mehreres seien. – Weiter. – Erwäge demnach, was ich sage. – Sage es nur. – Daß also, sprach ich, das Nemliche in der nemlichen Beziehung zugleich völlig ruhig stehe und bewegt werde, ist dieß wohl möglich? – In keiner Weise. – Noch genauer jedoch wollen wir uns hierüber verständigen, damit es uns nicht im weitern Verlaufe streitig werde; wenn nemlich Jemand von einem Menschen, welcher ruhig steht, aber die Hände und den Kopf bewegt, sagen würde, daß dann der Nemliche zugleich ruhig stehe und in Bewegung sei, so würden wir, glaube ich, wohl fordern, daß man nicht so sich ausdrücken solle, sondern derartig, daß das Eine an ihm stehe, das Andere aber in Bewegung sei; oder nicht so? – Ja wohl, so. – Nicht wahr also, auch wenn der Urheber jener Behauptung noch köstlicher in der feineren Wendung es ausdrücken würde, daß ja der Kreisel als ganzer zugleich ruhig

stehe und in Bewegung sei, wenn er an der nemlichen Stelle mit seiner Spitze feststehend sich dreht, oder auch daß irgend ein anderes Ding, welches an der nemlichen Stelle im Kreise herumgeht, dieß thue, so würden wir auch dieß uns nicht gefallen lassen, weil ja dann nicht in ihrer nemlichen Beziehung diese Dinge ruhig verharren und zugleich sich drehen; sondern wir würden sagen, daß sie in sich selbst sowohl ein Geradliniges, als auch ein Kreisliniges enthalten, und daß sie bezüglich des Geradlinigen ruhig stehen, denn mit diesem schwanken sie nach keiner Seite hin, hingegen bezüglich des Kreislinigen sich im Kreise herum bewegen; wann sie aber mit ihrer geraden Richtung zugleich auch, während sie sich drehen, nach Rechts oder Links oder nach Vornen oder Hinten hin schwanken, dann können sie in keiner Beziehung ruhig stehen. – Ja, so ist es richtig, sagte er, – Nichts Derartiges also wird, wenn man es vorbringt, uns erschrecken oder irgend in höherem Grade uns davon überzeugen, daß das Nemliche in der nemlichen Beziehung gegen das Nemliche etwa zugleich das Entgegengesetzte thun oder sein oder leiden könne. – Nein, mich wenigstens, sagte er, wird es nicht überzeugen, – Doch aber, sprach ich, um nicht genöthigt zu sein, alle derartigen Einwände durchzugehen und in ihrer Unwahrheit sicher nachzuweisen und hiedurch die Sache zu lange hinauszudehnen, wollen wir als Voraussetzung zu Grunde legen, daß es sich so verhalte, und hiemit weiter fortschreiten, mit der Uebereinkunft, daß, falls dieß sich etwa anders, als so, zeigen sollte, alles von diesem Punkte aus uns sich Ergebende sofort ungültig sein solle. – Wir müssen aber hiemit, sagte er, es auch so machen. –

13. Wirst du also, sprach ich, das Nicken mit dem Kopfe dem Kopfschütteln und das Verlangen, Etwas zu bekommen, dem Zurückweisen und das Ansichziehen dem Vonsichstoßen, und ebenso alles Derartige einander als entgegengesetzt bezeichnen, sei es, daß es zum Thun oder daß es zum Leiden gehöre, denn in dieser Beziehung macht es keinen Unterschied? – Aber gewiß, sagte er, als entgegengesetztes. – Was aber nun? sprach ich. Das Dürsten und das Hungern und überhaupt die Begierden, und hinwiederum das Wünschen und das Wollen, würdest du nicht all dieses unter jene erste hier erwähnte Art rechnen, wie z. B. wirst du nicht behaupten, daß immer die Seele des Begehrenden entweder jenes verlange, was sie begehrt, oder an sich ziehe, wovon sie will, daß es ihr werde, oder hinwiederum so weit sie wünscht, daß ihr Etwas verschafft werde, sie hiebei in sich selbst mit dem Kopfe nicke, wie wenn sie Jemand gefragt hätte, da sie ja darnach sich sehnt, daß jenes ihr werde? – Ja gewiß. – Wie aber? das Nichtwollen und das Nichtwünschen und das

Nichtbegehren, werden wir dieß nicht zu dem Vonsichstoßen und zu dem Hinwegtreiben und überhaupt zu jeglichem Gegentheile von jenem rechnen? – Wie sollten wir auch nicht? – Wenn demnach dieß sich so verhält, werden wir dann auch behaupten, daß es eine Art der Begierden gebe, und zwar dieß die schreiendsten unter ihnen seien, nemlich jene, welche wir als Durst und Hunger bezeichnen? – Ja, wir werden dieß behaupten, sagte er. – Nicht wahr also, die eine ist die Begierde nach Trank, die andere jene nach Speise? – Ja. – Wird also diese, insoweit sie Durst ist, als Begierde nach einem Weiteren, als was wir eben sagten, in der Seele sein? nemlich ist der Durst ein Durst nach einem warmen Tranke, oder nach einem kalten, oder nach vielem Tranke, oder nach wenigem, oder mit Einem Worte, ist er ein Durst nach einem irgendwie bestimmten Tranke? oder würde er wohl dann erst, wenn Wärme mit dem Durste verbunden ist, das Begehren nach Kaltem mit sich bringen, und wenn Kälte, das Begehren nach Warmem, und wenn wegen der Anwesenheit vielen Getränkes der Durst selbst ein großer ist, er das Begehren nach Vielem mit sich bringen, wenn aber ein kleiner, das Begehren nach Wenigem, hingegen das Dürsten selbst an und für sich würde wohl niemals die Begierde nach irgend einem Anderen sein, als nach welchem es von Natur aus die Begierde ist, nemlich eben nach Trank an und für sich, und hinwiederum ebenso das Hungern die Begierde nach Speise an und für sich? – Auf diese Weise, sagte er, ist jede Begierde selbst an und für sich eben nur die Begierde nach je jenem an und für sich, worauf sie von Natur aus gerichtet ist, hingegen nach einem so oder so beschaffenen ist sie es erst in Folge hinzutretender Umstände. – Ja, nemlich damit uns, sagte ich, Niemand als Unvorbereitete mit dem Einwande in Verwirrung bringe. daß ja Keiner bloß einen Trank begehre, sondern Jeder einen guten Trank, und Keiner Speise, sondern Jeder gute Speise; nemlich allerdings Alle begehren das Gute, und wenn also der Durst ein Begehren ist, so ist er auch das Begehren nach einem Guten, sei dieß nun ein Trank oder irgend etwas Anderes, und ebenso auch bei den übrigen Begierden. – Ja, allerdings, sagte er, könnte vielleicht Jemand glauben, mit diesem Einwende etwas Triftig zu sagen. – Hingegen ja, sprach ich, ist bei Allem, was derartig ist, daß es mit irgend etwas in Beziehung steht, das irgendwie Bestimmte nur mit einem irgendwie Bestimmten in Beziehung, das Ding an und für sich aber nur mit dem Anderen an und für sich in Beziehung. – Dieß habe ich nicht verstanden, sagte er. – Du verstehst nicht, fragte ich, daß das Größere derartig ist, daß es in Beziehung auf Etwas ein Größeres ist? – Ja, dieß allerdings wohl. – Nicht wahr, in Beziehung auf das kleinere? – Ja. – Das bei weitem Größere aber in Beziehung auf ein bei weitem Kleineres; oder wie? – Ja. – Also wohl das irgend einmal Größere in Beziehung auf ein irgend einmal Kleineres und das künftig Größere in Beziehung auf ein künftig Kleineres? – Aber was soll hiegegen im Wege stehen? sagte er. – Und auch das Mehrere im Vergleiche mit dem Wenigeren und das Doppelte im Vergleiche mit dem Halbsogroßen und all Derartiges, und hinwiederum auch das Schwerere im Vergleiche mit dem Leichteren und das Schnellere im Vergleiche mit dem Langsameren, und ferner ja auch das Warme im Vergleiche mit dem Kalten und Alles, was diesen Dingen ähnlich ist, verhält sich's nicht etwa ebenso? – Ja, durchaus wohl. – Wie aber verhält es sich mit den Zweigen des Wissens? ist es da nicht die nemliche Art und Weise? nemlich Wissen an und für sich ist ein Wissen eines Lerngegenstandes an und für sich (oder wie sonst man jenes ausdrücken soll, worauf sich das Wissen bezieht), hingegen ein einzelnes und irgendwie beschaffenes Wissen ist das eines einzelnen und irgendwie beschaffenen Lerngegenstandes; ich meine aber hiemit folgendes: unterscheidet sich nicht ein Wissen dann, wenn es das Wissen von der Herstellung eines Hauses geworden ist, von den übrigen Zweigen des Wissens so, daß es die Bauwissenschaft genannt wird? – Wie anders? – Etwa nicht dadurch, daß es ein irgendwie beschaffenes ist, wie kein anderes von den übrigen es ist? – Ja wohl. – Nicht wahr also, weil es das Wissen eines irgendwie beschaffenen Gegenstandes ist, darum ist auch es selbst ein irgendwie beschaffenes geworden? und ebenso also auch die übrige Künste und Zweige des Wissens? – Ja, so ist es. –

14. Dieß demnach, sprach ich, stelle dir vor, daß ich vorhin habe sagen wollen, woferne du nemlich jetzt es verstehst, daß bei Allem, was derartig ist, daß es mit irgend Etwa in Beziehung steht, das Ding an und für sich nur mit dem Anderen an und für sich in Beziehung stehe, das irgendwie Bestimmte aber nur mit einem irgendwie Bestimmten; und ich sage hiemit also nicht, daß Etwas eben so bestimmt beschaffen sei, wie jenes es ist, mit welchem es in Beziehung steht, so daß also etwa das Wissen über das Gesunde und Kranke selbst ein gesundes und krankes wäre, oder jenes über das Böse und Gute selbst ein böses und Gutes; sondern da jenes ein Wissen nicht über den Gegenstand des Wissens an und für sich, sondern über einen irgendwie Beschaffenen, nemlich über das Gesunde und Kranke, ist, so wurde es demnach auch selbst ein irgendwie Bestimmtes, und hiedurch wurde bewirkt, daß man es nicht schlechthin ein Wissen, sondern mit Hinzutreten des irgendwie Bestimmten eine Arzneiwissenschaft nannte. – Ja, ich verstehe es, sagte er; und es scheint mir so sich zu verhalten. – Wirst du aber denn nun den Durst, sprach ich, nicht unter jene Dinge rechnen, welche in

Beziehung auf irgend Etwas das sind, was sie sind? es gibt aber doch wohl einen Durst? – Ja gewiß, sagte er, und zwar ja in Beziehung auf einen Trank. – Nicht wahr also, auf einen irgendwie beschaffnen Trank ist auch ein irgendwie beschaffener Durst gerichtet, der Durst an und für sich aber nun ist weder auf einen vielen, noch auf einen wenigen, und weder auf einen wohlschmeckenden, noch auf einen schlechtschmeckenden, und mit Einem Worte, überhaupt nicht auf einen irgendwie beschaffnen Trank gerichtet; sondern nur auf Trank an und für sich bezieht sich von Natur aus der Durst an und für sich. – Ja, völlig so ist es. – Die Seele des Durstenden also will, insoferne sie dürstet, nichts Anderes, als eben nur trinken, und darnach verlangt sie und auf dieß hin steuert sie zu. – Ja klärlich. – Nicht wahr also, falls irgend Etwas sie, während sie dürstet, in entgegengesetzter Richtung zieht, so muß dieß wohl irgend etwas Anderweitiges in ihr sein, als dasjenige, was in ihr das Dürstende und gleich einem Thiere zum Trinken Hindrängende ist? denn nicht ja kann wohl, sagten wir, das Nemliche vermittelst seines Nemlichen betreffs des Nemlichen zugleich das Entgegengesetzte verüben. – Nein, allerdings nicht. – Sowie es nemlich auch, glaube ich, betreffs des Bogenschützen nicht richtig ist, zu sagen, daß seine Hände zugleich die Sehne abstoßen und zurückspannen, sondern eine Hand die abstoßende und eine hievon verschiedene die zurückziehende ist. – Ja wohl, völlig so, sagte er. – Werden wir denn nun behaupten, daß zuweilen Einige, welche dürsten, nicht trinken wollen? – Ja wohl, sagte er, von Vielen und in vielen Fällen. – Was also, sprach ich, möchte man wohl betreffs dieser behaupten? nicht etwa, daß in ihrer Seele das Antreibende sich befinde, aber auch das Verhindernde sich befinde, welches ein von dem Antreibenden Verschiedenes und dasselbe Bewältigendes ist? – So scheint es mir wenigstens, sagte er. – Stellt sich also nicht etwa bei Derartigem das Verhindernde, wenn es sich einstellt, in Folge einer Vernunftthätigkeit ein, das Hintreibende aber und das Hinziehende, stellt sich dieß nicht vermittelst leidenschaftlicher und krankhafter Zustände daneben hin? – Ja, so zeigt sich's. – Nicht unbegründeter Weise demnach, sprach ich, werden wir die Zumuthung aussprechen, daß jene ein doppeltes und gegenseitig verschiedenes seien, indem wir das Eine, vermittelst dessen sie vernünftig erwägt, eben das Vernünftige der Seele nennen, das Andere aber, vermittelst dessen sie liebt und hungert und dürstet und in den übrigen Begierden dahinflattert, das Unvernünftige und Begehrliche, welches ein Gefährte der Völlerei und der Vergnügungen ist. – Nein, nicht unbegründeter Weise, sondern aus guten Gründen, sagte er, möchten wir wohl dieser Ansicht sein. – Diese also, sprach ich, mögen uns hiemit als zwei in der Seele Befindliche

Formen festgestellt sein; aber nun der Muth und dasjenige, vermittelst dessen wir muthig sind, möchte dieß wohl etwa ein Drittes für sich sein, oder mit welchem von jenen beiden wäre es von gleicher Natur? – Vielleicht, sagte er, mit jenem anderen, nemlich mit dem Begehrlichen. – Aber ich habe einst, sprach ich, gehört und glaube es auch, daß Leontios, der Sohn des Aglaion, einmal vom Piräus an der äußeren Seite der nördlichen Mauer in die Stadt hinaufging und, als er bemerkte, daß dort Leichen bei der Wohnung des Scharfrichters lagen, habe er zugleich das Verlangen gehabt, hinzuschauen, zugleich aber habe es ihm widerstanden und er habe sich hinwiederum weggewendet, und eine Zeitlang nun habe er so mit sich gekämpft und sein Gesicht verhüllt, zuletzt aber sei er von dem Verlangen überwältigt worden, und seine Augen weit aufreißend sei er zu den Leichen hingelaufen und habe gerufen: Sieh da, ihr Unglücklichen, sättiget euch an dem herrlichen Anblicke. – Auch ich, sagte er, habe es gehört. – Diese Kunde, sprach ich, drückt nun doch aus, daß zuweilen der Muth gegen die Begierden kämpfe, wie ein Verschiedenes gegen Verschiedenes. – Ja wohl drückt sie es aus, sagte er. –

15. Nicht wahr also, auch anderwärts, sagte ich, nehmen wir häufig wahr, daß, wenn Jemanden gegen den Rath der Vernunft die Begierden mit Gewalt zwingen wollen, er über sich selbst schmäht und seinem Muthe Luft macht gegen dasjenige in ihm, was ihn mit Gewalt zwingen will, und daß gleichsam wie bei einer Parteiung der Muth eines Solchen zum Bundesgenossen der Vernunft wird? hingegen daß der Muth mit den Begierden gemeinschaftliche Sache mache, während die Vernunft betreffenden Falls das Unterlassen vorzieht, möchtest du wohl weder an dir selbst, noch auch, glaube ich, an einem Anderen als wirklich vorgekommen wahrgenommen haben. – Nein, bei Gott nicht, sagte er. – Wie aber? sprach ich; falls Jemand einem Anderen Unrecht gethan zu haben glaubt, wird er da nicht, gerade je edler er ist, um so weniger jenem zu zürnen fähig sein, selbst wenn er hungert und friert, oder irgend etwas Anderes derartiges durch jenen erleidet, von welchem er glaubt, daß er Solches mit Recht gegen ihn verübe, und wird dann nicht, was ich eben hiemit sagen will, der Muth desselben durchaus sich weigern, gegen jenen sich aufregen zu lassen? – Ja, dieß ist wahr, sagte er. – Wie aber? falls Jemand der Meinung ist, Unrecht erlitten zu haben, wird da in diesem nicht der Muth kochen und grollen und mitkämpfen mit dem für Recht Erachteten, trotz Hunger und Frost und trotz all derartiger Einwirkungen, und wird er da nicht ausharrend siegen und unablässig das Edle verfolgen, bis er es entweder durchgesetzt hat, oder selbst dahingestorben ist,

oder gleich einem Hunde durch seinen Herrn, nemlich durch die ihm beiwohnende Vernunft, zurückgerufen und beschwichtigt wurde? – Ja allerdings, sagte er, scheint es so zu sein, wie du sagst; und gerade ja jene Helfer in unserem Staate haben wir wirklich auch wie Hunde aufgestellt, insoferne sie den Herrschern gleichsam als Hirten des Staates gehorsam sind. – Völlig richtig, sagte ich, denkst du selbst an jenes, was ich hiemit sagen will; aber beherzige außerdem auch noch Folgendes. – Was? – Daß nun das Gegentheil des Vorigen sich uns betreffs des Muthigen zeigt; vorhin nemlich glaubten wir, es sei irgend ein Begehrliches; jetzt aber behaupten wir, dieß sei weit gefehlt, sondern dasselbe stelle bei dem Zwiespalte der Seele seine Waffen weit eher auf Seite des Vernünftigen auf. – Ja, durchaus so, sagte er. – Ist es also nun wirklich ein von letzterem Verschiedenes, oder ist es bloß eine Art des Vernünftigen, so daß dann nicht drei Formen in der Seele wären, sondern nur zwei, nemlich das Vernünftige und das Begehrliche? oder ist eben, sowie auch im Staate drei Klassen ihn zusammenhielten, die gelderwerbende und die helfende und die berathende, ebenso auch in der Seele dieses Muthige ein Drittes, welches von Natur aus dem Vernünftigen ein Helfendes ist, woferne es nicht durch schlechte Pflege verdorben wurde? – Ja, nothwendig, sagte er, ist es ein Drittes. – Ja wohl, sprach ich; woferne es nemlich als ein vom Vernünftigen Verschiedenes sich zeigt, sowie es sich schon als ein vom Begehrlichen Verschiedenes zeigte. – Aber nicht schwierig ja ist es, sagte er, daß es als solches sich zeige; denn ja auch an den Kindern könnte man dieß sehen, daß sie gleich nach der Geburt schon voll des Muthigen sind, der Vernunft hingegen Einige, wie mir wenigstens scheint, niemals theilhaftig werden, die Meisten aber erst sehr spät einmal. – Ja bei Gott, sagte ich, du hast Recht; ferner aber könnte man selbst auch an den Thieren sehen, daß es sich so verhält, wie du sagst; und außerdem wird es auch jenes Wort des Homeros, welches wir oben schon einmal anführten, bezeugen, nemlich

„an die Brust aber schlagend redete er sein Herz mit dem Worte an“;

denn dortselbst hat Homeros doch deutlich gedichtet, daß ein Verschiedenes gegen ein Verschiedenes den Tadel abspricht, nemlich dasjenige, was mit Vernunft über das bessere und Schlechtere eine Erwägung anstellt, gegen das in unvernünftiger Weise Zürnende. – Sehr richtig, sagte er, sprichst du da. –

16. Durch dieses also, sagte ich, sind wir nun zur Noth hindurchgeschwommen, und es gilt uns so ziemlich als zugestanden, daß die nämlichen Gattungen im Staate, und die nemlichen auch in der Seele eines jeden

Einzelnen sich finden, und daß auch die Zahl derselben die gleiche sei. – Ja, so ist es. – Nicht wahr also, hiemit ist ja nun nothwendig, daß in der nemlichen Weise wie der Staat und vermittelst des Nemlichen wie der Staat auch der einzelne Bürger ein weiser ist? – Warum nicht? – Und auch daß in der nemlichen Weise, wie der einzelne Bürger und vermittelst des Nemlichen wie der einzelne Bürger auch der Staat ein tapferer ist, und daß auch in allem Uebrigen bezüglich der Vortrefflichkeit beide sich völlig gleich verhalten? – Ja, nothwendig ist dieß. – Und auch als gerecht demnach, o Glaukon, werden wir, glaube ich, den einzelnen Mann in der nemlichen Weise bezeichnen, in welcher auch ein Staat ein gerechter ist, – Auch dieß ist durchaus nothwendig. – Aber noch haben wir es nicht vergessen, daß ja jener uns dadurch ein gerechter war, weil jede von den drei in ihm vorhandenen Klassen das Ihrige that. – Nein, sagte er, wir haben, wie mir scheint, es nicht vergessen. – Im Gedächtnisse also müssen wir nun behalten, daß auch jeder Einzelne von uns, bei welchem jeder der in ihm befindlichen Theile das Seinige thut, ein gerechter sein und selbst das Seinige thun wird. – Ja wohl, sagte er, gar sehr müssen wir dieß im Gedächtnisse behalten. – Nicht wahr also, für das Vernünftige gebührt es sich, daß es herrsche, da es ja weise ist und die Fürsorge für die gesammte Seele in sich enthält, für das Muthige aber gebührt es sich, daß es jenem gehorche und ein Bundesgenosse sei. – Ja wohl, völlig so. – Wird nun also nicht, wie wir schon sagten, die Mischung der musischen und gymnischen Bildung einen Einklang dieser beiden erzeugen, indem sie das Eine durch treffliche Reden und Kenntnisse anspannt und pflegt, das Andere aber herabspannt und beschwichtigt, durch Harmonie und Rhythmus es besänftigend? – Ja wohl, gar sehr, sagte er. – Und jene beiden demnach sollen, wenn sie so gepflegt wurden und in Wahrheit das Ihrige gelernt haben und ihre Bildung erhielten, dann die Vorsteher des Begehrlichen sein, welches ja in Jedem der größte Theil seiner Seele und von Natur aus in Bezug auf Geld das unersättlichste ist; und dieses sollen jene beobachten, damit es nicht durch Anfüllung mit den sogenannten leiblichen Vergnügungen ein ausgedehntes und mächtiges werde und hiedurch seinerseits es unterlasse, das Seinige zu thun, sondern im Gegentheile es etwa versuche, jene Formen zu knechten und eine ihm nicht gebührende Herrschaft über sie auszuüben, und sodann das gesammte Leben aller Formen umstürze. – Ja allerdings, sagte er. – Es werden also wohl, sprach ich, jene beiden auch vor den äußeren Feinden am trefflichsten die gesammte Seele und den Körper bewahren, indem das Eine das berathende ist, das Andere aber das vorkämpfende, welches zugleich auch dem Herrschenden folgt und mit Tapferkeit die Rathschläge vollführt? – Ja, so ist es.

– Und einen Tapferen demnach, glaube ich, werden wir jeden Einzelnen vermöge dieses seines Theiles nennen, wenn das Muthige trotz Schmerzen und Vergnügungen das von der Vernunft bezeichnete Furchtbare und nicht Furchtbare bewahrt. – Ja, mit Recht, sagte er. – Einen Weisen aber nennen wir ihn ja vermöge jenes kleinen Theiles, welcher in ihm herrscht und solches vorschreibt, indem dieser hinwiederum auch das Wissen in sich enthält über das jedem einzelnen Theile und dem aus den dreien gemeinsam vereinigten Ganzen Zuträgliche. – Ja, allerdings. – Wie aber? einen Besonnenen nennen wir ihn doch wohl vermöge der Liebe und des Einklanges zwischen eben diesen, wann nemlich das Herrschende und die beiden Beherrschtwerdenden darin übereinstimmen, daß das Vernünftige herrschen müsse, und sie nicht Aufruhr gegen dasselbe erheben. – Besonnenheit wenigstens, sagte er, ist nichts Anderes als dieses, sowohl beim Staate als auch beim einzelnen Bürger. – Aber nun ein Gerechter ja ist er vermöge desjenigen und in derjenigen Weise, wie wir dieß nun schon oft gesagt haben. – Ja, durchaus nothwendig ist dieß. – Wie aber nun? sprach ich; daß uns nicht etwa die Gerechtigkeit doch derartig abgestumpft wird, daß sie zuletzt uns etwas Anderes zu sein scheint, als wie sie sich im Staate uns zeigte? – Mir wenigstens, sagte er, scheint es nicht. – Folgendermaßen nemlich, sprach ich, könnten wir wohl, falls Etwas bei der Einzeln-Seele hierüber noch streitig sein sollte, es vollständig feststellen, wenn wir jene niedrigen Dinge hiezu beiziehen. – Welche denn? – Nemlich, wenn wir betreffs jenes Staates und betreffs desjenigen Mannes, welcher eine ihm gleichkommende Begabung und Bildung hat, uns darüber verständigen müßten, ob wohl ein Derartiger das von ihm zur Aufbewahrung überkommene Gold oder Silber unterschlagen zu wollen scheine, wer würde wohl deiner Meinung nach da glauben, daß Jener zu einer solchen That eher fähig sei, als die nicht so gesinnten Menschen? – Niemand wohl, sagte er. – Nicht wahr also, auch was Tempelraub und Diebstahl und Verrätherei, sei es im Einzelnen gegen Freunde, oder im Oeffentlichen gegen den Staat betrifft, dürfte wohl der Derartige gänzlich hievon fern sein? – Ja, fern. – Und nun ist er ja auch wohl in keiner Weise treulos, sei es in Eidschwüren oder in den übrigen Versprechungen. – Wie sollte er auch? – Ehbruch aber und Vernachlässigung der Eltern und Mangel an Dienstleistungen gegen die Götter würden wohl bei jedem Anderen eher als bei dem Derartigen sich finden. – Ja, bei Jedem eher, sagte er. – Nicht wahr also, von all diesem ist die Ursache, daß von den in ihm befindlichen Theilen jeder einzelne betreffs des Herrschens und Beherrschtwerdens das Seinige thut? – Ja dieß, und nichts Anderes. – Suchst du also unter der Gerechtigkeit noch irgend etwas Anderes, als eben diese Kraft, welche die Männer und die Staaten zu derartigen macht? – Nein, bei Gott, sagte er, ich gewiß nicht. –

17. Seine Erfüllung also hat jener Traum uns nun vollständig gefunden, welchen wir schon als eine Ahnung aussprachen, daß wir wohl gleich beim Anfange der Gründung unseres Staates darauf hinauskommen würden, mit eines Gottes Hülfe in den Ursprung und ein gewisses Gepräge der Gerechtigkeit einzutreten. – Ja, durchaus wohl. – Dieß also, o Glaukon, war ja hiemit wohl auch der Grund, warum es als ein Abbild der Gerechtigkeit nützlich ist, wenn der Lederarbeiter seiner Begabung nach sich richtig verhält bezüglich der Lederbearbeitung und er nichts Anderes verübt, und der Baumeister eben nur Bauten aufführt, und so auch bei allem Uebrigen. – Ja, so zeigt sich's. – In wahrer Wirklichkeit aber war, wie es scheint, die Gerechtigkeit ein Derartiges, und zwar nicht betreffs der äußeren Ausübung des eigenen Thuns, sondern in Wahrheit betreffs der inneren im eigenen Wesen und eigenen Thun, daß nemlich der Mensch jeden einzelnen seiner Theile nicht Fremdes verüben und die Gattungen seiner Seele nicht wechselseitig Vielgeschäftigkeit betreiben lasse, sondern in Wirklichkeit das ihm Eigenthümliche gut einrichte und sich selbst so beherrsche und ordne und sein eigener Freund werde und in Harmonie die drei Theile, so ziemlich wie drei Gränzen der musikalischen Töne, nemlich wie die höchste, tiefste und mittlere Saite der Lyra, nebst den noch etwa übrige Mittelgliedern, mit einander vereinige und all dieses zusammenbindend vollständig ein Einer aus Vielen werde, und als ein Besonnener und harmonisch Gestimmter so denn nun seine Thätigkeit verübe, sei es bezüglich des Gelderwerbes oder bezüglich der Körperpflege oder als Staatsmann oder betreffs des Einzeln-Verkehres, wobei er in diesem Sämmtlichen jene Handlung als gerecht und trefflich erachtet und bezeiget, welche eben diesen Zustand bewahrt und in's Werk setzt, als Weisheit aber jenes Wissen erachtet und bezeichnet, welches diesem Handeln vorsteht, hingegen als ungerechte Handlung jede, welche diesen Zustand auflöst, und als Unwissenheit hinwiederum die diesem Handeln vorstehende Meinung. – Ja durchaus wahr, o Sokrates, sagte er, sprichst du da. – Weiter, sprach ich; den gerechten Mann also und den gerechten Staat und die Gerechtigkeit selbst, was sie in ihnen sei, gefunden zu haben, möchten wir nun wohl behaupten, und schwerlich, glaube ich, hiemit eine Unwahrheit zu sagen scheinen. – Nein, wahrlich bei Gott nicht, sagte er. – Wollen wir es also behaupten? – Ja, wir wollen es behaupten. –

18. So sei dieß denn so, sagte ich; nach diesem nemlich müssen wir nun, glaube ich, die Ungerechtigkeit erwägen. – Ja, dieß ist klar. – Nicht wahr also, ein Aufruhr hinwiederum jener drei Theile muß sie sein und eine Vielgeschäftigkeit und eine Geschäftigkeit in fremden Dingen und eine Selbsterhebung irgend eines einzelnen Theiles gegen das Ganze der Seele, um in ihr wider Gebühr zu herrschen, während doch ein solcher Theil von Natur aus derartig ist, daß es ihm geziemt, dienstbar demjenigen zu sein, was zur Gattung des Herrschenden gehört; ungefähr Solches, glaube ich, und die Unordnung und Verwirrung von all diesem, werden wir sagen, sei die Ungerechtigkeit und Ziellosigkeit und Feigheit und Unwissenheit und überhaupt jedwede Schlechtigkeit. – Ja wohl, eben dieses, sagte er. – Nicht wahr also, sprach ich, auch das Verüben des Ungerechten und das Unrechtthun und hinwiederum auch das Rechtthun, all dieses ist uns jetzt in deutlicher Weise klar, woferne es uns die Ungerechtigkeit und die Gerechtigkeit ist? – Wie so? – Daß nemlich, sagte ich, dasselbe in Nichts sich von dem Gesunden und Kranken unterscheide, sondern wie jenes im Körper, so dieß in der Seele sich verhalte. – In wieferne? sagte er. – Das Gesunde erzeugt doch wohl Gesundheit, und das Kranke Krankheit? – Ja. – Nicht wahr also, auch die Ausübung des Gerechten erzeugt Gerechtigkeit und das des Ungerechten Ungerechtigkeit? – Ja, nothwendig. – Es besteht aber die Erzeugung der Gesundheit darin, daß man bezüglich der Dinge im Körper ein naturgemäßes wechselseitiges Herrschen und Beherrschtwerden herstellt, die Erzeugung der Krankheit aber in naturwidrigem gegenseitigem Gebieten und Gehorchen. – So ist es. – Nicht wahr also hinwiederum, sagte ich, die Erzeugung der Gerechtigkeit besteht darin, daß man bezüglich der Dinge in der Seele ein naturgemäßes wechselseitiges Herrschen und Beherrschtwerden herstellt, die Erzeugung der Ungerechtigkeit aber in naturwidrigem gegenseitigen Gebieten und Gehorchen? – Ja, gar sehr, sagte er. – Vortrefflichkeit also ist, wie es scheint, irgend eine Gesundheit und Schönheit und ein Wohlverhalten der Seele, Schlechtigkeit aber eine Krankheit und Schimpflichkeit und Schwäche. – Ja, so ist es. – Führen nun also nicht auch die trefflichen Bestrebungen zum Besitze der Vortrefflichkeit, die schimpflichen aber zu dem der Schlechtigkeit? – Ja, nothwendig. –

Uebrig demnach ist uns, wie es scheint, noch die Erwägung, ob es hinwiederum gewinnbringend sei, Gerechtes zu verüben und Treffliches zu betreiben und gerecht zu sein, mag man hiebei unbemerkt bleiben oder auch nicht, oder ob es gewinnbringend sei, Unrecht zu thun und ungerecht zu sein, falls man nemlich hiefür nicht Strafe büßt oder durch Züchtigung besser wird. – Aber mir wenigstens, o Sokrates, sagte er, scheint diese Erwägung bereits zu einer lächerlichen sich zu gestalten, woferne es ja schon bei einer Verderbniß der körperlichen Natur so zu sein scheint, daß man nicht mehr leben kann, selbst nicht in Verbindung mit allen Speisen und Getränken und allem Reichthume und aller Herrschaft, es aber dann bei einer Zerrüttung und Verderbniß der Natur desjenigen, vermittelst dessen gerade wir leben, es doch noch so stehen sollte, daß man leben könnte, wobei man nach Belieben alles Uebrige thäte, nur jenes nicht, wodurch man von Schlechtigkeit und Ungerechtigkeit befreit werden, Gerechtigkeit aber und Vortrefflichkeit erwerben könnte; denn es hat sich uns ja auch jedes von beiden eben als ein derartiges gezeigt, wie wir sie bisher durchgegangen haben. – Ja wohl, eine lächerliche Erwägung wäre es, sagte ich; aber dennoch dürfen wir, nachdem wir einmal zu diesem Punkte gekommen sind, darin nicht ermüden, so deutlich als möglich es einzusehen, daß es wirklich sich so verhalte. – Bei Gott, sagte er, am wenigsten von Allem dürfen wir hierin ermüden. – So komm denn hieher, sprach ich, damit du auch sehest, wie viele Formen, wie mir scheint, die Schlechtigkeit habe, so viele deren nemlich der Betrachtung würdig sind. – Ja, ich folge dir, sagte er; sprich nur. – Und nun zeigt sich mir ja, sprach ich, wie von einer Warte aus, nachdem wir auf diesen Höhepunkt der Begründung gelangt sind, daß es Eine Form der Vortrefflichkeit gebe, aber unbegränzt viele der Schlechtigkeit, hingegen unter diesen irgend vier, welche auch der Erwähnung werth sind. – Wie meinst du dieß? sagte er. – Es kömmt darauf hinaus, sagte ich, daß, so viele es Arten von Staatsverfassungen gibt, welche je eine eigene Form an sich haben, es auch eben so viele Arten der Seele gibt. – Wie viele denn? – Fünf Arten von Staatsverfassungen, sagte ich, und fünf Arten der Seele. – Sprich, sagte er, welche dieß sind. – Ich sage hiemit, sprach ich, daß Eine Art der Staatsverfassung wohl eben jene sein dürfte, welche wir bisher durchgegangen haben, benannt aber mag sie in doppelter Weise werden; wenn nemlich Ein Mann unter den Herrschern ganz besonders hervortritt, mag sie Königthum genannt werden, wenn aber Mehrere, Aristokratie. – Dieß ist wahr, sagte er. – Dieß demnach, sprach ich, nenne ich die Eine Art; denn weder wenn Mehrere auftreten, noch wenn es nur Einer ist, möchte wohl ein Solcher an den irgend nennenswerthen Gesetzen des Staates je rütteln, woferne er jene Pflege und Bildung genoß, welche wir durchgegangen haben. – Man sollte es wenigstens nicht erwarten, sagte er. –

Fünftes Buch

1. Einen trefflichen demnach nenne ich den derartigen Staat und diese Staatsverfassung und auch einen richtigen, und ebenso auch den derartigen Mann; schlechte hingegen und verfehlte die übrigen, woferne dieser der richtige ist, sowohl bezüglich der Staatsverwaltung, als auch bezüglich der Herstellung der Art und Weise der Einzeln-Seele; in vier Formen der Schlechtigkeit aber bewegen sich diese. – Welche sind diese? sagte er. –

Und ich war nun eben daran, sie der Reihe nach aufzuzählen, wie mir nemlich die einzelnen derselben wechselseitig ineinander überzugehen schienen; da streckte Polemarchos, – er saß nemlich ein wenig entfernt von Adeimantos –, seine Hand aus, und indem er das Gewand des Letzteren oben an dessen Schulter erfaßte, zog er jenen näher an sich und sagte, zu ihm sich vorstreckend, Einiges ihm in's Ohr, wovon wir Nichts weiter als bloß die Worte verstanden: Sollen wir es also gehen lassen, oder was wollen wir sonst beginnen? – O, durchaus nicht, sagte Adeimantos nun mit lauter Stimme. – Und ich sprach: Was denn eigentlich wollt ihr nicht gehen lassen? – Dich, sagte er. – Und wieder sprach ich: Warum denn eigentlich? – Es scheint uns, daß du leichtfertig loskommen wollest, sagte er, und eine ganze Gruppe der Begründung, und zwar gerade nicht die kleinste, unterschlagest, um sie nicht weiter durchgehen zu dürfen, und daß du der Meinung seist, wir hätten es nicht bemerkt, wie du jenes bloß so schlicht hinsagtest, es sei betreffs der Weiber und Kinder jedem klar, daß den Freunden Alles gemeinsam sei. – Ist dieß etwa nicht richtig, sagte ich, o Adeimantos? – Ja, erwiederte er; aber eben, daß es auch in richtiger Weise so sei, bedarf, wie bei allem Uebrigen, noch einer Begründung darüber, welches die Art und Weise der Gemeinschaftlichkeit sei; denn deren möchte es wohl gar viele geben; übergehe also das nicht, welche Art und Weise du meinest. Denn wir warteten schon längst darauf, in der Meinung du werdest irgendwo betreffs der Kindererzeugung eine Erwähnung machen, in welcher Weise die Menschen Kinder erzeugen und wie sie dieselben nach der Geburt pflegen sollen, und wie du überhaupt jene ganze Gemeinschaftlichkeit der Weiber und der Kinder verstehest; denn wir glauben, daß es Vieles und sogar das Ganze für den Staat beitragen werde, je nachdem dieß in richtiger oder in unrichtiger Weise stattfinde. Jetzt also, nachdem du dich bereits an eine andere Staatsverfassung machtest, ehe du noch dieses genügend erörtert hattest, beschlossen wir, was du so eben vernahmst, nemlich dich nicht eher loszulassen, bis du nicht all dieses ebenso, wie das Uebrige, durchgegangen hast. – Und rechnet also auch mich, sagte Glaukon, zu den für diesen Beschluß Stimmenden. – Glaube zuverlässig, o Sokrates, sprach auch Thrasymachos, daß dieß unser aller Meinung sei. –

2. Was habt ihr doch, sprach ich, damit angerichtet, daß ihr euch so an mich machtet? Welch lange Begründung ruft ihr hiemit gleichsam wieder von Anfang an betreffs jenes Staates hervor, welchen bereits nun durchgegangen zu haben, ich sehr vergnügt war, vollkommen damit zufrieden, wenn man es nur so gelten und beruhen lassen wollte, wie es damals erörtert wurde; indem ihr jetzt jenes wieder zum Vorschein bringt, wißt ihr gar nicht, welchen Schwarm von Begründungen ihr hiemit heraufbeschwöret, einen Schwarm, welchen ich damals schon sehr wohl sah und eben überging, damit er die Sache nicht gar zu massenhaft mache. – Wie aber? sagte Thrasymachos; glaubst du denn, alle Diese seien heute zum Metallgießen hieher gekommen, nicht aber, um begründende Reden zu hören? – Ja, dieß wohl, sagte ich, aber wenigstens mit Maß. – Das Maß aber ja, o Sokrates, sagte Glaukon, für das Anhören derartiger Begründungen ist bei verständigen Menschen das ganze Leben. Aber überhaupt, was dabei unsere Sache ist, so bekümmere dich nicht darum; du hingegen ermüde nicht, betreffs dessen, um was wir dich fragen, deine Ansicht auseinander zu setzen, welches nemlich für unsere Wächter jene Gemeinschaftlichkeit bezüglich der Kinder und Weiber sei und bezüglich der Pflege der Kinder in der Zwischenzeit zwischen der Geburt und dem Eintritte der Bildung, welche Zwischenzeit ja die mühseligste zu sein scheint. Versuche also, anzugeben, in welcher Weise die Gemeinschaftlichkeit stattfinden solle. – Nicht leicht, o du Glücklicher, sagte ich, ist dieß durchzugehen; denn es enthält viel Unglaubliches in noch weit höherem Grade in sich, als jenes, was wir im Früheren schon durchgingen; nemlich sowohl daß wir hiebei von etwas Möglichem sprechen, möchte schwerlich geglaubt werden, als auch daß es, falls es noch so sehr wirklich einträte, so am besten sei, wird man gleichfalls nicht glauben; darum denn nun nehme ich auch gewissermaßen Anstand, diese Dinge zu berühren, damit nicht, mein lieber Freund, die ganze Erörterung bloß ein frommer Wunsch zu sein scheine. – Nimm keinen Anstand, sagte er; denn weder stumpfsinnig noch ungläubig noch übelgesinnt gegen dich sind deine Zuhörer. – Und ich sprach: Sagst du dieß, mein Bester, etwa in der Absicht, um mir Muth einzuflößen? – Ja gewiß, sagte er. – Nun du erreichst, erwiederte ich, gerade das Gegentheil; denn wenn ich auf mich selbst das Vertrauen hätte, daß ich gewiß wisse, was ich sagen soll, wäre der Trostspruch ganz gut; denn unter verständigen und uns lieben Menschen über die wichtigsten und uns lieben Dinge mit dem vollen Wissen der

Wahrheit zu sprechen, ist ungefährlich und Muth einflößend, hingegen wenn man kein Vertrauen auf sich haben kann und, während man die Begründungen ausspricht, man sie selbst erst suchen muß, wie bei mir dieß der Fall ist, so ist dieß etwas Aengstliches und Gefährliches, nicht etwa daß man dabei sich lächerlich mache, – denn dieß wäre allenfalls noch ein Scherz –, sondern daß ich, abgleitend von der Wahrheit, nicht bloß allein zu Boden stürze, sondern auch meine Freunde im Sturze mit mir ziehe, in Dingen, in welchen man am allerwenigsten ausgleiten soll. Ich flehe aber, o Glaukon, zur Adrastea um dessen willen, was ich zu sagen im Begriffe bin; denn ich antworte, daß es ein geringeres Verbrechen sei, wenn man unfreiwillig Jemanden tödtet, als wenn mau ihn bezüglich des Trefflichen und Guten und Gerechten und Gesetzlichen betrügt; dieser Gefahr also sich auszusetzen, geht eher unter Feinden als unter Freunden an, und demnach passen deine Trostsprüche nicht. – Und Glaukon sagte lachend: Aber, o Sokrates, falls uns in Folge deiner Begründung irgend ein Fehlgriff widerfährt, so verfolgen wir dich nicht weiter, da du am Todtschlage unschuldig und kein Betrüger bist; also sprich nur getrost. – Aber in der That ja, sagte ich, als unschuldig gilt auch dort derjenige, welcher nicht weiter verfolgt wird, wie das Gesetz lautet; wahrscheinlich aber wird es, da es auf jenem Gebiete so ist, auch hier so gelten. – Was also dieß betrifft, sagte er, so magst du immerhin ungescheut sprechen. – Sprechen also, sagte ich, muß ich nun wohl abermals über Dinge, welche ich vielleicht damals gleich in ihrer Reihenfolge hätte besprechen sollen; doch vielleicht ist es auch auf diese Weise richtig, daß wir, nachdem das Drama der Männer vollständig zu Ende ist, nun auch das der Frauen zu Ende führen, zumal da auch du uns hiezu aufforderst.

3. Für Menschen nemlich, welche eine Begabung und Bildung haben, wie wir sie oben durchgingen, gibt es nach meiner Meinung keinen anderen richtigen Besitz und Gebrauch ihrer Kinder und Frauen, als wenn sie hiebei eben nach jener Richtung hinsteuern, nach welcher wir schon zu Anfang steuerten; wir haben ja aber in unserer Begründung es doch wohl versucht, die Männer gleichsam als Wächter einer Heerde aufzustellen. – Ja. – Wollen wir also diesem getreu bleiben, indem wir ihnen auch eine entsprechende Entstehung und Pflege verleihen, und erwägen, ob es so uns passe oder nicht? – Wie so? sagte er. – Folgendermaßen: Glauben wir, daß die weiblichen unter den wachenden Hunden das Nemliche, wie die männlichen, mit diesen gemeinschaftlich bewachen und jagen und auch das Uebrige mit ihnen zusammenthun, oder daß die ersteren nur drinnen im Hause bleiben, unfähig zu Weiterem wegen des

Gebärens der Jungen und ihrer Pflege, die letzteren aber allein sich plagen und alle Sorge betreffs der Heerden auf sich haben? – Gemeinschaftlich, sagte er, thun sie Alles; nur daß wir die ersteren als schwächere, die letzteren aber als stärkere benützen. – Ist es aber, sprach ich, möglich, irgend Thiere zu dem Nemlichen zu benützen, wenn du ihnen nicht auch die nemliche Pflege und Heranbildung angedeihen läßst? – Nein, es ist nicht möglich. – Wenn wir also die Frauen zu dem Nemlichen benutzen wollen, wie die Männer, so müssen wir sie auch das Nemliche lehren? – Ja. – Musische und gymnische Bildung aber wurde jenen verliehen? – Ja. – Auch den Frauen also müssen wir diese beiden Künste angedeihen lassen, sowie auch die kriegerische Thätigkeit, und zu eben dem Nemlichen müssen wir auch sie benützen? – So scheint es wenigstens, sagte er, demzufolge, was du angibst. – Vielleicht demnach, sprach ich, wird Vieles betreffs dessen, was wir jetzt sagen, im Vergleiche mit der bestehenden Sitte als lächerlich sich zeigen, wenn es so ausgeführt würde, wie wir es sagen. – Ja wohl, gar sehr, sagte er. – Was siehst du, sprach ich, hiebei als das Lächerlichste von Allem? gewiß ja das, daß nackt die Frauen in den Ringschulen in Gemeinschaft mit den Männern gymnische Uebungen vornehmen, und zwar nicht bloß die jungen, sondern auch die älteren Frauen, sowie auch die Greise in den Gymnasien lächerlich sind, wenn sie, als runzlige und gar nicht lieblich anzuschauen, dennoch ihre Lust zu Leibesübungen nicht aufgeben? – Ja, bei Gott, sagte er, als lächerlich würde sich dieß, wenigstens nach dem jetzigen Maßstabe, zeigen. – Nicht wahr also, sprach ich, nachdem wir einmal in unserer Begründung fortgesteuert sind, dürfen wir uns vor den Spöttereien der Witzlinge nicht fürchten, wie viele und welcherlei immer dieselben auch vorbringen möchten gegen die Verwirklichung einer derartigen Veränderung bezüglich der Gymnasien und bezüglich der musischen Bildung, und hauptsächlich bezüglich des Handhabens der Waffen und des Reitens zu Pferde? – Du hast Recht, sagte er. – Sondern da wir einmal begonnen haben, zu sprechen, so müssen wir auch auf die rauhe Seite des Gesetzes geraden Weges hinlenken, indem wir Jene bitten, nicht in ihrer gewohnten Weise zu verfahren, sondern ernsthaft zu sein, und indem wir sie daran erinnern, daß die Zeit noch nicht so lange her ist, in welcher es den Hellenen, ebenso wie jetzt noch den meisten der Nicht-Hellenen, schimpflich und lächerlich schien, daß Männer nackt sich sehen lassen; und damals, als zum ersten Male mit gymnischen Uebungen die Kreter einen Anfang machten, und hernach dann die Lakedämonier, hätten ja gleichfalls die damaligen witzigen Köpfe all Solches in Komödien darstellen können; oder glaubst du nicht? – Ja, gewiß. – Hingegen nachdem, glaube ich, durch den wirklichen Gebrauch sich das Entkleiden bei all Derartigem als besser zeigte, als das Verhüllen, da entschwand dann auch das Lächerliche im Anblicke in Folge des durch Gründe ausgesprochenen Besten, und es erwies sich, daß ein hohler Kopf derjenige sei, welcher etwas Anderes, als das Schlechte, für lächerlich hält und Lachen zu erregen sucht, indem er auf irgend einen anderen Anblick des Lächerlichen, als auf den des Sinnlosen und Schlechten, sein Augenmerk richtet, oder derjenige, welcher bei ernsthafter Besprechung nach irgend einem anderen Zielpunkte als den Guten hinsieht. – Ja wohl, völlig so, sagte er. –

4. Werden wir also nicht zuerst in diesem Betreffe uns darüber verständigen, ob die Sache überhaupt möglich sei oder nicht, und müssen wir nicht die Streitfrage eröffnen, falls Jemand aus Neigung zum Scherze oder in ernstem Bestreben hierüber streiten will, ob überhaupt die menschliche Natur des Weibes zu einer Gemeinschaftlichkeit mit dem männlichen Geschlechte für sämmtliche Werkthätigkeiten befähigt sei, oder ob für keine einzige, oder ob nur für einige derselben, für andere aber nicht, und zu welchem von letzteren beiden dann das Kriegerische gehöre? Möchte nicht, wenn Jemand auf diese Weise am richtigsten den Ausgangspunkt nimmt, er auch, wie man erwarten muß, es am richtigsten an's Ende führen? – Ja, bei Weitem, sagte er. – Willst du also, sprach ich, daß wir zunächst gegen uns selbst zu Gunsten unserer Gegner streiten, damit der Standpunkt der gegnerischen Begründung nicht als ein verlassener Posten von uns belagert werde? – Es steht Nichts im Wege, sagte er. – Laß uns also zu Gunsten Jener Folgendes sagen: „Hört ihr, o Sokrates und Glaukon, es ist nicht nöthig, daß gegen euch Andere streiten; denn ihr selbst habt im Anfange bei der Gründung eures Staates, welchen ihr gründetet, zugestanden, es müsse naturgemäß jeder Einzelne Eines, und zwar das Seinige, thun. – Wir haben es zugestanden, glaube ich; warum auch nicht? – Ist es nun anders, als daß das Weib vom Manne von Natur aus sich sehr weit unterscheidet? – Warum sollte es sich nicht unterscheiden? – Nicht wahr also, auch eine verschiedene Werkthätigkeit muß gebührender Weise einem jeden von beiden vorgeschrieben werden, nemlich die naturgemäße? – Wie denn anders? – Wie also, seid ihr nicht jetzt im Irrthume und sprecht das Gegentheil gegen euch selbst, da ihr nun hinwiederum behauptet, die Männer und die Frauen sollen das Nemliche thun, während sie doch eine so sehr von einander getrennte Natur haben? – Würdest du nun, o Wunderlicher, irgend Mittel haben, dich hingegen zu vertheidigen? – Sogleich im ersten Augenblicke, sagte er, ist dieß nicht leicht; sondern ich werde dich bitten und bitte dich hiemit bereits darum, du möchtest

auch der Begründung zu unseren Gunsten, welcherlei sie sein mag, Worte leihen. – Dieß ist es, o Glaukon, sprach ich, und noch viel Anderes dergleichen, was ich schon längst voraussah und daher nicht fürchtete und Anstand nahm, das Gesetz betreffs des Besitzes und der Pflege der Frauen und Kinder zu berühren. – Nein allerdings, bei Gott, sagte er, es scheint dasselbe nicht leicht zu behandeln zu sein. – Allerdings nicht, sprach ich; aber es verhält sich wohl folgendermaßen: mag Jemand in einen kleinen Teich oder mitten in das größte Meer gefallen sein, schwimmen muß er dennoch jedenfalls. – Ja. allerdings. – Nicht wahr also, auch wir müssen schwimmen und versuchen, uns aus der Begründung zu retten, indem wir hoffen, daß uns entweder irgend ein Delphin auf seinen Rücken nehme, oder eine andere wundersame Rettung eintrete? – Ja, so scheint es, sagte er. – Wohlan denn, sprach ich; vielleicht finden wir den Ausweg. Wir haben nemlich wohl zugestanden, daß verschiedene Naturen auch Verschiedenes betreiben müssen, und daß die Natur des Weibes und jene des Mannes verschiedene seien; von diesen verschiedenen Naturen aber behaupten wir jetzt, daß sie das Nemliche betreiben sollen. Dieß ist es, worüber ihr uns anklagt. – Ja wohl, gar sehr. – Gar wacker, o Glaukon, sprach ich, ist ja wahrlich die Kraft jener Kunst, welche sich aus Rede und Gegenrede versteht. – Wie so? – Weil es mir scheint, sagte ich, daß Viele in dieselbe auch wider ihren Willen verfallen und dabei nicht etwa bloß einen Wortstreit, sondern ein begründendes Gespräch zu führen glauben, weil sie nicht fähig sind, dasjenige, was gesagt wird, in Arten einzuteilen und so die Erwägung anzustellen, sondern an dem Wortlaute des Gesagten selbst den Gegensatz verfolgen und so eines Streites, nicht aber eines Gespräches, gegenseitig sich bedienen. – Es ist allerdings, sagte er, bei Vielen dieß eine gewöhnliche Erscheinung; zielt aber dieß etwa auch auf uns im jetzigen Augenblicke ab? – Ja, durchaus wohl, erwiederte ich; es kömmt wenigstens darauf hinaus, daß wir wider unseren Willen an Rede und Gegenrede hängen bleiben. – Wie so? – Den Satz, daß Naturen, welche nicht die nemlichen sind, auch nicht die nemlichen Beschäftigungen erhalten dürfen, verfolgten wir gar tapfer und streitsüchtig dem Wortlaute nach, erwogen aber dabei nicht im Geringsten, was denn der Begriff einer verschiedenen und einer nicht verschiedenen Natur sei, und auf was hin abzielend wir damals diesen Begriff aufstellten, als wir den verschiedenen Naturen verschiedene Beschäftigungen und den nemlichen die nemlichen zutheilten. – Allerdings, sagte er, erwogen wir dieß nicht. – Demnach, sprach ich, dürfen wir wohl, wie es scheint, uns selbst fragen, ob die Natur der Kahlköpfigen und der Langhaarigen die nemliche und nicht eine entgegengesetzte sei, und falls wir etwa zugestanden hätten, daß sie eine entgegengesetzte sei, dürfen wir, wenn Kahlköpfige mit Lederbearbeitung sich beschäftigen, von den Langhaarigen dieß nicht dulden, und wenn Langhaarige, es von den Andern nicht dulden? – Lächerlich aber wäre ja dieß, sagte er. – Etwa aus einem anderen Grunde lächerlich, sagte ich, als darum, weil wir ja damals nicht schlechthin in jeder Beziehung von einer nemlichen und von einer verschiedenen Natur sprachen, sondern nur jenen Begriff des Andersseins und des Aehnlichseins bewahrten, welcher eben gerade auf die Beschäftigungen abzielt? wie z. B. vom Arzte und von dem in seiner Seele zur Arzneikunde Befähigten sagten wir allerdings, daß sie die nemliche Natur haben; oder glaubst du nicht? – Ja, gewiß. – Der zur Arzneikunde Befähigte aber und der zur Baukunde Befähigte eine verschiedene? – Ja, durchaus wohl. –

5. Nicht wahr also, sagte ich, auch bei dem Geschlechte der Männer und der Frauen werden wir, wenn sie bezüglich irgend einer Kunst oder einer anderen Beschäftigung sich als verschieden zeigen, demnach behaupten, daß man eben diese je einem der beiden zutheilen solle; wenn sie sich aber bloß dadurch von einander verschieden zeigen, daß das Weibliche gebiert und das Männliche es befruchtet, so werden wir behaupten, daß darum noch um nichts mehr bewiesen sei, daß bezüglich dessen, wovon wir hier sprechen, das Weib vom Manne verschieden sei, und wir werden noch immer der Meinung sein, daß unsere Wächter und ihre Frauen das Nemliche betreiben sollen. – Ja, und mit Recht, sagte er. – Nicht wahr also, nach diesem werden wir jenem, welcher das Gegentheil sagt, auferlegen, uns eben darüber zu belehren, bezüglich welcher Kunst oder welcher Beschäftigung unter jenen, welche die Einrichtung eines Staates betreffen, die Natur des Weibes und jene des Mannes nicht die nemliche, sondern eine verschiedene sei. – Wenigstens ist dieß gerecht. – Vielleicht jedoch könnte, wie auch du kurz vorher einmal sagtest, ebenso auch ein Anderer sagen, daß sogleich im ersten Augenblicke dieß anzugeben nicht leicht sei, nach einiger Erwägung aber gar nicht schwierig. – Ja, allerdings könnte er dieß sagen. – Willst du also, daß wir jenen, welcher uns derartig widerspricht, nun bitten, er möge uns nachfolgen, woferne etwa wir ihm nachweisen können, daß es keine dem Weibe eigenthümliche Beschäftigung bezüglich der Staatsverwaltung gebe? – Ja, allerdings. – So komm denn, werden wir zu ihm sagen, und antworte uns. Meintest du es in diesem Sinne, daß der Eine von Natur aus zu Etwas begabt sei und der Andere nicht begabt sei, insoferne Ersterer Etwas leicht lernt, Letzterer aber schwer, und insoferne Ersterer von einem kurzen Unterrichte her weithin eine Erfindungsgabe in jenem, was er lernte, besitzt, Letzterer aber nach langem

Unterrichte und Fleiße nicht einmal behalten kann, was er lernte, und insoferne Ersterem die körperlichen Verhältnisse genügend zu seiner Denkthätigkeit dienstbar sind, Letzterem aber feindselig entgegentreten? ist es etwa irgend Anderes, als dieses, wornach du den wohl Begabten und den nicht Begabten bezüglich der einzelnen Dinge von einander unterschiedst? – Keiner, sagte er, wird Anderes anführen. – Weißt du also unter den Gegenständen des menschlichen Fleißes irgend einen, in welchem nicht in all diesen Beziehungen das Geschlecht der Männer gegenüber jenem der Weiber sich hervorthue? oder sollen wir weitschweifig von der Weberkunst oder von der Thätigkeit des Backens und Kochens sprechen, worin das weibliche Geschlecht irgend eine Geltung zu haben scheint, und wo es auch am allermeisten ausgelacht würde, wenn es hierin nachstünde? – Du sprichst wahr, sagte er, daß so zu sagen in sämtlichen das Eine Geschlecht von dem anderen weit übertroffen wird; jedoch sind viele Frauen bezüglich vieler Dinge besser als viele Männer; aber im Ganzen verhält sich's so, wie du sagst. – Also, mein Freund, keine Beschäftigung derjenigen, welche einen Staat verwalten, ist Sache des Weibes darum, weil es ein Weib ist, und keine ist Sache des Mannes darum, weil es ein Mann ist, sondern gleichmäßig sind die Begabungen in den beiderlei lebenden Wesen zerstreut, und an allen Beschäftigungen hat von Natur aus das Weib Antheil, an allen aber auch der Mann, hingegen bei allen ist das Weib ein schwächeres Wesen als der Mann. – Ja, allerdings. – Werden wir also etwa den Männern alle Beschäftigungen auftragen, dem Weibe aber keine? – Und wie sollten wir auch? – Hingegen ist wohl, glaube ich, zufolge unserer Behauptung auch ein Weib von Natur aus zur Arzneikunde befähigt, ein anderes aber wieder nicht, und auch ein Weib musisch gebildet, ein anderes nicht musisch gebildet? – Warum nicht? – Und also das eine auch zur gymnischen Bildung und zum Kriege befähigt, ein anderes aber unkriegerisch und gymnisch nicht gebildet? – Ja, ich wenigstens glaube es. – Wie aber? auch weisheitsliebend und andrerseits feindlich gegen Weisheit? und auch muthig, ein anderes aber muthlos? – Ja, auch dieß sind sie. – Ist also auch das eine Weib zum Wachen befähigt, ein anderes aber nicht? oder haben wir nicht eine derartige Begabung auch für die zum Wachen befähigten Männer ausgewählt? – Ja, allerdings eine derartige. – Also ist auch die Begabung eines Mannes und eines Weibes die nemliche bezüglich der Bewachung eines Staates, nur daß die des letzteren mehr schwach als stark ist? – Ja. so zeigt sich's. –

6. Also müssen wir auch derartige Weiber für die derartigen Männer auswählen, daß sie mit diesen beisammen wohnen und gemeinschaftlich Wache halten, da sie ja hiezu hinreichend begabt und von Natur aus mit ihnen gleichen Stammes sind. – Ja, allerdings. – Müssen wir aber nicht die nemlichen Beschäftigungen den nemlichen Naturen zuweisen? – Ja, die nemlichen. – Somit also sind wir im Kreise herum wieder auf das Obige gekommen und gestehen nun zu, daß es nicht naturwidrig sei, den Frauen der Wächter musische und gymnische Bildung angedeihen zu lassen. – Ja, völlig so. – Nicht Unmögliches also und nicht Dinge, welche frommen Wünschen ähnlich sind, haben wir als gesetzliche Bestimmung aufgestellt, da wir ja naturgemäß das Gesetz aufstellten; sondern weit eher geschieht, wie es scheint, dasjenige, was jetzt im Widerspruche gegen dieß geschieht, auf naturwidrige Weise. – So scheint es. – Nicht wahr also, unsere Erwägung war die, ob wir Solches als ein Mögliches und als das Beste aussprechen können? – Ja, diese war es. – Und daß es also möglich sei, ist hiemit zugestanden? – Ja. – Daß es aber nun das Beste sei, müssen wir jetzt hernach zugestehen? – Klärlicher Weise. – Nicht wahr also, in Bezug darauf, daß ein Weib zum Wachen begabt werde, wird uns nicht etwa eine verschiedene Bildung auf die Männer und eine verschiedene auf die Weiber wirken, zumal da dieselbe ja auf die nemliche natürliche Begabung stößt? – Nein, nicht eine verschiedene. – Wie steht es nun mit deiner Ansicht betreffs des folgenden Punktes? – Betreffs welches Punktes? – Betreffs dessen, ob du bei dir selbst annimmst, daß der eine Mann besser und ein anderer schlechter sei; oder hältst du Alle für gleich? – Keineswegs. – Glaubst du also, daß in dem Staate, welchen wir gründeten, zu besseren Männern die Wächter, wenn sie die von uns durchgegangene Bildung erhalten haben, gemacht worden seien, oder etwa die Lederarbeiter, wenn sie in der Lederbearbeitung gebildet wurden? – Eine lächerliche Frage, sagte er. – Ich verstehe dich, erwiederte ich; wie aber? sind nicht auch unter allen übrigen Bürgern diese die besten? – Ja, bei weitem. – Wie aber? werden nicht auch unter den Weibern diese Weiber die besten sein? – Ja, auch dieß bei Weitem, sagte er. – Gibt es aber für einen Staat etwas besseres, als daß sowohl Männer, als auch Weiber so gut als möglich werden? – Nein, nichts Besseres. – Dieß aber bewirken die musische und die gymnische Bildung, wenn sie sich so einfinden, wie wir sie durchgingen? – Warum auch nicht? – Nicht bloß etwas Mögliches also, sondern auch das Beste für den Staat haben wir als gesetzliche Bestimmung aufgestellt? – Ja, so ist es. – Entkleiden also müssen sich die Frauen der Wächter, da sie statt der Gewänder nun Vortrefflichkeit anziehen werden, und Theil nehmen müssen sie am Kriege und an der übrigen Bewachung

des Staates, und nicht anders dürfen wir es machen; von eben diesem aber müssen wir das Leichtere eher den Frauen, als den Männern zuweisen wegen der Schwäche des Geschlechtes; ein Mann aber, welcher über nackte Frauen, die sich um des Besten willen gymnisch üben, lacht, „genießt eine unreife Frucht seiner Weisheit des Lächerlichen“, und weiß nicht, wie es scheint, worüber er lache, noch auch was er thue; denn am richtigsten sagt man doch wohl und wird auch stets sagen, daß das Nützliche schön, das Schädliche aber schimpflich sei. – Ja wohl, völlig so. –

7. Von diesem Einen Punkte also wollen wir hiemit sagen, daß wir ihm wie einer brandenden Woge betreffs des Gesetzes über die Weiber entgangen seien, so daß wir wenigstens nicht ganz überspült wurden, da wir aufstellten, es sollen uns Alles gemeinschaftlich die Wächter und die Wächterinnen betreiben, und daß hingegen die Begründung selbst mit sich selbst gewissermaßen darüber in Uebereinstimmung ist, daß sie Solches sowohl als ein Mögliches, als auch als ein Nützliches bezeichnet. – Ja wohl, sagte er, keiner kleinen brandenden Woge bist du entgangen. – Und doch ja wirst du sagen, erwiederte ich, daß es keine große sei, wenn du die hiernach zunächst kommende siehst. – Sprich, sagte er, damit ich sie sehe. – Nach diesem Gesetze nemlich, sprach ich, und nach den übrigen früheren kömmt nun, wie ich glaube, folgendes. – Welches? – Daß diese Frauen sämmtlich sämmtlichen diesen Männern gemeinsam sein sollen und keine mit irgend Einem einzeln zusammen wohne, und daß hinwiederum auch die Kinder gemeinsam sein sollen und keines der beiden Eltern ihren eigenen Sprößling kenne, noch auch ein Kind seine Eltern. – Ja, bei Weitem ärger noch als das Vorige, sagte er, ist dieses in Bezug auf Unglaublichkeit und betreffs seiner Möglichkeit und Nützlichkeit. – Doch wohl, sprach ich, betreffs der Nützlichkeit wenigstens glaube ich, es könne schwerlich streitig sein, daß es nicht das größte Gut sei, wenn die Weiber und die Kinder gemeinsam wären, woferne es so sein könnte; hingegen darüber, glaube ich, ob dieß möglich sei oder nicht, würde sich der größte Streit erheben. – Ei, doch über beides, sagte er, möchte wohl gar sehr gestritten werden. – Du meinst hiemit, erwiederte ich, eine Vereinigung beider Begründungen; ich aber glaubte, wenigstens aus der einen von beiden entrinnen zu können, daß mir nemlich, falls jenes dir ein Nützliches zu sein schiene, nur die Begründung betreffs der Möglichkeit oder Unmöglichkeit übrig bliebe. – Aber es entging uns nicht, sagte er, daß du entrinnen wollest; gib also nur über Beides Rechenschaft. – Ich muß wohl, sprach ich, die Strafe aushalten; aber wenigstens so viel sei mir zu Gefallen und gestatte mir einen Fest-Genuß, wie ja

auch diejenigen, welche in ihren Gedanken nicht sehr thätig sind, sich selbst einen Schmauß zu bereiten pflegen, wenn sie einsam ihren Weg wandeln; nemlich auch derartige Menschen lassen, noch ehe sie die Art und Weise gefunden haben, aus welche ihnen ein Gegenstand ihrer Wünsche zu Theil werden könne, diese Frage ganz bei Seite, um nemlich mit der Berathung über Möglichkeit oder Unmöglichkeit sich nicht abzumühen, und indem sie dasjenige, was sie wünschen, sofort als ein bereits Vorhandenes annehmen, ordnen sie schon alles Uebrige hübsch an und gehen mit großer Freude durch, was sie Alles, wenn jenes eingetreten ist, thun werden, wobei sie ihre ohnedieß nicht thätige Seele noch unthätiger machen. Bereits also bin auch ich nun weichlicher, und habe ein Verlangen darnach, jenes aufzuschieben und später zu erwägen, inwiefern es möglich sei; jetzt hingegen möchte ich es sofort als ein Mögliches annehmen und, wenn du es gestattest, gleich erwägen, in welcher Weise es die Herrscher als ein wirklich Geschehendes anordnen werden, und auch erwägen, daß es von Allem das Zuträglichste wäre für den Staat und für die Wächter, wenn es wirklich ausgeführt würde; dieß also werde ich versuchen, gemeinschaftlich mit dir zuerst zu erwägen, später aber jenes Andere, wenn du es so gestattest. – Aber ich gestatte es ja, sagte er; erwäge du nur. – Ich glaube demnach, sprach ich, daß, wenn die Herrscher dieses ihres Namens würdig sein werden und ebenso auch die ihnen Helfenden, dann Letztere das ihnen Aufgetragene vollziehen, Erstere aber Aufträge ertheilen werden, indem sie theils selbst den Gesetzen gehorchen, theils aber auch, wo wir es ihnen anvertrauen, selbst Gesetze in nachahmender Weise aufstellen. – Ja, so scheint es, sagte er. – Du demnach, sprach ich, wirst als ihr Gesetzgeber, sowie du die Männer auswähltest, ebenso nun auch die Weiber auswählen und jene so sehr als nur möglich solche von gleicher natürlicher Begabung zutheilen; die Männer aber werden, insoferne sie ja Wohnungen und Mahlzeiten gemeinschaftlich haben, einzeln für sich aber Keiner etwas Derartiges besitzt, mit den Frauen alle zusammen sein, und indem sie zusammen sich unter einander mengen, sowohl in den Gymnasien, als auch im übrigen Leben, werden sie wohl, glaube ich, durch eine von Natur ihnen eingepflanzte Nothwendigkeit zur geschlechtlichen Vereinigung geführt werden; oder scheine ich dir nicht etwas Nothwendiges hiemit abzusprechen? – Ja, wenigstens durch eine mathematische Nothwendigkeit, sagte er, werden sie nicht dazu geführt, wohl aber durch eine Nothwendigkeit der Liebe, bei welcher es so ziemlich darauf hinauskommt, daß sie weit dringlicher als jene ist, um die große Menge der Leute zu überreden und mit fortzuziehen. –

8. Ja wohl, gar sehr, sagte ich. Hernach aber nun, o Glaukon, ist eine unordentliche geschlechtliche Vereinigung derselben, sowie jedes andere unordentliche Thun, in einem Staate der Glücklichen weder gottgefällig, noch werden es die Herrscher zulassen. – Dieß wäre ja auch nicht Recht, sagte er. – Klar demnach ist, daß dieselben irgend Hochzeitsfeste veranstalten werden, welche in so hohem Grade, als es nur möglich ist, heilige sein sollen; heilige aber werden wohl die nützlichsten sein. – Ja, durchaus so; auf welche Weise also werden es demnach die nützlichsten Hochzeitsfeste sein? – Sage mir Folgendes, o Glaukon: Ich sehe nemlich in deinem Hause sowohl Jagdhunde, als auch gar viele edle Hähne; hast du also, bei Gott, auf die Begattung dieser und auf die Zeugung der Jungen bei denselben dein Augenmerk gerichtet? – Inwiefern denn? sagte er. – Erstens doch wohl gibt es ja auch unter diesen, obwohl sie alle edel sind, einige, welche die besten sind und als die besten zur Welt kommen? – Ja. – Läßst du also aus allen in gleicher Weise die Jungen hervorgehen, oder wünschest du, daß sie zumeist von den besten kommen? – Ja, aus den besten. – Wie aber? aus den jüngsten oder aus den schon älteren oder aus jenen, welche zumeist im schönsten Alter stehen? – Aus jenen im schönsten Alter. – Und wenn nicht auf diese Weise die Zeugung vor sich geht, so erwartest du, daß dir die ganze Race der Hunde und der Hähne weit schlechter werde? – Ja, gewiß. – Wie aber glaubst du, sagte ich, daß es mit den Pferden und den übrigen Thieren sei; oder daß es etwa anders sich verhalte? – Ungereimt ja wäre dieß, sagte er. – Weh, mein lieber Freund, sprach ich, wie sehr also bedürfen wir gar hervorragender Herrscher, wenn es auch bei der Gattung der Menschen sich ebenso verhält. – Aber es verhält sich auch wirklich so, sagte er; was soll's aber nun sein? – Daß dieselben nothwendig, erwiederte ich, gar viele Arzneimittel anwenden müssen; eben aber betreffs eines Arztes ja sind wir der Meinung, daß für Körper, welche noch keiner Arzneimittel bedürfen, sondern der bloßen Diät sich fügen, auch ein schlichterer Arzt genüge; wenn hingegen der Körper auch Arzneimittel einnehmen muß, wissen wir wohl, daß ein muthigerer Arzt erforderlich ist. – Dieß ist wahr; aber in welcher Beziehung meinst du dieß? – In folgender, sagte ich: es kömmt darauf hinaus, daß uns die Herrscher eine Menge von Unwahrheit und Täuschung zum Nutzen der Beherrschtwerdenden anwenden müssen; wir sagten ja aber doch wohl daß in Form eines Arzneimittels all Derartiges nützlich sei. – Ja, und mit Recht, sagte er. – Bei der Eingehung von Ehen demnach und bei der Kindererzeugung wird dieses Recht sicher nicht in geringem Grade eintreten. – Wie so? – Es sollen nemlich, sagte ich, in Folge des bisher Zugestandenen so oft als möglich die besten Männer den besten Frauen

beiwohnen, die schlechtesten aber den schlechtesten so selten als möglich, und die Sprößlinge der Ersteren soll man pflegen, die der Letzteren aber nicht, woferne die Heerde so ausgezeichnet als nur möglich sein soll; und nun daß dieß Alles geschieht, muß den Leuten, mit Ausnahme der Herrscher selbst, verborgen bleiben, woferne hinwiederum die Schaar der Wächter so sehr als möglich von Aufruhr frei bleiben soll. – Völlig richtig, sagte er. – Nicht wahr also, irgend Festmahle werden gesetzlich anzuordnen sein, bei welchen wir die Hochzeiter und die Hochzeiterinnen zusammenführen werden, und auch Opfer sind zu veranstalten, und Lieder müssen unsere Dichter dichten, welche für die stattfindenden Ehe-Feierlichkeiten passen; die Zahl der Ehen aber werden wir den Herrschern anheimstellen, damit sie so sehr als möglich mit Berücksichtigung von Kriegen und Krankheiten und all Derartigem stets die nemliche Anzahl der Männer bewahren, und der Staat uns nach Möglichkeit weder zu groß, noch zu klein werde. – Ja, richtig ist dieß, sagte er. – Irgend Loose demnach, glaube ich, müssen wir veranstalten, nemlich gar schlaue, so daß jener Schlechte bei jeder Paarung die Schuld dem Zufalle, nicht aber den Herrschern beimesse. – Ja wohl, gar sehr, sagte er. –

9. Und den trefflichen ja unter den jungen Männern müssen wir im Kriege oder auch anderwärts Ehren und Kampfpreise zutheilen, insbesondere aber auch eine reichlichere Befugniß zum Beischlafe mit den Frauen, damit zugleich auch in Verbindung mit einem täuschenden Vorwande die größtmögliche Anzahl von Kindern eben durch die Derartigen in die Welt gesetzt werde. – Ja, richtig ist dieß. – Nicht wahr also, auch die je entstehenden Sprößlinge wird die hiezu aufgestellte Behörde in Empfang nehmen, sei es, daß sie aus Männern, oder aus Frauen, oder aus beiden bestehe, denn gemeinschaftlich ja den Frauen und den Männern sind uns wohl die Behörden? – Ja. – Also die Sprößlinge der Guten, meine ich, werden sie nehmen und in die Krippen-Anstalt zu irgend Kinder-Wärterinnen bringen, welche abgesondert in einem Theile des Staates wohnen, die Sprößlinge der Schlechteren aber, und auch wenn von den Uebrigen ein verkrüppeltes Kind geboren wird, werden sie, wie sich's geziemt, an einem geheimen und Niemanden bekannten Orte verbergen. – Allerdings, sagte er, woferne das Geschlecht der Wächter rein erhalten werden soll. – Nicht wahr also, auch für Nahrung werden sie sorgen, indem sie die Mütter, wann dieselben von Milch strotzen, zur Krippen-Anstalt führen, wobei sie aber alle Vorsichtsmaßregeln ergreifen, damit keine ihr eigenes Kind erkenne, und indem sie andere Frauen, welche Milch haben, herbeischaffen, falls jene nicht

ausreichen sollten; und auch dafür werden sie sorgen, daß die Kinder nur eine mäßige Zeit hindurch gesäugt werden, alle Schlaflosigkeit aber und die übrige Plage werden sie auf die Ammen und Kinder-Wärterinnen hinüber wälzen. – Eine große Erleichterung des Kinderbringens, sagte er, gibst du hiemit für die Frauen der Wächter an. – Ja, es geziemt sich aber auch, erwiderte ich; aber wir wollen nun auch das zunächst Folgende, was wir wünschen, durchgehen. Nemlich wir behaupteten ja, daß die Sprößlinge aus Menschen in dem schönsten Alter hervorgehen sollen. – Ja, dieß ist wahr. – Scheint nun nicht auch dir die mittlere Zeitdauer des schönsten Alters beim Weibe zwanzig und beim Manne dreißig Jahre zu betragen? – Wie rechnest du da? sagte er. – Daß die Frau, erwiederte ich, von ihrem zwanzigsten Jahre angefangen bis zu ihrem vierzigsten für den Staat Kinder gebäre, der Mann aber, sobald die heftigste Periode des Ungestümes vorüber ist, von da an bis zum fünfundfünfzigsten Jahre für den Staat Kinder erzeuge. – Ja, allerdings, sagte er, ist für beide dieß das schönste Alter, sowohl körperlich, als auch geistig. – Nicht wahr also, mag ein Aelterer oder mag ein Jüngerer als diese sich an der gemeinsamen Zeugung betätigen, so werden wir dieses Vergehen als ein gegen göttliches und menschliches Recht verstoßendes bezeichnen, da er dem Staate ein Kind in die Welt setzt, welches, wann es unbemerkt bleibt, nicht unter jenen Opfern und Gebeten zur Welt kommt, welche jedesmal bei den Ehe-Festen die Priesterinnen und die Priester und der gesammte Staat dafür verrichten wird, daß die Nachkommen immer aus Guten noch bessere und aus Nützlichen noch Nützlichere werden, sondern ein Kind, welches im Dunkeln unter arger Unmäßigkeit geboren wird. – Ja, dieß ist richtig, sagte er. – Das nemliche Gesetz aber, sprach ich, gilt ja auch, wenn einer von denjenigen, welche zeugen dürfen, eine im gesetzlichen Alter stehende Frau berührt, ohne daß ein Herrscher sie ihm gepaart hat; wir werden nemlich sagen, daß ein Solcher ein unächtes und außer dem Verbande stehendes und ungeweihtes Kind dem Staate in die Welt setze. – Ja, völlig richtig, sagte er. – Wann aber nun die Frauen und die Männer das Alter des Zeugens schon überschritten haben, dann lassen wir ihnen volle Freiheit, den Beischlaf zu üben, mit wem sie wollen, nur die Männer nicht mit der Tochter und der Mutter und den Töchtern der Töchter, oder nach oben mit den Töchtern ihrer Mutter, und die Frauen nicht mit dem Sohne und dem Vater und den Söhnen dieser beiden, seien es die Söhne der Söhne oder die Söhne des Vaters; und nachdem wir dieß Alles deutlich vorgezeichnet, müssen wir zumeist dafür sorgen, daß diese bejahrteren Frauen, wenn sie empfangen haben, ihre Leibesfrucht ja nicht austragen, und sollte dieselbe wider ihren Willen fortbestehen, sie dann das Kind so behandeln, als gäbe es für ein derartiges keine Pflege. – Auch dieß zwar, sagte er, ist eine ziemlich mäßige Vorschrift; aber auf welche Weise werden sie denn ihre Väter und Töchter und was du da sonst noch nanntest, wechselseitig unter sich herauskennen? – In keiner Weise, erwiederte ich; sondern von dem Tage an gerechnet, an welchem Einer Hochzeiter geworden war, wird er alle Kinder, welche zwischen dem siebenten und zehnten Monate nach jenem Tage zur Welt kommen, wenn sie männlich sind, seine Söhne, und wenn weiblich, seine Töchter nennen, und sämmtliche jene Kinder ihn Vater nennen; und in der nemlichen Weise denn auch wird er die Nachkommen dieser seine Enkel, und diese hinwiederum einen Solchen ihren Großvater oder eine Solche ihre Großmutter nennen; alle jene Kinder aber, welche um jenen Termin nach jener Zeit zur Welt kommen, in welcher ihre Mütter und Väter sich paarten, werden sich Brüder und Schwestern nennen, so daß sie, wie wir so eben sagten, sich gegenseitig nicht geschlechtlich berühren; wohl aber wird den Brüdern und Schwestern das Gesetz den Beischlaf gestatten, wenn das Loos es so fügt und der Ausspruch der Pythia es bestätigt. – Völlig richtig, sagte er. –

10. Die Gemeinschaftlichkeit demnach der Weiber und der Kinder, o Glaukon, wäre dir für die Wächter des Staates hiemit diese und eine derartige; daß sie aber sowohl im Zusammenhange mit der übrigen Staatsverfassung, als auch bei Weitem das beste sei, müssen wir uns nun hernach durch unsere Begründung bekräftigen lassen; oder wie wollen wir es anders machen? – Eben so, bei Gott, sagte er. – Wäre also nun nicht etwa Folgendes der Ausgangspunkt unserer Verständigung, daß wir zunächst uns selbst fragen, was wir wohl als jenes größte Gut bezüglich der Einrichtung eines Staates bezeichnen können, wornach der Gesetzgeber hinzielen und sodann die Gesetze aufstellen muß, und was wohl das größte Uebel sei, und daß wir hierauf erwägen, ob, was wir so eben durchgingen, uns in die Spur des Guten passe, in jene des Uebels aber nicht passe? – Ja, am allermeisten so, sagte er. – Können wir also irgend ein größeres Uebel für einen Staat nennen, als dasjenige, was ihn zerreißt und aus einem Einen zu einem vielheitlichen macht, oder ein größeres Gut, als dasjenige, was ihn zusammenbindet und zu einem Einen macht? – Nein, wir können nicht. – Nicht wahr also, die Gemeinschaftlichkeit von Vergnügen und Schmerz wirkt zusammenbindend, wann nemlich in möglichst hohem Grade sämmtliche Bürger beim Eintritte und beim Verschwinden der nemlichen Dinge in der nemlichen Weise Freude und Schmerz empfinden? – Ja wohl, völlig so. – Die Vereinzelung aber in dieser Beziehung wirkt auflösend, wenn nemlich bei Ein

und denselben Vorkommnissen des Staates und der Staatsbürger die Einen voll Schmerz und die Anderen voll Freude sind. – Wie sollte es auch nicht so sein? – Entsteht also ein derartiger Zustand etwa nicht daraus, wenn im Staate die Worte „Mein“ und „Nicht mein“ nicht wie aus Einem Munde ertönen, und ebenso auch betreffs des Wortes „Freund“. – Ja wohl, gar sehr. – Ein Staat demnach, in welchem bei den nemlichen Dingen die Meisten in der nemlichen Weise die Worte „Mein“ und „Nicht mein“ aussprechen, wird wohl am trefflichsten verwaltet? – Ja, bei Weitem. – Und demnach auch jener Staat, welcher einem Einzeln-Menschen am nächsten kömmt, gerade wie, wenn Einem unter uns der Finger verwundet wurde, dann jene gesammte im Körper zur Seele hin ausgespannte Gemeinschaft bis zur einheitlichen Anordnung des Herrschenden hinauf es empfindet und als ganze sämmtlich den Schmerz zugleich mitfühlt, sobald irgend ein Theil leidend ist, so daß wir dann in diesem Sinne auch sagen „der Mensch fühlt Schmerz am Finger“; und auch betreffs eines jedweden anderen Theiles des Menschen gilt das Nemliche, mag ein Theil schmerzhaft leidend sein, oder vergnüglich Erleichterung fühlen. – Ja wohl, das Nemliche, sagte er; und auch, um was du fragst, ist so; nemlich Solchem zunächst steht wirklich ein Staat, welcher am trefflichsten verwaltet wird. – Wenn also, glaube ich, Einem der Bürger irgend Etwas, sei es ein Gut oder ein Uebel, widerfährt, so wird der derartige Staat am meisten sagen, daß jener, dem es widerfahren, ihm angehöre, und er wird als gesammter mit ihm sich freuen oder mit ihm trauern. – Ja, nothwendig ist es, sagte er, daß wenigstens der wohlgesetzliche Staat es so mache. –

11. Zeit also möchte es nun wohl sein, sprach ich, wieder zu unserem Staate zurückzukehren und diese Zugeständnisse der Begründung in ihm selbst zu erwägen, ob er sie im höchsten oder irgend ein Anderer in höherem Grade besitze. – Allerdings müssen wir dieß, sagte er. – Wie nun also? es gibt doch gewiß sowohl in den anderen Staaten, als auch in dem unsrigen Herrschende und Volk? – Ja. – Als Bürger werden sich demnach diese sämmtlich gegenseitig einander bezeichnen? – Warum auch nicht? – Wie aber nennt außer dieser gemeinschaftlichen Bezeichnung als Bürger in den anderen Staaten das Volk die Herrschenden? – In den meisten nennt es sie Gebieter, in den demokratischen aber eben mit diesem Namen, nemlich Herrschende. – Was aber wird in unserem Staate das Volk thun? wie wird es außer der Bezeichnung als Bürger da die Herrschenden nennen? – Retter und Helfer, sagte er. – Wie aber werden diese das Volk nennen? – Lohngeber und Ernährer. – Wie aber nennen in den übrigen

Staaten die Herrschenden das Volk? – Sklaven. – Wie aber nennen sich dort die Herrschenden gegenseitig? – Mitherrscher. – Wie aber die unsrigen sich? – Mitwächter. – Kannst du nun angeben, ob unter den Herrschenden in den anderen Staaten irgend Einer den Einen von seinen Mitherrschern als einen Verwandten und einen Anderen als einen Fremden bezeichnet? – Ja, von Vielen kann ich dieß. – Nicht wahr also, den Verwandten wird er als einen ihm Angehörigen ansehen und bezeichnen, den Fremden aber als einen ihm nicht Angehörigen? – Ja, so ist es. – Was aber werden deine Wächter thun? könnte irgend Einer unter ihnen einen von seinen Mitwächtern als einen Fremden ansehen oder bezeichnen? – In keinerlei Weise, sagte er; denn bei jedem Menschen, welchen er trifft, wird er glauben, daß er in ihm einen Bruder oder eine Schwester oder einen Vater oder eine Mutter oder einen Sohn oder eine Tochter oder Abkömmlinge oder Vorfahren von Solchen treffe. – Vortrefflich, sagte ich, sprichst du da; aber sage mir auch noch Folgendes: wirst du ihnen bloß diese Namen der Verwandtest gesetzlich feststellen, oder auch, daß sie alle Handlungen diesen Namen gemäß verüben, so gegen die Väter Alles, was gegen dieselben gesetzlich ist, betreffs der Scheu und der sorgsamen Pflege und der Pflicht des Gehorsams gegen die Eltern, da außerdem es ihm weder seitens der Götter, noch seitens der Menschen wohlergehen wird, da er ja, wenn er hiegegen handelt, weder nach göttlichem, noch nach menschlichem Rechte handelt; – werden also derartige Klänge oder etwa andere aus dem Munde aller Bürger sogleich um die Ohren der Kinder ertönen, sowohl betreffs der Väter, welche man ihnen nemlich als Väter bezeichnet, als auch betreffs der übrigen Verwandten? – Gewiß diese Klänge, sagte er; denn es wäre ja lächerlich, wenn sie ohne die Werkthätigkeit die bloßen Namen der Verwandtschaft im Munde führen würden. – Unter allen Staaten also werden sie in dem unsrigen am meisten im Einklange, wenn irgend Einer gut oder schlecht steht, jenes eben von uns erwähnte Wort aussprechen, nemlich: „das Meinige steht gut“ oder „das Meinige steht schlecht“. – Ja, völlig wahr, sagte er. – Nicht wahr also, im Gefolge dieser Ansicht und dieser Ausdruckweise sagten wir ja, sei auch die Gemeinsamkeit der Vergnügungen und der Schmerzen? – Ja, und mit Recht sagten wir so. – Nicht wahr also, im höchsten Grade werden unsere Bürger an demjenigen als Ein und demselben gemeinschaftlich Theil nehmen, was sie mit dem Worte „Mein“ bezeichnen? wenn sie aber an diesem gemeinschaftlich Theil nehmen, so werden sie auf diese Weise demnach auch im höchsten Grade eine Gemeinschaft des Vergnügens und des Schmerzes haben? – Ja, bei Weitem. – Ist also nun hievon neben der übrigen Einrichtung die Gemeinschaftlichkeit der

Weiber und Kinder für die Wächter die eigentliche Ursache? – Ja, bei Weitem im höchsten Grade, sagte er. –

12. Nun aber haben wir ja zugestanden, daß dieß das größte Gut für einen Staat sei, indem wir einen wohl eingerichteten Staat damit verglichen, wie sich ein Körper zu einem seiner Theile bezüglich des Schmerzes oder des Vergnügens verhält. – Ja, und mit Recht haben wir dieß zugestanden, sagte er. – Also als Ursache des größten Gutes für einen Staat hat sich uns die für die Helfer bestehende Gemeinschaftlichkeit der Weiber und Kinder gezeigt. – Ja wohl, gar sehr, sagte er. – Und nun stimmen wir ja auch mit Obigem überein; wir sagten nemlich schon einmal, daß sie einzeln für sich weder Wohnungen, noch Ländereien, noch irgend einen Besitz haben, sondern ihre Nahrung, welche sie von den Uebrigen als Lohn für die Bewachung empfangen, Alle gemeinschaftlich verzehren müssen, woferne sie wirklich Wächter sein sollen. – Ja, dieß ist richtig, sagte er. – Macht sie also nun nicht, wie ich eben sage, sowohl jenes früher Erwähnte, als auch das so eben Angegebene noch in höherem Grade zu wahren Wächtern, und hat dieß zusammen nicht die Wirkung, daß sie den Staat nicht dadurch zerreißen, indem sie das Wort „Mein“ nicht bei dem Nemlichen, sondern jeder bei einem Verschiedenen gebrauchen, und der Eine in sein Einzeln-Haus zusammenraffen würde, was er getrennt von den Uebrigen besitzen zu können vermeint, und ein Anderer wieder ebenso in das seinige als ein verschiedenes Haus, und in gleicher Weise auch ihre Frauen und Kinder als verschiedene, wobei sie jedoch für sich einzelne Vergnügungen und Schmerzen über je Einzelnes hervorrufen würden, sondern im Gegentheil, daß sie in Einer Ansicht betreffs des ihnen Angehörigen Alle zu dem Nemlichen hinstreben und so nach Kräften im gleichen Zustande bezüglich des Schmerzes und der Trauer sich befinden? – Ja wohl, gar sehr, sagte er. – Wie aber? Prozesse und gegenseitige Anklagen werden bei ihnen wohl so zu sagen gar nicht vorkommen, da sie ja Nichts ihnen einzeln Eigenes außer ihrem Körper besitzen, alles übrige aber gemeinsam ist? daher denn nun es ihnen zukömmt, daß sie ohne Zwiespalt leben, so weit wenigstens wegen des Besitzes des Geldes oder der Kinder und Verwandten die Menschen in Zwiespalt kommen. – Ja, durchaus nothwendig ist es, sagte er, daß sie hievon frei sind. – Und nun möchten wohl auch mit Recht keine Prozesse wegen Gewaltthätigkeit oder Beschimpfung bei ihnen sich finden; denn wir werden es ja doch wohl als etwas Schönes und Gerechtes bezeichnen, daß der Altersgenosse dem Altersgenossen beistehe, zumal da ja wir die Pflege körperlicher Uebung mit Nothwendigkeit gebieten. – Ja, dieß ist

richtig, sagte er. – Es hat nemlich, sprach ich, dieses Gesetz auch folgendes Richtige in sich: falls nemlich auch Jemand auf einen Anderen erzürnt ist, so wird er, wenn er innerhalb der derartigen Gränze seinem Zorne Genüge thut, wohl weit weniger zu größerer Entzweiung fortschreiten. – Ja, allerdings. – Einem Aelteren wenigstens wird es ja ohnedieß übertragen sein, über alle Jüngeren zu herrschen und sie zu bestrafen. – Dieß ist klar. – Und nun ja auch darum, weil ein Jüngerer einen Aelteren, woferne es nicht die Herrscher gebieten, wohl, wie zu erwarten ist, weder in anderer Weise gewaltthätig zu behandeln, noch auch ihn zu schlagen versuchen wird; er wird ihn aber, glaube ich, auch in keinerlei anderer Weise unehrenhaft behandeln; denn um dieß zu hindern, genügen jene zwei Wächter, nemlich die Scheu und die Furcht, und zwar die Scheu, welche ihn abhält, an seinen Erzeugern sich zu vergreifen, die Furcht aber, es möchten dem Beleidigten die Uebrigen, seien es Söhne oder Brüder oder Väter, zu Hülfe kommen. – Ja, so ergibt es sich, sagte er. – In allen Beziehungen demnach werden in Folge dieser Gesetze die Männer gegenseitig Frieden halten? – Ja, einen tiefen Frieden. – Und wenn nun diese innerhalb ihrer selbst keinen Zwiespalt erheben, ist wohl nicht zu fürchten, daß der übrige Theil des Staates gegen sie oder unter sich Feindschaft üben werde. – Nein, allerdings nicht. – Jene kleinlichsten Uebel aber, von welchen sie hiemit auch befreit sein dürften, aufzuzählen, nehme ich Anstand wegen ihrer Ungeziemendheit, nemlich Schmeicheleien gegen die Reichen seitens der Armen, und jene Verlegenheiten und Betrübnisse, welche ihnen bei der Ernährung ihrer Kinder und bei geschäftlichem Verkehre wegen der Nothwendigkeit, Sklaven zu halten, auferlegt sind, da sie Geld theils borgen, theils geborgtes ableugnen, theils auch, wenn sie sich auf jede Weise Geld verschafft, es dann bei ihren Weibern und Sklaven zur Verwaltung hinterlegen, und überhaupt, mein Freund, wie Vieles und Mancherlei sie in diesem Betreffe zu dulden haben, ist sowohl an sich klar, als auch sind dieß unedle Dinge und nicht des Redens werth. – Sie sind ja, sagte er, auch einem Blinden klar. –

13. Von all diesem demnach werden sie frei sein und ein Leben suchen, welches seliger ist, als das selig gepriesene Leben der Sieger in den olympischen Wettkämpfen. – Wie so? – Wegen eines kleinen Theiles ja nur von Demjenigen, was unseren Wächtern zukömmt, werden jene Sieger glücklich gepriesen; denn sowohl der Sieg der Unsrigen ist ein schönerer, als auch der auf Staatskosten ihnen zu Theil werdende Unterhalt ein vollkommenerer; nemlich der Sieg, welchen sie feiern, ist die Bewahrung des gesammten Staates, mit Nahrung aber und Allem, dessen das Leben bedarf, werden sowohl sie, als auch ihre Kinder

geschmückt, und Ehrengaben erhalten sie von ihrem Staate sowohl bei Lebzeiten, als auch wird ihnen nach ihrem Tode eine würdige Bestattung zu Theil. – Ja wohl, sagte er, herrliche Ehrengaben. – Erinnerst du dich also, sprach ich, wie im Obigen einmal, ich weiß nicht, von wem, der Tadel gegen uns ausgesprochen wurde, daß wir unsere Wächter durchaus nicht zu Glücklichen machen, da ihnen ja der Besitz aller Güter der Bürger zu Gebot stehen könnte und sie doch Nichts besäßen, und wie dann wir ungefähr erwiederten, wir würden diesen Punkt, sobald er uns in den Weg käme, später einmal erwägen, für jetzt aber einmal die Wächter zu Wächtern machen, und den Staat zu einem möglichst glücklichen, nicht aber würden wir im Hinblicke bloß auf Eine Klasse in ihm diese allein als eine glückliche gestalten? – Ja, ich erinnere mich, sagte er. – Wie also nun? Jetzt wird uns hiemit das Leben unserer Helfer, welches ja weit herrlicher und besser uns erscheint, als jenes der olympischen Sieger, doch wohl nicht nach dem Maßstabe des Lebens der Lederarbeiter oder anderer Handwerker, oder der Landbebauer zu bestehen scheinen? – Nein, mir wahrlich nicht, sagte er. – Aber dennoch ja müssen wir, was ich auch damals schon sagte, hier mit Recht gleichfalls erwähnen, daß, wenn der Wächter in solcher Weise glücklich zu werden versucht, daß er gar nicht einmal mehr ein Wächter ist, und ihm jenes mäßige und sichere und, wie wir sagen, beste Leben nicht mehr genügt, sondern ihn eine unverständige und knabenhafte Vorstellung betreffs des Glücksstandes befällt und dazu antreibt, nach allen Kräften Sämmtliches im Staate zu seinem Eigenthume machen zu wollen, er wohl zur Einsicht kommen muß, daß Hesiodos wirklich ein weiser Mann war, als er sagte.

„Mehr, als das Ganze, ist die Hälfte“. –

Allerdings, sagte er, wenn er mich zum Rathgeber nimmt, wird er innerhalb dieser Lebensweise verbleiben. – Du gestehst also, sprach ich, jene Gemeinschaftlichkeit der Weiber mit den Männern zu, welche wir betreffs der Bildung und der Kinder und der Bewachung der übrigen Bürger durchgegangen haben? daß sie nemlich, mögen sie in der Stadt bleiben oder in den Krieg ausziehen, gemeinsam Wache halten und gemeinsam jagen sollen wie Hündinnen, und daß sie in Allem und in jeder Beziehung mit den Männern, so sehr es möglich ist, Gemeinschaftlichkeit haben, und daß, wenn sie so handeln, sie sowohl am besten handeln, als auch daß dieß nicht wider die Natur des Weiblichen im Vergleiche mit dem Männlichen sei, insoferne sie von Natur aus dazu bestimmt sind, gegenseitig Gemeinschaftlichkeit zu haben? – Ich gestehe es zu, sagte er. –

14. Nicht wahr also, sagte ich, jenes ist noch zu erörtern übrig, ob es also auch unter Menschen ebenso, wie bei den übrigen Thieren, möglich sei, daß diese Gemeinschaftlichkeit entstehe, und in welcher Weise es möglich sei. – Du kamst mir, sagte er, damit zuvor, daß du aussprachst, was ich so eben mir zu denken im Begriffe war. – Was nemlich, erwiederte ich, hiebei die Verhältnisse im Kriege betrifft, so ist, glaube ich, klar, in welcher Weise sie Krieg führen werden. – Wie nemlich? sagte er. – Daß sie gemeinschaftlich in's Feld ziehen, und auch von den Kindern jene, welche schon körperlich ausgewachsen sind, in den Krieg mit sich nehmen werden, damit sie, wie die Kinder der übrigen Werkmeister, bei demjenigen zuschauen, was sie dereinst nach ihrer vollständigen Reife selbst in's Werk setzen müssen; außer dem Zuschauen aber sollen sie in allen Dingen bezüglich des Krieges behülflich und dienstbar sein und ihre Väter und Mütter pflegen; oder hast du nicht bezüglich der übrigen Künste, z. B. bei den Kindern der Töpfer, bemerkt, wie lange Zeit hindurch sie bloß behülflich sind und zuschauen, bis sie erst selbst an die Uebung der Töpferkunst sich machen? – Ja wohl, gar sehr. – Müssen also etwa jene eifriger ihre Kinder heranbilden, als die Wärter die ihrigen in Erfahrung und Anschauung des ihnen Zustehenden? – Dieß wäre ja lächerlich, sagte er. – Nun aber kämpft ja auch jedes Thier ganz ausnehmend, wenn jene zugegen sind, welchen sie selbst das Leben gegeben haben. – Ja, so ist es wohl; aber, o Sokrates, es ist ja hiebei keine kleine Gefahr für den Fall einer Schlappe, wie Solches im Kriege vorzukommen pflegt, daß sie dann außer sich selbst auch noch ihre Kinder dem Untergange weihen und hiedurch es unmöglich machen, daß auch der übrige Staat sich wieder erhole. – Du sprichst wahr, sagte ich; aber erstens, glaubst du denn, man müsse es so einrichten, daß gar keine Gefahr bestehe? – Keineswegs. – Wie aber? wenn man denn doch Gefahren sich aussetzen muß, sollen es nicht solche sein, bei welchen ein glücklicher Erfolg die Leute besser macht? – Ja, dieß ist klar. – Glaubst du aber, daß es etwa einen kleinen Unterschied mache und der Gefahr sich nicht lohne, ob bei den Dingen im Kriege die Kinder, welche dereinst kriegerische Männer werden sollen, zuschauen oder nicht? – Nein, sondern es macht bezüglich dessen, was du sagst, allerdings einen Unterschied. – Dieß also muß stattfanden, daß wir die Kinder zu Zuschauern machen; aber Anstalten zu ihrer Sicherheit müssen wir treffen, und es wird dann wohl sich richtig verhalten; oder etwa nicht? – Ja. – Nicht wahr also, sagte er, es werden erstens ihre Väter, so weit es bei Menschen möglich ist, nicht unkundig sein, sondern es zu unterscheiden vermögen, welche Feldzüge gefahrdrohend seien und welche nicht? – So scheint es, sagte er. – In die einen also werden sie dieselben mit sich nehmen, in die

anderen aber nicht? – Ja, mit Recht. – Und dann werden sie ja, sagte ich, als Herrschende über sie nicht die Schlechtesten aufstellen, sondern diejenigen, welche durch Erfahrung und Alter tauglich sind, Anführer und Begleiter der Knaben zu sein. – Ja, so ziemt sich's. – Aber gar Vieles ja, werden wir hinwiederum sagen, ist schon Vielen wider alles Erwarten zugestoßen. – Ja wohl, gar sehr. – Im Hinblicke auf Derartiges demnach, mein Freund, müssen wir die Kinder von vorneherein beflügeln, damit sie, wenn es nöthig ist, auf und davon fliegen. – Wie meinst du dieß? sagte er. – Auf Pferde, sprach ich, müssen wir sie schon in ihrer frühesten Jugend setzen, und nachdem sie reiten gelernt, sie zu Pferde zum Zuschauen mitnehmen, und zwar nicht auf muthigen und für Schlachten tauglichen Pferden, sondern auf den behendesten und lenksamsten; so nemlich werden sie sowohl am besten bei ihrer künftigen Werkthätigkeit zuschauen, als auch nöthigen Falls am sichersten sich mit ihren älteren Anführern, diesen folgend, reiten. – Du scheinst mir Recht zu haben. –

Wie aber nun, sagte ich, steht es mit den Dingen im Kriege? Wie müssen sich dir die Krieger sowohl gegenseitig unter sich, als auch gegen die Feinde verhalten? Zeigt sich mir etwa Folgendes richtig oder nicht? – Sprich, sagte er, was du hiemit meinest. – Soll man unter ihnen, erwiederte ich, denjenigen, welcher die Schlachtreihe verläßt, oder die Waffen von sich wirft, oder etwas Derartiges thut, wegen seiner Feigheit nicht sofort unter die Handwerker oder Landbebauer einreihen? – Ja, allerdings. – Jenen aber, welcher lebend als Gefangener zu den Feinden kommt, müssen wir ihn nicht als ein Geschenk jedem überlassen, der dann mit dieser Beute eben anfängt, was er will? – Ja wohl, gar sehr. – Jener aber, welcher sich auszeichnete und Ruhm erlangte, soll dieser nicht erstens schon während des Feldzuges von allen mitziehenden Jünglingen und Knaben der Reihe nach von jedem Einzelnen bekränzt werden, oder etwa nicht? – Ja, gewiß. – Wie aber? auch ihm die Hände gedrückt werden? – Ja, auch dieß. – Aber erst Folgendes, glaube ich; scheint es dir nicht auch? – Was meinst du? – Daß er jeden Einzelnen lieben und von ihm geliebt werden dürfe. – Ja, dieß wohl von Allem am meisten, sagte er; und ich füge diesem Gesetze auch noch hinzu, daß, so lange sie auf diesem Feldzuge sich befinden, es Keinem erlaubt sei, sich loszusagen, woferne jener ihn lieben will, damit, mag Jemand ein männliches oder ein weibliches Wesen lieben, er hiedurch um so eifriger sei, sich um den Kampfpreis zu bewerben. – Recht so, sagte ich; denn daß ja für den Tüchtigen mehrere Ehefeste als für die Uebrigen bereit sind und diesen im Vergleiche mit den Uebrigen öfter die Wahl treffen wird, damit so Viele als möglich aus einem Solchen erzeugt werden, haben wir bereits angegeben. – Ja, allerdings, sagte er, haben wir es angegeben. –

15. Aber ja auch dem Homeros zufolge muß man mit Derartigem die Tüchtigen unter den jungen Leuten ehren – denn auch Homeros sagt, daß der im Kriege sich auszeichnende Ajas „mit langgestreckten Rückenstücken eines Rinderbratens erfreut worden sei", als wäre eine derartige Ehrenbezeugung dem jugendlich kräftigen und tapferen Manne völlig passend, durch welche er zugleich mit dem Empfang der Ehre auch seine Körperkraft erhöhe. – Völlig richtig, sagte er. – Wir werden also, sprach ich, dieß dem Homeros glauben; denn auch wir werden bei Opfern und all Derartigem die Tüchtigen, insoweit sie sich uns als Tüchtige zeigen, sowohl durch Lieder, als auch durch Dinge, wie wir so eben erwähnten, ehren, und außerdem „durch Vorsitz und Fleisch und vollere Becher", damit wir zugleich mit der Ehrenbezeugung auch eine Hebung der tüchtigen Männer und Frauen verbinden. – Vortrefflich, sagte er, ist, was du da sprichst. – Weiter; was nun die auf dem Feldzuge Gestorbenen betrifft, werden wir da nicht von demjenigen, welcher mit Ruhm sein Leben geendet, zunächst schon sagen, daß er zu dem goldenen Menschen-Geschlechte gehöre? – Ja gewiß, von Allen am meisten. – Werden wir aber nicht auch da dem Hesiodos glauben, daß, wenn Menschen von dem derartigen Geschlechte gestorben sind, dann wohl

> „sie als heilige Dämonen oben auf der Erde wandeln,
> als Wackere, als Unglücks-Abwehrer, als Wächter der redekundigen Menschen" –

Ja, wir werden es ihm glauben. – Nachforschen also werden wir bei dem Gotte, in welcher Weise und nach welchen Unterschieden man mit den dämonischen und göttlichen Menschen verfahren solle, und hiernach werden wir auch in dieser Weise verfahren, wie jener es erklärt. – Warum sollten wir auch nicht? – Und auch in Zukunft werden wir die Grabstätten derselben, wie jene von Dämonen, verehren und anbeten; und eben dieß Nemliche werden wir für gesetzlich halten, wenn im Greisenalter oder auf irgend andere Weise Einer von denjenigen stirbt, welche im Leben in hervorragender Weise als Tüchtige sich bewährten. – Ja, wenigstens gerecht ist dieß, sagte er. –

Wie nun weiter? Wie werden unsere Krieger gegen die Feinde handeln? – Was meinst du hiemit? – Erstens wohl, was die Sklaverei betrifft, scheint es da gerecht, daß Hellenen hellenische Staaten zu Sklaven machen, oder vielmehr, daß man es nicht anders gestattet und an nichts Anderes sie gewöhnt, als daß sie das eigene hellenische Geschlecht schonen, indem sie vor der Knechtung durch Nicht-Hellenen sich hüten? – Ja, für das Gesammte und in jeder Beziehung, sagte er, macht es einen Unterschied, daß man sie schone. – Also soll man auch sowohl selbst keinen Hellenen als Sklaven besitzen, als auch den übrigen Hellenen eben diesen Rath ertheilen? – Ja, allerdings, sagte er; weit eher ja möchten sie sich in solcher Weise gegen die Nicht-Hellenen kehren, von sich selbst aber unter sich Solches fernhalten. – Wie nun weiter? die Gestorbenen zu plündern, außer etwa, wenn sie gesiegt haben, ihnen die Waffen abzunehmen, ist dieß etwa schön? oder bietet dieß nicht selbst den Feigen einen Vorwand dar, nicht gegen den kämpfenden Feind vorrücken zu müssen, gerade als thäten sie schon ihre Schuldigkeit, wenn sie über Leichen sich hinbeugen; und sind nicht auch schon ganze Heere über eine solche Plünderung zu Grunde gegangen? – Ja wohl, gar sehr. – Scheint es aber nicht auch etwas Sklavisches und Geldgieriges, einen Leichnam zu berauben, und Sache einer weibischen und kleinlichen Gesinnung, für das Feindliche den Leib des Gestorbenen zu halten, wenn der Feind bereits aus demselben entflogen, nur aber dasjenige übrig geblieben ist, vermittelst dessen er als Feind kämpfte? oder glaubst du, daß, wer dieses thut, etwas Anderes verübe, als die Hunde, welche mit den Steinen, vermittelst deren sie getroffen wurden, sich herumzerren, jenen aber, welcher geworfen hat, nicht berühren? – Durchaus nichts Anderes, sagte er. – Bei Seite lassen also müssen wir jede Leichen-Plünderung und all jene Verhinderung der Bestattung? – Ja wohl, bei Gott, sagte er, bei Seite lassen müssen wir sie.

16. Und also werden wir wohl auch nicht in Tempel unsere Waffen bringen, um sie dort als Weihgeschenke aufzuhängen, zumal nicht in Tempel der Hellenen, woferne uns an dem Wohlwollen gegen die übrigen Hellenen Etwas liegt, sondern wir werden weit eher fürchten, es möchte eine Entweihung sein, in einen Tempel Derartiges seitens der eigenen Angehörigen zu bringen, falls nicht etwa der Gott es anders befiehlt. – Völlig richtig, sagte er. – Wie nun weiter? was die Verheerung hellenischen Landes und das Niederbrennen der Häuser betrifft, wie werden es damit deine Krieger gegen die Feinde halten? – Ich möchte gerne hören, sagte er, daß du deine Meinung hierüber aussprechest. – Mir demnach, sprach ich, scheint es, daß sie keines dieser beiden thun werden, sondern nur die eben stehende einjährige Aerndte wegnehmen werden; und warum so, willst du, daß ich es dir sage? – Ja, allerdings. – Es zeigt sich mir nemlich, daß, sowie dieß auch zwei Worte sind, nemlich „Krieg“ und

„Zwiespalt", so es auch zwei Dinge seien, welche auf irgend zwei verschiedenen Verhältnissen beruhen; unter diesen zweien aber meine ich einerseits das Angehörige und Verwandte, und andrerseits das Fremde und Ausländische; bei der Feindschaft nun zwischen Angehörigen heißt man es Zwiespalt, bei jener aber gegen Fremdes Krieg. – Und wirklich, es ist nicht unpassend, sagte er, was du da sprichst. – Sieh demnach zu, ob auch Folgendes passend sei, was ich sage: ich behaupte nemlich, das Geschlecht der Hellenen sei in Bezug auf sich selbst ein Angehöriges und Verwandtes, in Bezug auf das Nicht-Hellenische aber ein Ausländisches und Fremdes. – Ja, und mit Recht, sagte er. – Also wenn Hellenen gegen Nicht-Hellenen und Nicht-Hellenen gegen Hellenen kämpfen, werden wir sagen, daß sie Krieg führen und von Natur aus kriegerische Feinde seien, und wir müssen diese Feindschaft einen Krieg nennen; hingegen wenn Hellenen gegen Hellenen Derartiges thun, werden wir sagen, daß sie zwar von Natur aus Freunde seien, aber hiebei Hellas krank und in einem Zwiespalte sei, und die derartige Feindschaft müssen wir Zwiespalt nennen. – Ich gestehe zu, sagte er, daß man es so für das Richtige halten müsse. – Erwäge demnach, sprach ich, daß bei demjenigen, was wir jetzt zugestandener Weise einen Zwiespalt nennen, falls nemlich etwas Derartiges eintritt und ein Staat in einem Zwiespalte sich befindet, bei einer von beiden Seiten gegen beide geübten Verheerung der Ländereien und Verbrennung der Häuser, der Zwiespalt wohl ein frevelhafter und keine der beiden Parteien eine Liebe zum Staate zu besitzen scheinen wird; denn sonst würden sie es ja nicht über sich gewinnen, die Ernährerin und Mutter zu mißhandeln; sondern daß es seitens der Siegenden noch mäßig sei, wenn sie den Besiegten die Aernte wegnehmen und über die Sache so denken, als würden sie gegenseitig sich wieder versöhnen und nicht immerwährend Krieg führen. – Ja, bei weitem sanfter, sagte er, ist eine solche Denkungsweise, als jene. – Wie aber nun? wird der Staat, welchen du gründest, nicht ein hellenischer sein? – Ja, er soll wenigstens, sagte er. – Nicht wahr also, auch Tüchtige und Sanfte werden deine Bürger sein? – Ja, in hohem Grade. – Werden sie aber nicht auch Hellenenfreunde sein, und werden sie nicht Hellas für ein ihnen Angehöriges halten, und werden sie nicht auch an den nemlichen heiligen Dingen Theil nehmen, wie alle übrigen Hellenen? – Ja, auch dieß in hohem Grade. – Nicht wahr also, eine Entzweiung gegen Hellenen als gegen Angehörige werden sie nur für einen Zwiespalt halten und nicht als Krieg bezeichnen? – Nein, allerdings nicht. – Und sie werden sich also in einer Weise entzweien, als würden sie sich wieder einmal versöhnen. – Ja, allerdings. – In milder Gesinnung demnach werden sie dieselben wohlmeinend bestrafen, nicht aber sie züchtigen, um sie zu knechten oder zu verderben, und werden eher ihre wohlmeinenden Bestrafer, nicht aber kriegerische Feinde sein. – Ja, so ist es, sagte er. – Hellenen also werden kein hellenisches Land verwüsten und nicht die Wohnungen niederbrennen, und auch gar nicht zugestehen, daß in jedem einzelnen Staate Sämmtliche ihnen feindselig seien, sowohl Männer, als Frauen, als Kinder, sondern daß immer nur Wenige die Feindseligen seien, nemlich die Urheber der Entzweiung; und aus all diesen Gründen werden sie weder das Land jener verwüsten, noch die Häuser zerstören wollen, da ja die Mehrzahl ihnen Freund ist, sondern nur so weit werden sie die Entzweiung ausdehnen, bis die Schuldigen von den bedrängten Unschuldigen gezwungen werden, ihre Strafe zu büßen. – Ich gestehe zu, sagte er, daß auf eben diese Weise unsere Bürger mit ihren Gegnern in Berührung treten sollen, mit den Nicht-Hellenen aber in jener Weise, welche jetzt unter den Hellenen gegenseitig die übliche ist. – Wollen wir demnach auch dieses Gesetz aufstellen, daß unsere Wächter weder das Land verheeren, noch die Häuser niederbrennen sollen? – Ja, wir wollen es aufstellen, sagte er, und auch sagen, daß sowohl Dieses, als auch das frühere sich gut verhalte.

17. Aber es scheint mir, o Sokrates, daß, wenn man dir gestattet, Derartiges zu sprechen, du niemals mehr dich an jenes erinnern wirst, was du im Obigen einmal bei Seite geschoben hast. um all das Bisherige zu sprechen, nemlich an das, daß dieser Staat überhaupt die Möglichkeit in sich habe, wirklich einmal zu entstehen, und in welcher Weise er wohl diese Möglichkeit habe. Denn daß ja, falls er wirklich entstünde, alles Gute für diesen Staat, insoferne er entstünde, erwachsen wurde, sage auch ich nebst demjenigen, was du übergangen hast, nemlich, daß sie wohl auch gegen die Feinde am trefflichsten kämpfen würden, weil sie einander darum am wenigsten im Stiche lassen möchten, da sie einander kennen und sich gegenseitig als Brüdern und Vätern und Söhnen einander mit diesen Namen zurufen würden; und auch wenn die Weiber mit im Felde stünden, sei es innerhalb der nemlichen Schlachtreihe, oder sei es, daß sie im Hintertreffen aufgestellt wären, um nemlich den Feinden Furcht einzuflößen und nöthigen Falls auch um Hülfe zu leisten, so weiß ich sehr wohl, daß sie dann auch in dieser Beziehung unbekämpfbar sein dürften; und auch die ihnen zu Hause erwachsenden Güter, welche du übergangen hast, so viele deren nur sein mögen, sehe ich gleichfalls; aber eben da ich dir gerne zugestehe, daß all dieses und auch noch unzähliges Andere stattfände, wenn dieser Staat einmal wirklich entstünde, so sprich nun über dieses nichts Weiteres mehr, sondern eben davon

nun wollen wir jetzt uns selbst überzeugen, daß es möglich sei und inwieferne es möglich sei, alles Uebrige aber wollen wir bei Seite lassen. – Urplötzlich ja, sprach ich, nimmst du da einen Anlauf gegen meine Begründung und willst mir keine Nachsicht schenken, daß ich ja mitten im Feldzuge begriffen bin. Vielleicht nemlich weißst du nicht, daß, nachdem ich gerade zur Noth jenen zwei brandenden Wogen entronnen bin, du jetzt das Größte und Schwierigste von der Verflechtung dreier Wogen herbeiführst, denn wenn du jenes siehst und hörst, so wirst du mir gar wohl Verzeihung angedeihen lassen, daß ich aus guten Gründen Anstand nahm und Furcht davor hatte, einen so auffallenden Ausspruch zu thun und die Erwägung desselben zu versuchen. – Je mehr du, sagte er, Derartiges sprichst, um desto weniger wird es dir von uns erlassen werden, anzugeben, inwieferne dieser Staat die Möglichkeit in sich habe, wirklich zu entstehen. Aber sprich nur und zögere nicht. –

Nicht wahr also, sprach ich, zuerst müssen wir uns daran erinnern, daß wir nur bei unserem Nachsuchen, welcherlei denn die Gerechtigkeit und die Ungerechtigkeit sei, eben bis auf diesen Punkt hier gelangten? – Ja, dieß müssen wir wohl, sagte er; aber was soll dieß? – Nichts weiteres; aber wenn wir gefunden haben, welcherlei die Gerechtigkeit sei, werden wir dann die Zumuthung aussprechen, daß auch der gerechte Mann durchaus nicht in irgend Etwas sich von jener unterscheide, sondern in allen Beziehungen ein Derartiger sei, wie eben auch die Gerechtigkeit selbst ist, oder werden wir es schon zufrieden sein, wenn er ihr nur so nahe als möglich kömmt und von Allem am meisten an ihr Theil hat? – Ja, so ist es, sagte er; wir werden es wohl zufrieden sein. – Also um eines Musterbildes willen, sprach ich, suchten wir sowohl, welcherlei die Gerechtigkeit selbst sei, als auch, inwieferne der vollkommen gerechte Mann entstehen könne, und welcherlei er sei, und ebenso auch bezüglich der Ungerechtigkeit und des ungerechtesten Mannes, um nemlich im Hinblicke auf jene und auf die Beschaffenheit, in welcher sie betreffs des Glücksstandes und seines Gegentheils sich uns zeigen würden, bezüglich unserer selbst zu dem Zugeständnisse genöthigt zu sein, daß, wer jenem am ähnlichsten sei, auch am meisten ein ähnliches Loos wie jenes haben werde, nicht aber suchten wir jenes in der Absicht, um zu beweisen, daß Solches die Möglichkeit in sich habe, wirklich zu entstehen. – Ja, hierin, sagte er, sprichst du wahr. – Glaubst du also wohl, es sei Einer weniger ein guter Maler, wenn er ein Musterbild, wie wohl der schönste Mensch gestaltet sein möge, gemalt und Sämmtliches zu seiner Zeichnung in genügender Weise beigebracht hat, dann aber doch nicht die

Möglichkeit beweisen kann, daß ein solcher Mensch wirklich entstehe? – Gewiß nicht, bei Gott, sagte er. – Wie also nun? behaupten nicht auch wir, daß wir in unserer Begründung ein Musterbild eines guten Staates entworfen haben? – Ja, allerdings. – Glaubst du also, daß wir dann deswegen es weniger gut begründet haben, weil wir nicht beweisen können, daß es möglich sei, einen Staat so zu gründen, wie wir angaben? – Wahrlich nicht, sagte er. – Das Wahre hierüber, sprach ich, ist hiemit dieß. Woferne aber nun ich um deinetwillen ja auch dazu bereitwillig sein soll, nachzuweisen, inwieferne und in welcher Beziehung es doch noch im höchsten Grade irgend möglich sei, so mußst du zum Behufe des derartigen Nachweises mir abermals das Nemliche zugestehen. – Was denn wohl? – Ist es wohl möglich, daß Etwas gerade so vollzogen werde, wie es ausgesprochen wird, oder liegt es in der Natur der Sache, daß der Vollzug immer in geringerem Grade die Wahrheit treffe, als der Wortlaut, auch wenn es nicht so zu sein scheint? Gestehst du es mir aber in dieser Weise zu oder nicht? – Ich gestehe es zu, sagte er. – Jenen Zwang demnach lege mir nicht auf, daß ich von Allem gerade so, wie wir es in der Begründung durchgingen, auch darlege, daß es völlig ebenso in der Verwirklichung eintrete; sondern falls wir im Stande sind, zu finden, in welcher Weise Jemand bei Gründung eines Staates dem Gesagten wohl am nächsten käme, dann möchten wir behaupten, wir hätten die Möglichkeit aufgefunden, daß wirklich entstehe, was du wünschest. Oder wirst du es nicht zufrieden sein, wenn du dieß erreichst? Ich wenigstens wäre es wohl zufrieden. – Ja, auch ich, sagte er. –

18. Hiernach aber müssen wir, wie es scheint, versuchen, zu erforschen und nachzuweisen, was denn wohl gegenwärtig in den Staaten schlecht stehe, dem zufolge sie nicht in dieser unserer Weise verwaltet werden, und durch welche möglichst geringe Veränderung der Staat eben zu dieser Art und Weise der Verfassung gelangen könnte, indem wo möglich nur Eines oder, wenn dieß nicht genügt, nur zwei Dinge, oder wenn dieß nicht genügt, jedenfalls nur die der Zahl nach wenigsten und der Geltung nach geringsten Dinge geändert würden. – Ja, durchaus so, sagte er. – Und allerdings, wenn nur Eines geändert würde, sagte ich, glauben wir den erforderlichen Umschwung nachweisen zu können; freilich wäre jenes nicht ein Geringes, noch auch ein Leichtes, aber ein Ausführbares. – Welches ist dieß? sagte er. – Nun komme ich, erwiederte ich, eben auf jenes, was wir vorher mit der größten brandenden Woge verglichen haben; aber gesagt muß es nun werden, selbst wenn es auch eben wie eine Woge des Lachens mich vollständig mit Gelächter und Hohn überspülen sollte. Erwäge aber, was ich im

Begriffe bin zu sprechen. – Sprich, sagte er. – Woferne nicht, sprach ich, entweder die Weisheitsliebenden in den Staaten als Könige herrschen, oder die jetzt sogenannten Könige und Herrscher in ächter und genügender Weise wirklich die Weisheit lieben, und woferne nicht so beides, nemlich staatliche Macht und Weisheitsliebe, in Eines zusammenfallen, und woferne nicht jene große Menge von Begabungen, welche gegenwärtig von einander getrennt je bloß den Einen dieser beiden Wege wandeln, nothwendig ausgeschlossen wird, gibt es, mein lieber Glaukon, kein Aufhören der Uebel für die Staaten und, glaube ich, auch nicht für das Menschengeschlecht, und es wird auch wohl nicht eher diese Staatsverfassung, welche wir jetzt in unserer Begründung durchgingen, je zur Möglichkeit des Entstehens gelangen oder das Licht der Sonne erblicken; sondern eben dieß war, was mich schon längst veranlaßte, Anstand zu nehmen, es auszusprechen, weil ich sah, daß dabei gar Vieles Auffallende gesagt werden würde; denn schwierig ist es, einzusehen, daß keine andere Staatsverfassung irgend beglückend wirken könne, sei es im Einzeln- oder im öffentlichen Leben. – Und er erwiederte: Du hast, o Sokrates, ein derartiges Wort und einen solchen Ausspruch hiemit hereingeschleudert, daß du auf dieß hin erwarten darfst, es möchten gar viele und nicht zu verachtende Leute jetzt augenblicklich, indem sie gleichsam ihre Gewänder von sich werfen und nackt jede nächste beste Waffe ergreifen, auf dich in gespannter Hast losrennen, um dir erstaunlich Arges anzuthun; und wenn du diese nicht vermittelst deiner Begründung von dir abwehrst und ihnen nicht entgehst, so wirst du wirklich mit Hohn überschüttet werden und so es büßen. – Nicht wahr also, erwiederte ich, daran ist Niemand schuld als du? – Ja, sagte er, und ich that gut daran; aber darum werde ich dich auch nicht im Stiche lassen, sondern dir beistehen, womit ich nur kann; ich kann dieß aber durch hingebendes Wohlwollen und durch Aufmunterungen, und vielleicht ja könnte ich dir auch geschickter, als mancher andere, in Antworten Rede stehen; aber jedenfalls versuche es, da du einen derartigen beistehenden Genossen hast, den Ungläubigen zu beweisen, daß es sich so verhalte, wie du sagst. – Versuchen, sprach ich, muß ich es wohl, nachdem auch du eine so bedeutende Bundesgenossenschaft mir anbietest. Nothwendig also scheint es mir, woferne wir den von dir erwähnten Leuten entgehen sollen, daß wir gegen jene vorerst feststellen, welche Männer denn wir unter jenen Weisheitsliebenden verstehen, welche unserer kühnen Behauptung zufolge die Herrschenden sein sollen, um nemlich, wenn dieß klar geworden, dann die Abwehr durch den Nachweis bewerkstelligen zu können, daß den Einen von Natur aus es gebührt, sowohl der

Weisheitsliebe zu pflegen, als auch die Führer im Staate zu sein, den Anderen hingegen, sowohl jene nicht zu pflegen, als auch den Führern bloß nachzufolgen. – Ja, es möchte Zeit sein, sagte er, dieß festzustellen. – So komm denn und folge mir in dieser Richtung, woferne wir es irgendwie genügend erklären können. – Wohlan also, sagte er. –

19. Werde ich also, sagte ich, dich erst daran erinnern müssen, oder erinnerst du dich selbst daran, daß von demjenigen, welchen wir als einen Etwas Liebenden bezeichnen, sich bei richtiger Anwendung dieser Bezeichnung zeigen müsse, daß er nicht bloß das Eine von jenem Gegenstande liebt und ein Anderes nicht, sondern daß er eben den ganzen mit Liebe erfasse? – Wohl erst daran erinnern, sagte er, mußst du mich, wie es scheint; denn ich verstehe es nicht völlig. – Für einen Anderen, o Glaukon, erwiederte ich, möchte sich wohl eher ziemen zu sprechen, wie du da sprichst; aber für einen dem Eros huldigenden Mann ziemt sich's nicht, aus dem Gedächtnisse zu verlieren, daß alle jene, welche in der Blüthe der Jahre stehen, den Knabenliebhaber und den dem Eros Huldigenden in irgend einer Weise zupfen und zerren, indem sie es zu verhindern glauben, daß jener sich um sie bekümmere und ihnen Liebe erweise. Oder macht ihr es nicht auch so gegen die schönen Knaben? Der Eine wird, weil er stumpfnasig ist, von euch ein Graziöser genannt und darum gepriesen, an den Anderen bezeichne ihr die Habichtsnase als etwas Königliches, von jenem aber, der zwischen beiden in Mitte steht, sagt ihr, er habe gerade das rechte Maß, von den Dunkelfarbigen hinwiederum sagt ihr, ihr Anblick habe etwas Männliches, von den Hellfarbigen, sie seien Göttersöhne; was aber die Honigfarbigen oder eben diese Bezeichnung selbst betrifft, glaubst du, sie sei die Erfindung irgend eines Anderen, als eben eines Liebhabers, welcher einen schmeichelhaften Ausdruck wählte und das Gelbliche, wenn es in der Blüthezeit der Jahre eintritt, sehr gerne sich gefallen ließ; und mit Einem Worte alle Vorwände bringt ihr vor und alle Sprechweisen laßt ihr ertönen, um nur keinen von jenen, welche in der Blüthe der Jahre stehen, zurückzustoßen. – Wenn du dieß Alles, sagte er, von mir willst gelten lassen, daß die dem Eros Huldigenden es so machen, so gestehe ich es dir um des bloßen Redens willen zu. – Wie aber? siehst du von den Trunkliebenden nicht gleichfalls, daß sie das Nemliche thun, indem sie jedweden Wein unter jedem Vorwande lieben? – Ja wohl, gar sehr. – Und nun ja auch bei den Ehrliebenden erblickst du, wie ich glaube, daß, wenn sie es nicht zum Feldherrn bringen, sie wenigstens über eine kleine Heeresabtheilung herrschen wollen, und wenn sie nicht von Mehreren und Bedeutenderen geehrt

werden, sie es schon zufrieden sind, von Wenigeren und Geringeren geehrt zu werden, da sie ja überhaupt Begierde nach Ehre haben. – Ja wohl, in hohem Grade. – Dieß also sage, ob es so sei oder nicht: werden wir von jenen, welche wir als irgend Begehrliche bezeichnen, behaupten, daß sie immer die ganze Gattung begehren, oder bloß das Eine, ein Anderes aber nicht? – Die ganze Gattung, sagte er. – Nicht wahr also, auch von dem Weisheitsliebenden werden wir sagen, daß er nicht bloß die eine Weisheit begehre, eine andere aber nicht, sondern eben die ganze? – Ja, dieß ist wahr. – Von demjenigen also, welcher mit Widerwillen an die Lerngegenstände geht, werden wir, zumal wenn er jung ist und noch keinen Begriff davon hat, was brauchbar sei und was nicht, gewiß nicht sagen, daß er lernbegierig oder weisheitsliebend sei, sowie wir auch von jenem, welcher einen Widerwillen gegen Speisen hat, nicht sagen, daß er hungere, oder daß er Speisen begehre, oder daß er eßlustig sei, sondern eben daß er appetitlos sei. – Ja, und mit Recht werden wir dieß sagen. – Hingegen von demjenigen, welcher gleich bereit ist, von jedem Lerngegenstande kosten zu wollen, und willig an das Lernen geht und hierin unersättlich ist, werden wir mit Recht sagen, daß er weisheitsliebend sei; oder wie denn anders? – Und Glaukon sprach: Da werden dir also auch gar viele ungereimte Menschen zu den Derartigen gehören, nemlich sowohl alle Schaulustigen scheinen mir darum, weil sie eine Freude daran haben, wenn sie Etwas kennen lernen, derartig zu sein, als auch die Hörlustigen scheinen mir doch gar zu ungereimte Menschen zu sein, als daß man sie unter die Weisheitsliebenden rechnen könnte, Leute, welche bei begründenden Reden und einer derartigen Unterhaltung gewiß nie freiwillig sich einfinden würden, aber wohl, gerade als hätten sie ihre Ohren vermiethet, um allen Chorgesängen zuzuhören, bei den dionysischen Festen herumlaufen und weder bei den in der Stadt, noch bei jenen auf dem Lande abgehaltenen fehlen. Sollen wir nun all diese und auch andere, welche dergleichen Dinge oder sonstige Kunststückchen lernen wollen, als Weisheitsliebende bezeichnen? – Keineswegs, sagte ich; aber als solche, welche den Weisheitsliebenden ähnlich sind. –

20. Welche aber, sagte er, verstehst du unter den wahrhaft Derartigen? – Jene, sprach ich, welche schaulustig bezüglich der Wahrheit sind. – Auch dieß, sagte er, ist richtig; aber wie meinst du dieß? – Keineswegs, erwiederte ich, könnte ich dieß in leichter Weise einem Anderen angeben, von dir aber glaube ich, daß du mir Folgendes zugestehen werdest. – Was denn wohl? – Daß, nachdem das Schöne dem Schimpflichen entgegengesetzt ist, dieß eben zwei Dinge seien. –

Ja, warum auch nicht? – Nicht wahr also, nachdem sie zwei sind, ist auch jedes von beiden ein Eines für sich? – Ja, auch dieß. – Und also auch betreffs des Gerechten und des Ungerechten und des Guten und des Bösen gilt der nemliche Ausspruch, daß jedes einzelne derselben ein Eines für sich sei, sie aber wohl vermöge ihrer Gemeinschaftlichkeit mit den Handlungen und mit den Körpern und wechselseitig mit sich selbst dann allerwärts erscheinen und so ein jedes sich als ein Vielheitliches zeige. – Ja, du hast Recht, sagte er. – In dieser Beziehung demnach, sprach ich, unterscheide ich, nemlich einerseits jene von dir so eben erwähnten Schaulustigen und Kunstliebenden und in den äußeren Handlungen sich Bewegenden, andererseits aber hinwiederum jene, von welchen hier die Rede ist, nemlich welche man allein mit Recht als Weisheitsliebende bezeichnen könnte. – Wie meinst du dieß? sagte er. – Jene Hörlustigen und Schaulustigen, sprach ich, lieben doch wohl die schönen Töne und Farben und Gestalten und Alles, was aus dergleichen angefertigt wird, hingegen die Natur des Schönen an und für sich zu sehen und zu lieben, ist ihre Denkthätigkeit unfähig. – Ja, es verhält sich allerdings so, sagte er. – Möchten aber eben jene, welche fähig sind, an das Schöne an und für sich hinzutreten und es in seinem eignen Sein zu schauen, wohl selten zu finden sein? – Ja wohl, gar sehr. – Scheint dir aber nur derjenige, welcher zwar an schöne Dinge glaubt, aber an die Schönheit an und für sich weder glaubt, noch auch, falls ihn Jemand zur Einsicht in dieselbe führen würde, ihm zu folgen fähig ist, ein wachendes oder ein träumendes Leben zu führen? Erwäge aber Folgendes: besteht etwa das Traumwachen nicht darin, daß man, sei es im Schlafe, oder sei es wachend, ein Ding, welches einem anderen ähnlich ist, nicht für ähnlich, sondern eben für das Nemliche wie jenes halt, welchem es gleicht? – Ja, ich wenigstens, sagte er, würde von einem Solchen behaupten, daß er in einem Traumwachen sei – Wie aber? wer im Gegensatze hievon sowohl irgend Etwas für das Schöne an und für sich hält, als auch fähig ist, es selbst und die desselben theilhaftigen Dinge zu erblicken, und dabei weder die theilhaftigen Dinge für es selbst noch es selbst für die theilhaftigen Dinge hält, scheint dir dieser hinwiederum ein wachendes oder ein träumendes Leben zu führen? – In hohem Grade ja, sagte er, ein wachendes. – Nicht wahr also, die Denkthätigkeit dieses Letzteren möchten wir wohl, da er es ja einsieht, mit Recht als Einsicht bezeichnen, hingegen als Meinung jene des Ersteren, weil er ja nur Etwas meint? – Ja wohl, allerdings. – Wie nun? wenn dieser, von welchem wir sagen, daß er wohl eine Meinung, nicht aber eine Einsicht habe, uns grollt und die Wahrheit unserer Behauptung bestreitet, werden wir Mittel haben, ihn zu beschwichtigen und ganz gelassen heimlich zu überzeugen, daß er eigentlich doch nicht recht bei Trost sei? – Wir sollen dieß ja wenigstens, sagte er. – So komm denn und erwäge, was wir zu ihm sagen werden; oder willst du, daß wir folgendermaßen ihn ausfragen sollen, indem wir vorher sagen, daß, falls er wirklich Etwas wisse, wir es ihm nicht mißgönnen, sondern recht gerne es sehen würden, daß er Etwas wisse, und dann also ihn fragen: „aber sage uns Folgendes: sieht der Einsichtige Etwas ein oder Nichts?" Antworte also du an seiner Statt. – So will ich denn antworten, sagte er, daß der Einsichtige Etwas einsieht. – Sieht er ein Seiendes oder ein Nichtseiendes ein? – Ein Seiendes; denn wie könnte ja ein Nichtseiendes irgend eingesehen werden? – Genügend steht uns also dieß fest, auch wenn wir es in mehreren Beziehungen erwägen, daß das schlechthin Seiende auch schlechthin eingesehen werden kann, ein durchaus Nichtseiendes aber schlechthin nicht eingesehen werden kann? – Ja, völlig genügend. – Weiter; woferne aber Etwas sich so verhält, daß es sowohl ist, als auch nicht ist, möchte Solches dann nicht in Mitte liegen zwischen dem in reiner Weise Seienden und zwischen dem durchaus Nichtseienden? – Ja, in Mitte. – Nicht wahr also, auf Seite des Seienden stand uns die Einsicht, und nothwendig auf Seite des Nichtseienden die Einsichtslosigkeit; auf Seite des Mittleren aber müssen wir nun wohl etwas Mittleres zwischen der Unkenntniß und dem Wissen suchen, woferne es etwas Derartiges gibt? – Ja, allerdings. – Sagen wir also etwa, daß die Meinung Etwas sei? – Wie sollten wir auch nicht? – Sagen wir, daß sie eine andere Fähigkeit sei, als das Wissen, oder die nemliche? – Eine andere. – Also auf Seite eines Verschiedenen steht die Meinung und auf Seite eines Verschiedenen das Wissen, jedes von beiden eben nach seiner eigenen Fähigkeit? – Ja, so ist es. – Nicht wahr also, das Wissen ist von Natur aus auf Seite des Seienden dazu bestimmt, einzusehen, daß das Seiende ist? Vielmehr aber scheint es mir nöthig, vorher in folgender Weise es zu erörtern. – In welcher? –

21. Wollen wir sagen, daß die Fähigkeiten überhaupt irgend eine Gattung des Seienden seien, vermöge deren sowohl wir zu Allem fähig sind, wozu wir es sind, als auch jedes andere Ding, welches zu Etwas fähig ist, ich meine z. B. daß das Sehen und das Hören zu den Fähigkeiten gehören, woferne du verstehst, was ich überhaupt unter diesem Artbegriffe meine. – Ich verstehe es aber ja, sagte er. – Höre aber, was sich mir in diesem Betreffe zeigt: an einer Fähigkeit nemlich erblicke ich weder eine Farbe noch eine Gestalt noch irgend etwas Derartiges, wie an vielen anderen Dingen, worauf hinblickend ich es bezüglich einiger Dinge bei mir feststellen kann, daß die einen dieß und die anderen jenes seien;

hingegen bei einer Fähigkeit blicke ich nur auf jenes, zu dessen Behuf sie da ist und was sie bewirkt, und in dieser Beziehung gebe ich jeder einzelnen Fähigkeit einen Namen, und jene, welche zum Behufs des Nemlichen besteht und das Nemliche bewirkt, nenne ich die nemliche, diejenige aber, welche zum Behufe eines Anderen da ist und Anderes bewirkt, nenne ich eine anderweitige. Wie aber hältst du es hierin? – Eben so, sagte er. – Noch einmal demnach, mein Bester, sprach ich, wende dich hieher zu mir. Behauptest du, daß das Wissen irgend eine Fähigkeit sei, oder in welche Gattung stellst du es? – Eben in diese, sagte er, da es ja unter allen Fähigkeiten die stärkste ist. – Wie aber? werden wir die Meinung unter die Fähigkeiten, oder unter irgend einen anderen Artbegriff unterbringen? – Keinenfalls unter einen anderen, sagte er; denn jenes, vermittelst dessen wir fähig sind, Etwas zu meinen, ist eben nichts Anderes als die Meinung. – Nun aber hast du ja kurz vorher zugestanden, daß Wissen und Meinung nicht das Nemliche seien. – Wie sollte ja auch, sagte er, jemals ein Verständiger das Unfehlbare als das Nemliche wie das nicht Unfehlbare bezeichnen? – Recht, sagte ich; und es ist hiemit klar, daß unserseits die Verschiedenheit zwischen Wissen und Meinung zugestanden ist? – Ja, die Verschiedenheit. – Also zum Behufe eines Verschiedenen ist jedes von diesen beiden als ein zu Verschiedenem Befähigtes von Natur aus bestimmt. – Ja, nothwendig. – Das Wissen nemlich doch wohl zum Behufe des Seienden, um einzusehen, wie das Seiende sich verhalte? – Ja. – Die Meinung aber, sagen wir. um eben zu meinen. – Ja. – Wird sie also etwa das Nemliche einsehen, was das Wissen einsieht? und ist dasjenige, was eingesehen werden kann, und jenes, was gemeint werden kann, das Nemliche? oder ist dieß unmöglich? – Ja, unmöglich, sagte er, in Folge des schon Zugestandenen, woferne nemlich zum Behufe von Verschiedenem verschiedene Fähigkeiten von Natur aus bestimmt sind, Fähigkeiten aber eben jene beiden, nemlich die Meinung und das Wissen, sind, jede aber, wie wir sagten, eine verschiedene; in Folge dessen demnach geht es nicht an, daß, was eingesehen werden kann, und was gemeint werden kann, das Nemliche sei. – Nicht wahr also, wenn das Seiende eingesehen werden kann, so möchte wohl etwas Anderes als das Seiende jenes sein, was gemeint werden kann? – Ja, etwas Anderes. – Wird also die Meinung etwa das Nichtseiende meinen, oder ist es unmöglich, das Nichtseiende ja auch nur zu meinen? Bedenke aber nur Folgendes: Richtet denn nicht der Meinende seine Meinung auf irgend Etwas? oder ist es hinwiederum möglich, bloß zu meinen und dabei Nichts zu meinen? – Dieß ist unmöglich. – Aber irgend Eines ja meint der Meinende? – Ja. – Nun aber würde es ja, wenn es ein Nichtseiendes wäre, nicht ein Eines, sondern am richtigsten ein Nichts genannt. – Ja allerdings. – Dem Nichtseienden aber haben wir ja nothwendig die Unkenntniß zugewiesen, und dem Seienden die Einsicht. – Ja, mir Recht, sagte er. – Also nicht ein Seiendes und auch nicht ein Nichtseiendes meint die Meinung. – Nein, allerdings nicht. – Also weder Unkenntniß noch Einsicht möchte die Meinung sein. – So scheint es. – Schreitet sie also etwa außerhalb dieser hinauf, nemlich entweder außerhalb der Einsicht vermöge einer Deutlichkeit, oder außerhalb der Unkenntniß vermöge einer Undeutlichkeit? – Keines von beiden. – Scheint also wohl hingegen, sprach ich, die Meinung Etwas zu sein, was dunkler als die Einsicht und heller als die Unkenntniß ist? – Ja, durchaus so, sagte er. – Innerhalb der beiden aber liegt sie? – Ja. – Also ein Mittelding zwischen diesen beiden möchte wohl die Meinung sein? – Ja wohl, gar sehr. – Nicht wahr also, wir sagten in dem Obigen, daß, falls sich uns etwas Derartiges zeigen würde, was zugleich ist und nicht ist, ein Solches in Mitte zwischen dem in reiner Weise Seienden und zwischen dem durchaus Nichtseienden liege, und daß weder Wissen noch Unkenntniß auf Seite desselben stehen werde, sondern hinwiederum jenes, was als Mittleres zwischen Unkenntniß und Wissen sich zeigen würde? – Ja, dieß ist richtig. – Nun aber hat sich uns ja ein Mittleres zwischen diesen gezeigt, welches wir so eben Meinung nannten? – Ja, es hat sich gezeigt. –

22. Es ist uns demnach, wie es scheint, noch übrig, jenes zu finden, was an jenen beiden, nemlich an dem Sein und an dem Nichtsein, Theil hat und als keines der beiden in voller Reinheit richtig bezeichnet wird, damit wir es, wenn es sich gezeigt hat, mit Recht als den Gegenstand der Meinung bezeichnen, den beiden Aeußersten das Aeußerste und dem Mittleren das Mittlere zutheilend; oder etwa nicht in dieser Weise? – Ja, in dieser. – Nachdem also dieses uns so zu Grunde liegt, möge mir jener Wackere Antwort geben, welcher ein Schönes an und für sich und eine immerwährend sich gleich bleibende Idee der Schönheit nicht annimmt, hingegen als eben jener Schaulustige an viele schöne Dinge glaubt und es niemals ertragen kann, wenn Jemand behauptet, ein Eines sei das Schöne und das Gerechte und das übrige Derartige. Gibt es also etwa, o Bester, werden wir zu ihm sagen, unter jenen vielen schönen Dingen irgend ein Einziges, welches nicht auch als schimpflich sich zeigen könnte, und unter den gerechten Dingen ein Einziges, welches nicht auch als ungerecht, und unter den heiligen Dingen ein Einziges, welches nicht auch als unheilig? – Nein, sagte er, sondern nothwendig müssen sie alle gewissermaßen sowohl als schöne, als auch als schimpfliche sich zeigen, und so auch bei dem Uebrigen, um was du fragst. –

Wie aber? zeigen sich nicht auch die vielen doppelten Dinge ebensosehr zugleich als halb?– Ja, ebensosehr. – Also auch die großen Dinge und die kleinen und die leichten und die schweren werden nicht mit größerem Rechte so genannt, als man sie auch mit dem gegentheiligen Ausdrucke bezeichnen kann? – Nein, nicht mit größerem, sagte er, sondern immer wird jedes nach beiden Seiten hin sich anklammern. – Gilt also nun bei jedem einzelnen unter den vielen Dingen das Sein dessen, was wir es nennen, mehr als das Nichtsein desselben?– Jenen zwitterhaften Dingen also, sagte er, wie wir sie bei Gastmählern vorbringen, gleichen sie, oder auch jenem Kinder-Räthsel von dem Wurfe eines Verschnittenen auf eine Fledermaus, mit welchem Dinge er sie dem Räthsel zufolge getroffen habe, und worauf sie dabei gesessen sei; denn zwitterhaft sind auch sie, und von keinem derselben kann man weder das Sein noch das Nichtsein, nemlich weder beides noch keines von beiden, irgend in fester Weise denken. – Weißt du also, sagte ich, was du mit ihnen anfangen müssest, und kannst du ihnen eine trefflichere Stellung anweisen, als jene zwischen dem Sein und dem Nichtsein? denn weder dunkler als das Nichtseiende zeigen sie sich, so daß sie etwa in noch höherem Grade ein Nichtseiendes sein könnten, noch auch heller als das Seiende, so daß sie in noch höherem Grade ein Seiendes wären. – Völlig wahr ist dieß, sagte er. – Wir haben also gefunden, wie es scheint, daß jene vielen geltenden Annahmen der großen Menge betreffs des Schönen und des Uebrigen irgendwo in Mitte zwischen dem Nichtseienden und dem in reiner Weise Seienden sich herumwälzen. – Ja, dieß haben wir gefunden. – Vorher aber haben wir ja zugestanden, daß, wenn sich ein Derartiges zeige, wir es als Gegenstand der Meinung, nicht aber als Gegenstand der Einsicht bezeichnen müssen, insoferne vermöge der mittleren Fähigkeit das Mittlere als ein Unstätes ergriffen werde. – Ja wir haben es zugestanden. – Von Denjenigen also, welche wohl viele schöne Dinge betrachten, das Schöne an und für sich aber nicht sehen und auch einem Anderen, der sie dahin führt, nicht zu folgen vermögen, und ebenso auch wohl viele gerechte Dinge sehen, das Gerechte an und für sich aber nicht, und bei dem Uebrigen in gleicher Weise, werden wir nun behaupten, daß sie Sämmtliches bloß meinen, Nichts aber von jenem, was sie meinen, einsehen. – Ja, nothwendig, sagte er. – Wie aber bei jenen, welche all dieses an und für sich und in seinem immerwährend gleichen Verhalten betrachten? werden wir von diesen nicht behaupten, daß sie es einsehen, nicht aber, daß sie es meinen? – Ja, auch dieß ist nothwendig. – Nicht wahr also, auch schätzen und lieben werden, wie wir nun wohl behaupten dürfen, die Einen jenes, worauf ihre Einsicht gerichtet ist, und die Anderen jenes, worauf ihre Meinung? oder erinnern wir uns etwa nicht mehr daran, daß wir sagten, daß solche Menschen schöne Töne und Farben und dergleichen lieben und betrachten, das Schöne an und für sich aber gar nicht als Seiendes dulden wollen? – Ja, wir erinnern uns daran. – Wir werden uns also wohl nicht vergreifen, wenn wir dieselben mehr Meinungsliebende als Weisheitsliebende nennen, und sie werden uns demnach nicht stark es verübeln, wenn wir uns so ausdrücken? – Nein, sagte er, wenigstens dann nicht, wenn sie mir folgen; denn die Wahrheit zu verübeln, ist unerlaubt. – Diejenigen also, welche jedes Seiende an und für sich hochschätzen, werden wir Weisheitsliebende, nicht aber Meinungsliebende nennen müssen? – Ja wohl, völlig so. –

Sechstes Buch

1. Wer demnach die Weisheitsliebenden seien, o Glaukon, sagte ich, und wer jene, welche dieß nicht sind, hat sich uns vermittelst einer ziemlich lang sich ausdehnenden Begründung hiemit zur Noth gezeigt. – Vielleicht auch, sagte er, wäre es vermittelst einer kurzen gar nicht leicht gewesen. – Allerdings nicht, wie sich gezeigt hat, sprach ich; mir wenigstens scheint, es würde jenes noch besser zu Tag treten, wenn man nur über dieses allein zu sprechen hätte, und nicht erst noch vieles Uebrige durchgehen müßte, woferne man erblicken will, worin sich ein gerechtes Leben von einem ungerechten unterscheide. – Was also müssen wir, sagte er, hernach jetzt durchgehen? – Was anderes, sprach ich, als das zunächst Folgende? Nachdem nemlich Weisheitsliebende diejenigen sind, welche das immerwährend in gleicher Weise sich Verhaltende zu ergreifen fähig sind, jene hingegen, welche dieß nicht können, sondern innerhalb der vielen und in jeder Weise sich verhaltenden Dinge umherirren, nicht weisheitsliebend sind, so fragt sich's, welche von beiden die Führer eines Staates sein sollen. – Durch welche Ausdrucksweise, sagte er, könnten wir nun dieß wohl gehörig ausdrücken? – Daß wir, sprach ich, diejenigen von beiden, welche sich als befähigt zeigen, die Gesetze und die Thätigkeiten der Staaten zu bewachen, als Wächter aufstellen. – Dieß ist richtig, sagte er. – Ist also Folgendes, sprach ich, klar, ob ein Blinder oder ein Scharfsichtiger jedes Ding als Wächter beobachten solle? – Und wie sollte dieß, sagte er, nicht klar sein? – Scheinen dir nun diejenigen irgend von Blinden sich zu unterscheiden, welche in Wirklichkeit der Einsicht in die Wirklichkeit eines jeden Dinges beraubt sind, und kein deutliches Musterbild in ihrer Seele besitzen, und nicht die Fähigkeit haben, gleichsam wie

Maler, im Hinblicke auf das Wahrste, und in steter Rückbeziehung auf dasselbe und in möglichst genauer Betrachtung desselben auf solche Weise dann auch die hier auf Erden geltenden Annahmen betreffs des Schönen und des Gerechten und des Guten sowohl aufzustellen, falls es nöthig ist, solche aufzustellen, als auch die bereits bestehenden zu bewachen und zu bewahren? – Nein, bei Gott, sagte er, sie scheinen mir nicht viel von Blinden sich zu unterscheiden. – Werden wir also diese eher zu Wächtern machen als jene, welche eine Einsicht in jedes Seiende haben, an Erfahrung aber hinter jenen nicht zurückbleiben und auch in keinem anderen Zweige der Vortrefflichkeit ihnen nachstehen? – Ungereimt ja, sagte er, wäre es, Andere zu wählen, woferne jene wenigstens im Uebrigen nicht zurückbleiben; denn eben an jenem Einen möchten sie wohl schon so ziemlich den größten Vorsprung voraus haben. – Nicht wahr also, dieß wollen wir denn nun angeben, auf welche Weise Ein und die Nemlichen im Stande sein können, zugleich sowohl dieß als auch jenes in sich zu tragen? – Ja allerdings. – Also, wie wir schon zu Anfang dieser Begründung sagten, die Begabung derselben müssen wir vor Allem kennen lernen, und wenn wir uns über diese genügend verständigt haben, werden wir, glaube ich, uns auch darüber verständigen, daß sie, Ein und die Nemlichen, im Stande sind, dieß Alles in sich zu tragen, und daß keine Anderen, als diese, die Führer des Staates sein dürfen. – In welcher Weise? –

2. Dieß denn nun möge uns betreffs der Begabung der Weisheitsliebenden zugestanden sein, daß sie stets jeden Lerngegenstand lieben, der ihnen Etwas von jener Wesenheit klar macht, welche immerwährend ist und nicht vermöge eines Entstehens und Vergehens unstät irrt. – Ja, dieß sei zugestanden. – Und nun ja auch, sagte ich, daß sie jene Wesenheit in ihrer Gesammtheit lieben und weder von einem kleineren noch von einem größeren und weder von einem vorzüglicheren noch von einem geringfügigeren Theile derselben freiwillig ablassen, wie wir ja in dem Obigen dieß auch betreffs der Ehrliebenden und der dem Eros Huldigenden durchgingen. – Du hast Recht, sagte er. – Erwäge demnach hierauf auch noch bezüglich des Folgenden, ob es außer dem Bisherigen in ihrer Begabung Diejenigen in sich tragen müssen, welche Derartige sein sollen, wie wir sie meinen. – Was denn wohl? – Daß sie ohne Lüge sind, und freiwillig in keiner Weise die Unwahrheit in sich aufnehmen, sondern sie hassen, die Wahrheit aber lieben? – Ja, es scheint so, sagte er. – Nicht bloß scheint es ja so, mein Freund, sondern es ist auch durchaus nothwendig, daß derjenige, welcher vermöge seiner Begabung dem Eros gegen irgend Etwas huldigt, alles mit dem Gegenstande seiner Neigung Verwandte und demselben Angehörige

liebe. – Dieß ist richtig, sagte er. – Könntest du nun wohl Etwas finden, was der Weisheit mehr angehört, als die Wahrheit? – Wie sollte ich auch? sagte er. – Ist es also etwa möglich, daß Ein und die nemliche Begabung weisheitsliebend und trugliebend sei? – Nein, in keiner Weise ja. – Wer also in Wirklichkeit lernbegierig ist, muß nach jeder Wahrheit sogleich von Jugend an so sehr als möglich ein Verlangen haben. – Ja, durchaus so. – Nun aber wissen wir ja, daß, wessen Begierden auf irgend Eines hin sehr heftig gerichtet sind, bei diesem sie gewiß bezüglich des Uebrigen schwächer sind, wie wenn ein Strom eben dorthin abgeleitet wäre. – Warum auch nicht? – Also bei wem sie auf die Lerngegenstände und all Derartiges hingeströmt sind, bei diesem werden sie sich, glaube ich, um das Vergnügen der Seele an und für sich drehen, bezüglich der körperlichen Vergnügungen aber abnehmen, woferne er nemlich nicht in erdichteter Weise, sondern in Wahrheit ein Weisheitsliebender ist. – Ja, durchaus nothwendig ist dieß. – Besonnen wenigstens wird gewiß der Derartige sein, und in keiner Weise geldliebend; denn dasjenige, um dessen willen mit so vielem Aufwande nach Geld gestrebt wird, dürfte gebührender Weise wohl jeder Andere eher als dieser anstreben. – Ja, so ist es. – Und nun mußt du doch wohl auch noch Folgendes erwägen, wenn du beurtheilen willst, welche Begabung eine weisheitsliebende sei, und welche nicht. – Was denn wohl? – Daß sie nemlich nicht, ohne daß du es bemerkst, an unfreiem Sinne Theil habe; denn Kleinlichkeit ist doch wohl der größte Gegensatz gegen eine Seele, welche stets nach dem ganzen und jedwedem Göttlichen und Menschlichen ein Verlangen haben soll. – Ja, völlig wahr, sagte er. – Bei einer Gesinnung also, welcher eine Großartigkeit und eine Betrachtung aller Zeiten und aller Wesenheit einwohnt, hältst du es da für möglich, daß Jemandem das menschliche Leben irgend etwas Großes zu sein scheine? – Nein, dieß ist unmöglich, sagte er. – Nicht wahr also, auch den Tod wird der Derartige nicht für etwas Furchtbares halten? – Gewiß am allerwenigsten. – Also eine feige und unfreie Begabung möchte wohl, wie es scheint, an Wahrheitsliebe keinen Theil haben? – Nein, wie mir scheint. – Wie nun aber? kann derjenige, welcher ordentlich und nicht geldliebend und nicht unfreien Sinnes und nicht ruhmredig und nicht feig ist, wohl in irgend einer Beziehung im Verkehre unverträglich oder ungerecht werden? – Nein, er kann es nicht. – Auch dieß demnach wirst du bei Erwägung der weisheitsliebenden und der nicht weisheitsliebenden Seele sogleich von Jugend auf bei den Menschen beachten, ob ihre Begabung eine gerechte und sanfte, oder eine unzuverlässige und rohe sei. – Ja allerdings. – Also auch Folgendes wirst du nicht übersehen, wie ich glaube. – Was denn wohl? – Ob sie gelehrig oder ungelehrig sei; oder erwartest du, daß jemals irgend Jemand Etwas mit Liebe ergreifen werde, was er nur mit Schmerzen und kaum mit einem geringen Erfolge ausüben würde? – Dieß möchte nicht leicht der Fall sein können. – Wie aber? wenn er Nichts von jenem, was er gelernt, zu behalten vermag, voll von Vergeßlichkeit seiend, sollte er da anders als leer an Wissen sein können? – Wie sollte er auch? – Indem er also nutzlos sich plagt, wird er da, glaubst du, nicht zuletzt genöthigt werden, sich selbst und die derartige Thätigkeit zu hassen? – Wie sollte er auch nicht? – Also eine vergeßliche Seele werden wir wohl niemals unter die hinreichend weisheitsliebenden rechnen, sondern wir wollen suchen, daß sie Gedächtnißgabe besitze. – Ja, durchaus so. – Nun aber von einer Begabung ja, welche dem Musischen feindlich und unanständig ist, wohin anders wollen wir sagen, daß sie hindränge, als zur Maßlosigkeit? – Warum auch nicht? – Glaubst du aber, Wahrheit sei mit Maßlosigkeit verwandt oder mit dem Maßhalten? – Mit dem Maßhalten. – Also außer dem Bisherigen wollen wir eine ihrer Begabung nach maßhaltende und wohlanständige Gesinnung suchen, welche zur Idee eines jeden Seienden vermöge ihrer inneren Natur leicht Eingeleitet werden kann. – Wie sollten wir auch nicht? – Wie nun? Scheinen wir dir nicht hiemit so ziemlich alles Einzelne, wie es auf einander folgt, durchgegangen zu haben, was nemlich nothwendig ist für eine Seele, welche an dem Seienden in genügender und vollendeter Weise Theil nehmen will? – Ja, gewiß das Nothwendigste, sagte er. – Wirst du also in irgend einer Weise eine derartige Thätigkeit tadeln, welche niemals Jemand genügend auszuüben vermag, der nicht seiner Begabung nach merksam, gelehrig, großartig, anständig, befreundet und verwandt mit der Wahrheit, der Gerechtigkeit, der Tapferkeit, der Besonnenheit, ist? – Nein, nicht Momos selbst, sagte er, könnte eine derartige Thätigkeit tadeln. – Würdest du aber also, sprach ich, den Derartigen, wenn sie durch Bildung und Alter ihre Vollendung erhalten haben, nicht ausschließlich den Staat anvertrauen? –

3. Und nun sprach Adeimantos: Auf dieses hin, o Sokrates, möchte allerdings Niemand im Stande sein, dir zu widersprechen; aber Folgendes ja widerfährt denjenigen, welche jedesmal das einzelne von dir Vorgebrachte hören: indem sie aus Unkunde des Fragens und Antwortens durch deine Begründung bei jeder einzelnen Frage wieder um ein Kleines abgelenkt werden, glauben sie, daß, indem sich diese kleinen Punkte summiren, am Schlusse der Begründungen ein großer Irrthum und ein Widerspruch gegen den Ausgangspunkt zu Tag trete, und daß, sowie beim Brettspiele von den hierin Gewandten die nicht Gewandten

zuletzt eingeschlossen werden und keinen Zug mehr machen können, so auch sie zuletzt eingeschlossen werden und kein Wort mehr vorbringen können in Folge dieses anderweitigen, nicht in Steinen, sondern in Reden bestehenden Brettspieles, während ja doch das Wahre deswegen durchaus nicht ihn höherem Grade sich so verhalte. Ich sage dieß aber im Hinblicke auf unsere gegenwärtige Untersuchung; nemlich jetzt könnte Jemand sagen, er könne bezüglich der Begründung bei jeder einzelnen Frage durchaus dir nicht entgegentreten, aber bezüglich der Wirklichkeit sehe er eben, daß von all denjenigen, welche zur Weisheitsliebe sich wendeten und nicht etwa, nachdem sie bloß um der Bildung willen in ihrer Jugend sie betrieben, sie wieder aufgeben, sondern längere Zeit in ihr verweilten, bei weitem die Meisten gar abenteuerliche, um nicht zu sagen, ganz schlechte Menschen werden. und jenen, welche noch die Tüchtigsten unter ihnen zu sein scheinen, in Folge der von dir gepriesenen Thätigkeit wenigstens dieß widerfährt, daß sie für die Staaten unbrauchbar werden. – Und als ich dieß hörte, sagte ich: Glaubst du also, daß diese die Unwahrheit sprechen? – Ich weiß es nicht, sagte er; hingegen möchte ich gerne deine Ansicht hierüber hören. – Dann magst du hören, daß sie mir wenigstens die Wahrheit zu sprechen scheinen. – Wie also, sagte er, kann es dann richtig sein, zu sagen, daß nicht eher die Staaten von ihren Uebeln werden befreit werden, bis nicht die Weisheitsliebenden in ihnen herrschen, von welchen wir doch zugestehen, daß sie für sie unbrauchbar seien? – Du stellst hiemit, sprach ich, eine Frage, welche einer bildlich ausgesprochenen Antwort bedarf. – Du bist aber ja, erwiederte er, doch sonst nicht, wie es scheint, gewöhnt, in Bildern zu sprechen. –

4. Gut, sagte ich; du spottest, weil du mich in eine so schwer nachzuweisende Begründung gestürzt hast, so höre aber nun auch jenes Bild, damit du noch mehr einsehest, wie sparsam ich mit Bildern sei. So schwierig nemlich ist der Zustand jener Tüchtigsten, in welchem sie sich den Staaten gegenüber befinden, daß es gar nicht einmal ein einzelnes anderes Ding gibt, welches in einem derartigen Zustande wäre, sondern man aus gar vielen Dingen das Bild zusammenstellen und so die Vertheidigung jener führen muß, wie ja auch die Maler Bockhirsche und andere derartige Mischlinge malen. Stelle dir nemlich vor, daß es einen derartigen Schiffs-Eigner, sei es vieler Schiffe, oder sei es eines einzigen, gebe, welcher an Größe und Stärke alle im Schiffe befindlichen übertrifft, aber halbtaub und in gleicher Weise kurzsichtig ist und eine diesen Eigenschaften entsprechende Einsicht in das Seewesen hat, hiebei aber die Bootsleute unter sich betreffs der Lenkung des Schiffes im Zwiespalte seien, indem jeder derselben

Steuermann sein zu müssen glaubt, welcher weder jemals diese Kunst gelernt hat, noch auch irgend einen Lehrer in derselben, oder eine Zeit, wann er sie gelernt habe, aufweisen kann, und noch dazu Alle behaupten, sie könne gar nicht gelehrt werden, und gleich zur Hand sind, jenen, welcher sie als eine lehrbare bezeichnet, in Stücke zu hauen, sie selbst aber den Schiffseigner immer mit Bitten und allem Uebrigen umlagern, damit er ihnen das Steuerruder anvertraue, und zuweilen, wenn nicht sie, sondern etwa irgend Andere dieses durchsetzen, sie dann diese Anderen tödten oder aus dem Schiffe werfen, jenen köstlichen Schiffseigner aber durch einen Schlaftrunk oder durch Weingenuß oder durch irgend ein anderes Mittel in Fesseln schlagen und die Herrschaft über das Schiff den Mitsegelnden überlassen und trinkend und schwelgend eben dahinfahren, wie es von Derartigen zu erwarten ist, dabei aber als Seemann und als befähigt zur Führung des Steuerruders und als Schiffskundigen überhaupt denjenigen bezeichnen und lobpreisen, welcher gewandt ist, Hand mit anzulegen, damit sie entweder durch Ueberredung oder durch Bewältigung des Schiffs-Eigners die Herrschaft ausüben, und denjenigen, der dieß nicht kann, als einen Unbrauchbaren tadeln, betreffs des wahrhaften Steuermannes aber nicht einmal eine Ahnung davon haben, daß er nothwendig seine Sorgfalt auf das Jahr und seine Zeiten und auf den Himmel und seine Gestirne und auf die Winde und überhaupt auf Alles zu jener Kunst Gehörige richten muß, woferne er in Wirklichkeit ein Herrscher des Schiffes sein soll, sondern es sogar für eine Unmöglichkeit halten, daß man betreffs der Art und Weise der Lenkung, mag dieselbe Einigen erwünscht sein oder nicht, irgend eine Kunst und regelrechte Uebung zugleich neben der eigentlichen Steuermannskunst erreichen könne. Wenn demnach es derartig betreffs der Schiffe steht, glaubst du nicht, daß der wahrhaft zum Steuerruder Befähigte wirklich ein Sterngucker und ein Schwätzer und ein Unbrauchbarer von den Bootsleuten genannt werde, welche in den so eingerichteten Schiffen sich befinden? – Ja wohl, gar sehr, sagte Adeimantos. – Ich glaube demnach, sagte ich, du wirst nicht das Bedürfniß haben, dieses Bild in näherer Prüfung zu betrachten, daß es nemlich den Staaten bezüglich ihres Verhaltens zu den wahrhaft Weisheitsliebenden wirklich gleiche, sondern du wirst verstehen, was ich meine. – Ja wohl, gar sehr, sagte er. – Erstens demnach magst du denjenigen, welcher sich darüber wundert, daß die Weisheitsliebenden in den Staaten nicht geehrt werden, über dieses Bild belehren und es versuchen, ihn davon zu überzeugen, daß es weit eher zu wundern wäre, wenn sie geehrt würden. – Ja, ich werde ihn hierüber belehren, sagte er. – Und also auch über die Wahrheit seines Ausspruches, daß für die Menge die Tüchtigsten unter den

Weisheitsliebenden unbrauchbar sind; aber die Schuld dieser Unbrauchbarkeit heiße ihn denjenigen beimessen, welche eben keinen Gebrauch von ihm machen, nicht aber jenen Tüchtigen selbst; denn es liegt nicht in der Natur der Sache, daß der Steuermann die Bootsleute bitte, sich von ihm beherrschen zu lassen, und nicht, daß „die Weisen zu den Thüren der Reichen gehen", sondern wer diesen gar feinen Ausspruch gethan hat, sagte eine Lüge, die Wahrheit hingegen verhält sich von Natur aus so, daß, mag ein Reicher oder ein Armer krank sein, er zu den Thüren der Aerzte gehen muß, und ebenso jeder, der das Bedürfniß hat, beherrscht zu werden, zu den Thüren des zum Herrschen Befähigten, nicht aber daß der Herrschende die Beherrschtwerdenden bitte, sich von ihm beherrschen zu lassen, woferne hiebei in Wahrheit irgend ein Nutzen bestehen soll. Wenn du aber die jetzt in den Staaten herrschenden Männer jenen von uns so eben erwähnten Bootsleuten gleichstellst, wirst du nicht irren, und ebenso auch die von diesen als Unbrauchbare und als sternguckende Schwätzer Bezeichneten mit den wahrhaften Steuermännern. – Völlig richtig, sagte er. – In Folge hievon demnach und unter solchen Menschen kann es nicht leicht der Fall sein, daß jene schönste Thätigkeit bei denjenigen in Ansehen stehe, welche das Gegentheil hievon betreiben, sondern bei Weitem die größte und mächtigste Verleumdung erwächst der Weisheitsliebe gerade wegen jener, welche behaupten, daß sie Solches betreiben, Männer, von welchen ja, wie du angibst, die Ankläger der Weisheitsliebe sagen, daß die Meisten der zu ihr sich Wendenden ganz schlecht, und selbst noch die Tüchtigsten unter ihnen unbrauchbar seien, worin ich dir eben auch zugestand, daß du die Wahrheit sprechest; oder etwa nichts – Ja. –

5. Nicht wahr also, die Ursache der Unbrauchbarkeit der Tüchtigen haben wir hiemit durchgegangen? – Ja wohl, gar sehr. – Willst du aber, daß wir nun hernach bezüglich der Schlechtigkeit jener Meisten unter ihnen die Nothwendigkeit durchgehen und, wo möglich, zu zeigen versuchen, daß auch hieran nicht die Weisheitsliebe Schuld sei? – Ja, allerdings. – Wollen wir es denn nun hören und angeben, indem wir von jenem Punkte an es uns in's Gedächtniß zurückrufen, von welchem aus wir durchgingen, wie beschaffen die Begabung des künftig Guten und Trefflichen nothwendig sein müsse. Den Reigen aber eröffnete dort für ihn, wenn du es noch im Gedächtnisse hast, vor Allem die Wahrheit, welche er vollständig und in jeder Beziehung verfolgen mußte, oder außerdem als bloßer Prahler an der wahrhaften Weisheitsliebe keinerlei Antheil haben durfte. – Ja, so sagten wir. – Nicht wahr also, dieser Eine Punkt ist schon ein sehr

auffallender im Vergleiche mit den jetzt hierüber bestehenden Ansichten? – Ja wohl, gar sehr, sagte er. – Werden wir also nicht etwa in passender Weise ihn dadurch vertheidigen, daß der wirklich Lernbegierige von Natur aus begabt sei, nach dem Seienden zu ringen, und nicht bei den vielen einzelnen Dingen, welche durch die Meinung erfaßt werden, verbleibe, sondern seinen Weg gehe und nicht abgestumpft werde und von seiner Liebe nicht nachlasse, ehe er die Natur eines jeden, was es an und für sich ist, ergriffen hat, und zwar vermittelst jenes Theiles seiner Seele, welchem es gebührt, daß er das Derartige ergreife; es gebührt aber dem mit jenem verwandten Theile; und vermittelst dessen also wird er sich dem wirklich Seienden nähern und mit ihm sich paaren, und nachdem er so Verstand und Wahrheit gezeugt hat, würde er Einsicht besitzen und in Wahrheit leben und sich nähren, und auf diese Weise seine Geburtswehen enden, eher aber nicht. – Ja wohl, sagte er, so passend als möglich werden wir ihn hiedurch vertheidigen. – Wie nun? wird diesem es irgend zukommen, eine Unwahrheit zu lieben, oder vielmehr im Gegentheile sie zu hassen? – Sie zu hassen, sagte er. – Wenn demnach die Wahrheit den Reigen eröffnet, würden wir, glaube ich, wohl niemals sagen, daß ihr ein Reigen von Schlimmem folge. – Wie sollten wir auch? – Hingegen ein gesunder und gerechter Sinn, welchem dann auch die Besonnenheit folge. – Ja, mit Recht, sagte er. – Und demnach auch den übrigen Reigen der weisheitsliebenden Begabung, was braucht es, daß wir ihn wieder von Anfang an aufgreifen und hieher stellen? denn du erinnerst dich doch wohl, daß uns als etwas Gebührendes für Solche die Tapferkeit, die Großartigkeit, die Gelehrigkeit und die Gedächtnißgabe sich herausstellten. Und da dann du in die Rede fielst, daß ja Jeder wohl genöthigt sein werde, das von uns Gesagte zuzugestehen, aber abgesehen von den Begründungen er im Hinblicke auf die Menschen selbst, von welchen wir reden, behaupten müsse, er erblicke unter ihnen nur theils unbrauchbare, theils der größeren Zahl nach in jeder Beziehung schlechte, so haben wir dann sogleich die Ursache dieser Verleumdung erwogen und sind hiebei jetzt eben zu diesem Punkte gekommen, warum denn wohl die Meisten schlecht seien, und um dessen willen haben wir die Begabung der wahrhaft Weisheitsliebenden wieder aufgenommen und sie nothwendiger Weise festgestellt. – Ja, so ist es, sagte er. –

6. Von dieser Begabung also, sagte ich, müssen wir nun die Verderbnisse betrachten, wie sie nemlich bei den Meisten zu Grunde gehe, nur ein kleiner Theil aber davon unberührt bleibe, welche Leute eben nicht als schlecht, sondern als unbrauchbar bezeichnet werden; und hernach hinwiederum müssen

wir jene Begabungen betrachten, welche diese bloß nachäffen und in ihre Thätigkeit sich eindrängen, welcherlei nemlich sie seien, die ja in eine ihren Werth und ihre Fähigkeit übersteigende Thätigkeit hineingerathen und dort vielfach Mißgriffe machen, hiedurch aber allerwärts und bei Allen die Weisheitsliebe in jenen Ruf brachten, welchen du erwähnt hast. – Welche Verderbnisse aber, sagte er, meinst du hiemit? – Ich werde, erwiederte ich, falls ich es im Stande bin, versuchen, sie dir durchzugehen. Dieß einmal, glaube ich, wird uns jeder zugestehen, daß eine derartige Begabung, welche jenes Sämmtliche in sich trägt, was wir so eben vorschrieben, falls sie in vollendeter Weise eine weisheitsliebende werden soll, in wenigen Fällen und in geringer Anzahl unter den Menschen entstehen wird; oder glaubst du nicht? – Ja, gar sehr. – Und nun erwäge, wie viele und wie große Gefahren den Untergang dieser Wenigen drohen. – Welche denn wohl? – Was von Allem am wundersamsten zu hören ist, liegt darin, daß jedes Einzelne von demjenigen, was wir an dieser Begabung priesen, die es besitzende Seele vernichtet und von der Weisheitsliebe abzieht; ich meine nemlich die Tapferkeit und die Besonnenheit und all jenes, was wir durchgingen. – Dieß ist ja ungereimt, sagte er, zu vernehmen. – Ferner demnach, sprach ich, außer diesem wirken sämmtliche sogenannte Güter verderblich und abziehend, nemlich Schönheit und Reichthum und Körperkraft und eine im Staate mächtige Verwandtschaft und Alles, was sonst noch hieher gehört; du hast nemlich hiemit ungefähr das Gepräge dessen, was ich meine. – Ja, ich habe es, sagte er; und zwar gerne möchte ich von dir genauer erfahren, was du hiebei meinst. – Erfasse demnach, sprach ich, das Ganze in richtiger Weise, und es wird sich dir in Klarheit zeigen und das so eben hierüber Gesagte dir nicht ungereimt scheinen. – In welcher Weise also, sagte er, willst du, daß ich es mache? – Von jedem Samen oder Keime, sagte ich, sei es der in der Erde wurzelnden Pflanzen, oder sei es der Thiere, wissen wir, daß jeder, welchem nicht die ihm gebührende Nahrung oder Jahreszeit oder Oertlichkeit zu Theil wird, gerade, je saftiger er ist, desto mehrerer ihm zukommender Eigenschaften ermangelt; denn dem Guten ist das Schlechte wohl feindlicher entgegengesetzt als dem Nicht-Guten. – Wie sollte es auch anders sein? – Es hat demnach, glaube ich, seinen guten Grund, daß die beste Begabung bei einer ihr fremdartigeren Pflege schlechter wegkömmt als die geringe. – Ja, es hat seinen Grund. – Nicht wahr also, o Adeimantos, sagte ich, auch betreffs der Seelen wollen wir nun ebenso behaupten, daß die bestbegabten, wenn ihnen eine schlechte Erziehung zu Theil wird, ausnehmend schlecht werden; oder glaubst du etwa, daß die großen Vergehen und die unvermischte Schlechtigkeit aus einer geringen

Begabung und nicht aus einer übersprudelnden, welche aber durch die Art ihrer Pflege zu Grunde ging, erwachsen, sondern glaubst du, daß eine schwache Begabung von nichts Großem, weder Gutem, noch Bösem, jemals die Ursache sein werde? – Nein, sagte er, ersteres nicht, aber eben letzteres. – Jene Begabung demnach, welche wir als die des Weisheitsliebenden aufstellten, muß, glaube ich, wenn ihr der gebührende Unterricht zu Theil wird, nothwendig in ihrem Heranwachsen zu jeder Vortrefflichkeit gelangen, wenn sie aber nicht in dem gebührenden Boden gesät und gepflanzt ist und gepflegt wird, so muß sie hinwiederum zu allem Gegentheile hievon gelangen, falls nicht etwa irgend Einer der Götter ihr zu Hülfe eilt. Oder bist etwa auch du, wie der große Haufe, der Ansicht, daß irgend Jünglinge durch Sophisten verdorben werden, oder irgend einzelne zerstreut lebende Sophisten sie in einem Grade verderben, von welchem zu reden der Mühe werth wäre, nicht aber diejenigen, welche so sprechen, selbst die größten Sophisten seien und Jünglinge und Aeltere und Männer und Frauen vollständig in einer Weise heranbilden und zu solchen machen, wie sie dieselben wünschen müssen. – Wann thun sie denn dieß? sagte er. – Wann, sprach ich, ihrer Viele beisammen sitzen in Volksversammlungen oder Gerichtshöfen, oder Theatern, oder Feldlagern, oder in irgend einer anderen gemeinsamen Zusammenkunft der Menge, und sie dann mit vielem Lärmen das Eine von jenem, was gesprochen oder gethan wird, tadeln und das Andere loben, nach beiden Seiten mit Uebertreibung und Geschrei und Poltern, und außerdem auch die Felsen und der Ort, an welchem sie sich befinden, erdröhnen und den Lärm des Tadels und Lobes verdoppeln. In solcher Umgebung demnach, wie glaubst du, daß es da, nach dem gewöhnlichen Ausdrucke, in der Herzkammer des Jünglinges aussehen werde, oder von welcher Einzelerziehung glaubst du, daß sie ihm ein Gegengewicht halten werde, ohne daß sie durch derartigen Tadel oder Lob überspült und im Strudel dorthin fortgerissen werde, wohin eben dieser seine Richtung nimmt? und daß er also wohl das Nemliche, wie jene, als schön und als schimpflich bezeichnen, und das Nemliche, wie jene, betreiben, und überhaupt ein ihnen gleicher sein werde? – Ja, eine arge Nothwendigkeit, o Sokrates, sagte er, ist dieß. –

7. Und doch, erwiederte ich, haben wir die ärgste Nothwendigkeit noch nicht ausgesprochen. – Welche ist dieß? sagte er. – Jene, welche diese Erzieher und Sophisten noch durch die That dem Worte hinzufügen, falls sie mit diesem Jemanden nicht überreden; oder weißt du nicht, daß sie denjenigen, welcher sich nicht überreden läßt, durch Ehren, Geld und Todes-Strafen züchtigen? – Ja wohl,

gar sehr, sagte er. – Von welchem anderen einzelnen Sophisten oder von welchen zerstreut vorkommenden Reden glaubst du nun, daß sie diesen entgegenstrebend die Oberhand gewinnen werden? – Wohl von keinem glaube ich es, sagte er. – Allerdings nicht, sprach ich; denn auch der bloße Versuch schon ist eine große Thorheit; denn weder ist es der Fall, noch war es der Fall, noch wird es je der Fall sein, daß ein Gemüth bezüglich der Vortrefflichkeit irgend sich ändern lasse, insoferne es im Widerspruche mit der Erziehungsweise Jener erzogen würde, nemlich ein menschliches, mein Freund; ein göttliches jedoch wollen wir nach dem Sprüchworte von diesem Ausspruche ausnehmen; denn wir müssen wohl wissen, daß wenn es gerettet wird und in der derartigen Einrichtung der Staaten ein Derartiges wird, wie es sein soll, du nicht Unrecht haben wirst, wenn du sagst, ein Antheil eines Gottes habe es gerettet. – Auch mir, sagte er, scheint es nicht anders zu sein. – Ferner demnach, sprach ich, möge zu diesem auch noch Folgendes deine Zustimmung finden. – Was denn wohl? – Daß jeder von jenen um Lohn arbeitenden vereinzelten Leuten, welche von jenen als Sophisten bezeichnet und für Kunstnebenbuhler gehalten werden, nichts Anderes lehrt, als eben die Ansichten der Menge, welche sie hegt, wenn sie beisammen sitzt, und daß jeder dieß dann Weisheit nennt, gerade wie wenn er etwa die Leidenschaften und Begierden eines großen und starken Thieres, welches er füttert, studirt hatte, nemlich wie man sich demselben nähern und es anrühren dürfe, und wann es am gefährlichsten und am sanftesten sei und wodurch es dieß werde, und bei welchen Dingen es Töne von sich zu geben pflege, und bei welchen Lauten eines Anderen es zahm und wieder wild werde, und er also dann, wenn er all dieß in langem Zusammensein und vielem Zeitaufwande studirt hätte, dieß Weisheit nennen und nach Kunstregeln zusammenstellen und hiemit an das Lehren sich machen würde, ohne in Wahrheit irgendwie bezüglich jener Ansichten und Begierden zu wissen, was schön oder schimpflich, oder gut, oder bös, oder gerecht, oder ungerecht sei, sondern alle diese Bezeichnungen nur je nach den Meinungen des großen Thieres gebrauchen würde, etwas Gutes dasjenige nennend, woran jenes Freude hat, und etwas Böses, worüber jenes ungehalten ist, und er hiemit keinen anderen Begriff von solchen Dingen hätte, sondern das Nothwendige als das Gerechte und Schöne bezeichnen würde, die Natur aber des Nothwendigen und des Guten in ihrem wirklichen Unterschiede weder jemals erblickt hätte, noch einem Anderen sie zu zeigen befähigt wäre. Und wenn er demnach so beschaffen ist, scheint er dir da, bei Gott, nicht ein ganz ungereimter Erzieher zu sein? – Ja, gewiß, sagte er. – Scheint dir nun etwa von diesem sich jener zu unterscheiden, welcher die genaue Kenntnisnahme der Leidenschaft und der Gelüste jener vereinigten mannigfachen Menge für Weisheit hält, sei es in der Malerei oder in der Musik oder in der Politik? Denn wenn Jemand mit jenen Vielen umgeht und vor ihnen Poesie oder irgend eine andere Werkthätigkeit oder Dienstleistungen für den Staat zur Schau trägt, indem er sie, die Vielen, weit über die Gränze der Noth hinaus zu seinen Gebietern macht, so besteht für ihn gewiß die sogenannte Diomedeische Nothwendigkeit, all dasjenige zu thun, was jene loben; darüber aber, daß Solches in Wahrheit gut und schön sei, wirst du wohl bis jetzt noch nie von ihnen eine Angabe einer Begründung gehört haben, welche wenigstens nicht zum Lachen gewesen wäre. – Ich glaube aber, sagte er, daß ich wohl auch niemals eine andere hören werde. –

8. All dieses demnach bedenke und erinnere dich wieder an jenes Frühere: das Schöne an und für sich, nicht aber die vielen schönen Dinge, und überhaupt bei jedem Einzelnen das an und für sich Seiende, nicht aber die vielen einzelnen seienden Dinge, zu ertragen und daran zu glauben, ist dieß wohl Sache der Menge? – Gewiß am allerwenigsten, sagte er. – Also weisheitsliebend, sprach ich, kann die Menge unmöglich sein? – Ja, unmöglich. – Also müssen auch diejenigen, welche ihre Weisheitsliebe bethätigen, nothwendig von jenen Vielen getadelt werden. – Ja, nothwendig. – Und demnach auch werden sie von jenen einzeln zerstreut lebenden Mengen getadelt werden, welche im Umgange mit dem großen Haufen nur diesem zu gefallen wünschen. – Ja, dieß ist klar. – Welche Rettung demnach aus solchen Verhältnissen erblickst du für eine weisheitsliebende Begabung, so daß dieselbe in ihrer Thätigkeit verbleibe und an's Ziel gelange? Bedenke aber auch das Frühere; wir haben nemlich ja zugestanden, daß Gelehrigkeit und Gedächtnißgabe und Tapferkeit und Großartigkeit bei dieser Begabung sich finden. – Ja. – Nicht wahr also, in Allem wird der derartige Mensch unter allen der erste sein, zumal wenn er auch einen der Seele entsprechenden Körper hat? – Warum sollte er auch nicht? sagte er. – Es werden also, glaube ich, wenn er älter geworden ist, seine Angehörigen und Mitbürger von ihm zu ihren Geschäften Gebrauch machen wollen. – Warum auch nicht? – Zu seinen Füßen also werden sie mit Bitten und Ehrenbezeigungen liegen, indem sie schon im Voraus seine künftige Bedeutsamkeit festbannen und ihr schmeicheln. – Es pflegt wenigstens, sagte er, gewöhnlich so zu geschehen. – Was glaubst du also, sprach ich, daß ein Derartiger unter Derartigen thun werde, zumal wenn er einem großen Staate angehört und in diesem ein reicher Mann und von angesehenem Geschlechte ist, und außerdem auch von schöner Gestalt

und groß? glaubst du nicht, er werde von übermäßiger Hoffnung erfüllt werden, in der Meinung, er sei tüchtig genug, in alle Verhältnisse der Hellenen und der Nicht-Hellenen einzugreifen? und er werde darüber hoch sich selbst erheben, erfüllt von Großthuerei und eitlem Selbstvertrauen ohne Verstand? – Ja wohl, gar sehr, sagte er. – Und wenn denn nun zu einem Manne, welcher in diesem Zustande sich befände, ruhig Jemand hinträte und die Wahrheit spräche, daß Verstand ihm nicht einwohne, sondern er desselben erst noch bedürfe, ihn aber nicht erwerben könne, wenn er nicht völlig diesem Streben allein diene, glaubst du da, es werde wohl leicht geschehen, daß jener in Mitten so vieler Uebel ihn anhöre? – Ja, allerdings weit gefehlt, sagte er. – Falls aber, sprach ich, in Folge guter Begabung und eigener innerer Verwandtschaft doch Einer jene Gründe fühlt und sich lenken läßt und zur Weisheitsliebe hingezogen wird, was glauben wir, daß dann jene thun werden, welche meinen, es sei dieß für seine Brauchbarkeit und für den freundschaftlichen Verkehr mit ihm gefährlich? werden sie nicht in Wort und That alles Mögliche sprechen und thun, sowohl bezüglich seiner selbst, damit er sich nicht überreden lasse, als auch bezüglich des ihn überredenden, damit dieser hiezu nicht im Stande sei, indem sie nemlich sowohl im Privatleben Hinterlist üben als auch von Staatswegen Verfolgungen veranlassen? – Ja, durchaus nothwendig ist dieß, sagte er. – Wird also der Derartige seine Weisheitsliebe irgendwie bethätigen? – Allerdings nicht. –

9. Siehst du also, sprach ich, daß wir nicht unrichtig sagten, daß selbst ja auch die eigenen Theile der weisheitsliebenden Begabung, wann sie eine schlechte Pflege finden, gewissermaßen Ursache eines Abfalles von der Bethätigung derselben sind, und ebenso auch die sogenannten Güter, nemlich Reichtum und all die derartige äußere Einrichtung? – Allerdings nicht unrichtig wurde dieß von uns gesagt, sondern richtig. – Dieß demnach, du Wunderlicher, sagte ich, ist die Gefahr des Unterganges und derartig und so bedeutend ist das Verderbniß der besten Begabung bezüglich der trefflichsten Thätigkeit, einer Begabung, welche ohnedieß nur, wie wir sagen, in geringer Anzahl vorkömmt; und aus diesen Männern demnach entstehen sowohl jene, welche die größten Uebel sowohl den Staaten, als auch den Einzelnen zufügen, als auch diejenigen, welche das größte Gute, woferne nemlich ihre Strömung diese Richtung hat; eine unbedeutende Begabung aber leistet niemals irgend Großes weder für einen Einzelnen, noch für einen Staat. – Völlig wahr ist dieß, sagte er. – Indem denn nun diese auf solche Weise von jenem abfallen, was ihnen am meisten gebührt, lassen sie die Weisheitsliebe verödet und ohne Erreichung ihres Zweckes zurück, und sie

selbst führen ein Leben, welches ihnen nicht gebührt und keine Wahrheit in sich hat; in die Weisheitsliebe aber, welche gleichsam von allen ihren Verwandten verwaist ist, traten sofort dann Andere, ihrer Unwürdige, ein und schändeten sie und fügten ihr jene Schmach zu, welche, wie du behauptest, auch jene aussprechen, die sie darüber schmähen, daß ihre Anhänger theils ohne Werth, theils aber ihrer größeren Zahl nach an vielem Schlechten Schuld seien. – Es ist ja auch, sagte er, wenigstens was angeführt wird, wirklich dieß. – Ja, und aus guten Gründen, erwiederte ich, wird dieß angeführt; denn es erblicken hinwiederum irgend andere Menschlein, daß jener Platz leer geworden, dabei aber voll herrlicher Worte und Vorwände sei, und wie diejenigen, welche aus dem Kerker entlaufend in Tempel sich flüchten, so hüpfen auch diese gar bereitwillig aus ihren Kunstfertigkeiten in die Weisheitsliebe hinüber, nemlich gerade jene, welche in ihrem eigenen Künstlein immer die feinsten sind; denn dennoch bleibt ja im Vergleiche mit den übrigen Künsten die Geltung der Weisheitsliebe, wenn gleich es mit ihr so schlimm steht, immerhin eine großartigere, und hiernach eben streben viele, sind aber dabei in ihrer Begabung ohne allen Keim, durch den Betrieb aber ihrer Künste und Handwerksthätigkeit ebensosehr, wie sie körperlich verkümmert sind, auch in ihren Seelen gebrochen und aufgerieben in Folge ihrer niedrigen Beschäftigung; oder muß dieß nicht nothwendig so sein? – Ja wohl, gar sehr, sagte er. – Glaubst du also, sprach ich, daß sie sich ihrem Anblicke nach von einem kahlen und unansehnlichen Schmidgesellen unterscheiden, welcher irgend zu Geld gekommen ist und erst kürzlich aus dem Gefängnisse sich auslöste, in einem Bade dann sich wusch und ein neues Kleid anzog, angethan wie ein Bräutigam, indem er im Begriffe ist, die Tochter seines Herrn wegen ihrer Armuth und Verlassenheit zu heirathen? – Nicht sehr, sagte er, unterscheidet er sich von einem Solchen. – Welche Sprößlinge also ist zu erwarten, daß die Derartigen erzeugen werden? nicht sicher unechte und schlechte? – Ja, durchaus nothwendiger Weise. – Wie aber ist es mit jenen, welche der Bildung unwürdig sind, sobald sie derselben sich nähern und unverdienter Weise mit ihr Umgang pflegen? welcherlei Gedanken und Meinungen sollen wir von diesen sagen, daß sie erzeugen? nicht in Wahrheit solche, welche gebührender Weise als sophistische Reden sich hören lassen, aber durchaus nichts Aechtes und Nichts, was in würdiger Weise an wahrhaftes Nachdenken sich anreihen könnte? – Ja, völlig so, sagte er. –

10. Also ein ganz kleiner Theil, o Adeimantos, sprach ich, bleibt von denjenigen übrig, welche in verdienter Weise mit der Weisheitsliebe Umgang

pflegen, sei es, daß irgend durch Verbannung ein edler und wohlerzogener Charakter betroffen wird, indem er dann aus Mangel an Verderbern gemäß seiner Natur bei der Weisheitsliebe verharrt, oder sei es, wenn in einem kleinen Staate ein großer Geist geboren wird und derselbe die staatlichen Verhältnisse verachtet und über sie hinwegsieht; irgend ein kleiner Theil aber möchte es wohl auch sein, welcher von anderen Künsten hinweg in gerechter Verachtung derselben mit guter Begabung zur Weisheitsliebe sich wenden würde; es möchte aber vielleicht auch jener Zügel, welchen unser Freund Theages an sich trägt, im Stande sein, Jemanden festzubannen; denn auch bei Theages ist alles Uebrige in einem solchen Zustande, daß er von der Weisheitsliebe abfallen würde, aber die Pflege seines kränklichen Körpers hält ihn von staatlichen Dingen ferne und bannt ihn fest; von unserem eigenen Zustande aber zu sprechen, ist nicht der Mühe werth, nemlich von jener dämonischen Warnungsstimme; denn eine solche ist unter den Früheren entweder nur einigen Wenigen oder vielmehr gar keinem Anderen zu Theil geworden. Und wer denn nun unter diesen Wenigen wirklich kostet oder schon gekostet hat, wie süß und beseligend jener Besitz sei, und hinwiederum den Wahnsinn der Menge genügend durchschaut, sowie auch daß kein Einziger, so zu sagen, irgend etwas Gesundes bezüglich der staatlichen Verhältnisse verübt, und es auch nicht einmal einen Bundesgenossen gibt, mit welchem man zur Hülfeleistung für das Gerechte sich auf den Weg machen und dabei gerettet werden könnte, sondern daß er selbst wie ein Mensch unter Thiere gerathen sei und dort, weil er weder gemeinschaftlich mit ihnen Unrechtes thun wolle, noch auch er der Einzige allen Wilden das Gegengewicht zu halten vermöge, sicher noch eher, als er dem Staate oder den Freunden irgend genügt habe, selbst zu Grunde gehen werde, als ein Nutzloser für sich selbst und für die Uebrigen, – also all dieses wenn er in vernünftiger Erwägung erfaßt, so wird er Ruhe halten und das Seinige thun, gleichsam wie in dem Sturme eines vom Winde aufgeregten Staubwirbels und Unwetters an eine Mauer hintretend, und indem er sieht, wie die Uebrigen von Ungesetzlichkeit erfüllt sind, wird er sich dabei begnügen, wenn er selbst rein von Ungerechtigkeit und unerlaubten Thaten sowohl sein hiesiges Leben führt, als auch bei dem Abscheiden aus ihm mit herrlicher Hoffnung heiter und wohlgemuth abscheidet. – Wahrhaftig aber, sagte er, nicht Geringes ja hätte er auch vollbracht um dann abzuscheiden. – Aber ja auch nicht das Größte, erwiederte ich, woferne er nicht einen ihm gebührenden Staat gefunden hat; denn in einem Staate, welcher ihm wirklich gebührt, wird er sowohl selbst besser gedeihen, als auch mit seinen Einzel-Verhältnissen zugleich das Gemeinsame retten.

11. Was also nun die Weisheitsliebe betrifft, so scheint mir hiemit genügend angegeben zu sein, warum sie ein Gegenstand der Verleumdung wurde, sowie auch, daß dieß mit Unrecht geschah, woferne nemlich nicht du noch irgend Weiteres vorbringst. – Aber ich bringe auch, sagte er, in der That hierüber Nichts mehr vor; hingegen welche unter den jetzigen Staatsverfassungen meinst du denn unter jener gebührenden? – Nicht eine einzige, erwiederte ich, sondern eben hierin erblicke ich die Schuld, weil keine unter den jetzigen Einrichtungen eines Staates der weisheitsliebenden Begabung würdig ist; daß nemlich darum auch diese verdreht und verändert werde, sowie ein fremder Same in ein anderes Land gesät dahinschwindet und durch Ueberwältigung in die dort heimische Art überzugehen pflegt, und daß ebenso auch jene Gattung die ihr eigenthümliche Geltung nicht behaupten kann, sondern in eine fremde Art umschlägt; sobald sie hingegen auf den besten Staat trifft, so wird sie dann, sowie sie auch selbst die beste ist, sogleich zeigen, daß Solches wirklich etwas Göttliches, alles Uebrige aber nur menschlich ist, sowohl was die Begabungen, als auch was die Thätigkeiten betrifft. Klar also ist, daß du nun hernach fragen wirst, welcher denn dieser Staat sei. – Da irrst du, sagte er; denn nicht um dieß zu fragen, war ich im Begriffe, sondern ob jener Staat, welchen wir bisher in unserer Gründung durchgingen, es sei, oder ob ein anderer. – In allem Uebrigen, sagte ich, ist es schon dieser; aber eben jenes wurde auch damals schon angegeben, daß irgend Etwas in jenem Staate stets sich befinden müsse, was eben jenen nemlichen Begriff des Staates besitze, welchen auch du als Gesetzgeber besaßest, indem du deine Gesetze aufstelltest. – Ja, dieß wurde angegeben, sagte er. – Aber nicht genügend, sprach ich, wurde es damals klar gemacht, aus Furcht vor jenen eueren Angriffen, durch welche ihr kundgabt, daß der Nachweis hievon ein langer und schwieriger sei, da ja auch das noch Uebrige nicht gerade am leichtesten durchgegangen werden kann. – Was meinst du hiemit? – Auf welche Weise ein Staat die Weisheitsliebe in seine Hand nehmen müsse, um sie nicht zu verderben; denn alles Große ja ist dem Sturze ausgesetzt, und es ist wirklich, wie es im Sprüchworte heißt, „das Schöne schwierig". – Demnach aber, sagte er, möge unser Nachweis seinen Abschluß finden, wenn dieß deutlich geworden ist. – Nicht daß ich nicht wollte, erwiederte ich, sondern allenfalls daß ich nicht kann, ist das einzige Hinderniß; du sollst aber hier sogleich meine Bereitwilligkeit erfahren; erwäge aber auch jetzt, wie bereitwillig und aller Gefahr mich aussetzend ich es aussprechen will, daß gerade im Gegensatze gegen die jetzige Weise ein Staat diese Thätigkeit aufgreifen müsse. – Wie so? – Jetzt nemlich, sagte ich, pflegen jene Jünglinge, welche diese Thätigkeit

überhaupt ergreifen, sogleich noch als Knaben mitten unter häuslichen und Geld-Geschäften sich dem schwierigsten Theile derselben zu nähern und hierauf sogleich die Sache wieder aufzugeben (ich meine aber unter dem Schwierigsten dasjenige, was das Aussprechen der Begründungen betrifft); in der späteren Zeit aber, wenn sie etwa auch auf die Anforderung Anderer, welche solches betreiben, die bloßen Zuhörer derselben werden wollen, so halten sie dieß schon für etwas Großes, weil sie der Meinung sind, man dürfe nur nebenbei es betreiben; näher gegen das Greisenalter aber pflegen sie, mit Ausnahme einiger Weniger, zu verlöschen, und zwar noch mehr als die Heraklitische Sonne, insoweit sie nemlich nicht wieder entbrennen. – Wie aber muß man es anders angreifen? sagte er. – Ganz im Gegentheile hievon sollen sie, so lange sie noch Jünglinge und Knaben sind, auch eine bloß für Jünglinge passende Bildung und Weisheitsliebe zur Hand nehmen, und für ihren Körper, während er sich entwickelt und heranreift, sehr gut sorgen, indem sie hiedurch einen Beistand für ihre Weisheitsliebe sich erwerben; im weiteren Fortschreiten aber jenes Alters, in welchem die Seele sich zu vollenden beginnt, sollen sie die Uebungen eben jener stärker anspannen; wann aber die Körperstärke bereits nachläßt und sie der staatlichen Thätigkeit und der Feldzüge überhoben sind, dann sollen sie ihr freie Nahrung lassen und nichts Anderes, außer höchstens nebenbei, betreiben, woferne sie glücklich leben und nach ihrem Tode das vollbrachte Leben mit dem geziemenden jenseitigen Loose krönen wollen. –

12. Wie wahr scheint es mir doch zu sein, sagte er, daß du allerdings bereitwillig sprichst, o Sokrates; ich glaube jedoch, daß die Meisten von den dieß Hörenden noch bereitwilliger dir entgegenarbeiten und in keinerlei Weise überzeugt sein werden, vom Thrasymachos vor Allem angefangen. – Entzweie doch nicht, sagte ich, mich und den Thrasymachos, die wir so eben erst Freunde geworden sind und ja auch vorher keine Feinde gewesen waren; denn wir werden mit dem Versuchen nicht nachlassen, bis wir entweder ihn und alle Uebrigen überzeugt, oder wenigstens irgend Etwas für jenes Leben gefördert haben, wann sie zum zweitenmale geboren auf derartige Bedingungen stoßen werden. – Eine Kleinigkeit ja, sagte er, ist diese Spanne Zeit, von der du da sprichst. – Allerdings, erwiederte ich, ist sie so viel wie Nichts im Vergleiche mit der gesammten Zeit. Jedoch daß die Meisten durch das Gesagte nicht überzeugt werden, ist nicht zu wundern; denn sie sahen noch niemals, daß, was wir jetzt da sagen, wirklich eingetreten sei, sondern wohl weit eher, daß irgend derartige Worte absichtlich in ihrer Ähnlichkeit neben einander hingestellt wurden und nicht so ganz von

selbst, wie jetzt bei uns, in Eins zusammentrafen; hingegen daß ein Mann, welcher bis zur Gränze des Möglichen in Wort und That vollkommen der Vortrefflichkeit gleichkömmt und ihr ähnlich ist, auch der Herrscher in einem Staate von eben der nemlichen Beschaffenheit sei, haben sie noch niemals gesehen, weder bei Einem, noch bei mehreren Männern. – Gewiß in keiner Weise. – Aber ja auch Begründungen solcher Art, o du Hochzupreisender, nemlich so herrliche und so freie, haben sie nicht in genügender Weise mitangehört, welche nemlich den Gehalt haben, die Wahrheit in angespannter Aufmerksamkeit auf jede mögliche Weise um der Einsicht willen zu suchen, mit all jenem aber Nichts zu schaffen haben wollen, was fein gedrechselt und streitsüchtig ist und auf Nichts anderes, als auf die Meinung und auf den Streit sowohl in Gerichtshändeln, als auch im Verkehre der Einzelnen abzielt. – Allerdings auch diese haben sie nicht gehört, sagte er. – Um dessen willen, sprach ich, und in Voraussicht hievon haben wir auch damals zwar mit Furcht, aber dennoch, durch die Wahrheit selbst genöthigt, es gesagt, daß weder ein Staat, noch eine Staatsverfassung, noch auch in gleicher Weise ein einzelner Mann jemals zur Vollkommenheit gelangen könne, bevor diesen Weisheitsliebenden, welche jetzt als die Wenigen und nicht Schlechten, jedenfalls aber Unbrauchbaren bezeichnet werden, irgend durch einen Zufall eine Nothwendigkeit erwächst, mögen sie wollen oder nicht, für einen Staat zu sorgen und dem Staate ihr Gehör zu leihen, oder bevor in die Söhne der jetzigen Machthaber und Könige oder in diese selbst durch irgend einen göttlichen Hauch ein Streben nach wahrhafter Weisheitsliebe kömmt. Bei welchem von diesen beiden aber, oder ob bei beiden das wirkliche Eintreten völlig unmöglich sei, dafür behaupte ich keinen Grund zu finden; denn dann wohl würden wir mit Recht verlacht, daß wir zwecklos Dinge sprächen, welche frommen Wünschen ähnlich wären. Oder ist es nicht so? – Ja, es ist so. – Wenn demnach für die in der Weisheitsliebe Hervorragenden irgend eine Nothwendigkeit, daß sie für einen Staat sorgen, entweder irgend einmal in der unbegränzt langen vergangenen Zeit bestand, oder auch gegenwärtig in irgend einer nicht-hellenischen Gegend besteht, welche wohl weit außerhalb unseres Gesichtskreises liegt, oder etwa auch dereinst einmal bestehen wird, so sind wir bereit, hiefür in unserer Begründung zu kämpfen, daß dann dieser unser Staat bestand oder besteht oder bestehen wird, wann nemlich diese unsere Muse die Oberhand über einen Staat gewonnen haben wird; denn unmöglich ist es nicht, daß er entstehe, und auch wir sagen nicht Unmögliches, als etwas Schwieriges aber wird es auch von uns zugestanden. – Auch mir, sagte er, scheint es so zu sein. – Daß es aber der Menge, erwiederte ich, hinwiederum nicht so scheine, wirst du wohl sagen? – Ja, vielleicht, sagte er. – O du Hochzupreisender, sprach ich, klage doch die Menge nicht so sehr an; jene werden ja eine andere Meinung fassen, wenn du ihnen, und zwar nicht in Streitsucht, sondern in freundlicher Zusprache und mit Widerlegung der Verleumdung des Vielwissens, erst nachweisest, welche Menschen du Weisheitsliebende nennest, und die Begabung und Thätigkeit derselben, wie wir so eben thaten, feststellst, damit sie eben nicht mehr glauben, du sprechest von jenen, welche sie dabei im Sinne hatten. Wahrlich ja, wenn sie es auf diese Weise betrachten, wirst du selbst sagen, daß sie eine andere Meinung erfassen und uns anders antworten werden; oder glaubst du, daß Jemand zürnen werde dem nicht Zürnenden, oder mißgünstig sein werde gegen den nicht Mißgünstigen, woferne jener selbst ohne Mißgunst und sanftmüthig ist? Ich will nemlich mit der Antwort dir zuvorkommen und selbst sagen, daß ich glaube, es finde sich nur in irgend Wenigen, nicht aber in der Masse überhaupt eine so gefährliche Begabung. – Und ich nun, sagte er, glaube es zuverlässig gleichfalls. – Nicht wahr also, auch dieß glaubst du gleichfalls, daß an der gefährlichen Stimmung der Menge gegen die Weisheitsliebe eben Diejenigen die Schuld tragen, welche von Außen ungebührlich in dieselbe wie ein Schwarm Trunkener hereinstürmten und auf die Menschen schmähen und eine Freude an Gehässigkeit haben und immer nur über die Leute ihre Reden halten, eine Betriebsamkeit übend, welche am wenigsten der Weisheitsliebe ziemt. – Ja wohl, bei Weitem, sagte er. –

13. Es hat ja, o Adeimantos, Derjenige, welcher in Wahrheit seinen Sinn auf das Seiende richtet, keine Zeit, nach Unten hinab in die Geschäftigkeit der Leute zu blicken und im Kampfe mit ihnen sich mit Mißgunst und Feindseligkeit zu erfüllen, sondern indem er auf irgend feststehende und stets sich gleichmäßig verhaltende Gegenstände hinsieht und sie betrachtet, welche gegenseitig weder Unrecht thun, noch Unrecht leiden, sondern sämmtlich in Ordnung und vernunftgemäß sich verhalten, so wird er diese nachahmen und so sehr als möglich sich ihnen ähnlich machen; oder glaubst du, es könne vorkommen, daß Jemand dasjenige nicht nachahme, mit welchem er in Bewunderung stets verkehrt? – Nein, dieß ist unmöglich, sagte er. – Und wenn also der Weisheitsliebende mit Göttlichem und Geordnetem verkehrt, so wird er wohl auch selbst ein Göttlicher und Geordneter werden, so weit dieß einem Menschen möglich ist; Verleumdung aber gibt es allerdings bei Allem in hohem Grade. – Ja wohl, durchaus. – Wenn also, sprach ich, für ihn sich eine Nothwendigkeit

ergibt, daß er sich bemüht, was er dort gesehen, in die Sitten der Menschen sowohl im Einzelnen. als auch im Staate einzutragen und nicht bloß sich selbst auszubilden, glaubst du da, es werde derselbe ein schlechter Werkmeister der Besonnenheit und der Gerechtigkeit und der gesammten staatsbürgerlichen Vortrefflichkeit werden? – Nein, gewiß nicht, sagte er. – Wenn aber nun die Menge es bemerkt, daß wir die Wahrheit über ihn sagen, wird sie dann wohl den Weisheitsliebenden zürnen und unserer Behauptung mißtrauen, daß niemals in anderer Weise ein Staat glücklich sein könne, als wenn der Umriß desselben von jenen Malern entworfen wird, welche hiebei des göttlichen Musterbildes sich bedienen? – Nein, sie wird nicht zürnen, sagte er, wenn sie nemlich jenes bemerkt; aber welche Art und Weise dieses Umrisses meinst du denn hiemit? – Sie werden, sprach ich, den Staat und die Sitten der Menschen wie eine Tafel nehmen und vor Allem wohl dieselbe reinigen, was zwar nicht sehr leicht ist; aber du weißst nun wohl schon, daß sie eben darin von vorneherein von allen Übrigen sich unterscheiden dürften, daß sie nicht eher an einen einzelnen Menschen oder an einen Staat sich machen, oder Gesetze aufstellen wollen, als bis sie den Staat entweder als einen reinen überkommen, oder selbst dazu gemacht haben. – Ja, und mit Recht, sagte er. – Nicht wahr also, hernach, glaubst du, würden sie die Form der Staatsverfassung im Umrisse entwerfen? – Warum auch nicht? – Und sodann, glaube ich, würden sie bei dieser Arbeit wohl häufig nach beiden Seiten vergleichend hin und her blicken, nemlich sowohl auf das von Natur aus Gerechte und Schöne und Besonnene und all Derartiges, als auch hinwiederum auf das in den Menschen Befindliche, und würden in einer Mischung und Vereinigung der verschiedenen Thätigkeiten ihnen das Menschenähnliche einpflanzen, von jenem es entnehmend, was auch Homeros, wenn es bei Menschen sich findet, ein Gottartiges und Gottähnliches nennt. – Du hast Recht, sagte er. – Und das Eine also, glaube ich, würden sie ausstreichen und Anderes wieder hineinzeichnen, bis sie so sehr als möglich im höchsten Grade menschliche Sitte zu einer gottgefälligen gemacht haben. – Die herrlichste Zeichnung wenigstens, sagte er, möchte dieß werden. – Werden wir also, sprach ich, nun wohl jene überzeugen, welche, wie du sagtest, in gespannter Hast auf uns losrennen würden, daß nemlich wirklich ein Derartiger der Zeichner der Staatsformen sei, welchen wir damals ihnen gegenüber lobten, und um dessen willen sie uns zürnten, daß wir ihm die Staaten anvertrauen wollten, und werden jene, wenn sie es jetzt in noch höherem Grade hören, sich besänftigen? – Ja gewiß, sagte er, woferne sie besonnen sind. – Wie sollten sie ja auch es bestreiten können? etwa damit, daß die Weisheitsliebenden nicht wirklich Liebhaber des

Seienden und der Wahrheit seien? – Dieß wäre ja ungereimt, sagte er. – Aber etwa damit, daß die Begabung derselben, wie wir sie durchgingen, nicht dem an sich Besten angehöre. – Nein, auch mit diesem nicht. – Wie aber? etwa daß die derartige Begabung, wenn sie die ihr gebührenden Thätigkeiten findet, nicht in vollkommener Weise eine gute und weisheitsliebende sein werde, wenn je es überhaupt eine Begabung sein kann? oder werden sie etwa von jenen es eher behaupten, welche wir ausgeschieden haben? – Doch wohl hoffentlich nicht. – Werden sie also noch sich wild geberden, wenn wir behaupten, daß, ehe nicht das weisheitsliebende Geschlecht in einem Staate die Oberhand gewonnen hat, es weder für den Staat, noch für die Bürger ein Aufhören der Uebel gebe, noch auch jene Staatsform, welche wir dichterisch in unseren begründenden Worten darstellten, jemals tatsächlich ihre Vollendung finden werde? – Vielleicht, sagte er, werden sie weniger wild sich geberden. – Willst du etwa, erwiederte ich, daß wir nicht bloß sagen, sie seien weniger wild, sondern vollständig sanft geworden und hinreichend überzeugt. um, wenn auch aus keinem anderen Grunde, doch aus Scham es uns zuzugestehen? – Ja wohl, allerdings, sagte er. –

14. Diese demnach, sprach ich, mögen hievon als überzeugt gelten. Könnte aber dieß wohl Jemand bestreiten, daß nicht auch zufällig wohl Sprößlinge von Königen oder Machthabern vermöge ihrer Begabungen als weisheitsliebend geboren werden könnten? – Nein, Niemand, sagte er. – Wenn aber Derartige geboren sind, kann man dann behaupten, daß diese durchaus nothwendiger Weise zu Grunde gehen müssen? denn daß ihre Erhaltung wohl schwierig ist, gestehen auch wir selbst zu; aber daß in der gesamten Zeit unter Allen auch nicht ein Einziger erhalten bliebe, kann wohl Niemand streitend behaupten. – Wie sollte man auch? – Nun aber, sagte ich, genügt ja ein Einziger, wenn er da ist und einen ihm gehorchenden Staat besitzt, um all jenes bis jetzt Unglaubliche in's Werk zu setzen. – Ja, allerdings genügt er, sagte er. – Wenn Ja nemlich, sprach ich, ein Herrscher die Gesetze und die Thätigkeiten, wie wir sie durchgegangen haben, feststellt, so ist es doch wohl nicht unmöglich, daß die Bürger solches ausführen wollen? – Nein, in keinerlei Weise. – Daß aber denn nun dasjenige, was uns dünkt, auch Anderen dünke, soll dieß gar so sehr zu verwundern oder etwa unmöglich sein? – Ich wenigstens glaube nicht, sagte er. – Daß es aber ja das Beste wäre, woferne es möglich wäre, dieß haben wir, glaube ich, in dem Obigen genügend erörtert. – Ja, genügend. – Jetzt demnach ergibt sich uns, wie es scheint, daß bezüglich der Gesetzgebung jenes, was wir sagen, das Beste ist,

falls es wirklich eintritt, daß aber das wirkliche Eintreten wohl schwierig, nicht jedoch unmöglich ist. – Ja, dieß ergibt sich uns. –

15. Nicht wahr also, nachdem dieses zur Noth sein Ende gefunden, müssen wir hiernach nun das Uebrige angeben, auf welche Weise und in Folge welcher Unterrichtsgegenstände und Thätigkeiten uns jene Erhalter des Staates sich einfinden werden, und in welchen Altersstufen sie jedes Einzelne hievon ergreifen müssen? – Ja, allerdings, sagte er, müssen wir dieß angeben. – Nichts also, erwiederte ich, nützte mir jene Schlauheit, als ich in dem Früheren die Schwierigkeit bezüglich des Besitzes der Weiber und die Kinder-Erzeugung und die Aufstellung der Herrscher überging, wohl wissend, daß die gänzlich wahre Aufstellung derselben sowohl mißfällig, als auch bezüglich des wirklichen Eintretens schwierig sein würde; denn jetzt ja kam nichts desto weniger die Nothwendigkeit, dieß durchzugehen; und was nun hiebei die Weiber und Kinder betrifft, so haben wir es schon zu Ende gebracht, aber das die Herrscher Betreffende müssen wir gleichsam wieder von Vorne erörtern; wir sagten aber ja schon, wenn du dich dessen erinnerst, daß dieselben als Freunde des Staates sich zeigen müssen, erprobt in Vergnügungen und in Schmerzen, und daß sie diese ihre Gesinnung weder in Fällen der Anstrengung, noch in jenen der Furcht, noch bei irgend anderen Vorkommnissen verlieren dürfen, oder außerdem der hiezu unbefähigte ausgeschieden werden müsse, wohingegen jener, welcher überall ohne Makel daraus hervorging, wie Gold im Feuer erprobt, als Herrscher aufgestellt werden und ihm bei Lebzeiten und nach dem Tode Ehrengaben und Kampfpreise verliehen werden müssen; Derartiges ungefähr war es, was wir damals sagten, als unsere Begründung an diesem Punkte vorüberging und ihn gleichsam versteckte, aus Furcht, an jenem zu rütteln, was uns jetzt obliegt. – Ja, dieß ist völlig wahr, sagte er; denn ich erinnere mich gut daran. – Ich nahm nemlich Anstand, mein Freund, das jetzt kühn Gewagte auszusprechen; jetzt aber eben möge es gewagt sein, es zu sagen, daß wir die tüchtigsten Wächter als Weisheitsliebende aufstellen müssen. – Ja, dieß möge hiemit ausgesprochen sein, sagte er. – So bedenke denn nun, daß aus guten Gründen dir die Zahl jener eine geringe sein wird; denn jene Begabung, welche wir für dieselben als die bei ihnen vorhandene durchgingen, pflegt nur in wenigen Fällen aus ihren Bestandteilen so zusammen zu wachsen, meistens hingegen entsteht sie in zersplitterter Form. – Wie meinst du dieß? sagte er. – Du weißt gewiß, daß sie nicht zugleich gelehrig und auch mit Gedächtniß begabt und auch wieder gespannten Geistes und auch scharfsichtig zu sein pflegen, und auch nicht, wenn

sie jugendlich übersprudelnd und in ihrer Gesinnung großartig sind, eine derartige Beschaffenheit haben, daß sie ordentlich und in Ruhe und Festigkeit leben wollen, sondern daß die Derartigen durch die Schneidigkeit ihres Geistes nach allen beliebigen Richtungen hin fortgerissen werden und alle Festigkeit aus ihnen entschwindet. – Du sprichst wahr, sagte er. – Nicht wahr also, auch die festen und nicht leicht veränderlichen Charaktere, welche man in höherem Grade für zuverlässige halten muß, und welche im Kriege bezüglich der Furcht die ruhigsten sind, werden hinwiederum bezüglich des Unterrichtes das Nemliche thun, indem sie schwer in Bewegung zu bringen und ungelehrig sind, gleichsam wie im Krampfe erstarrt und von Schlaf und Gähnen erfüllt, sobald sie einer derartigen Mühe sich unterziehen sollen. – Ja, so ist es, sagte er. – Wir aber behaupteten ja, daß sie an diesen beiden Seiten gut und trefflich Theil haben sollen, oder daß man außerdem weder die höchste Bildung, noch auch Ehre oder Herrschaft ihnen zutheilen solle. – Ja, und mit Recht, sagte er. – Nicht wahr also, selten wohl glaubst du, daß Solches sich finden werde. – Wie sollte es auch anders sein? – Also erproben müssen wir sie, sowohl in den damals von uns angegebenen Müheleistungen und Gegenständen der Furcht und des Vergnügens, als auch ferner müssen wir, was wir damals übergingen, jetzt aussprechen, daß man sie in vielen Unterrichtsgegenständen üben soll, erwägend, ob ihre Begabung auch befähigt sei, die höchsten Unterrichtsgegenstände zu ertragen, oder ob sie feig zurückweiche, wie diejenigen, welche in anderen Dingen feig weichen. – Ja, es geziemt sich allerdings, sagte er, in dieser Weise es zu erwägen; aber welche meinst du denn unter jenen höchsten Unterrichtsgegenständen? –

16. Du erinnerst dich doch wohl, sagte ich, daß, indem wir drei Formen der Seele auseinander hielten, wir sie wieder bezüglich dessen zusammenführten, was die Gerechtigkeit und die Besonnenheit und die Tapferkeit und die Weisheit sei. – Ja, allerdings, wenn ich mich hieran nicht erinnern würde, sagte er, wäre ich auch nicht würdig, das noch Uebrige zu hören. – Erinnerst du dich also auch an das, was jenem vorherging? – Was meinst du denn hiemit? – Wir sagten ja, daß, um dieß so trefflich als möglich einzusehen, es einen anderen längeren Umweg gebe, nach dessen Durchwanderung jenes offenbar würde, daß es jedoch auch möglich sei, Nachweise dort anzuknüpfen, welche im Zusammenhange mit früher Gesagtem wären; und ihr sagtet dann, es genüge euch so schon, und es wurde hiemit auf diese Weise das Damalige bezüglich der Genauigkeit in einer, wie mir sich's zeigte, mangelhaften Weise gesprochen, falls aber in einer für euch

genügenden Weise, so mögt ihr hiemit dieß offen sagen. – Aber mir wenigstens, sagte er, schien es damals gerade das rechte Maß zu haben; und so zeigte sich's ja auch den Anderen. – Aber, mein Freund, erwiederte ich, ein Maß, welches bei Derartigem auch nur im geringsten hinter dem wirklich Seienden zurückbleibt, ist nicht leicht das rechte Maß, denn kein Unvollendetes ist ein Maß irgend eines Dinges; es scheint aber wohl zuweilen Einigen bereits genügend vorzuliegen und daher nicht mehr nöthig, weiter zu forschen. – Ja wohl, sagte er, gar Vielen begegnet dieß aus Leichtsinn. – Aber ein solches Begegniß ja, sagte ich, kann am wenigsten ein Wächter des Staates und der Gesetze brauchen. – So scheint es, sagte er. – Den längeren Umweg demnach, mein Freund, sprach ich, muß der Derartige durchwandern, und nicht weniger beim Lernen, als bei der Leibesübung muß er sich plagen, oder außerdem wird er in jenem von uns so eben erwähnten höchsten Unterrichtsgegenstande, welcher ihm auch am meisten gebührt, niemals an's Ende gelangen. – Ist denn also jenes, sagte er, nicht das Höchste, sondern gibt es noch etwas Höheres, als die Gerechtigkeit und all jenes, was wir durchgingen? – Ja, erwiederte ich, sowohl gibt es ein Höheres, als auch soll man von eben jenen nicht bloß einen Umriß betrachten, wie wir jetzt gethan, sondern man darf auch die vollendetste Verwirklichung derselben nicht übergehen; oder ist es nicht lächerlich, bei anderen Dingen von geringem Werthe alles Mögliche in gespannter Aufmerksamkeit zu thun, damit sie so genau und rein als möglich sich verhalten, bei dem Höchsten aber nicht auch die höchste Genauigkeit zu beanspruchen? – Gar sehr allerdings, sagte er, lohnt es sich des Nachdenkens; aber was du unter dem höchsten Unterrichtsgegenstande meinest und was er betreffe, darüber wirst du wohl nicht glauben, daß dich Jemand ungefragt entlasse? – Allerdings nicht, sagte ich, sondern frage auch nur du. Durchaus nicht selten zwar hast du es schon gehört, aber jetzt bedenkst du es entweder nicht, oder hinwiederum du gedenkst, mir durch Angriffe zu schaffen zu machen; ich glaube aber eher Letzteres, denn daß ja die Idee des Guten der höchste Unterrichtsgegenstand sei, hast du schon oft gehört, jene Idee nemlich, durch deren Beiziehung sowohl das Gerechte, als auch das Uebrige erst brauchbar und nützlich wird. Und auch jetzt weißst du so ziemlich schon, daß ich im Begriffe bin, eben sie zu nennen und auch hinzuzufügen, daß wir sie nicht genügend wissen; wenn wir aber sie nicht wissen, ist dir auch sehr wohl bekannt, daß, falls wir auch noch so sehr alles Uebrige wüßten, es uns Nichts nützen würde, sowie ja auch, wenn wir irgend ein Ding ohne das Gute besäßen; oder hältst du es für fördernd, allen möglichen Besitz erworben zu haben, nicht aber einen guten, oder alles Uebrige ohne das

Gute im Denken zu erfassen, dabei aber eben nichts Schönes und nichts Gutes im Denken zu erfassen? – Nein, bei Gott, sagte er, ich gewiß nicht. –

17. Nun aber weißt du ja auch das, daß der Menge das Vergnügen das Gute zu sein scheint, den feineren Leuten aber das Denken? – Warum auch nicht? – Und auch, daß ja, mein Freund, diejenigen, welche der letzteren Ansicht sind, nicht nachzuweisen vermögen, welches Denken das Gute sei, sondern zuletzt genöthigt werden, zu sagen, das des Guten sei es. – Ja wohl, in sehr lächerlicher Weise, sagte er. – Wie sollte es auch nicht lächerlich sein, sprach ich, wenn sie uns schmähen, daß wir das Gute nicht wissen, und dabei zugleich mit uns so sprechen, als wüßten wir es; sie sagen nemlich, es sei eben das Denken eines Guten, gerade als verstünden wir hinwiederum, was sie meinen, sobald sie nur den Namen des Guten aussprechen. – Völlig wahr, sagte er. – Wie aber nun? sind diejenigen, welche das Vergnügen als ein Gut aufstellen, etwa eines geringeren Irrthumes voll als jene Anderen? oder werden nicht auch diese genöthigt, zuzugestehen, daß es schlimme Vergnügungen gebe? – Ja, in hohem Grade. – Es ergibt sich ihnen also, glaube ich, daß sie zugestehen, das Nemliche sei ein Gutes und ein Schlimmes; oder wie sonst? – Warum auch nicht? – Nicht wahr also, daß große und viele streitige Punkte über das Gute bestehen, ist augenfällig? – Wie sollte es auch nicht so sein? – Wie aber? ist nicht auch dieß augenfällig, daß bezüglich des Gerechten und des Schönen gar Viele es vorziehen, bloß das Anscheinende, auch wenn es nicht wirklich so ist, dennoch zu verüben und zu besitzen und selbst in ihrem Wesen scheinbar zu haben, hingegen bezüglich des Guten es Keinem mehr genügen will, bloß das Anscheinende zu besitzen, sondern hier sie das Wirkliche suchen und ein Jeder den bloßen Schein verschmäht. – Ja wohl, gar sehr, sagte er. – Und wenn denn nun nach diesem eine jede Seele strebt und um dessen willen Alles thut, indem sie wohl ahnt, daß es Etwas sei, aber rathlos und ohne Mittel ist, genügend zu erfassen, was es sei, und hiefür auch nicht wie bei anderen Dingen eine Beglaubigung finden kann, und sie wegen desselben auch bei den übrigen Dingen des sich etwa ergebenden Nutzens verlustig geht, wollen wir dann etwa behaupten, daß betreffs des so beschaffenen und so wichtigen Dinges in solcher Weise auch jene Besten im Staate im Finstern wandeln sollen, in deren Hände wir ja Alles legen? – Nein, gewiß am allerwenigsten, sagte er. – Ich glaube wenigstens, sprach ich, daß das Gerechte und das Schöne insoferne an ihnen mißkannt würde, in welcher Beziehung sie ein Gut seien, dann wohl für sich einen Wächter von gar geringem Werthe besäßen, der nemlich dieß mißkennen würde; ich ahne aber sogar, daß

wohl Keiner auch jene anderen selbst eher genügend erkennen werde. – Richtig ja, sagte er, ist deine Ahnung. – Nicht wahr also, unser Staat wird erst vollständig geordnet sein, wenn der derartige Wächter, welcher das Wissen von diesem besitzt, der Aufseher ist. –

18. Ja, nothwendiger Weise, sagte er; aber wie steht es mit dir selbst, o Sokrates? behauptest du, daß das Gute ein Wissen, oder daß es ein Vergnügen sei, oder daß etwas Anderes außer diesen? – Wahrlich, ein Mann warst du in herrlicher Weise, sprach ich, und schon längst zeigte es sich offenkundig, daß dir über diese Dinge nicht genügen werde, was Anderen dünkt. – Es zeigt sich mir auch als ein Unrecht, o Sokrates, sagte er, wenn ich wohl bloß Ansichten der Anderen anzuführen hätte, eigene aber keine, nachdem ich doch so lange Zeit mich hiemit beschäftigte. – Wie aber? sagte ich; scheint es dir gerecht zu sein, über Dinge, welche man nicht weiß, wie ein Wissender zu sprechen? – Keineswegs, erwiederte er, wie ein Wissender; jedoch daß er wie ein Meinender jenes aussprechen wolle, was er meint. – Wie aber? sagte ich; hast du nicht bemerkt, daß die nicht mit Wissen verbundenen Meinungen sämmtlich schimpflich sind, unter welchen selbst die besten wenigstens blind sind, oder scheint dir ein Unterschied zu sein zwischen Blinden, welche richtig ihren Weg wandeln, und denjenigen, welche ohne Vernunft etwas Wahres meinen? – Allerdings keiner, sagte er. – Willst du also lieber Schimpfliches betrachten, welches blind und krumm ist, während du von Anderen Glänzendes und Schönes vernehmen kannst? – Nein, bei Gott, o Sokrates, sagte nun Glaukon, du sollst nicht jetzt, schon fast am Ziele, noch zurücktreten; denn es wird uns genügen, wenn du ebenso, wie du es betreffs der Gerechtigkeit und der Besonnenheit und des Uebrigen durchgingst, es nun auch betreffs des Guten durchgehst. – Allerdings auch mir, mein Freund, sagte ich, wird es gar sehr genügen; aber daß ich nur nicht unfähig hiezu bin, und bei meiner Bereitwilligkeit dann durch Verstöße mich lächerlich mache. Doch, o ihr Hochzupreisenden, was das Gute selbst an und für sich sei, wollen wir für jetzt beruhen lassen; denn es scheint mir für jetzt über den von uns gegenwärtig genommenen Anlauf hinauszugehen, wenn wir vollständig erreichen wollten, was mir hierüber dünkt; hingegen was mir ein Sprößling des Guten und ihm am ähnlichsten zu sein scheint, will ich angeben, woferne es auch euch erwünscht ist; wenn aber nicht, so will ich es bei Seite lassen. – Aber gib dieß nur an, sagte er; denn den Bericht über den Vater selbst wirst du uns wohl hernach einmal erstatten. – Ich wollte allerdings, erwiederte ich, daß ich euch diesen Bericht als

eine Schuld baar erstatten und ihr sie eincassiren könntet, nicht aber bloß die Zinsen derselben, wie jetzt der Fall ist; aber eben die Zinsen dieses Kapitales, nemlich bloß den Sprößling des Guten an und für sich, cassiret hiemit ein; nehmt euch jedoch in Acht, daß ich euch hiebei nicht wider meinen Willen betrüge, indem ich euch etwa in verfälschter Münze den Begriff jener Zinsen ausbezahle. – Wir werden uns, sagte er, nach Möglichkeit in Acht nehmen; aber sprich du nur. – Ja, sprach ich, indem ich mich mit euch über Dinge verständige und euch an dieselben erinnere, welche wir sowohl in dem Obigen sagten, als auch häufig schon anderwärts ausgesprochen haben. – Was meinst du hiemit? sagte er. – Wir sprechen, erwiederte ich, von vielen schönen Dingen und von vielen guten Dingen und von jedem Derartigen in solcher Weise und stellen dieß so in unserer Rede fest. – Ja, wir sprechen so. – Und nun sprechen wir auch von einem Schönen an und für sich und einem Guten an und für sich, und in dieser Weise fassen wir bei Allem, was wir dort als viele Dinge faßten, es hinwiederum dann nach Einer Idee eines jeden Dinges als einer einheitlichen, und nennen es hiemit dasjenige, was es an sich ist. – Ja, so ist es. – Und von jenen vielen Dingen nun sagen wir, daß sie gesehen, nicht aber gedacht werden, von den Ideen aber hinwiederum, daß sie gedacht, nicht aber gesehen werden. – Ja, völlig so. – Vermittelst welchen Dinges also in uns sehen wir, was gesehen wird? – Vermittelst des Gesichtssinnes, sagte er. – Nicht wahr also, sprach ich, auch vermittelst des Gehörsinnes hören wir, was gehört wird, und nehmen ebenso durch die übrigen Sinneswahrnehmungen das sinnlich Wahrnehmbare wahr? – Wie sollte es anders sein? – Hast du nun wohl, sagte ich, schon bemerkt, wie sehr der Werkmeister unserer Sinneswahrnehmungen die Fähigkeit des Sehens und Gesehenwerdens bei weitem als die kostbarste herstellte? – Nein, nicht völlig, sagte er. – Aber erwäge es folgendermaßen: bedarf das ganze Gebiet des Gehöres und des Lautes noch irgend ein anderweitiges dazu, damit ersteres höre und letzteres gehört werde, so daß, wenn jenes dritte nicht dazu käme, ersteres eben nicht hören und letzteres nicht gehört werden könnte? – Nein, es bedarf Nichts, sagte er. – Ich glaube aber ja, sprach ich, auch die vielen übrigen Wahrnehmungen bedürfen nichts Weiteres hiezu, um nicht sogleich zu sagen, daß keine Etwas bedarf; oder kannst du etwa eine nennen? – Nein, ich gewiß nicht, sagte er. – Bei dem Gesichtssinne aber und dem Sichtbaren, bemerkst du da nicht, daß diese noch Etwas hiezu bedürfen? – Wie so? – Wenn nemlich in den Augen Gesichtssinn vorhanden ist und der ihn Besitzende ihn anzuwenden versucht, und auch eine Farbe gegenwärtig vorliegt, so wird, wie du wohl weißst, falls nicht auch noch eine dritte eigens hiezu bestimmte Gattung hinzukömmt, sowohl der Gesichtssinn Nichts sehen, als auch die Farbe unsichtbar sein. – Was meinst du unter dieser dritten Gattung? sagte er. – Dasjenige, erwiederte ich, was du Licht nennst. – Ja, du sprichst wahr, sagte er. – Also nicht um ein geringes Ding ist jenes Band ein erhabneres, durch welches die Wahrnehmung des Sehens und die Fähigkeit des Gesehenwerdens im Vergleiche mit den übrigen dergleichen Verbindungen mit einander verbunden sind, woferne nemlich das Licht nicht etwas Unbedeutendes ist. – Aber weit gefehlt ja, sagte er, daß dieses etwas Unbedeutendes wäre. –

19. Welchen der himmlischen Götter also kannst du als die Ursache hievon bezeichnen, insoferne derselbe Gewalt über dasjenige habe, dessen Licht sowohl bewirkt, daß unser Gesichtssinn sieht, als auch, daß das Sichtbare gesehen wird? – Den nemlichen Gott, sagte er, welchen auch du und die übrigen Menschen als die Ursache bezeichnen; daß du nemlich um den Sonnengott fragst, ist klar. – Verhält sich also nun unser Gesichtssinn in folgender Weise zu diesem Gotte? – In welcher Weise? – Sonnengott ist nicht die Sehkraft, weder sie selbst, noch dasjenige, in welchem sie entsteht, was wir eben Auge nennen. – Nein, allerdings nicht. – Aber das sonnenartigste ja ist dieses, glaube ich, unter allen Werkzeugen unserer Sinneswahrnehmungen. – Ja, bei Weitem. – Nicht wahr also, auch die Fähigkeit, welche es hat, besitzt es nur, insoferne aus jenem sie ihm verschafft wird und gleichsam zuströmt? – Ja, allerdings. – Verhält sich's also auch so, daß die Sonne zwar nicht Gesichtssinn ist, aber, während sie die Ursache desselben ist, eben von ihm auch gesehen wird? – Ja, so ist es, sagte er. – Dieß demnach, sprach ich, verstehe ich unter jenem Sprößlinge des Guten, welchen das Gute für sich ganz in dem gleichen Verhältnisse gezeugt hat, so daß, was es selbst in dem Gebiete des Denkbaren bezüglich des Denkens und des Gedachten ist, eben das Nemliche die Sonne in dem Gebiete des Sichtbaren bezüglich des Sehens und des Gesehenen ist. – Wie so? sagte er; gehe dieß mir noch deutlicher durch. – Von den Augen, sprach ich, weißt du, daß, wann man sie nicht mehr auf jenes hinwendet, dessen Farben das Tageslicht umfaßt, sondern auf dasjenige, was nächtlicher Schimmer, sie dann stumpf sind und nahezu blind zu sein scheinen, eben als wäre in ihnen kein reiner Gesichtssinn. – Ja wohl, gar sehr, sagte er. – Wann hingegen, glaube ich, auf jenes, was die Sonne beleuchtet, dann sehen sie deutlich, und es zeigt sich, daß jenen nemlichen Augen Gesichtssinn einwohnt. – Warum auch nicht? – Auf diese Weise demnach denke es dir, was die Seele betrifft, folgendermaßen: Wann sie auf jenes hin gespannt sich richtet, was von der Wahrheit und dem Seienden beleuchtet ist, denkt sie und hat Einsicht und

zeigt sich mit Vernunft begabt; wann hingegen auf jenes, was mit Finsterniß gemacht ist, nemlich auf das Entstehende und Vergehende, meint sie bloß und ist stumpfsichtig, nach Oben und nach Unten ihre Meinungen hin und her werfend, und gleicht hinwiederum einem nicht mit Vernunft Begabten. – Ja, diesem gleicht sie. – Dieß also, was den Gegenständen des Erkennens ihre Wahrheit verleiht und dem Erkennenden diese Fähigkeit verschafft, magst du hiemit die Idee des Guten nennen, als Ursache aber des Wissens und der Wahrheit denke sie dir wohl, insoferne diese eben von uns erkannt werden, hingegen wenn du, während diese beiden, nemlich Erkenntniß und Wahrheit, schon etwas so Herrliches sind, sie selbst noch für etwas Anderweitiges und noch Herrlicheres hältst, so wirst du der richtigen Ansicht sein. Wissen und Wahrheit aber soll man, sowie auch dort es richtig ist, Licht und Gesichtssinn für etwas Sonnenartiges, nicht aber für die Sonne selbst, zu halten, ebenso auch auf diesem Gebiete wohl beide für etwas dem Guten Verwandtes, keines von beiden aber für das Gute selbst, halten, sondern noch höher den Zustand des Guten selbst stellen. – Eine unaussprechliche Herrlichkeit ja, sagte er, meinst du hiemit, wenn sie Wissen und Wahrheit uns verschafft, sie selbst aber an Herrlichkeit noch über diese erhaben ist; nemlich als Vergnügen ja bezeichnest du hiemit sie wohl nicht. – Sprich kein frevles Wort, sagte ich; sondern erwäge auf folgende Weise noch in höherem Grade den bildlichen Ausdruck des Guten. – Auf welche Weise? – Du wirst behaupten, daß die Sonne den sichtbaren Dingen nicht bloß die Fähigkeit des Gesehenwerdens verleiht, sondern auch ihr Entstehen und ihren Wachsthum und ihre Nahrung, jedoch ohne daß sie das Entstehen selbst ist. – Wie sollte sie auch dieß selbst sein? – Demnach sagen wir, daß auch für die Gegenstände des Erkennens nicht bloß das Erkanntwerden in Folge des Guten bestehe, sondern auch ihr Sein und ihre Wesenheit ihnen in Folge desselben zukomme, jedoch ohne daß das Gute die Wesenheit selbst ist, sondern noch jenseits der Wesenheit an Erhabenheit und Kraft dieselbe überragt. –

20. Und Glaukon sagte in gar lächerlicher Weise: beim Apollo, eine ungeheuere Ueberschwenglichkeit! – Du bist ja selbst hieran schuld, erwiederte ich, da du mich nöthigst, hierüber auszusprechen, was mir dünkt. – Du sollst ja auch keineswegs hierin aufhören, sagte er, wenigstens, wenn nichts Anderes, doch die Aehnlichkeit bezüglich der Sonne hinwiederum durchzugehen, falls du sie irgendwie mangelhaft gelassen hast. – Aber ich lasse ja in der That, sagte ich, gar Vieles mangelhaft. – Nein, auch keine Kleinigkeit, erwiederte er, sollst du übergehen. – Sogar Vieles ja, glaube ich; dennoch aber werde ich, so weit es im

gegenwärtigen Augenblicke möglich ist, Nichts absichtlich mangelhaft lassen. – Allerdings nicht, sagte er. – Denke dir demnach, sprach ich, daß, sowie wir angeben, es zwei seien, und zwar hievon das Eine über das Geschlecht und das Gebiet des Denkbaren herrsche, das Andere aber hinwiederum über das Sichtbare, damit ich nemlich nicht sage, über das Himmelsgebäude, und hiedurch dir etwa in der Namensbezeichnung eine Weisheit zu erkünsteln scheine; aber jedenfalls hältst du hiemit jene beiden Gattungen fest, nemlich das Sichtbare und das Denkbare. – Ja, ich halte sie fest. – Sowie man demnach eine in zwei ungleiche Theile getheilte Linie nimmt, so theile auch du wieder jeden von jenen beiden Theilen nach dem nemlichen Verhältnisse, nemlich sowohl das Geschlecht des Sichtbaren, als auch jenes des Denkbaren, und es wird dir bezüglich des gegenseitigen Verhältnisses der Deutlichkeit und der Undeutlichkeit innerhalb des Sichtbaren der Eine Theil aus Bildern bestehen; Bilder aber nenne ich hiebei erstens die Schatten und sodann die Spiegelbilder im Wasser und in Allem, was dicht und glatt und schimmernd und sonst derartig ist, woferne du mich verstehst. – Ich verstehe dich wohl. – Als den anderen Theil demnach stelle dir jene Dinge vor, welchen diese Bilder gleichen, nemlich die Thiere, welche es bei uns gibt, und die gesammte Gattung der Pflanzen und der Geräthe. – Ja, ich stelle sie mir so vor, sagte er. – Möchtest du nun wohl, sprach ich, auch das behaupten, daß bezüglich der Wahrheit und Unwahrheit diese beiden ebenso unterschieden sind, wie die Gegenstände der Meinung von jenen der Einsicht, nemlich ebenso auch das bloß ähnlich gemachte von jenem, dem es ähnlich ist? – Ja gewiß, in hohem Grade, sagte er. – Erwäge nun hinwiederum auch die Theilung des Denkbaren, inwieferne dieses getheilt werden kann. – Wie so? – Inwieferne nemlich die Seele genöthigt ist, den Einen Theil desselben mit Anwendung des dort in Geltung eines Bildes abgetrennten bloß in Folge von Voraussetzungen zu suchen, indem sie nicht zum Ausgangspunkte, sondern zum Endpunkte sich wendet, hingegen hinwiederum bei dem anderen Theile das in der Richtung zum Ausgangspunkte hin Voraussetzungslose sucht, indem sie aus der Voraussetzung heraustritt und ohne die dort befindlichen Bilder nur vermöge der Ideen selbst vermittelst derselben die Untersuchung anstellt. – Dieß, was du hiemit meinest, sagte er, habe ich nicht genügend verstanden. – Aber ich will es auch noch einmal sagen, erwiederte ich; denn leichter wirst du es verstehen, nachdem folgendes vorausgeschickt ist. Ich glaube nemlich, du weißst bereits, daß diejenigen, welche sich mit Geometrie und mit Rechnungen und Derartigem beschäftigen, das Gerade und das Ungerade und die Figuren der drei Arten von Winkeln und anderes hiemit Verschwistertes bei jeder

Untersuchung voraussetzen, und solches also, gerade als wüßten sie es, zu Voraussetzungen machen, dabei aber eben keinerlei Rechenschaft, weder sich selbst, noch einem Anderen über diese Dinge, als wären sie Jedem klar, zu geben für nöthig halten, und, aus Solchem dann ihren Ausgangspunkt nehmend, sofort das Uebrige durchgehen und zugestandener Weise bei jenem enden, aus dessen Erwägung sie ausgegangen waren. – Allerdings ja, sagte er, weiß ich dieß. – Nicht wahr also, dann weißst du auch, daß sie hiezu die sichtbaren Formen anwenden und über diese ihre Begründungen vornehmen, indem sie dabei aber nicht diese selbst im Sinne haben, sondern über jenes nachdenken, welchem diese sichtbaren Formen ähnlich sind, da sie ja um des Quadrates an und für sich willen die Begründungen vornehmen und um des Durchmessers an und für sich willen, nicht aber um desjenigen willen, welchen sie eben zeichnen, und ebenso auch bei den übrigen Figuren jene einzelnen, welche sie bilden und zeichnen, wovon es auch Schatten und Abbilder im Wasser gibt, eben nur als Abbilder benützen, weil sie ja jene anderen an sich selbst seienden zu schauen suchen, welche man wohl nicht in anderer Weise, als eben durch das Nachdenken schauen kann. – Du sprichst wahr, sagte er. –

21. Dieß demnach meinte ich unter der Einen Art des Denkbaren, und daß dabei die Seele genöthigt sei, bei Untersuchung desselben Voraussetzungen anzuwenden, indem sie nicht zum Ausgangspunkte sich wendet, weil sie nicht über die Voraussetzungen hinaus fortschreiten kann, sondern Abbilder anwendet, welche von dem niedrigeren Gebiete abbildlich entnommen sind, und zwar solche, die im Vergleiche mit diesem Niedreren als deutliche gelten und in Ehren stehen. – Ich verstehe, sagte er, daß du hiemit jenes meinst, was unter die geometrischen und die mit diesen verschwisterten Künste fällt. – So verstehe denn hiemit auch, daß ich unter dem anderen Theile des Denkbaren jenes verstehe, was die Vernunft vermöge der dialektischen Fähigkeit selbst ergreift, indem sie die Voraussetzungen nicht zu Ausgangspunkten, sondern wirklich zu Voraussetzungen macht, nemlich gleichsam zu Vorstufen und Anläufen, damit sie bis zum Voraussetzungslosen in den Ausgangspunkt von Allem vordringe und ihn ergreifend und hinwiederum an jenes sich anknüpfend, was an ihn sich anknüpft, auf diese Weise zu einem Endpunkte hinabsteige, ohne hiebei durchaus nur irgend ein sinnlich Wahrnehmbares anzuwenden, sondern nur die Ideen selbst vermittelst ihrer selbst und um ihrer selbst willen, und damit sie so eben in Ideen endige. – Ich verstehe es, sagte er; zwar nicht ganz genügend, denn du scheinst mir hiemit eine sehr ausgedehnte Thätigkeit

zu meinen; jedoch verstehe ich, daß du feststellen willst, es sei das durch das Wissen der Dialektik an dem Seienden und Denkbaren betrachtete deutlicher, als das durch die sogenannten Künste Betrachtete, bei welchen die Voraussetzungen die Ausgangspunkte sind und die Betrachtenden allerdings genöthigt werden, vermöge des Nachdenkens, und nicht vermöge der Sinneswahrnehmungen es zu betrachten, hingegen eben darum, weil sie nicht zum Ausgangspunkte aufsteigend, sondern aus bloßen Voraussetzungen es erwägen, dir bezüglich jener Dinge nicht das Denken der Vernunft zu besitzen scheinen, obwohl ihre Gegenstände zu dem mit einem Ausgangspunkte versehenen Denkbaren gehören; hingegen Nachdenken scheinst du mir den Zustand der in Geometrie und dergleichen Gewandten zu nennen, nicht aber Vernunft, insoferne ein Mittelding zwischen Meinung und Vernunft das Nachdenken wäre. – Völlig genügend ja, sagte ich, hast du es aufgefaßt; und nimm denn hiemit an, daß an den vier Theilen folgende vier Zustände in der Seele entstehen: Vernunft an dem obersten, Nachdenken an dem zweiten, dem dritten aber mögest du das Glauben zuweisen und dem letzten das Vermuthen; und ordne dieselben genau nach dem Verhältnisse, wie jene Theile, an welchen sie sind, an der Wahrheit Theil haben können, indem du der Ansicht bist, daß ebenso sie an der Deutlichkeit Theil haben. – Ich verstehe es, sagte er, und räume dir es ein und ordne sie so, wie du sagst. –

Siebentes Buch

1. Hiernach denn nun, sagte ich, vergleiche bildlich mit diesem Zustande unsere Begabung betreffs der Bildung und der Ungebildetheit. Stelle dir gleichsam Menschen vor in einer unterirdischen höhlenartigen Wohnung, welche einen gegen das Licht zu geöffneten langen Gang hat, welcher sich durch die ganze Höhle erstreckt, und daß sie in derselben von Kindheit an sich befinden, gefesselt an den Beinen und am Nacken, so daß sie ruhig bleiben müssen und nur nach ihrer Vorderseite hin schauen, ihre Köpfe aber in Folge der Fesseln nicht herumdrehen können, und daß das Licht eines Feuers von oben her und in weiter Ferne hinter ihnen brenne, zwischen dem Feuer aber und den Gefangenen befinde sich oben ein Weg; und an diesem, stelle dir vor, sei eine Mauer aufgeführt, wie bei den Taschenspielern vor den Zuschauern jene hölzerne Brüstung sich befindet, auf welcher sie ihre Wunderdinge zeigen. – Gut, ich stelle dieß mir vor, sagte er. – Stelle dir demnach auch vor, daß dieser

Mauer entlang Leute mancherlei Geräthe tragen, welche über die Mauer hinaufreichen, und auch Bildsäulen von Menschen und anderweitig steinerne und hölzerne Thiere und überhaupt allerlei Dinge, wobei, wie sich erwarten läßt, die Einen der vorbeitragenden Leute sprechen und Andere schweigen. – Ein ungereimtes Bild, sagte er, bringst du da vor, und ungereimte Gefangene. – O treffend ähnliche, erwiederte ich; glaubst du nemlich, daß die Derartigen vorerst von sich selbst und gegenseitig von einander irgend etwas Anderes je gesehen haben, als ihre Schatten, welche in Folge des Feuers auf die gegenüberliegende Wand der Höhle fallen? – Wie sollten sie auch, sagte er, woferne sie ja durch Gewalt gezwungen sind, ihre Köpfe unbeweglich ruhig zu halten? – Wie aber ist es mit den vorbeigetragenen Dingen? werden sie von diesen nicht das Nemliche sehen? – Wie sollte es anders sein? – Und wenn sie nun im Stande wären, mit einander zu sprechen, glaubst du nicht, daß sie es für üblich halten würden, eben die je anwesenden Dinge, welche sie sehen, mit Namen zu nennen? – Ja, nothwendig. – Wie aber? wenn die Höhle auch einen Widerhall an der gegenüber liegenden Wand von sich gäbe, so oft einer der außen Vorbeigehenden Etwas spricht, glaubst du, daß sie dann etwas Andres für das Sprechende halten würden, als den eben vorbeigehenden Schatten? – Bei Gott, gewiß nicht. – In jeder Beziehung also, sagte ich, würden die Derartigen nichts Anderes für das Wahre halten, als die Schatten jener Vorrichtungen. – Durchaus nothwendiger Weise, sagte er. – So erwäge denn nun, sprach ich, auch bezüglich ihrer Erlösung und Heilung von den Fesseln und von ihrem Unverstande, welcherlei dieselbe wohl sein möchte, ob sie nemlich nicht von Natur aus in folgender Weise sich ergeben würde: So oft einer derselben losgebunden und plötzlich genöthigt würde, aufzustehen und seinen Nacken herumzuwenden und zu gehen und gegen das Licht hinzublicken, und er bei all diesem Schmerz empfände und wegen des blendenden Schimmers unfähig wäre, jene Dinge zu sehen, deren Schatten er damals sah, was glaubst du dann wohl, daß er sagen würde, falls Jemand ihm erklärte, daß er damals nur eitle Possen gesehen, jetzt aber weit näher an dem Wirklichen und auch zu Wirklicherem hingewendet richtiger sehe, und wenn dieser denn nun ihm auch jedes Einzelne des Vorbeigehenden zeigen und durch Fragen ihn nöthigen würde, zu antworten, was es sei, – glaubst du da nicht, er werde sowohl in Verlegenheit sein, als auch glauben, das damals Gesehene sei ein Wahreres, als dasjenige, was man ihm jetzt zeige? – Ja bei Weitem, sagte er. –

2. Nicht wahr also, auch wenn jener ihn zwänge, in das Licht selbst zu schauen, so würde er Schmerz an den Augen empfinden und sich abwendend wieder zu jenem hinfliehen, was er anzuschauen vermag, und glauben, es sei dasselbe wirklich deutlicher, als was ihm nun gezeigt werde? – Ja, so ist es, sagte er. – Wenn aber, sprach ich, ihn Jemand mit Gewalt von dort hinwegzöge über den rauhen und steilen aufwärts führenden Pfad, und nicht nachließe, bis er ihn herausgezogen an das Licht der Sonne, würde er da nicht Schmerzen erdulden und nur mit Unwillen sich fortziehen lassen, und wann er an das Licht käme, dann die Augen voll des Lichtglanzes haben und auch nicht ein Einziges von demjenigen sehen können, was jetzt als wahr bezeichnet wird? – Allerdings wenigstens nicht plötzlich, sagte er. – Gewöhnung demnach, glaube ich, dürfte erforderlich sein, wenn er das oben Befindliche sehen soll, und zwar zuerst würde er wohl am leichtesten die Schatten erblicken, und hernach die im Wasser erscheinenden Spiegelbilder von Menschen und von den übrigen Dingen, erst später aber die Dinge selbst; nach diesen aber würde er die Dinge am Himmel und den Himmel selbst wohl leichter bei Nacht betrachten, auf das Licht der Sterne und des Mondes hinblickend, als daß er bei Tage auf die Sonne und ihr Licht hinblickte. – Wie sollte es auch anders sein? – Zuletzt aber erst, glaube ich, dürfte er im Stande sein, die Sonne, und zwar nicht ihren bloßen Widerschein in Gewässern oder überhaupt in einem ihr fremden Orte, sondern sie selbst an und für sich an der ihr eigenen Stelle zu erblicken und zu betrachten, wie sie beschaffen sei. – Ja, nothwendiger Weise, sagte er. – Und erst hernach nun würde er betreffs ihrer sich Schlüsse bilden, daß sie es sei, welche den Wechsel der Zeiten und Jahre herbeiführt und Sämmtliches in dem Gebiete des Sichtbaren lenkt und von all jenem, was man je sah, gewissermaßen die Ursache ist. – Es ist klar, sagte er, daß er zu diesem erst nach jenem gelangen würde. – Wie aber nun? wenn er sich seiner ersten Wohnung und der dortigen Weisheit und der damaligen Mitgefangenen erinnert, glaubst du nicht, er werde sich glücklich preisen wegen dieser Veränderung, jene Anderen aber bemitleiden? – Ja wohl, gar sehr. – Wenn es aber dort bei jenen irgend gegenseitige Ehren- und Lobsprüche und Belohnungen für denjenigen gäbe, welcher das je Vorüberkommende am schärfsten sieht und am meisten im Gedächtnisse behält, was von jenen Dingen zuerst, und was hernach, und was zugleich vorbeizugehen pflege, und in Folge hievon auch möglichst richtig das künftig Kommende erräth, glaubst du dann, er werde große Begierde hiernach empfinden und diejenigen beneiden, welche bei jenen dort geehrt werden und Machthaber sind, oder es werde ihm nach jenem Homerischen Ausspruche ergehen, und er werde

es gar sehr vorziehen, als Ackerknecht bei einem anderen unbegüterten Manne im Dienste zu stehen und Jedwedes zu erdulden, als jene Ansichten zu hegen und in jener Weise zu leben. – Ja, ebenso, sagte er, glaube auch ich, daß er eher sich gefallen lassen würde, Alles zu dulden, als in jener Weise zu leben. – Bedenke demnach auch Folgendes, sprach ich: Wenn der Derartige wieder hinab steigen und den nemlichen Sitz einnehmen würde, müßte er da nicht, indem er plötzlich aus dem Sonnenlicht käme, die Augen voll Dunkel haben? – Ja wohl, gar sehr, sagte er. – Und wenn er nun genöthigt wäre, wieder jene dortigen Schatten zu unterscheiden und dabei einen Wettstreit mit den für immer dort Gefangenen einzugehen, wobei er stumpfsichtig blinzeln müßte, bis er seine Augen zur Ruhe gebracht hätte, und die Zeitdauer dieser allmäligen Gewöhnung gerade keine kleine wäre, würde er dann wohl nicht Lachen erregen, und würde von ihm nicht gesagt, er komme in Folge seines Hinaufgehens in die obere Gegend nun mit verdorbenen Augen zurück, und es lohne sich demnach gar nicht des Versuches, nach Oben zu gehen? und jenen, welcher Hand anlegen würde, sie loszubinden und hinauf zu führen, würden sie wohl, falls sie ihn ergreifen und tödten könnten, wirklich tödten? – Ja gewiß, sagte er. –

3. Dieses gesammte Bild demnach, mein lieber Glaukon, sprach ich, mußt du mit dem vorher Gesagten verknüpfen, indem du das ganze durch den Gesichtssinn erscheinende Gebiet mit jener Gefängniß-Wohnung vergleichst, das Licht des Feuers aber in derselben mit der Kraft der Sonne; und wenn du dann das Hinaufgehen in die obere Gegend und den Anblick des dort Befindlichen als den Aufschwung der Seele in das Gebiet des Denkbaren bezeichnest, wirst du von meiner Erwartung nicht abirren, da du nemlich dieselbe von mir ausgesprochen zu hören wünschest; Gott aber wohl weiß, ob sie wahr sei. Was sich also mir zeigt, besteht darin, daß in dem Erkennbaren zuletzt die Idee des Guten, und zwar nur zur Noth erblickt werde, aber sobald sie erblickt wurde, von ihr geschlossen werden muß, daß sie ja für Alles die Ursache von allem Richtigen und Herrlichen ist, indem sie sowohl in dem Sichtbaren das Licht und den Machthaber des Lichtes gebiert, als auch in dem Denkbaren selbst die Machthaberin ist, Wahrheit und Vernunft zu verleihen, und daß auf sie Derjenige hinblicken müsse, welcher in verständiger Weise, sei es als Einzelner, oder sei es im Staate, handeln will. – Es bin auch ich, sagte er, so weit ich nur kann, der nemlichen Meinung wie du. – So komm demnach, sprach ich, und sei auch in Folgendem mit mir der nemlichen Meinung und wundere dich nicht darüber, daß jene, welche so weit gelangt sind, in die

Verhältnisse der Menschen nicht eingreifen wollen, sondern ihre Seelen immer darnach drängen, oben zu verweilen; denn es ist doch wohl zu erwarten, woferne es sich hinwiederum jenem Bilde gemäß verhält. – Ja allerdings, sagte er, ist es so zu erwarten. – Wie aber? glaubst du, sprach ich, man müsse über Folgendes sich wundern, wenn Jemand von göttlichen Anschauungen weg zu den menschlichen Uebeln kommend dort sich nicht zu helfen weiß und als gar Lächerlicher sich zeigt, indem er noch stumpfsichtig blinzelt und, ehe er genügend an die gegenwärtige Finsterniß gewöhnt ist, genöthigt wird, in Gerichtshöfen oder anderswo über die Schatten des Gerechten oder über die Bilder, deren Schatten jene sind, einen Kampf zu bestehen und einen Wettstreit darüber einzugehen, wie diese Dinge irgend von Denjenigen aufgefaßt werden, welche die Gerechtigkeit an und für sich niemals geschaut haben. – Allerdings, nicht im Geringsten, sagte er, ist dieß zu verwundern. – Aber, woferne Jemand Einsicht besitzt, sprach ich, möchte er sich wohl daran erinnern, daß durch zwei Dinge eine zweifache Störung für die Augen erwächst, nemlich sowohl wenn man aus Licht in Finsterniß tritt, als auch wenn aus Finsterniß in Licht. Und in der Ueberzeugung nun, daß dieß Nemliche auch bezüglich der Seele stattfinde, würde er beim Anblicke einer Seele, welche in Verwirrung und unfähig ist, Etwas zu erblicken, nicht unvernünftiger Weise in ein Gelächter ausbrechen, sondern erwägen, ob sie aus einem helleren Leben kommend nur durch die Ungewohntheit verdunkelt sei. oder ob sie aus größerer Unwissenheit in ein Helleres übergehend nun durch den glänzenderen Schimmer erfüllt sei, und auf diese Weise wird er die Eine glücklich preisen wegen ihres Zustandes und ihres Lebens, die andere aber bemitleiden, und wollte er etwa über sie lachen, so wäre sein Lachen weniger lächerlich, als jenes über eine Seele, welche von Oben her aus dem Lichte kömmt. – Ja, völlig nach dem rechten Maße, sagte er, sprichst du da. –

4. Wir müssen demnach, sagte ich, in diesem Betreffe, woferne das Bisherige wahr ist, auch in folgender Beziehung glauben, daß die Bildung der Seelen nicht wirklich eine derartige sei, wie Manche bei ihren Versprechungen sie darstellen; sie behaupten ja nemlich,. daß, während ein Wissen in der Seele gar nicht vorhanden sei, sie es ihr einpflanzen, wie wenn sie blinden Augen den Gesichtssinn einpflanzen würden. – Ja, so behaupten sie wenigstens, sagte er. – Hingegen unsere jetzige Begründung, sprach ich, deutet ja darauf hin, daß die in der Seele eines Jeden schon vorhandene Fähigkeit und das Werkzeug, vermittelst dessen Jeder lernt, gerade so, wie auch das Auge sich nur zugleich

mit dem ganzen Körper vom Dunkeln zum Hellen drehen kann, gleichfalls zugleich mit der ganzen Seele aus dem Werdenden hinüberführt werben müsse, bis sie befähigt wird, den Blick in das Seiende und in das Hellste unter dem Seienden zu ertragen; dieß aber ist, sagen wir, das Gute; oder wie anders? – Ja. – Also eben hievon, sagte ich, möchte es wohl auch eine Kunst geben, nemlich eine Kunst des Hinüberführens, auf welche Weise wohl Jemand am leichtesten und am raschesten herumgedreht werden könne, nicht daß man ihm das Sehen selbst einpflanze, sondern derartig, daß er dasselbe bereits besitzt, nur aber nicht richtig gewendet ist und nicht dorthin blickt, wohin er soll, und man also eben dieß bewerkstellige. – Ja, so scheint es, sagte er. – Es kömmt demnach darauf hinaus, daß die übrigen sogenannten Vortrefflichkeiten der Seele so ziemlich jenen des Körpers nahe sind, daß nemlich diese wirklich, nachdem sie vorher nicht vorhanden waren, später einmal durch Gewöhnung und Uebung eingepflanzt werden; hingegen die Vortrefflichkeit des Verstandes gehört vor allem Anderen, wie es scheint, irgend einem Göttlicheren an, welches seine Fähigkeit nie verliert, aber durch jenes Hinüberführen ein Brauchbares und Nützliches oder hinwiederum ein Unbrauchbares und Schädliches wird; oder hast du noch nicht bemerkt, wie bei Denjenigen, welche man als schlechte, aber kluge Leute bezeichnet, ihre Seelchen einen so durchdringenden Blick habe und so scharf Alles durchschaue, worauf es sich wendet, nicht also, daß es einen schlechten Gesichtssinn habe, sondern vielmehr daß es gezwungen ist, der Schlechtigkeit zu dienen, und daher, je scharfsichtiger es ist, desto mehr Unheil stiften wird. – Ja allerdings, sagte er. – Wenn hingegen gerade bei einer derartigen Begabung sogleich von Kindheit an jenes weggehauen würde, was mit ihrer Entstehung verwachsen ist, gleichsam wie Bleigewichte, welche an Völlerei und all derartige Vergnügungen und Leckereien sich anschließen und hiedurch den Gesichtssinn der Seele nach Unten ziehen, – und wenn sie von all diesem befreit zum Wahren herumgedreht würde, so möchte eben die nemliche Begabung dieser nemlichen Menschen wohl auch dieses ebenso im schärfsten Maße sehen, sowie sie nun jenes sieht, worauf sie jetzt hingewendet ist. – Ja, so scheint es, sagte er. – Wie aber? sprach ich; ist nicht auch Folgendes gemäß dem Bisherigen wahrscheinlich und nothwendig, daß weder die Ungebildeten und der Wahrheit Unkundigen jemals genügend einen Staat lenken dürften, noch aber auch jene, welchen man gestattet, in der Bildung bis zum Ende zu verweilen, die ersteren darum nicht, weil sie überhaupt nicht einen einzigen Zielpunkt im Leben haben, im Hinblicke auf welchen sie Alles thun sollen, was sie als Einzelne oder in staatlicher Beziehung thun, und die letzteren nicht, weil sie niemals mit Willen Solches thun werden, in der Meinung, sie seien noch stets bei Lebzeiten in den Inseln der Seligen wohnhaft. – Dieß ist wahr, sagte er. – Also unsere Aufgabe ist es, sprach ich, von jenen Bewohnern die besten Begabungen zu nöthigen, daß sie zu dem Unterrichtsgegenstande, welchen wir im Obigen als den höchsten bezeichneten, kommen und das Gute schauen – und jenen aufwärts führenden Weg emporschreiten, und dann aber, wenn sie nach dem Hinaufschreiten es genügend geschaut haben, ihnen nicht zu gestatten, was man ihnen jetzt gestattet. – Was meinst du hiemit? – Daß sie dortselbst verbleiben, sagte ich, und nicht mehr herabsteigen wollen zu jenen Gefangenen und nicht teilnehmen wollen an den dortigen Mühen und Ehren, mögen dieselben geringfügiger oder gewichtiger sein. – Dann aber, sagte er, werden wir ihnen ja Unrecht thun, und bewirken, daß sie ein schlechteres Leben führen, während sie die Möglichkeit zu einem besseren haben. –

5. Du hast wieder vergessen, mein Freund, sagte ich, daß dem Gesetzgeber nicht das am Herzen liegt, auf welche Weise bloß Einer Gattung im Staate es ganz hervorragend gut gehe, sondern daß er dieß für den gesammten Staat durch eine harmonische Vereinigung der Bürger, sei es durch Ueberredung oder durch Zwang, zu veranstalten sucht, indem er bewirkt, daß sie sich gegenseitig von dem Nutzen mittheilen, welchen die Einzelnen für das Gemeinsame beizutragen vermögen, und indem er selbst eben derartige Männer in den Staat bringt, nicht um sie frei zu lassen, wohin etwa jeder Einzelne sich wenden wolle, sondern um sie selbst zur Verknüpfung des Staates zu benützen. – Du hast Recht, sagte er; ich vergaß es nemlich wirklich. – Erwäge demnach, o Glaukon, sagte ich, daß wir den bei uns vorkommenden Weisheitsliebenden auch nicht Unrecht thun werden, sondern völlig Gerechtes zu ihnen sagen werden, wenn wir sie nöthigen, für die Uebrigen zu sorgen und sie zu bewachen; wir werden nemlich zu ihnen sagen: „Jene, welche in den übrigen Staaten als Derartige sich finden, nehmen aus guten Gründen an den Plagen in denselben keinen Theil; denn ganz von selbst entstehen sie ohne den Willen der Staatsform, in der Natur des Rechtes aber liegt es, daß, was ja von selbst gewachsen ist, Niemandem einen Dank für Pflege schuldet und daher auch nicht geneigt ist, irgend Jemandem die Verpflegungskosten zu ersetzen; euch aber haben wir für euch selbst und für den übrigen Staat, gleichsam wie in einem Bienenstocke als Weisel und Könige erzeugt, indem ihr besser und vollkommener als jene gebildet worden und in höherem Grade befähigt seid, an Beiderseitigem Theil zu nehmen; wieder herabsteigen also muß seinerseits jeder Einzelne von euch in die gemeinsame

Wohnung der Uebrigen und sich mit diesen daran gewöhnen, das Dunkle zu betrachten; denn wenn ihr euch mit ihnen daran gewöhnt, so werdet ihr unzähligemal besser als die dortigen erblicken und einsehen, was die Abbilder seien und wessen Abbilder, da ihr ja das Wahre betreffs des Schönen und des Gerechten und des Guten gesehen habt; und auf diese Weise wird von uns und von euch der Staat im Zustande des Wachens bewohnt werden, nicht aber in jenem des Schlafens, wie nemlich jetzt die meisten nur von Solchen bewohnt werden, welche gegenseitige Schattenkämpfe und Aufruhr über das Herrschen aufführen, wie wenn dasselbe ein großes Gut wäre; hingegen das Wahre verhält sich folgendermaßen, daß ein Staat, in welchem die zum Herrschen Bestimmten mit der wenigsten Bereitwilligkeit herrschen, nothwendiger Weise am besten und mit dem wenigsten Aufruhre bewohnt wird, jener hingegen, welcher gegentheilige Herrscher hat, in gegentheiliger Weise." – Ja allerdings, sagte er. – Werden uns also, glaubst du, unsere Zöglinge dieß nicht glauben, wenn sie es hören, und wird nicht Jeder seinerseits wieder bereitwillig in dem Staate mit den Uebrigen sich plagen wollen, sondern werden sie etwa die meiste Zeit bloß unter sich in dem Gebiete des Reinen mit einander wohnen wollen? – Dieß ist unmöglich, sagte er; denn Gerechtes ja schreiben wir Gerechten vor; im höchsten Grade ja wie zu einem Nothwendigen wird Jeder zur Ausübung einer Herrschaft gehen, ganz im Gegensatze gegen jene, welche jetzt in den einzelnen Staaten herrschen. – Ja, allerdings verhält sich's so, mein Freund, sagte ich; wenn du nemlich ein Leben ausfindig machst, welches für die zum Herrschen bestimmten besser ist als das Herrschen, so wird dir der Staat die Möglichkeit enthalten, in trefflicher Weise bewohnt zu werden; denn in einem solchen allein werden jene herrschen, welche wirklich reich sind, nicht an Gold, sondern daran, woran der Glückliche reich sein muß, an einem guten und verständigen Leben; wenn aber Bettler und solche, welche an eigenen Gütern Hunger leiden, an die staatlichen Verhältnisse sich machen, in der Meinung, sie müßten von dorther das Gute rauben, so ist jenes nicht möglich; denn indem das Herrschen dann Gegenstand eines Kampfes wird, vernichtet dieser häusliche und innere Krieg sowohl sie selbst, als auch den übrigen Staat. – Völlig wahr, sagte er. – Weißt du nun, sprach ich, irgend ein anderes Leben, welches die Uebungen staatlicher Herrschaft verschmäht, als eben jenes der wahrhaften Weisheitsliebe? – Nein, bei Gott nicht, sagte er. – Sie dürfen aber ja nicht als Liebhaber des Herrschens sich an die Herrschaft machen, denn außerdem werden ja die Nebenbuhler dieser Liebe mit ihnen kämpfen. – Wie sollte es auch anders sein? – Welche Anderen also wirst du nöthigen, sich an die Bewachung des Staates zu machen, als Diejenigen, welche bezüglich der Dinge, durch die der Staat am trefflichsten bewohnt wird, sowohl das meiste Verständniß haben, als auch anderweitige Ehrenbezeugungen und ein besseres Leben in sich tragen, als das staatliche ist? – Keine Anderen, sagte er. –

6. Willst du also, daß wir nunmehr jenes erwägen, auf welche Weise die Derartigen uns entstehen möchten, und wie man sie zum Lichte hinaufführen könne, gleichsam wie man von Einigen sagt, daß sie vom Hades aus zu den Göttern hinauf kamen? – Wie sollte ich dieß nicht wollen? sagte er. – Es wäre dieß demnach, wie es scheint, nicht ein Herumwenden einer Scheibe auf ihre Kehrseite, sondern ein Hinüberführen der Seele, wobei diese aus einem nächtlichen Tage in einem wahrhaften Aufschwung zum Seienden wandelt, welchen wir denn auch als die wahre Weisheitsliebe bezeichnen werden. – Ja allerdings. – Nicht wahr also, es muß erwogen werden, welcher unter den Unterrichtsgegenständen eine derartige Kraft habe? – Warum auch nicht? – Welcher Unterrichtsgegenstand also, o Glaukon, möchte wohl die Seele vom Werdenden weg zum Seienden hinziehen? Aber eben Folgendes fällt mir ein, während ich dieß sage: behaupteten wir denn nicht, daß jene nothwendig schon in ihrer Jugend Kriegskämpfer sein müssen? – Ja, wir behaupteten es. – Sie müssen also auch noch diesen Unterrichtsgegenstand, welchen wir eben suchen, zu jenem hinzu erwerben? – Ja, welchen meinst du denn? – Keinenfalls einen, welcher für kriegerische Männer unbrauchbar ist. – Allerdings soll es ein solcher sein, sagte er, wenn es möglich ist. – In gymnischer und musischer Bildung aber wurden sie uns ja schon im Obigen unterrichtet. – Ja, dieß geschah, sagte er. – Die gymnische Bildung nun verweilte doch wohl bei jenem, was entsteht und vergeht, denn sie waltet über Zunahme und Abnahme des Körperlichen. – Ja, so zeigt sich's. – Dieß also möchte der Unterrichtsgegenstand wohl nicht sein, welchen wir suchen. – Nein. – Besteht er also etwa in der musischen Bildung, wie wir sie im Obigen durchgingen? – Aber jene, sagte er, war ja, wenn du dich erinnerst, die Kehrseite der gymnischen, indem sie durch Gewöhnung die Wächter bildete und gemäß einer Harmonie eine harmonische Stimmung, nicht aber ein Wissen, und gemäß eines Rhythmus eine taktvolle Gesinnung ihnen verlieh und auch in den mündlichen Aussprüchen Anderes hiemit Verschwistertes enthielt, sowohl bei jenen, welche mehr fabelhaft waren, als auch bei denjenigen, welche der Wahrheit näher standen; ein Unterrichtsgegenstand aber bezüglich eines derartigen Gutes, wie du es jetzt suchst, war in jener Bildung nicht enthalten. – Auf's genaueste ja, sagte ich,

erinnerst du mich daran; denn wirklich enthielt jene nichts Derartiges; aber, o wunderlicher Glaukon, welcher Unterrichtsgegenstand wäre wohl ein derartiger; denn die Künste ja schienen uns sämmtlich niedrige Gewerbe zu sein? – Wie sollten sie auch nicht? und in der That aber, welch anderer Unterrichtsgegenstand bleibt noch übrig, welcher von musischer und gymnischer Bildung und von den Künsten getrennt wäre? – Wohlan also, sagte ich, wenn wir Nichts außerhalb dieser zu finden vermögen, wollen wir vielleicht Etwas aufgreifen, was auf alle diese sich erstreckt? – Was meinst du hiemit? – Ich meine Etwas, wie jenes Gemeinsame, von welchem alle Künste und jedes Nachdenken und alle Wissenschaften Gebrauch machen, was auch Jeder nothwendig schon unter den ersten Unterrichtsgegenständen lernt. – Was denn? sagte er. – Jenes Schlichte, erwiederte ich, die Unterscheidung des Eins und der Zwei und der Drei; ich nenne es aber im Ganzen das Zählen und Rechnen; oder verhält es sich betreffs dessen nicht so, daß jede Kunst und jede Wissenschaft genöthigt ist, desselben theilhaftig zu werden? – Ja wohl, gar sehr, sagte er. – Nicht wahr also, sprach ich, auch die Kriegskunst? – Ja, durchaus nothwendig. sagte er. – Als einen sehr lächerlichen Feldherrn wenigstens läßt in den Tragödien der Palamedes jedesmal den Agamemnon erscheinen; oder hast du nicht bemerkt, daß er immer behauptet, er habe durch Erfindung der Zahlen sowohl die Schlachtreihen in dem Heere vor Ilium hergestellt, als auch die Schiffe und alles Uebrige gezählt, als wäre dieß Alles vorher ungezählt gewesen und hätte, wie es scheint, Agamemnon nicht einmal gewußt, wie viele Füße er habe, woferne er ja nicht zu zählen verstand; und doch für welch einen Feldherrn müßte man ihn dann halten? – Für einen sehr ungereimten, sagte er, müßte wenigstens ich ihn halten, wenn jenes wahr wäre. –

7. Werden wir es also, sagte ich, anders machen können, als daß wir die Behauptung aufstellen, ein nothwendiger Unterrichtsgegenstand für einen kriegerischen Mann sei es, rechnen und zählen zu können? – Ja gewiß, von Allem am meisten, sagte er, woferne er nur irgend Etwas von Schlachtordnungen verstehen soll, ja vielmehr, wenn er überhaupt nur ein Mensch sein soll. – Bemerkst du also, sprach ich, betreffs dieses Unterrichtsgegenstandes das Nemliche wie ich? – Was meinst du hiemit? – Es kommt darauf hinaus, daß es von Natur aus zu jenen von uns hier gesuchten Dingen gehört, welche zur Denkthätigkeit leiten, daß aber Niemand ihn richtig anwende, insoferne er durchaus zur Wesenheit hinzieht. – Wie meinst du dieß? sagte er. – Ich will versuchen, erwiederte ich, klar zu machen, was mir scheint; du sollst nemlich

bezüglich jener Dinge, bei welchen ich in mir selbst den Unterschied aufstelle, ob sie zu der von uns angegebenen Richtung hinführen oder nicht, die Betrachtung zugleich mit mir anstellen und jenes dann bejahen oder verneinen, damit wir auch bei diesem es deutlicher einsehen, ob es sich so verhalte, wie ich ahne. – So zeige es mir, sagte er. – Ich zeige dir demnach, erwiederte ich, woferne du es erblickst, daß innerhalb der Sinneswahrnehmungen Einiges die Denkthätigkeit zu einer näheren Erwägung nicht auffordert, als wäre es schon genügend durch die Sinneswahrnehmung beurtheilt, Anderes aber durchaus ihr gebietet, es näher zu erwägen, als thue die bloße Sinneswahrnehmung nichts Richtiges. – Es ist klar, sagte er, daß du hiemit jenes meinst, was von ferne oder in bloßen Schattenumrissen sich zeigt. – Nicht völlig, erwiederte ich, hast du getroffen, was ich meine. – Was denn nun, sagte er, meinst du eigentlich? – Unter dem nicht Auffordernden, sagte ich, meine ich jenes, was nicht zugleich in die entgegengesetzte Wahrnehmung übergeht; dasjenige hingegen, was so übergeht, bezeichne ich als ein Aufforderndes, wann nemlich die Sinneswahrnehmung um Nichts mehr das Eine, als etwa auch den Gegensatz desselben ausspricht, mag sie von der Nähe oder von der Ferne aus auf das Ding treffen. In folgender Weise aber wirst du, was ich meine, deutlicher verstehen: Dieß da nemlich, wollen wir sagen, sind drei Finger, der kleinste und der Zweite und der mittlere. – Gut, sagte er. – Und stelle dir demnach vor, daß ich von ihnen spreche, als würden sie in der Nähe gesehen; erwäge mir aber betreffs derselben Folgendes. – Was wohl? – Als ein Finger zeigt sich ein jeder derselben in der gleichen Weise, und in dieser Beziehung ja macht es keinen Unterschied, mag er in der Mitte oder an der äußersten Stelle gesehen werden, mag er weiß oder schwarz, mag er dick oder dünn, und kurz all dergleichen sein; denn bei all diesem wird die Seele der Meisten nicht genötigt, die Denkthätigkeit erst zu fragen, was wohl ein Finger sei; denn nirgends hat hiebei der Gesichtssinn ihr kundgegeben, daß der Finger zugleich auch der Gegensatz eines Fingers sei. – Nein, allerdings nicht, sagte er. – Nicht wahr also, sprach ich, aus guten Gründen möchte das derartige wohl Nichts sein, was die Denkthätigkeit auffordern oder erwecken würde? – Ja, aus guten Gründen. – Wie aber nun? Was die Größe und Kleinheit derselben betrifft, sieht diese etwa der bloße Gesichtssinn schon genügend, und macht es ihm hiebei gleichfalls keinen Unterschied, ob Einer der Finger in der Mitte, oder an der äußersten Stelle liege? und ebenso bezüglich der Dicke und Dünne oder der Weichheit und Härte bei dem Tastsinne; und drücken nicht etwa überhaupt auch die übrigen Sinneswahrnehmungen all das Derartige nur mangelhaft aus? oder verfährt nicht vielmehr eine jede derselben in folgender Weise, daß vor Allem z. B. jene Sinneswahrnehmung, welche für das Harte aufgestellt ist, nothwendiger Weise auch für das Weiche aufgestellt sein muß, und sie hiemit der Seele in der Wahrnehmung kundgibt, daß das Nemliche hart und weich ist? – Ja, so ist es, sagte er. – Nicht wahr also, sprach ich, nothwendig muß bei derartigem hinwiederum die Seele rathlos sein, was ihr denn wohl die Sinneswahrnehmung als das Harte kundgebe, woferne sie ja das Nemliche auch ein Weiches nennt, und ebenso auch bei der Sinneswahrnehmung des Leichten und des Schweren, was denn das Leichte und das Schwere sei, woferne sie das Schwere als leicht und das Leichte als schwer bezeichnet. – Allerdings ja, sagte er, sind dieß Aussagen, welche für die Seele ungereimt sind und einer näheren Erwägung bedürfen. – Aus guten Gründen also, sagte ich, sucht bei Derartigem die Seele vor Allem mit Beiziehung eines Rechnens und einer Denkthätigkeit zu erwägen, ob jedes Einzelne, was ihr kundgegeben wurde, Eines oder Zwei sei. – Wie sollte sie auch nicht? – Nicht wahr also, wann es sich als Zwei zeigt, so zeigt sich jedes von diesen zweien als ein Verschiedenes und für sich als Eines? – Ja. – Wenn also jedes von beiden Eines ist, beide zusammen aber zwei, so wird sie ja die Zwei in ihrer Getrenntheit denken, denn in ihrer Ungetrenntheit würde sie ja nicht Zwei, sondern nur Eines denken. – Richtig. – Nun erblickte ja, wie wir behaupten, auch der Gesichtssinn ein Großes und Kleines, nur hingegen nicht in ihrer Getrenntheit, sondern als etwas in einander Verflossenes; oder etwa nicht? – Ja. – Wegen der Verdeutlichung hievon aber war nun auch hinwiederum die Denkthätigkeit genöthigt, gleichfalls ein Großes und ein Kleines zu erblicken, aber nicht als ineinander verflossen, sondern als abgegränzte, ganz im Gegensätze gegen den Gesichtssinn. – Dieß ist wahr. – Nicht wahr also, erst von da an also wohl kömmt es uns in den Sinn, zu fragen, was denn hiemit hinwiederum das Große und was das Kleine sei? – Ja, völlig so. – Und auf diese Weise denn nun nannten wir das Eine ein Denkbares und das Andere ein Sichtbares. – Völlig richtig, sagte er. –

8. Dieß demnach suchte ich auch so eben darin auszusprechen, daß das Eine eine Aufforderung des Nachdenkens enthalte und das Andere nicht, indem ich feststellte, daß, was an die Sinneswahrnehmung zugleich mit seinem eigenen Gegensatze hintritt, ein aufforderndes sei, dasjenige hingegen, bei welchem jenes nicht der Fall ist, die Denkthätigkeit nicht erwecke. – Ich verstehe es demnach bereits, sagte er, und es scheint mir so zu sein. – Wie aber nun? zu welchem von beiden scheint mir die Zahl und das Eins zu gehören? – Ich sehe es noch nicht ein, sagte er. – Aber aus dem vorher Gesagten, erwiederte ich, sollst

du es schließen. Wenn nemlich das Eins selbst an und für sich in genügender Weise durch den Gesichtssinn oder irgend eine andere Sinneswahrnehmung schon ergriffen wird, so möchte es wohl nicht zur Wesenheit hinziehend wirken, wie wir so eben bei dem Finger dieß angaben; hingegen wenn immer zugleich mit ihm auch eine Gegensätzlichkeit erblickt wird, so daß es um Nichts weniger ein Eines, als auch der Gegensatz hievon zu sein scheint, so möchte es wohl noch erst des entscheidenden Richters bedürfen, und die Seele hiebei genöthigt werden, in Rathlosigkeit sich zu befinden und eine Untersuchung anzustellen, indem sie in sich selbst das Denken in Bewegung setzt und sich frägt, was denn wohl das Eins an und für sich sei, und auf diese Weise möchte der auf das Eins bezügliche Unterricht wohl zu jenem gehören, was zur Anschauung des Seienden hinführt und hinüberlenkt. – Aber in der That ja, sagte er, enthält gerade dieß in dieser Beziehung in hohem Grade der Gesichtssinn; denn zugleich sehen wir das Nemliche als Eines und als ein der Zahl nach Unbegrenztes. – Nicht wahr also, sprach ich, wenn es dem Eins so ergeht, so ergeht es der gesamten Zahl überhaupt ebenso? – Warum sollte es auch nicht? – Nun aber betrifft jede Rechenkunst und Zahlenlehre eine Zahl. – Ja wohl, gar sehr. – Von dieser aber zeigt sich ja, daß sie zur Wahrheit hinleitet. – Ja allerdings in überschwenglicher Weise. – Also dürfte Solches, wie es scheint, zu jenen Unterrichtsgegenständen gehören, welche wir eben suchen; denn ein Krieger muß dieses nothwendig um der Schlachtordnungen willen lernen, der Weisheitsliebende aber darum, weil er von dem Werden sich losschälen und nur die Wesenheit ergreifen soll, oder außerdem niemals ein tüchtiger Rechner werden kann. – Ja, so ist es, sagte er. – Unser Wächter aber ist ja sowohl ein Kriegerischer als auch ein Weisheitsliebender. – Wie sollte er auch nicht. – Als einen gebührenden Unterrichtsgegenstand demnach, o Glaukon, müssen wir dieses gesetzlich aufstellen und jene, welche in dem Staate an dem Größten Theil haben sollen, dazu überreden, daß sie zur Rechenkunst sich wenden, und dieselbe nicht bloß stückweise betreiben, sondern so lange, bis sie zur Anschauung der Natur der Zahlen durch die Denkthätigkeit selbst gelangt sind, nicht um des Kaufens und Verkaufens willen wie Handelsleute und Krämer sie betreibend, sondern um des Krieges willen und darum, daß die Seele selbst eine Erleichterung finde und von dem Werden hinweg zur Wahrheit und Wesenheit hinübergewendet werde. – Vortrefflich, sagte er, sprichst du da. – Und in der That, sagte ich, nun bemerke ich auch, nachdem wir den auf das Rechnen bezüglichen Unterrichtsgegenstand erwähnt haben, wie fein derselbe sei und wie vielfach brauchbar zu dem von uns Beabsichtigten, wenn man ihn um des

Erkennens willen, nicht aber um des Krämergeschäftes willen betreibt. – Wie so? sagte er. – Eben darin ja, was wir so eben jetzt sagten, daß er nemlich gar sehr die Seele nach Oben führt und die Nöthigung enthält, über die Zahlen an und für sich zu sprechen, indem man es durchaus nicht duldet, wenn Jemand Zahlen vorschiebt, welche einen sichtbaren oder tastbaren Körper an sich haben, und etwa so dann von ihnen spricht; denn du weißst doch wohl, daß die in diesen Dingen Gewandten, wenn Jemand es unternimmt, noch von einer Theilung des Eins an und für sich zu sprechen, dann in ein Gelächter ausbrechen und Solches nicht gelten lassen, sondern, wenn du das Eins noch spaltest, so vervielfältigen Jene die von dir angenommenen Theile, davor sich in Acht nehmend, daß das Eins etwa nicht als Eins, sondern als eine Vielheit von Theilen erscheinen könnte. – Völlig wahr, sagte er, sprichst du. – Was also glaubst du wohl, o Glaukon, wenn man sie fragen würde: „Ihr Wunderlichen, von welchen Zahlen sprecht ihr denn, in welchen das Eins sich derartig finde, wie ihr es verlangt, so daß jedes ganz jedem gleich und ohne den geringsten Unterschied und ohne irgend einen Theil innerhalb seiner selbst wäre?“ – was also glaubst du, daß sie antworten würden? – Ich glaube, sie würden antworten, daß sie über jene sprechen, welche man nur denken kann, in keiner anderen Weise aber zu ergreifen vermag. – Siehst du also, mein Freund, sagte ich, wie es uns in der That darauf hinauskömmt, daß jener Unterrichtsgegenstand ein nothwendiger ist, da er ja offenbar die Seele nöthigt, die Denkthätigkeit selbst zur Wahrheit anzuwenden? – Und wirklich ja in hohem Grade, sagte er, thut er dieß. – Wie aber? hast du auch das schon erwogen, daß sowohl die von Natur aus zum Rechnen Begabten so zu sagen für sämmtliche Unterrichtsgegenstände eine Schärfe des Geistes zeigen, als auch die Stumpfen, sobald sie in diesem Gegenstande gebildet und geübt wurden, wenigstens, wenn sie auch keinen andern Nutzen hievon haben, doch sämmtlich im Vergleiche mit ihnen selbst einen Zuwachs an Schärfe erfahren. – Ja, so ist es, sagte er. – Und wirklich möchtest du nicht leicht einen Gegenstand finden, welcher dem Lernenden und Einübenden mehr Anstrengung verursache, oder auch nicht viele Gegenstände, welche eine gleiche wie dieser verursachen. – Nein, allerdings nicht. – Aus all diesen Gründen demnach dürfen wir diesen Unterrichtsgegenstand nicht bei Seite lassen, sondern jene, welche die besten Begabungen haben, in demselben heranbilden. – Ja, ich behaupte dieß mit dir, sagte er. –

9. Dieß also möge uns nun hiemit, sagte ich, als das Eine feststehen; das Zweite aber, welches an dieß sich anreiht, wollen wir nun erwägen, nemlich, ob es etwa

gleichfalls für uns passe. – Was meinst du hiemit? sagte er; oder meinst du vielleicht die Geometrie? – Ja, eben diese, erwiederte ich. – So weit sie sich nemlich auf das Kriegerische erstreckt, sagte er, ist klar, daß sie passe; denn bezüglich des Lageraufschlagens und der Besetzung von Plätzen und der Zusammenziehung oder Ausbreitung der Truppen und bezüglich der übrigen Formirungen, welche man mit Heereszügen in den Schlachten oder auf dem Marsche vornimmt, möchte wohl ein Unterschied bestehen, je nachdem Jemand der Geometrie kundig ist oder nicht. – Aber nun bezüglich der derartigen Dinge, sagte ich, dürfte ein gar kleiner Theil der Geometrie und des Rechnens schon genügen; hingegen von dem größeren Theile derselben und jenem, was sich weiter erstreckt, müssen wir erwägen, ob es auf jenes hinziele, daß es eine leichtere Einsicht in die Idee des Guten bewirke; es zielt aber, wie wir behaupten, all dasjenige dorthin, was die Seele nöthigt, auf jenen Ort sich hinzuwenden, in welchem das Seligste unter dem Seienden sich befindet, was sie eben in jeder Weise erblicken soll. – Du hast Recht, sagte er. – Nicht wahr also, wenn die Geometrie nöthigt, die Wesenheit zu betrachten, so paßt sie, wenn aber, das Werden zu betrachten, so paßt sie nicht. – Ja, so behaupten wir. – Dieß nun wenigstens, sagte ich, werden alle jene, welche auch nur ein wenig der Geometrie kundig sind, nicht bestreiten, daß diese Wissenschaft ganz das Gegenteil desjenigen enthält, was in ihren Begründungen seitens der sie Betreibenden ausgesprochen wird. – Wie so? sagte er. – Sie sprechen ja eigentlich in einer gar lächerlichen und nothgedrungenen Weise; nemlich gerade als wären sie in einem Handeln begriffen und als gälte es eine Handlung, wählen sie ihre sämmtlichen Sprach-Ausdrücke und sprechen von einem Quadriren und einem Verlängern und einem Hinzufügen und all dergleichen in dieser Weise; nun aber wird doch wohl dieser ganze Unterrichtsgegenstand nur um der Erkenntniß willen betrieben. – Ja, durchaus so, sagte er. – Nicht wahr also, auch über Folgendes wollen wir uns noch verständigen? – Worüber? – Nemlich um einer Erkenntniß des immer Seienden willen, nicht aber desjenigen, was irgend einmal entsteht und vergeht, wird er betrieben? – Dieß ist wohl zuzugestehen, sagte er; denn die Geometrie ist eine Erkenntniß des immer Seienden, – Also zieht sie, du Wackerer, die Seele zur Wahrheit und bewirkt eine weisheitsliebende Gesinnung, so daß wir nach Oben richten, was wir jetzt wider Gebühr nach Unten gerichtet haben. – Ja wohl, im höchsten Grade, sagte er. – Also im höchsten Grade, sprach ich, müssen wir auch vorschreiben, daß die Bürger in deinem Musterstaate in keiner Weise sich von der Geometrie fern halten; denn selbst die Nebendinge dieses Gegenstandes sind nicht geringfügig. – Welche meinst du hiemit? sagte er. – Was du so eben selbst angeführt hast, erwiederte ich, nemlich was zum Kriege gehört; und wir wissen ja, daß auch für die übrigen Lerngegenstände bezüglich einer besseren Empfänglichkeit doch wohl im Ganzen und bei jedem einzelnen es einen Unterschied macht, ob Jemand sich mit Geometrie befaßt hat oder nicht. – Ja, bei Gott, allerdings, sagte er. – Wollen wir hiemit dieß als zweiten Unterrichtsgegenstand für die Jünglinge aufstellen? – Ja, wir wollen dieß aufstellen, sagte er. –

10. Wie aber? wollen wir als dritten die Astronomie bezeichnen? oder scheint es dir nicht so? – Ja, mir allerdings, sagte er; denn eine geübtere Wahrnehmung zu haben bezüglich der Jahreszeiten und der Monate und der Jahre, gebührt sich nicht bloß für den Landbau und die Schifffahrt, sondern auch in gleichem Grade für die Feldherrnkunst. – Ei, du bist ja gar liebenswürdig, sagte ich, daß du um der Menge willen den Schein fürchtest, unbrauchbare Unterrichtsgegenstände vorzuschreiben; hingegen jenes ist allerdings nichts Geringfügiges, sondern schwer zu glauben, daß in jedem einzelnen dieser Unterrichtsgegenstände irgend ein Werkzeug der Seele gereinigt und angefacht wird, welches in Folge der übrigen Thätigkeiten zu Grunde geht und erblindet, dessen Bewahrung aber wichtiger ist, als jene von tausend Augen; denn durch jenes allein wird die Wahrheit geschaut. Jenen nun, welche diese Ansicht theilen, wirst du unmöglich richtig zu sprechen scheinen; hingegen diejenigen, welche hievon keinerlei innerliche Erfahrung besitzen, werden wohl der Ansicht sein, daß du überhaupt Nichts hiemit gesagt habest; denn diese sehen auch keinen anderweitigen nennenswerten Nutzen von jenem ein. Erwäge also von hier aus, mit welchen von beiden du sprechest, oder ob vielleicht mit keinen von beiden, sondern du um deiner selbst willen größtenteils die begründenden Reden unternehmest, und dabei auch keinen Anderen beneidest, falls er etwa irgend einen äußeren Nutzen aus jenem zieht. – In letzterer Weise, sagte er, ziehe ich es vor, daß ich nemlich um meiner selbst willen das meiste sage und frage und antworte. – Thue also nun, sprach ich, einen Schritt rückwärts; denn so eben haben wir nicht richtig jenes erfaßt, was in der Reihenfolge nach der Geometrie kommt. – Wie so? sagte er. – Indem wir, erwiederte ich, nach den ebenen Flächen sogleich das Körperhafte als ein räumlich bewegtes erfaßten, noch ehe wir es selbst an und für sich erfaßten; das Richtige hingegen ist, in der Reihenfolge nach der zweiten Dimension die dritte zu erfassen; diese besteht aber doch wohl in der Dimension des Würfels und überhaupt demjenigen, was eine Tiefe hat. – Ja, so ist es, sagte er; aber dieß ja, o Sokrates, scheint noch nicht erfunden zu sein. – Aus einer

doppelten Ursache, sagte ich; nemlich sowohl weil kein Staat Solches in Ehren hält, wird es, indem es auch wirklich schwierig ist, nur schwach untersucht, als auch bedürfen jene, welche es untersuchen, eines Leiters, ohne welchen sie es nicht leicht finden dürften; ein Solcher aber dürfte erstens schwer sich finden, und sodann auch, wenn sich Einer fände, würden, wie es jetzt steht, die mit solchen Untersuchungen sich Beschäftigenden wohl aus Hochmuth ihm nicht gehorchen; hingegen wenn ein ganzer Staat die Leitung übernähme und jenes in Ehren hielte, so würden sowohl diese gehorchen, als auch durch fortwährende und angestrengte Untersuchung das ganze Verhältniß jenes Gegenstandes klar werden, da ja selbst jetzt, während die Meisten ihn mißachten und verstümmeln, die ihn Untersuchenden aber keinen Begriff davon haben, wozu er wahrhaft brauchbar sei, er dennoch gegen all diese Hindernisse mit Gewalt in Folge seiner Reize gedeiht, und es demnach nicht zu wundern wäre, wenn er wirklich einmal zu Tage träte. – Ja, allerdings etwas Reizendes, sagte er, hat er in ausnehmendem Grade. Aber gib mir nun deutlicher an, was du so eben sagtest; du hast nemlich doch wohl die Lehre von den Flächen als Geometrie bezeichnet? – Ja, sagte ich. – Hierauf aber hast du zuerst die Astronomie nach ihr gestellt, später aber bist du wieder zurückgegangen. – Ja, in meiner Eile, Alles schnell durchzugehen, sagte ich, bewirke ich nun sogar eher einen Aufenthalt; nemlich die Forschung über die Dimension der Tiefe, welche doch die nächstfolgende war, habe ich, weil sie vermöge der Führung der Untersuchung etwas Lächerliches enthält, übergangen und nach der Geometrie sogleich die Astronomie erwähnt, welche doch schon eine Raumbewegung des jene Dimension besitzenden Körpers betrifft. – Du hast Recht, sagte er. – Als vierten Unterrichtsgegenstand wollen wir also, sprach ich, nun die Astronomie aufstellen, gerade als wäre der jetzt übergangene schon wirklich vorhanden, falls nemlich ein Staat sich an ihn mache. – Ja, so scheint es, sagte er; und ich will nun hiemit, worin du, o Sokrates, mich betreffs der Astronomie tadeltest, daß ich sie in niedriger Weise gelobt, sie jetzt in jener nemlichen Beziehung loben, nach welcher du stets verfährst; es scheint mir nemlich, es sei Jedem klar, daß sie es ja ist, welche die Seele nöthigt, nach Oben zu schauen, und sie von dem Diesigen dorthin leitet. – Ja, vielleicht, sagte ich, ist dieß Jedem klar, nur mir nicht; denn mir scheint es nicht so zu sein. – Aber wie denn anders? sagte er. – So, wie sie jetzt diejenigen betreiben, welche sie auf die Weisheitsliebe zurückführen, scheint sie mir gar sehr zu bewirken, daß man nach Unten blicke. – Wie meinst du dieß? sagte er. – Gar nicht übel scheinst du mir, erwiederte ich, an dem Unterrichte, welcher das oben Seiende betrifft, in dir zu erfassen, was er sei; denn es kömmt darauf hinaus, daß, wenn

Jemand bei Betrachtung eines Decken-Gemäldes mit aufwärts gebeugtem Kopfe Etwas kennen lernt, du wirklich meinst, er betrachte es darum vermittelst der Denkthätigkeit, nicht aber vermittelst der Augen; vielleicht aber ist deine Meinung die richtige, und die meinige die einfältige. Ich nemlich kann hinwiederum von keinem anderen Unterrichtsgegenstande glauben, daß er den Blick der Seele nach Oben richte, als von jenem, welcher das Seiende und das Unsichtbare betrifft, mag ihn Jemand mit einem nach Oben aufgesperrten Munde, oder nach Unten gebeugt mit verschlossenen Augen lernen; hingegen wenn Jemand auch mit einem nach Oben aufgesperrten Munde irgend Etwas von dem sinnlich Wahrnehmbaren kennen zu lernen bemüht ist, so werde ich weder sagen, daß er überhaupt eigentlich lerne, denn ein Wissen finde sich in keinem Derartigen, noch auch werde ich sagen, daß seine Seele nach Oben, sondern daß sie nach Unten blicke, selbst wenn er, rücklings auf dem Boden liegend oder im Meere schwimmend, jenes kennen lernen würde. –

11. Ich habe meinen Lohn, sagte er; denn dein Tadel ist richtig. Aber in welcher Weise meintest du denn, daß wir Astronomie lernen sollen, und zwar anders, als wir sie jetzt lernen, woferne wir sie nemlich in einer Weise lernen sollen, daß sie zu dem von uns Gesagten uns nützlich ist. – In folgender Weise, sagte ich: Wir sollen zwar glauben, daß diese Gemälde in dem Himmelsgewölbe, insoferne sie in einem Sichtbaren gemalt sind, am schönsten und genauesten von all Derartigem sich verhalten, aber daß sie von dem Wahrhaften noch weit entfernt seien, nemlich von jenen Raumbewegungen, in welchen die wirkliche Schnelligkeit und die wirkliche Langsamkeit innerhalb der wahrhaften Zahl und aller wahrhaften Formen gegenseitig bewegt wird und auch die dort befindlichen Dinge bewegt; und all dieß sei nur durch den Begriff und das Nachdenken erfaßbar, durch den Gesichtssinn aber nicht; oder glaubst du etwa? – Nein, keineswegs, sagte er. – Nicht wahr also, sprach ich, jenes bunte Gemälde am Himmelsgewölbe müssen wir nur als Probebild zum Behufe des Unterrichtes, welcher auf jenes Andere abzielt, benützen, gerade wie wenn Jemand auf Zeichnungen stieße, welche von Dädalus oder irgend einem anderen Künstler oder Maler gezeichnet oder ausgearbeitet wären; denn es könnte auch da ein der Geometrie Kundiger, wenn er Derartiges sieht, wohl der Ansicht sein, daß sie auf das schönste bezüglich der Herstellung sich verhalten, aber lächerlich wäre es, sie allen Ernstes zu betrachten, als würde man an ihnen die Wahrheit des Gleichen oder des Doppelten oder irgend eines anderen Ebenmaßes erfassen. – Wie sollte dieß auch nicht lächerlich sein? sagte er. – Glaubst du aber nicht,

sprach ich, daß es dem wirklich der Astronomie Kundigen ebenso ergehen werde, wenn er auf die Bewegungen der Gestirne hinblickt; daß er nemlich wohl glauben werde, es sei in dem größtmöglichen Grade von Schönheit, in welchem man derartige Werke zusammenstellen könne, auch seitens des Werkmeisters des Himmelsgebäudes dieses selbst und was in ihm ist, zusammengestellt worden; hingegen bezüglich des Ebenmaßes zwischen Nacht und Tag und zwischen diesen und dem Monde, und zwischen Mond und Jahr, und zwischen den übrigen Gestirnen unter sich und mit diesen, glaubst du da nicht, er werde jenen für ungereimt halten, welcher meint, es gehe all dieses immerwährend gleichmäßig vor sich und weiche in keiner Weise hievon irgend ab, während es doch körperhafte und sichtbare Dinge sind, und man müsse auf jede Weise die Wahrheit dieser Dinge als solcher zu erfassen suchen? – Mir wenigstens, sagte er, scheint es, indem ich es jetzt von dir höre, so zu sein, wie du angibst. – Als Aufgaben also, sprach ich, werden wir, sowie die Geometrie, so auch die Astronomie anwenden und auf diese Weise uns an sie machen; hingegen die Erscheinungen am Himmelsgebäude selbst werden wir bei Seite lassen, woferne wir wahrhaft die Astronomie ergreifen und hiedurch die Verstandes-Begabung in unserer Seele aus einer unbrauchbaren zu einer brauchbaren machen wollen. – Wahrlich, eine vielmal größere Thätigkeit, sagte er, schreibst du vor, als jene ist, wie man jetzt Astronomie betreibt. –

12. Ich glaube aber ja, sprach ich, daß wir auch bei dem Uebrigen in der nemlichen Weise es vorschreiben werden, wenn wir als Gesetzgeber irgend Etwas nützen sollen. Aber welchen anderweitigen passenden Unterrichtsgegenstand kannst du nun erwähnen? – Sogleich auf der Stelle, sagte er, kann ich keinen erwähnen. – Aber nicht Eine Form ja, sondern mehrere Formen, erwiederte ich, bietet jene Raumbewegung dar, wie ich glaube; sie nun sämmtlich anzugeben, ist vielleicht jener im Stande, welcher schon ein Weiser ist; zwei aber sind es, welche auch uns deutlich sind. – Welche zwei wohl? – Außer dem so eben Angegebenen, sagte ich, auch noch seine Kehrseite. – Welche ist dieß? – Es kömmt wohl darauf hinaus, sagte ich, daß, sowie zur Astronomie hin unsere Augen festgebannt sind, ebenso zur harmonischen Raumbewegung hin unsere Ohren festgebannt seien, und hiemit dieß zwei mit einander verschwisterte Wissenschaften seien, wie sowohl die Pythagoreer behaupten, als auch wir, o Glaukon, dieß ihnen zugestehen; oder wie wollen wir sonst es machen? – Ja, eben so, sagte er. – Nicht wahr also, sprach ich, da dieß ein viel umfassender Gegenstand ist, so wollen wir eben von Jenen uns berichten

lassen, wie sie sich hierüber und auch sonst noch in anderen Dingen aussprechen, wir selbst aber wollen neben all diesem unseren Standpunkt bewahren. – Welchen? – Daß unsere Zöglinge niemals versuchen, etwas Zweckloses zu lernen, oder was nicht stets dorthin ausläuft, wohin ja Alles zuletzt sich erstrecken soll, wie wir dieß so eben betreffs der Astronomie angaben. Oder weißst du nicht, daß die Leute auch betreffs der Harmonie anderweitiges Derartiges thun; daß sich nemlich auch hier hinwiederum die durch das Gehör wahrgenommenen Akkorde und Klänge gegenseitig messen und hiebei ebenso, wie die Astronomen, sich erfolglos plagen? – Ja, bei Gott, sagte er, wirklich in lächerlicher Weise ja sprechen sie von irgend Häufungen der Schwingungen und recken die Ohren hin, wie wenn sie von einem Nachbar einen Laut erlauschen wollten, und dann sagen die Einen, daß sie noch in der Mitte zwischen zwei Tönen einen Schall unterscheiden können, und dieß sei dann das kleinste Intervall und daher als Maßeinheit zu gebrauchen, die Anderen hingegen bestreiten dieß, als seien die Töne bereits einander gleich, Beide aber machen hiebei die Ohren zu Vorstehern des Denkens. – Du sprichst hiebei, sagte ich, von jenen Wackeren, welche mit den Saiten gar schlimm verfahren und sie an den Wirbeln der Lyra auf die Folter spannen; um aber dieses Gleichniß nicht länger auszudehnen und nicht von Schlägen, welche die Saiten beim Anschlagen bekommen, und von Anklagepunkten gegen sie und von einem Leugnen seitens derselben und von prahlerischen Reden der Saiten zu sprechen, so setze ich dieses Gleichniß nicht weiter fort und sage hiemit, daß ich überhaupt nicht von diesen Leuten spreche, sondern von jenen, welche wir, wie wir so eben sagten, betreffs der Harmonie befragen wollen; sie thun nemlich eben dasselbe, wie jene Anderen in der Astronomie, denn sie suchen die Zahlen in diesen durch das Gehör wahrgenommenen Akkorden, schreiten aber dabei nicht höher zu Aufgaben hinaus, so daß sie erwägen würden, welche Zahlen zusammenstimmende seien und welche nicht und warum die beiden es seien. – Einen göttlichen Gegenstand, ja, sagte er, gibst du hiemit an. – Ja, einen Gegenstand, erwiederte ich, welcher brauchbar ist zur Untersuchung des Schönen und Guten, in anderer Weise betrieben aber unbrauchbar ist. – Ja, so scheint es, sagte er. –

Ich glaube aber ja, sagte ich, daß, wenn die Beschäftigung mit all diesem, was wir durchgegangen haben, zur wechselseitigen Gemeinschaftlichkeit und Verwandtschaft gelangt und dieses in jener Beziehung, in welcher es zu einander gehört, vereinigt wird, dann die ganze Thätigkeit wohl zu jenem führe, was wir beabsichtigen, und keine nutzlose Mühe aufgewendet werde, wenn aber nicht, eine nutzlose. – Auch ich, sagte er, ahne Solches; aber du bezeichnest hiemit, o Sokrates, einen außerordentlich viel umfassenden Gegenstand. – Meinest du hiemit jenen der bloßen Vorhalle, erwiederte ich; oder wissen wir nicht, daß all dieses nur die Vorhalle jenes eigentlichen Gesetzes ist, welches gelernt werden soll? denn es scheinen dir doch wohl jene, welche in den bisher angegebenen Gegenständen gewandt sind, nicht schon auch Dialektiker zu sein? – Nein, bei Gott nicht, sagte er, außer höchstens einige sehr Wenige von Allen, welche ich getroffen habe. – Aber scheint es dir etwa, sprach ich, daß Solche, welche nicht fähig sind, eine Begründung zu geben oder entgegenzunehmen, jemals bereits ein Wissen von demjenigen haben, was wir als nothwendig zu wissen bezeichnen? – Nein, sagte er, auch dieß hinwiederum nicht. – Nicht wahr also, o Glaukon, sprach ich, dieß erst ist jenes Gesetz, welches durch die Uebung der Dialektik zu Ende geführt wird, welches als ein Denkbares auch durch jene Fähigkeit des Gesichtssinnes nachgeahmt werden konnte, von der wir sagten, daß sie sich bemühe, bereits auf die Thiere selbst hinzublicken und auf die Sterne selbst und zuletzt dann auf die Sonne selbst; ebenso wird auch Jemand, wenn er in der Dialektik sich bemüht, und hiebei ohne alle Sinneswahrnehmung vermittelst des Begriffes auf jenes hinstrebt, was jedes Ding an und für sich ist, und nicht abläßt, bis er das Gute als ein an und für Seiendes vermöge der Denkthätigkeit erfaßt hat, dann gewiß bei dem Ziele des Denkbaren selbst angekommen sein, sowie jener Andere an dem Ziele des Sichtbaren. – Ja, völlig so, sagte er. – Wie aber nun? nennst du diese Wanderung nicht Dialektik? – Warum nicht? –

13. Eben aber jenes Losbinden von den Fesseln, sagte ich, und jenes Hinüberwenden von den Schatten hinweg zu den Bildern und zum Lichte hin, und jener Hinausweg von der unterirdischen Höhle zur Sonne, und dort auf die Thiere und die Pflanzen und auf das Licht der Sonne allerdings mit einer Unfähigkeit hinzublicken, hingegen auf jene Abbilder im Wasser wirklich hinzublicken, dortselbst aber eben auf göttliche Abbilder und auf Schatten des wirklich Seienden, wobei eben nicht Schatten wieder von bloßen Bildern es sind, welche in ihrer Abschattung durch eine im Vergleiche mit der wirklichen Sonne gleichfalls so unbedeutende Sonne Gegenstand unserer Beurtheilung wären, – all diese Thätigkeit also in den von uns durchgegangenen Künsten enthält diese Bedeutung in sich und einen aufwärts gehenden Zug, durch welchen der beste Theil unserer Seele zur Anschauung des besten unter dem Seienden geführt

wird, sowie damals dort der hellste Theil unseres Körpers zur Anschauung des Glänzendsten in dem Körperhaften und im Gebiete des Sichtbaren. – Ich will es in dieser Weise annehmen, sagte er; zwar scheint es mir allerdings schwer zu sein, es anzunehmen, in anderer Weise aber hinwiederum auch schwer, es nicht anzunehmen; dennoch aber wollen wir, – denn Solches soll nicht bloß bei dem jetzt uns obliegenden Gegenstande angehört werden, sondern man muß hierauf auch bei anderweitiger Veranlassung oftmals zurückkommen –, nun annehmen, daß es so sich verhalte, wie jetzt gesagt wurde, und hiemit auf jenes Gesetz selbst näher eingehen und es ebenso durchgehen, wie wir jene Vorhalle durchgegangen haben. Gib also an, welches die Art und Weise der dialektischen Fähigkeit sei, und in welche Arten sie zerfalle, und welches hinwiederum hiebei die Wege seien; denn diese ja möchten wohl, wie es scheint, es bereits sein, welche eben dorthin führen, woselbst, wenn man dahin gelangt ist, gleichsam ein Ruhepunkt des Weges und ein Ziel der Wanderung eingetreten sein dürfte. – Du wirst, o lieber Glaukon, sagte ich, nicht mehr im Stande sein, mir zu folgen; denn was mich betrifft, so würde es allerdings nicht an meiner Bereitwilligkeit fehlen, und du würdest auch nicht mehr bloß ein Gleichniß desjenigen, was wir hiebei meinen, sehen, sondern die Wahrheit selbst, wie sie wenigstens mir sich zeigt; ob sie es aber wirklich sei oder nicht, dieß zu betheuern, möchte wohl nicht mehr an der Stelle sein; aber daß sie ungefähr etwas Derartiges sei, wie wir sagten, müssen wir wohl betheuern; oder etwa nicht? – Was soll auch im Wege stehen? – Nicht wahr also, auch daß die dialektische Fähigkeit allein sie demjenigen zeigen kann, welcher der so eben durchgegangenen Gegenstände kundig ist, es in einer andern Weise aber keinenfalls möglich sei? – Ja, auch dieß zu betheuern, ist an der Stelle, sagte er. – Folgende Behauptung also wenigstens, sprach ich, wird uns Niemand bestreiten, daß das eigentliche Sein betreffs eines jeden einzelnen Dinges durch kein anderes Verfahren allseitig planmäßig erfaßt wird, sondern daß alle übrigen Künste entweder nur auf die Meinungen und Begierden der Leute sich beziehen, oder sämmtlich nur im Hinblicke auf ein Entstehen und ein Zusammensetzen, oder aus eine Pflege der von Natur aus entstehenden und der zusammengesetzten Dinge gefördert wurden, von den übrigen aber, von welchen wir sagten, daß sie das Seiende irgend erfassen, nemlich von der Geometrie und den auf sie folgenden, sehen wir, daß sie bezüglich des Seienden in einem Traum-Wachen sich befinden, in wirklichem Wachen aber Nichts erblicken können, so lange sie bloße Voraussetzungen anwenden und diese unerschütterlich belassen, eben unbefähigt, für dieselben eine Begründung zu geben; denn wo der Ausgangspunkt Etwas ist, was man nicht weiß, und auch das Ende und die Mittelglieder aus Etwas, was man nicht weiß, zusammengeflochten sind, wie soll da eine Möglichkeit sein, daß ein derartiges bloßes Zugeständniß jemals ein Wissen werde? – Allerdings ist keine Möglichkeit, sagte er. – Nicht wahr also, sprach ich, das dialektische Verfahren allein schreitet auf diesem Wege, indem es die Voraussetzungen aufhebt, zum Ausgangspunkte selbst fort, um ihn festzustellen, und in der That zieht sie das in einem Schlamme des Unverständnisses vergrabene Auge der Seele allmälig hervor und leitet es nach Oben, indem sie als Stützen und Mitführerinnen jene von uns durchgegangenen Künste benützt, welche wir zwar häufig aus Gewohnheit als Wissenschaften bezeichnen, aber eigentlich eines anderen Namens bedürfen, welcher an Deutlichkeit über das Meinen hinauf, an Dunkelheit aber unter das Wissen herunter geht; als ein Nachdenken aber bezeichneten wir dieß im Obigen irgendwo; es handelt sich aber hier, wie mir scheint, nicht um einen Streit betreffs des Samens, wenn man noch über so Vieles, wie uns obliegt, eine Erwägung anstellen muß. – Nein, allerdings nicht, sagte er, sondern nur um einen Namen, welcher bezüglich des Sprachausdruckes dasjenige deutlich bezeichnet, was er in unserer Seele bedeutet. –

14. Gefällt es uns also noch, sagte ich, wie dort im Obigen den ersten Theil als Wissenschaft, den zweiten als Nachdenken, den dritten als Glauben, und den vierten als Vermuthung zu bezeichnen, und daß die letzteren beiden zusammen das Meinen, die ersteren beiden zusammen aber die Denkthätigkeit seien, und daß das Meinen sich auf das Werden, das Nachdenken aber auf die Wesenheit beziehe, und daß ebenso wie die Wesenheit zum Werden, auch die Denkthätigkeit zum Meinen und die Wissenschaft zum Glauben und das Nachdenken zur Vermuthung sich verhalte; hingegen die nach eben diesem nemlichen Verhältnisse vorgenommene Doppeltheilung eines jeden von beiden, nemlich sowohl des Gegenstandes der Meinung, als auch des Gegenstandes des Denkens, wollen wir, o Glaukon, bei Seite lassen, damit sie uns nicht in noch vielmal mehrere Begründungen verwickle, als die bereits von uns durchgegangenen sind. – Aber ich wenigstens, sagte er, bin in allem Uebrigen, so weit ich folgen kann, der nemlichen Meinung. – Wirst du also auch einen Dialektiker denjenigen nennen, welcher den Grund der Wesenheit eines jeden Dinges erfaßt? und von jenem, welcher nicht im Stande ist, sich und Andern eine Begründung zu geben, eben insoweit er dieß nicht kann, dann sagen, daß er in diesem Betreffe keine Vernunft habe? – Wie sollte ich ja auch, erwiederte er, anders sagen? – Nicht wahr also, auch betreffs des Guten verhält sich's ebenso;

wer nemlich nicht im Stande ist, die Idee des Guten ihrem Grunde nach von allen übrigen loszutrennen und so festzustellen, und gleichsam wie in einem Kampfe durch alle Beweisgründe sich durchschlägt, wobei er nemlich nicht zufolge dem Scheine, sondern zufolge der Wesenheit den Beweis zu führen sich vornähme, und in all diesem nicht mit einer fehlerlosen Begründung bis an's Ziel kömmt, von diesem wirst du, wenn er so sich verhält, wohl behaupten, daß er weder das Gute an und für sich, noch irgend ein anderes Gutes wisse, sondern, falls er etwa irgend ein Abbild desselben ergreift, es vermittelst der Meinung, nicht aber vermittelst des Wissens ergreife, und daß er das jetzige Leben durchträumend und verschlafend, noch eher, als er hier erwache, in den Hades komme und erst vollends in tiefsten Schlaf versinke. – Ja, bei Gott, sagte er, gar sehr wohl werde ich all dieses behaupten. – Nun aber wirst du ja auch bei deinen Kindern, welche du vermittelst der Vernunft pflegst und bildest, wofern du sie in der That pflegst, es nicht geschehen lassen, daß sie unvernünftig wie todte Striche in dem Staate herrschen und Gewalt haben über das Größte. – Nein, gewiß nicht, sagte er. – Gesetzlich bestimmen wirst du ihnen demnach, daß sie im höchsten Grade an dieser Bildung Antheil nehmen, in Folge deren sie im Stande sein werden, in der wissenschaftlichsten Weise zu fragen und zu antworten. – Ja, ich werde es, sagte er, im Vereine mit dir gesetzlich bestimmen. – Scheint es dir also, sprach ich, daß gleichsam wie eine Mauerzinne über den Unterrichtsgegenständen uns die Dialektik oben sich befinde, und kein anderer Unterrichtsgegenstand noch höher, als sie ist, hinaufgelegt werden könne, sondern hiemit die Angabe der Unterrichtsgegenstände bereits ihr Ende erreicht habe? – Ja, mir wenigstens scheint es, sagte er. –

15. Eine Vertheilung demnach, sagte ich, ist dir nun noch übrig, nemlich wem wir diese Unterrichtsgegenstände zuweisen sollen und in welcher Weise. – Ja, klärlich, sagte er. – Erinnerst du dich also an unsere frühere Auswahl der Herrscher, wie beschaffene wir damals auswählten? – Wie sollte ich mich nicht erinnern? sagte er. – Im Uebrigen demnach glaube, daß man Begabungen folgender Art auswählen müsse; nemlich die zuverlässigsten und die tapfersten Männer müssen hiebei den Vorzug erhalten, und nach Möglichkeit auch die am schönsten gestalteten; außerdem aber muß man nicht bloß Solche suchen, welche in ihrem Charakter wacker und ehrwürdig sind, sondern dieselben müssen auch Alles an sich haben, was für diese Bildung ihrer Begabung förderlich ist. – Welcherlei Eigenschaften führst du hiebei an? – Einen durchdringenden Sinn, o du Hochzupreisender, sagte ich, müssen sie bezüglich

der Unterrichtsgegenstände besitzen, und nicht schwer darf ihnen das Lernen fallen, denn weit eher ja ziehen sich die Seelen bei heftigem Lernen feig zurück, als bei Leibesübungen, denn die Plage dabei geht mehr die Seele an, weil sie ihr eigenthümlich, nicht aber mit dem Körper gemeinsam ist. – Dieß ist wahr, sagte er. – Aber auch einen mit Gedächtniß begabten und unbeugsamen und in jeder Beziehung arbeitsliebenden müssen wir suchen; oder wie solltest du glauben, daß irgend Jemand sowohl körperlich sich anstrengen wolle, als auch eine so ausgedehnte Lernthätigkeit und Uebung zu Ende führen werde? – Allerdings Keiner, sagte er, wenn er nicht durchaus eine treffliche Begabung hat. – Der jetzt bestehende Fehlgriff wenigstens, sagte ich, und die Verachtung der Weisheitsliebe sind darum eingetreten, weil, wie wir auch schon oben sagten, man nicht in verdienter Weise sich an sie machte; denn unächt Geborne hätten sich nicht an sie machen sollen, sondern nur ächt Geborne. – Wie so? sagte er. – Erstens, erwiederte ich, darf, wer sich an sie macht, bezüglich der Arbeitsliebe nicht ein Hinkender sein, so daß er zur Hälfte arbeitsliebend und zur Hälfte arbeitsscheu wäre; es ist aber dieß Jemand dann, wenn er zwar Leibesübungen liebt und die Jagd liebt und in allen körperlichen Dingen die Anstrengung liebt, aber weder lernbegierig, noch hörbegierig, noch zu Untersuchungen aufgelegt ist, sondern in all diesem jede Anstrengung haßt; ein Hinkender aber ist auch jener, welcher bezüglich der Arbeitsliebe in das Gegentheil von diesem umgeschlagen hat. – Sehr wahr, sagte er, sprichst du da. – Nicht wahr also, auch bezüglich der Wahrheit, sagte ich, werden wir in gleicher Weise jene Seele als eine verstümmelte bezeichnen, welche zwar die freiwillige Lüge haßt und sowohl an sich selbst nicht dulden will, als auch bei den Lügen Anderer überaus entrüstet ist, hingegen die unfreiwillige gutwillig sich gefallen läßt und, wenn sie auf einer Unwissenheit ertappt wird, nicht entrüstet ist, sondern leichtfertig, wie ein zur Schweinehaltung gehöriges Thier, sich im Schlamme der Unwissenheit wälzt. – Ja, völlig so ist es, sagte er. – Und auch bezüglich der Besonnenheit, sprach ich, und der Tapferkeit und der Großartigkeit und aller Zweige der Vortrefflichkeit muß man nicht in geringem Grade den unächt und den ächt Gebornen beachten; denn wenn das Verständniß in Erwägung all der derartigen Dinge fehlt, sei es bei einem Einzelnen, oder sei es bei einem Staate, so gebrauchen sie, ohne es zu bemerken, eben Hinkende und unächt Geborne bei jeder beliebigen Verwendung derselben, ersterer als Freunde und letzterer als Herrscher. – Gar sehr ja auch, sagte er, verhält sich's so. – Wir demnach, sprach ich, müssen uns vor all dergleichen in Acht nehmen, da ja, wenn wir geradgliedrige und geradsinnige Menschen zu dem so ausgedehnten Unterrichte und der so ausgedehnten Uebung hinführen und hiedurch sie bilden, sowohl die Gerechtigkeit selbst uns keine Vorwürfe machen wird, als auch wir den Staat und die Staatsform bewahren werden, hingegen wenn wir anders beschaffene zu jenem anleiten, uns von all diesem das Gegentheil widerfahren wird und wir über die Weisheitsliebe ein noch größeres Gelächter herbeiführen werden. – Schimpflich ja wäre dieß, sagte er. – Ja, allerdings, erwiederte ich; aber lächerlich ist es mir selbst, wie es scheint, im gegenwärtigen Augenblicke ergangen. – Wie so? sagte er. – Ich vergaß, erwiederte ich, daß wir ja nur Scherz machten, und sprach daher in heftigerer Spannung; nemlich während ich redete, blickte ich zugleich auf die Weisheitsliebe hin, und indem ich da sah, daß sie in unwürdiger Weise mit Füßen getreten wird, scheine ich in Entrüstung gerathen zu sein und gleichsam im Zorne gegen die Schuldigen jenes, was ich sprach, allzu ernsthaft gesprochen zu haben. – O nein, bei Gott nicht, sagte er; wenigstens für mich, deinen Zuhörer, sicher nicht. – Aber für mich, den Redner, erwiederte ich. Aber Folgendes laß uns nicht vergessen, daß bei jener obigen Auswahl wir Aeltere auswählten, hier jetzt aber dieß nicht angeht; nemlich dem Solon darf man dieß nicht glauben, daß Jemand bereits alternd noch Vieles zu lernen fähig sei, sondern ein Solcher kann dieß noch weit weniger, als er laufen kann, hingegen Sache der Jüngeren sind alle großen und vielfältigen Anstrengung. – Ja, nothwendiger Weise, sagte er. –

16. Was demnach das Rechnen und die Geometrie und jene ganze Vorbildung betrifft, in welcher man vor der Dialektik gebildet werden soll, so müssen wir Solches ihnen, so lange sie Knaben sind, vorlegen, und zwar dabei die Form des Unterrichtes nicht als einen Lern-Zwang aufstellen. – Warum wohl? – Weil, sagte ich, keinen Unterrichtsgegenstand der Freie in Knechtschaft lernen soll; denn die körperlichen Anstrengungen machen, wenn sie auch in gewaltthätiger Weise durchgeführt werden, den Körper um Nichts schlechter, in der Seele aber bleibt kein gewaltmäßiger Unterrichtsgegenstand haften. – Dieß ist wahr, sagte er. – Also nicht mit Gewalt sollst du, mein Bester, sprach ich, die Knaben in den Unterrichtsgegenständen heranbilden, sondern im Spielen, damit du auch eher im Stande seist, zu durchschauen, nach welcher Richtung hin die Begabung eines Jeden stehe. – Es hat, was du sagst, sprach er, seinen Grund. – Nicht wahr also, du erinnerst dich, sagte ich, daß wir behaupteten, auch in den Krieg müsse man die Knaben zu Pferde als Zuschauer mitnehmen, und, falls es ungefährdet sei, sie nahe hinzuführen und Blut kosten lassen, wie junge Hunde? – Ich erinnere mich, sagte er. – Wer nun, sprach ich, bei all diesen Anstrengungen und

Unterrichtsgegenständen und Gefahren immer als der Behendeste sich zeigt, dieser muß in eine gewisse Anzahl aufgenommen werden. – In welchem Alter? sagte er. – Wann sie, erwiederte ich, aus den nothwendigen Leibesübungen entlassen werden; denn jene Zeit, mag sie zwei oder drei Jahre dauern, enthält keine Möglichkeit, irgend etwas Anderes zu betreiben, denn Müdigkeit und Schlaf sind dem Unterrichte feind; und zugleich ja handelt es sich da um eine eigene, und zwar sehr bedeutende, Probe, wie sich ein Jeder in den Leibesübungen zeige. – Wie sollte es auch anders sein? sagte er. – Nach dieser Zeit demnach, sprach ich, vom zwanzigsten Jahre an werden die Ausgewählten größere Ehren genießen, als die Uebrigen, und die Unterrichtsgegenstände, welche den Knaben bei ihrer Bildung durch einander zu Theil geworden waren, müssen nun für diese zu einer Uebersicht der gegenseitigen Verwandtschaft der Gegenstände und der Natur des Seienden zusammengeführt werden, – Allein nur ein derartiger Unterricht, sagte er, haftet wenigstens fest in jenen, welchen er zu Theil wird. – Und es ist ja, sprach ich, dieß die größte Probe einer dialektischen Begabung, denn wer zur Uebersicht befähigt ist, ist zur Dialektik befähigt, wer jenes nicht, auch dieß nicht, – Ich bin der gleichen Meinung, sagte er. – Auf dieß demnach, sagte ich, wirst du genau sehen müssen, wer unter jenen am meisten ein Derartiger sei, und wer Ausdauer habe bei den Unterrichtsgegenständen, Ausdauer aber auch im Kriege und dem Uebrigen, was die Gesetze vorschreiben, und Solche also hinwiederum mußst du, wenn sie das dreißigste Jahr überschritten haben, aus den Ausgewählten wieder auswählen und abermals in größere Ehren versetzen und durch eine Erprobung bezüglich der dialektischen Fähigkeit beachten, wer die Fähigkeit habe, von den Augen und aller übrigen Sinneswahrnehmung sich loszuschälen und auf das Seiende an und für sich mit Wahrheit sich hinzuwenden; und hier denn nun, o Freund, ist es Sache einer großen Behutsamkeit. – Worin zumeist? sagte er. – Bemerkst du nicht, sprach ich, welch großes Unheil so, wie es jetzt steht, bezüglich der dialektischen Uebung eintritt? – Was meinst du hiemit? sagte er. – Von einem den Gesetzen feindlichen Sinne, erwiederte ich, wird es ja jetzt erfüllt. – Ja wohl, gar sehr, sagte er. – Glaubst du also, sprach ich, es sei zu verwundern, was ihnen widerfährt, und läßt du ihnen nicht Verzeihung angedeihen? – In welcher Beziehung doch wohl? sagte er. – Wie wenn z. B., sprach ich, Jemand als unterschobenes Kind in großem Vermögen und in einem ausgedehnten und angesehenen Geschlechte und unter vielen Schmeichlern aufgenährt würde, er aber dann, Mann geworden, bemerken würde, daß er nicht von jenen angeblichen Eltern abstamme, seine wirklichen Erzeuger aber nicht finden könnte, kannst du von einem Solchen wohl ahnen, in welcher Stimmung gegen die Schmeichler und gegen die sich ihm fälschlich aufdrängenden Eltern er in jener Zeit sich befinde, in welcher er das Verhältniß der Fälschung nicht wußte, und dann hinwiederum in jener Zeit, in welcher er es wußte? oder wünschest du, wenn ich es ahne, es von mir zu hören? – Dieß wünsche ich, sagte er. – Ich ahne also, sprach ich, daß er zunächst diejenigen, welche ihm als sein Vater und als seine Mutter und als seine übrigen Angehörigen erscheinen, mehr ehren werde, als die Schmeichler, und bei ersteren es viel weniger übersehen werde, wenn sie irgend Mangel leiden, und viel weniger auch in großen Dingen ihnen ungehorsam sein werde, als den Schmeichlern, nemlich all dieß in jener Zeit, in welcher er das wahre Verhältniß nicht weiß. – Ja, so scheint es, sagte er. – Hat er aber demnach das Wirkliche bemerkt, so ahne ich hinwiederum, daß er dann in Bezug auf jene mit den Ehrenbezeugungen und dem Eifer nachlassen, gegen die Schmeichler aber solches stärker üben und diesen im Vergleiche mit der früheren Zeit ganz besonders gehorchen und bereits nach ihren Vorschriften leben werde, mit ihnen völlig unverhüllt in Verkehr tretend, aber eben um jenen Vater und die übrigen unächten Angehörigen sich, falls er von Natur aus nicht sehr tüchtig ist, gar Nichts mehr bekümmern werde. – All dieses, sagte er, möchte wohl, wie du es angibst, eintreten; aber in welcher Beziehung steht denn dieses Gleichniß mit jenen, welche sich an die Dialektik machen? – In folgender: Wir haben doch wohl von Kindheit an irgend Ansichten über das Gerechte und Schöne, in welchen wir gleichsam wie unter der Obhut von Eltern auferzogen wurden, indem wir ihnen gehorchen und sie ehren. – Ja, wir haben solche. – Nicht wahr also, auch anderweitige diesen entgegengesetzte Bestrebungen haben wir, welche Vergnügungen in sich enthalten, die unserer Seele schmeicheln und sie zu sich hin ziehen, aber die irgendwie Ordentlichen nicht zu überreden vermögen, sondern Letztere ehren nur jenes Väterliche und gehorchen ihm. – Ja, so ist es. – Wie aber nun? sagte ich; wenn den sich so Verhaltenden eine Frage überrascht, welche da fragt, was denn das Schöne sei, und ihn, da er zur Antwort geben wird, was er vom Gesetzgeber gehört hat, dann die Begründung selbst widerlegt und durch oftmalige und vielfache Widerlegung zuletzt zu der Ansicht bringt, daß Solches nicht in höherem Grade schön, als auch schimpflich sei, und ebenso betreffs des Gerechten und des Guten und alles desjenigen, was er zumeist in Ehren gehalten hatte, wie glaubst du, daß er dann wohl sich gegen jenes benehmen werde bezüglich einer Ehrenbezeugung und bezüglich des Gehorsames? – Nothwendiger Weise, sagte er, muß er sie weder in gleichem Grade ehren, noch ihnen gehorchen. – Wann er also, sprach ich, einerseits dieß nicht mehr wie vordem für ehrwürdig und ihm angehörig hält, und andrerseits das Wahre nicht finden kann, gibt es dann irgend eine anderweitige Lebensweise, welcher er sich wahrscheinlich nähern wird, als die ihm schmeichelte? – Nein, keine andere, sagte er. – Ein Feind des Gesetzes demnach, glaube ich, wird er allem Anscheine nach aus einem vordem Gesetzlichen geworden sein. – Ja, nothwendig. –

17. Nicht wahr also, sagte ich, erklärlich ist dieses, was denjenigen widerfährt, welche in solcher Weise sich an die Dialektik machen, und es verdient, wie ich so eben sagte, gar sehr Verzeihung. – Ja, und auch Mitleid, sagte er. – Nicht wahr also, eben davor, daß dieses Mitleid nicht bei jenen Dreißigjährigen dir eintreten müsse, sollst du in jeder Weise vorsichtig sein und so die Dialektik ergreifen? – Ja wohl, gar sehr, sagte er. – Ist also nicht dieses schon die Eine sehr ausgedehnte Vorsicht, daß sie nicht in der Jugend Solches zu kosten bekommen? denn ich glaube, es werde von dir nicht unbemerkt geblieben sein, daß die Jünglinge, wann sie zum ersten Male Begründungen zu kosten bekommen, sie wie im Spiele mißbrauchen, stets zu Rede und Gegenrede sie benutzend, und daß sie in Nachahmung derer, von welchen sie widerlegt werden, auch selbst wieder Andere widerlegen, indem sie wie junge Hunde eine Freude daran haben, stets ihren Nächsten mit einer begründenden Rede zu zupfen und zu zerren. – Überschwenglich wahr ist dieß, sagte er. – Nicht wahr also, wenn sie selbst Viele widerlegt haben und auch von Vielen schon widerlegt wurden, so verfallen sie hastig und schnell darauf, daß sie an Nichts von allem Früheren mehr in ihrer Meinung festhalten; und in Folge hievon kamen so wohl sie selbst, als auch das Ganze, was die Weisheitsliebe betrifft, bei den Uebrigen in schlimmen Ruf. – Völlig wahr, sagte er. – Hingegen der bereits Aeltere, sprach ich, wird an derartigem Wahnsinne sich nicht betheiligen wollen, sondern denjenigen, welcher dialektisch sich üben und die Wahrheit erwägen will, weit eher nachahmen als jenen, der um des Scherzes willen eben scherzt und gegen eine Rede die Gegenrede setzt, und er wird überhaupt sowohl selbst weit gemäßigter sein, als auch diese Bestrebung zu einer geachteteren, nicht aber zu einer mißachteteren, machen. – Dieß ist richtig, sagte er. – Nicht wahr also, auch was wir schon vor diesem gesagt haben, ist sämmtlich im Hinblicke auf eine Vorsicht gesagt worden, daß die Begabung derjenigen, welchen man Antheil an der Dialektik geben will, eine ordentliche und beständige sein müsse, nicht aber, wie es jetzt der Fall ist, der nächste Beste, welcher Nichts mit solchen Dingen zu schaffen hat, sich zu demselben wende? – Ja wohl, allerdings, sagte er. – Wird es

demnach hinreichend sein, wenn man bei der Beschäftigung mit Dialektik in kräftiger und angespannter Weise, ohne irgend etwas Anderes zu betreiben, sondern gerade in umgekehrt entsprechender Weise wie bei den Leibesübungen sich übend, doppelt so viele Jahre verweilt, als damals dort? – Meinst du sechs oder vier Jahre? sagte er. – Du magst immerhin fünf annehmen. Nemlich nach dieser Zeit werden sie wieder in jene Höhle hinabgebracht und dort gezwungen werden müssen, in den Verhältnissen des Krieges und wo es sonst noch Jüngeren zusteht, eine Herrschaft auszuüben, damit sie nicht an Erfahrung den Uebrigen nachstehen; und dann müssen sie auch hierin noch erprobt werden, ob sie, wenn man sie nach allen Seiten hinzieht, Beständigkeit haben oder irgend schwanken. – Wie viele Zeit aber bestimmst du hiefür? sagte er. – Fünfzehn Jahre, erwiederte ich; und wenn sie so fünfzig Jahre alt geworden sind, so muß man diejenigen unter ihnen, welche überall in jeder Beziehung in Werken und im Wissen bewahrt blieben und sich auszeichneten, nun bereits an das Ziel führen und sie nöthigen, daß sie den Glanzpunkt ihrer Seele aufwärts richten und auf jenes selbst hinblicken, was Allem Licht verleiht, und daß sie, nachdem sie das Gute an und für sich geschaut haben, es als Musterbild benutzen und einen Staat und die einzelnen Bürger und sich selbst für das übrige Leben zu schmuckvoller Ordnung herstellen, und zwar abwechslungsweise jeder Einzelne, indem sie meistenteils wohl der Weisheitsliebe sich widmen, aber, wenn die Reihe sie trifft, wieder in staatlichen Dingen sich mühen und jeder irgend eine Herrschaft ausübt um des Staates willen, nicht als thäten sie hiemit etwas Herrliches, sondern nur etwas Nothwendiges, und daß sie in solcher Weise wieder andere Derartige heranbilden und, indem sie Solche an ihrer Stelle als Wächter des Staates hinterlassen, in die Inseln der Seligen abgehen und dort wohnen; Gedächtnißfeierlichkeiten aber und Opferfeste soll der Staat ihnen in öffentlicher Weise veranstalten, und zwar, wenn die pythische Göttin es billigt, als wirklichen Dämonen, wenn aber nicht, als glückseligen und göttlichen Menschen. – Als überaus herrliche ja, sagte er, hast du, o Sokrates, hiemit die Herrscher, gleichsam als wärest du ein Bildhauer, vollendet hingestellt. – Ja, und auch die Herrscherinnen, o Glaukon, sprach ich; denn glaube nur nicht, daß ich irgend Etwas von jenem, was ich sagte, in höherem Grade von den Männern, als von den Frauen gesagt habe, so viele deren nemlich mit genügender Begabung geboren werden. – Es ist richtig, sagte er, woferne sie ja, wie wir durchgingen, in Allem den gleichen Antheil, wie die Männer, haben werden. – Wie also nun? sprach ich; gesteht ihr jetzt zu, daß wir betreffs des Staates und der Staatsform nicht durchaus bloß in frommen Wünschen gesprochen haben, sondern Dinge, welche wohl schwierig, dennoch aber irgend möglich sind, und zwar in keiner anderen, als in der von uns angegebenen Weise möglich, wenn nemlich die in Wahrheit Weisheitsliebenden als Herrscher, sei es als Mehrere oder als Einer, in einem Staate auftreten und die jetzigen Ehrenbezeugungen, indem sie dieselben für unfrei und werthlos halten, verschmähen, nur das Richtige allein aber und die hieraus fließenden Ehren über Alles schätzen, für das größte und nothwendigste aber das Gerechte halten, und diesem denn nun dienend und es fördernd, ihren eigenen Staat allseitig einrichten? – In welcher Weise? sagte er. – Wenn sie, sprach ich, alle Diejenigen, welche in dem Staate älter als zehn Jahre sind, auf das Land hinaus schicken, alle Kinder derselben aber an sich nehmen und außerhalb der jetzigen Sitten, welche auch die ihrer Eltern sind, nur in ihrer eigenen Art und Weise und nach ihren eigenen Gesetzen erziehen, welche eben derartig sind, wie wir sie bisher durchgegangen haben; und daß sie also auf diese Weise am schnellsten und am leichtesten einen Staat und eine Staatsform, wie wir sie angaben, in's Leben rufen und so den Staat beglücken, und dem Volke, in welchem er entsteht, den meisten Nutzen bringen. – Ja, bei Weitem, sagte er; und du scheinst mir, o Sokrates, nun auch die Art und Weise, in welcher es wirklich geschähe, woferne es einmal wirklich geschähe, richtig angegeben zu haben. – Nicht wahr also, sprach ich, genug sind es nun der Begründungen betreffs dieses Staates und des ihm gleichen einzelnen Mannes; denn klar hiemit ist ja doch wohl auch, wie beschaffen Letzterer zufolge unserer Behauptung sein soll? – Ja, klar ist es, sagte er; und jenes, um was du frägst, scheint auch mir hiemit seinen Abschluß erreicht zu haben. –

Achtes Buch

1. Weiter; dieß also nun ist zugestanden, o Glaukon, daß für einen Staat, welcher in hervorragender Weise bestehen soll, die Frauen und die Kinder und die gesammte Erziehung gemeinsam sein müssen, und ebenso auch alle Thätigkeiten im Kriege und im Frieden, Könige aber über diese Diejenigen sein müssen, welche in der Weisheitsliebe und bezüglich des Krieges die besten geworden sind. – Ja, dieß ist zugestanden, sagte er. – Aber auch dieß ja räumten wir ein, daß die Herrscher, wann sie eingesetzt sind, die Krieger in Wohnungen führen, wie wir sie angaben, und sie dort sich ansiedeln lassen, indem nemlich jene für Keinen irgend Etwas ihm Eigenthümliches enthalten, sondern allen gemeinsam sind; und außer den derartigen Wohnungen haben wir, wenn du

dich erinnerst, uns auch darüber verständigt, wie es bei ihnen bezüglich des Besitzes beschaffen sein solle. – Aber ich erinnere mich ja, sagte er, daß wir der Meinung waren, es solle Keiner irgend Etwas von jenem besitzen, was jetzt im Uebrigen die Menschen besitzen, sondern daß sie gleichsam als Kämpfer im Kriege und als Wächter zum Lohne für ihren Wachtdienst je auf ein Jahr die Nahrung von den Uebrigen erhalten und so für sich und den übrigen Staat Sorge tragen sollen. – Du gibst es richtig an, sagte ich; aber wohlan nun, da wir dieß zu Ende geführt haben, so wollen wir uns auch an jenen Punkt erinnern, von wo aus wir hieher ablenkten, damit wir nun den nemlichen Weg jetzt wieder betreten. – Dieß ist nicht schwierig, sagte er; du hattest nemlich so ziemlich wie jetzt betreffs des Staates es durchgegangen und entwickeltest deine Begründungen, indem du sagtest, daß du als einen guten Staat eben jenen, welchen du damals durchgingst, bezeichnen würdest und ebenso auch bezüglich des einzelnen Menschen, welcher jenem Staate ähnlich sei, und zwar, wie es schien, mit der Möglichkeit, noch herrlicher diesen Staat und diesen Menschen zu schildern; du bezeichnetest aber nun hierauf die übrigen Staaten als verfehlte, woferne dieser der richtige sei; von den übrigen Staatsverfassungen aber behauptetest du, wie ich mich erinnere, daß es vier Formen gebe, von welchen es sich nemlich der Mühe lohne, sie zu berücksichtigen und ihre Fehler, sowie hinwiederum die ihnen ähnlichen Menschen zu betrachten, um sodann, nachdem wir sie sämmtlich betrachtet und uns über den besten und den schlechtesten Menschen verständigt hätten, zu erwägen, ob wirklich der beste der glücklichste und der schlechteste der unglücklichste sei, oder es sich anders verhalte. Und als hiebei ich dich fragte, welche Staatsverfassungen du unter jenen vieren meinest, da fielen Polemarchos und Adeimantos in die Rede, und so denn faßtest du dort deine Begründung wieder von Neuem auf und gelangtest nun bis hieher. – Völlig richtig, sagte ich, behieltest du dieß im Gedächtnisse. – Biete mir also, wie ein Ringer, wieder jenen nemlichen Angriffspunkt dar und versuche auf meine jetzige Frage nun anzugeben, was du damals schon im Begriffe warst zu sagen. – Ja, allerdings, sagte ich, wenn ich es im Stande bin. – Und in der That nun, erwiederte er, ich bin auch wirklich begierig zu hören, welche Staatsverfassungen du unter jenen vieren meintest. – Nicht schwierig, sagte ich, ist es, dieß zu hören; denn diejenigen, welche ich meine, sind eben jene, welche auch eigene Namen tragen, nemlich die von Vielen gepriesene Kretische und Lakonische, die zweite und in zweitem Range gepriesene, welche man Oligarchie nennt, eine Staatsverfassung, welche von zahlreichen Uebeln strotzt; und dann jene, welche mit dieser im Streite liegt und in der Reihe nach ihr kömmt, die Demokratie, und sodann die wackere Gewaltherrschaft, welche von all diesen sich unterscheidet, die vierte und äußerste Krankheit eines Staates; oder weißst du irgend eine andere Gestaltung einer Staatsverfassung zu nennen, welche auch in einer deutlich sichtbaren Form beruht? nemlich die von Mehreren geübte Gewaltherrschaft und käufliches Königthum und irgend derartige Staatsverfassungen liegen wohl als Mittelglieder zwischen jenen, aber man möchte dieselben nicht in geringerer Anzahl bei den Nicht-Hellenen, als bei den Hellenen finden. – Ja, gar viele, und zwar ungereimte, sagte er, werden wohl angeführt. –

2. Weißst du also, sagte ich, daß es auch eben so viele Formen der Charaktere der Menschen geben muß, als es Formen der Staatsverfassungen gibt? oder glaubst du, daß irgend aus einer Eiche oder aus einem Felsen die Staatsverfassungen entstehen, nicht aber aus den in den Staaten bestehenden Sitten, wohin nemlich diese gleichsam wie in einer Wagschale das Uebrige nach sich ziehen? – Keineswegs anderswoher, sagte er, als eben von dort her. – Nicht wahr also, wenn die Formen der Staaten fünf sind, so möchten wohl auch der Beschaffenheiten der Seele der Einzelnen gleichfalls fünf sein? – Wie anders? – Jenen Einzelnen denn nun, welcher der Aristokratie ähnlich ist, haben wir bereits durchgegangen, von welchem wir ja mit Recht behaupten, daß er gut und gerecht sei. – Ja, wir haben ihn durchgegangen. – Müssen wir also nun auch die Schlechteren durchgehen, nemlich den Streitliebenden und Ehrliebenden, welcher auf Seite der Lakonischen Staatsverfassung steht, und hinwiederum den Oligarchischen und den Demokratischen und den der Gewaltherrschaft entsprechenden, damit, wenn wir so den Ungerechtesten betrachtet haben, wir ihn dem Gerechtesten gegenüberstellen und uns unsere Erwägung ihren Abschluß finde, wie sich wohl die unvermischte Gerechtigkeit zur unvermischten Ungerechtigkeit bezüglich des glücklichen oder unglücklichen Zustandes dessen, der sie an sich hat, verhalte, um entweder dem Thrasymachos folgend Ungerechtigkeit zu üben, oder der jetzt sich uns zeigenden Begründung folgend Gerechtigkeit. – Ja, durchaus, sagte er, müssen wir es so machen. – Müssen wir also, wie wir auch zu Anfang thaten, daß wir eher in den Staaten, als in den Einzelnen die Charaktere erwogen, weil es so deutlicher sei, eben so auch jetzt zuerst die ehrliebende Staatsverfassung erwägen – denn einen anderen Namen weiß ich für sie nicht anzugeben, oder wir müssen sie Timokratie oder Timarchie nennen –; und im Hinblicke auf diese dann werden wir den ebenso beschaffenen Mann betrachten, hernach die Oligarchie und den oligarchisch

beschaffenen Mann, hierauf aber auf die Demokratie hinblickend, werden wir den demokratisch beschaffenen Mann beschauen, an vierter Stelle aber werden wir uns zu dem unter Gewaltherrschaft stehenden Staate begeben und nachdem wir ihn gesehen, wieder auf die der Gewaltherrschaft entsprechende Seele hinblicken, und so versuchen, über jenes, was wir uns vorgenommen haben, ein genügendes Urtheil zu fällen. – In wohlbegründeter Weise ja, sagte er, möchte so unsere Betrachtung und unser Urtheil von Statten gehen. –

3. Wohlan demnach, sagte ich, laß uns versuchen, anzugeben, auf welche Weise eine Timokratie aus der Aristokratie entstehen dürfte; oder ist vielleicht dieß schon das Einfache, daß jede Staatsverfassung in Folge desjenigen, was eben in ihm die Herrschaft übt, umschlage, sobald in eben jenem ein Zwiespalt entsteht, hingegen wenn jenes einträchtig ist, mag es ein noch so Kleines sein, unmöglich Etwas gerüttelt werden kann? – Ja, so ist es allerdings. – Auf welche Weise also, o Glaukon, sagte ich, wird uns am Staate gerüttelt werden, und in welcher Beziehung werden unsere Helfer und unsere Herrscher gegenseitig und unter sich selbst in Zwiespalt gerathen? oder willst du, daß wir, wie Homeros, zu den Musen flehen, daß sie uns sagen, wie wohl zuerst Zwiespalt eingetreten sei, und wollen wir behaupten, daß sie in abenteuerlicher Weise, als wenn sie mit uns, wie mit Kindern, scherzten und uns neckten, gleichsam als meinten sie es ernsthaft, in hochtrabenden Worten sich ausdrücken? – Wie so? – Ungefähr folgendermaßen: „Schwer zwar ist es, daß ein auf diese Weise gestalteter Staat gerüttelt werde; aber da alles Entstandene auch einen Untergang hat, so wird auch die derartige Gestaltung nicht die gesammte Zeit hindurch bestehen bleiben, sondern irgend einmal aufgelöst werden. Diese Auflösung aber ist folgende: Nicht bloß für die der Erde entsprossenden Pflanzen, sondern auch für die auf der Erde lebenden Thiere entstehen Zeitpunkte einer Fruchtbarkeit und einer Unfruchtbarkeit, wann gewisse Perioden je mit den einzelnen Wesen irgend Kreis-Umläufe zusammentreffen lassen, nemlich mit den kurzlebenden kurzdauernde, mit den langlebenden aber langdauernde Umläufe. Was aber euer Menschen Geschlecht betrifft, so werden der Zeitpunkte einer richtigen Zeugung und einer Unfruchtbarkeit die von euch gebildeten Lenker des Staates, so weise sie auch sein mögen, doch darum durch nichts Anderes, als nur durch einen mit Sinneswahrnehmung vermischten Vernunftschluß habhaft werden können; ja, gerade entgehen werden ihnen diese Zeitpunkte, und sie werden dann einmal Kinder in einer Zeit erzeugen, in welcher sie nicht sollen. Es gibt aber für das Produkt einer göttlichen Zeugung eine Periode, welche von einer

schlechthin vollkommenen Zahl umfaßt wird, hingegen für das einer menschlichen eine ursprüngliche Zahl, in welcher irgend mächtige Multiplicirungen und drei allbeherrschende Abstände mit vier abgegrenzten Maßen des Aehnlichmachenden und Unähnlichmachenden und des Wachsenden und Abnehmenden zusammentreffen und so Alles gegenseitig zu einem proportionalen und rationalen machen, wovon eben das Vierdrittel-Verhältniß als Grundwurzel zu Accorden mit der Fünfzahl verbunden zwei Harmonien bewirkt, indem es zur Dreiheit der Dimensionen potenzirt wird, nemlich daß die Eine Harmonie immer ein gleichmal Gleiches, also eine Potenzirung vermittelst eines hundertfachen Hundertes ist, die andere Harmonie hingegen wohl einerseits ein Quadrat, andrerseits aber ein Rechteck enthält, nemlich erstens hundert Quadratzahlen der rationalen Diagonalzahl von Fünf, wobei von jeder Quadratzahl Eins abgezogen wird, und zwei Quadratzahlen der irrationalen Diagonalzahl von Fünf, und zweitens hundert Kubikzahlen von Drei

Erstens, was das Motiv und den Werth dieser Zahlen-Musik betrifft, so ist es das Verkehrteste von Allem, wenn man glaubt, Plato verspotte hier dergleichen Versuche, durch Zahlen-Verhältnisse das Wesen der Dinge ausdrücken zu wollen; denn zu solchem Spotte paßt weder die vorhergehende Berufung auf die Musen (da ja Plato im Falle eines Spottes sich eher auf die „ruhmvollen Fachgelehrten" oder dergl. berufen hätte), noch auch der nachfolgende äußerst schlichte Uebergang auf die weitere Entwicklung (denn würde es sich um ein Verspotten handeln, so müßte nach Plato's Sitte irgend eine Wendung, wie z. B. „ist dieß nicht herrlich gesagt?" oder sonst etwas dergleichen nachfolgen); hingegen liegt es im innersten Kerne der platonischen Ansichten tief begründet, daß er in der That eine über die gewöhnlichen Formen des Wissens hinausgehende Weisheit annimmt und dieselbe auch stets Personen in den Mund legt, welche gewissermaßen der unmittelbaren Gegenwart entrückt sind und den Charakter eines Sehers, oder Propheten, oder Priesters u. dgl. an sich tragen; und wie sehr Plato gerade bezüglich der Natur die Erkenntnis der letzten Principien in überschwenglicher Weise in eine gewisse mathematische Mystik verlegt habe, bezeugt vor Allem der „Timäus", welchen ganzen Dialog ja Plato selbst als einen „verständigen Scherz" bezeichnet, ein Ausdruck, an welchen jeder Kundige bei jenen Worten erinnert werden muß, die hier an unserer Stelle bezüglich der Musen gebraucht sind. Eben den Musen aber, als den höchsten Vertreterinnen all jener Wissenschaften, welche im Obigen waren aufgezählt worden, legt hier Plato eine letzte erreichbare Erklärung dessen in den Mund, wie das Wahre und Gute unter gewissen Bedingungen selbst im Wechsel der sterblichen Wesen bewahrt bleiben könne; d. h. Plato ist von der unverrückbaren Ueberzeugung durchdrungen, daß eine gewisse, wenn auch getrübte, Regelmäßigkeit und principielle Basis auch dem Gebiete des Vergänglichen einwohnen müsse, und ebenso unzweifelhaft schließt er sich in all derartigen Fragen an den Pythagoreismus an, indem er sicher glaubt, daß es eine mathematisch-astronomisch-musikalische Lösung all solcher Räthsel geben müsse, d. h. daß die in musikalischen Intervallen geregelten Umläufe der Gestirne in Verbindung mit arithmetischen und geometrischen Eigenthümlichkeiten der Dinge den letzten Erklärungsgrund im Gebiete des Wandelbaren ausmachen; und in solchem Sinne sucht er auch hier einen Zahlen-Ausdruck für den richtigen und wahren Zeitpunkt menschlicher Geburten, welcher ihm durch den Umlauf der Gestirne, sowie durch harmonische und stereometrische Verhältnisse bedingt ist. Ich möchte demnach etwa sagen, Plato habe sicher nicht um jeden Preis gerade jene zwei bestimmten Zahlen, welche wir nun sogleich entwickeln werden, festhalten wollen, aber wohl sei er der festesten Ueberzeugung gewesen, daß es irgend Zahlen geben müsse, welche in astronomischer und musikalischer und stereometrischer Beziehung den innersten Kern der wandelbaren, durch Zeugung entstandenen, Wesen ausdrücken; (ob ein solches Verfahren als ein philosophisches, und nicht vielmehr als ein mystisches bezeichnet werden müsse, ist eine andere Frage, deren Beantwortung hier überflüssig scheint; daß aber ein solches Verfahren wesentlich der platonischen Speculation eigentümlich ist, muß Jeder zugestehen, der von sich sagen will, daß er den Plato kenne; wer hingegen bei dieser Stelle einen Spott annimmt und von sokratischer Ironie spricht, ist kein Kenner Plato's. selbst wenn er alle Werke desselben übersetzt hätte).

Was nun zweitens den Inhalt der symbolischen Zahl selbst betrifft, so geht Plato davon aus. daß es für alle lebenden Wesen gewisse Zeitpunkte der Fruchtbarkeit gebe, welche periodisch wiederkehren, und er sucht dann (nachdem er die eigentlich göttlichen Geburten als schlechthin vollkommene von vornherein ausgeschieden hat) bezüglich der Eingehung von Ehen oder der Kindererzeugung seitens der Wächter oder Herrscher des Ideal-Staates die Wiederkehr dieses günstigen Zeitpunktes an eine Zahl zu knüpfen, neben welche aber zugleich eine zweite Zahl gestellt wird, unter deren Einguß gleichsam die ungünstigeren und für den Staat unglücklicheren Geburten stehen; beide Zahlen aber werden ausdrückt als „Harmonien“, d. h. als irgend musikalische Verhältnisse bezeichnet und mit Worten und Anschauungen gemischt, welche entschieden der Geometrie angehören; und wir dürfen wohl am wenigsten an die gewöhnlichen Zeitmaße, sei es Jahre oder Monate oder Tage oder Stunden, denken, so daß die beiden Zahlen bloß die Anzahl solcher Zeiteinheiten bedeuten würden, nach deren Ablauf immer wieder ein solcher für die Zeugung günstiger Zeitpunkt einträte, sondern gewiß müssen wir uns die Sache so vorstellen, daß nach Plato's Ansicht in sehr vielen und sehr verschiedenen Zeiten die eine oder die andere der beiden Harmonien obwalten könne; denn die Lenker des Staates sollen ja gerade das Wissen davon haben, ob ein bestimmter Zeitpunkt für Kindererzeugung günstig oder ungünstig sei, und aus Unkenntniß in dieser Beziehung folgt die Verschlechterung der Generation der Wächter. Daß die sog. Constellation der Gestirne am Himmel zur Berechnung dessen, welche Harmonie in einer bestimmten Zeit gerade obwalte, auch beizuziehen sein sollte, wollen wir nicht in Abrede stellen, aber sicher gehörte zu jener Berechnung noch eine Menge von Einzelnheiten betreffs der Verhältnisse des Staates und der Wächter selbst u. s. w., so daß, je näher wir uns ein solches berechnendes Verfahren in unserer Vorstellung ausmalen, wir um so entschiedener zur Ueberzeugung kommen müssen, daß wirklich nur eine mystische Anschauung musikalisch-geometrischer Zahlenverhältnisse das Maßgebende war.

Diese gesammte geometrische Zahl aber waltet eben über das Derartige, nemlich über die besseren und schlechteren Geburten, und wenn euch die Wächter aus Unkenntniß derselben zur Unzeit Hochzeiterinnen mit Hochzeitern vereinigen, so werden keine trefflich begabten und keine glücklichen Kinder hieraus entstehen. Allerdings werden die besten unter ihnen durch ihre Vorgänger als Herrscher aufgestellt werden, aber dennoch werden sie, weil sie eben als Unwürdige in die Macht ihrer Väter eintreten, zuerst damit beginnen, uns Musen zu vernachlässigen, indem sie, obwohl sie Wächter sind, die musische Bildung geringer anschlagen werden, als sie sollten, und hiernach ebenso auch die gymnische Bildung; hiedurch also werden euch die Jünglinge ungebildeter werden, und in Folge hievon werden sie als Herrscher aufgestellt werden, welche durchaus keine große Befähigung dazu haben, Wache zu halten im Hinblicke auf eine prüfende Einsicht in die bei Hesiodos erwähnten und bei euch sich findenden Geschlechter, nemlich das goldene und das silberne und das eherne und das eiserne Geschlecht. Wenn aber Eisen mit Silber und Erz mit Gold vermischt wird, so entsteht eine Ungleichheit und eine unharmonische Unregelmäßigkeit; sobald aber diese entstehen, erzeugen sie da, wo sie entstehen, stets Krieg und Feindschaft. Einem solchen Menschengeschlecht demnach, muß man behaupten, gehört stets der Zwiespalt an, wo immer er entsteht." – Ja, und wir werden wohl behaupten, sagte er, daß sie uns hiemit eine richtige Antwort gegeben haben. – Dieß muß allerdings nothwendig der Fall sein, sprach ich, da sie ja Musen sind. – Wie also nun? sagte er, was sprechen die Musen bezüglich des hiernach folgenden? – Sobald, erwiederte ich, Zwietracht entstanden ist, so drängen hiemit jene beiden Geschlechter, nemlich das eiserne und ehrne, zum Gelderwerbe und zum Besitze von Ländereien und Wohnungen und von Gold und Silber, hinwiederum aber das goldene und silberne, welche ja nicht arm, sondern ihrer natürlichen Begabung nach reich sind, ziehen die Seelen zur Vortrefflichkeit und zur ursprünglich alten Einrichtung hin. Indem sie aber so gegenseitig einander Gewalt anthun und sich entgegenstreben, verständigen sie sich zu dem Mittelwege, daß sie einerseits Ländereien und Wohnungen verteilen und so zu einem Einzeln-Besitze machen, andrerseits aber diejenigen, welche vorher von ihnen als Freie bewacht worden waren, nemlich ihre Freunde und Ernährer, jetzt in Knechtschaft bringen und als ihre Schützlinge und Untergebenen behandeln und nun sie selbst die Besorgung des Krieges und der Bewachung derselben übernehmen. – Es scheint mir, sagte er, dieser Uebergang wirklich von da aus stattzufinden. – Nicht wahr also, sprach ich, irgend ein Mittleres zwischen Aristokratie und Oligarchie dürfte wohl diese Staatsverfassung sein? – Ja, allerdings. –

4. Uebergehen demnach wird sie auf diese Weise; nachdem sie aber übergegangen, wie wohl wird sie dann eingerichtet sein? oder ist etwa augenfällig, daß sie in Einigem die frühere Verfassung, in Anderem aber die Oligarchie nachahmen wird, weil sie ja in Mitte zwischen beiden steht, und auch, daß sie irgend Etwas ihr selbst Eigenthümliches an sich haben wird? – Ja, so ist es, sagte er. – Nicht wahr also, darin, daß sie ihre Herrscher ehrt und daß der für sie kämpfende Stand sich des Ackerbaues und der Handwerke und des übrigen Gelderwerbes enthält, und daß sie gemeinschaftliche Mahlzeiten eingerichtet hat und für gymnische und kriegerische Wettkämpfe sorgt, in all diesem also wird sie die frühere Verfassung nachahmen? – Ja. – Aber daß sie eine Furcht davor hat, die Weisen zur Ausübung der Herrschaft zu führen, weil sie nemlich keine derartigen Männer mehr, welche schlechthin einfach und streng waren, sondern ja nur gemischte besitzt, und daß sie daher zu den Mutherfüllten und

denjenigen sich hinneigt, welche unter den übrigen noch die einfacheren sind, nemlich zu Männern, welche mehr für den Krieg als für den Frieden begabt sind, und daß sie die hierauf bezügliche List und Gewandtheit in Ehren hält und die ganze Zeit hindurch hinwiederum auch mit sich selbst im Kriege lebt, Derartiges also wird sie größtenteils als das ihr Eigenthümliche an sich haben? – Ja. – Aber eine Begierde ja, sagte ich, werden die Derartigen nach Geldbesitz haben, wie die Menschen in den Oligarchien, und im Dunkeln werden sie Gold und Silber unbändig ehren, weil sie ja Vorratskammern und ihnen gehörende Schätze besitzen, woselbst sie solches heimlich hinterlegen, und auch wieder Umfangsmauern um ihre Wohnungen, so ziemlich wie einzelne Nester, in welchen sie mit ihren Weibern und anderen Leuten, mit welchen sie eben wollen, ihre Schätze verzehren und vielen Aufwand machen können. – Völlig wahr ist dieß, sagte er. – Nicht wahr also, auch sparsam mit ihrem eigenen Gelde werden sie sein, weil sie es ja ehren und nicht offenkundig besitzen, hingegen mit fremdem werden sie gerne Aufwand machen wegen ihrer Begehrlichkeit, und heimlich Vergnügungen genießen, indem sie, wie Kinder vor dem Vater, so vor dem Gesetzgeber entlaufen, nicht durch freie Ueberredung, sondern durch Gewalt herangebildet, weil sie die wahrhafte Muse, welche mit begründenden Reden und mit Weisheitsliebe verbunden ist, vernachlässigt haben, und die gymnische Kunst in höheren Ehren halten, als die musische. – Ja, durchaus, sagte er, bezeichnest du hiemit eine aus Schlechtem und Gutem gemischte Staatsverfassung. – Ja, gemischt ist sie allerdings, erwiederte ich; aber irgend Eines wird in ihr in Folge der Herrschaft des Muthigen am deutlichsten hervortreten, nemlich Streitliebe und Ehrliebe. – Ja wohl, gar sehr, sagte er. – Nicht wahr also, sprach ich, diese Staatsverfassung möchte auf diese Weise entstanden und derartig beschaffen sein, um nemlich in dieser Begründung nur den Umriß ihrer Verfassung zu entwerfen und keine genaue Ausführung zu geben, da es ja genügt, aus dem Umrisse den Gerechtesten und den Ungerechtesten zu erblicken, hingegen es eine vermöge der Länge unmögliche Aufgabe wäre, sämmtliche Staatsverfassungen und sämtliche Charaktere, ohne irgend Etwas wegzulassen, durchzugehen. – Ja, dieß ist richtig, sagte er. –

5. Welcher also nun wird der dieser Staatsverfassung entsprechende Mensch sein? wie wird er entstehen und wie beschaffen wird er sein? – Ich glaube, sagte Adeimantos, er wird so ziemlich diesem Glaukon da nahe kommen, wenigstens was die Streitliebe betrifft. – Vielleicht, sagte ich, in diesem Betreffe wohl; aber in Folgendem scheint er mir seiner Begabung nach diesem nicht zu entsprechen.

– Welches ist dieß? – Er muß nemlich, sagte ich, ziemlich anmaßend sein und den Ungebildeten teilweise näher stehen, dabei aber doch Liebe zur Bildung haben, auch hörlustig sein, aber in keiner Weise Befähigung zu einem Redner besitzen; und gegen Sklaven dürfte der Derartige sich wild benehmen, ohne dabei, wie der vollkommen Gebildete thut, den Verkehr mit Sklaven überhaupt unter seiner Würde zu halten, gegen Freie aber wird er sich sanft benehmen, den Herrschern aber sehr unterthänig sein, dabei aber selbst herrschsüchtig und ehrliebend, nicht mit dem Wunsche, vermittelst begründender Reden oder irgend derartiger Dinge zu herrschen, sondern eben vermittelst kriegerischer und überhaupt den Krieg betreffender Thaten, indem er ja auch die gymnischen Uebungen und die Jagd liebt. – Ja, allerdings, sagte er, ist dieß auch der Charakter jener Staatsverfassung. – Nicht wahr also, auch das Geld, sprach ich, wird ein Solcher, so lange er jung ist, gering achten, hingegen je älter er wird, desto mehr wird er es lieben, weil er ja an der geldliebenden Begabung Theil hat und nicht schlechthin rein auf die Vortrefflichkeit gerichtet ist, da ihn der beste Wächter verlassen hat. – Welcher ist dieß? sagte Adeimantos. – Der mit musischer Bildung vermische Vernunftgrund, sagte ich, welcher allein, wenn er sich einfindet, als Gewährer der Vortrefflichkeit demjenigen, der ihn hat, Zeit seines Lebens einwohnt. – Du hast Recht, sagte er. – Und es ist also, sprach ich, der timokratische Jüngling derartig beschaffen, dem derartigen Staate gleichend. – Ja, allerdings. – Entstehen aber, sagte ich, wird er ungefähr auf folgende Weise: Zuweilen nemlich wird er als Kind der Sohn eines guten Vaters sein, welcher in einem nicht gut eingerichteten Staate wohnt, dabei alle staatlichen Ehren und jede Ausübung einer Herrschaft und alle Rechtshändel und die gesammte derartige Vielgeschäftigkeit meidet und lieber verkürzt werden will, um nur mit Solchem Nichts zu schaffen zu haben. – Wie aber eigentlich entwickelt er sich? sagte er, – Wenn er, erwiederte ich, erstens von seiner Mutter hört, wie dieselbe sich darüber ärgert, daß ihr Mann nicht zu den Herrschern gehört und sie sich deshalb unter den übrigen Weibern verkürzt fühlt, und sodann auch bemerkt, daß ihr Mann sich nicht sehr eifrig um Geldbesitz bemüht und nicht überall, im Einzel- Verkehre und in Gerichtshöfen und im öffentlichen Leben, kämpft und schmäht, sondern leichten Sinnes all Derartiges erträgt, und ferner wahrnimmt, daß er stets nur auf sich seine Aufmerksamkeit richtet, sie selbst aber weder sehr ehrt, noch sehr mißachtet, und wenn also diese in Folge von all dem sich ärgert und zum Sohne sagt, sein Vater sei unmännlich und lasse sich gar zu sehr gehen, und anderes Derartiges, wie viele und wie beschaffene Lieder in diesem Betreffe die Weiber ja zu singen pflegen. – Ja wohl, gar viele, sagte Adeimantos, und ihnen selbst ganz ähnliche. – Weißt du also, sagte ich, daß auch die Sklaven der derartigen Leute bisweilen heimlich Solches zu den Söhnen sagen, nemlich gerade diejenigen, welche es gut zu meinen scheinen, und daß sie, wenn sie irgend einen Schuldner wissen, gegen welchen der Vater nicht einschreitet, oder sonst einen anderweitigen Uebelthäter, dann den Sohn ermuntern, er solle, sobald er Mann geworden, sich an all den Derartigen rächen und überhaupt in höherem Grade ein Mann sein, als sein Vater es sei. Und geht er außer Hause, so hört und sieht er wieder Anderes dergleichen, daß nemlich jene, welche bloß das Ihrige thun, in der Stadt als einfältige Menschen bezeichnet werden und geringe Geltung genießen, hingegen diejenigen geehrt und gepriesen sind, welche nicht das Ihrige thun. Wenn also der Jüngling all das Derartige hört und sieht und hinwiederum auch die Reden seines Vaters und die Thätigkeit desselben in der Nähe hört und sieht, sie mit jenen der Uebrigen vergleichend, dann wohl wird er von diesem Beiderseitigen hin und her gezogen, und indem der Vater den vernünftigen Theil in seiner Seele befruchtet und fördert, die übrigen hingegen den begehrlichen und den muthigen, so wird er, weil er ja von Natur aus nicht von einem schlechten Manne stammt, aber des schlechten Verkehres mit den Uebrigen sich bedient, durch jenes beiderseitige zu einem Mittleren gezogen, und dort angelangt, überliefert er die Herrschaft in seinem Inneren eben den Mittleren und Streitliebenden und Muthigen, und wird so ein hochfahrender und ehrgeiziger Mann. – Gar sehr wohl, sagte er, scheinst du mir die Entstehung desselben hiemit durchgegangen zu haben. – Wir kennen also jetzt, sprach ich, die zweite Staatsverfassung und den ihr entsprechenden zweiten Menschen. – Ja, wir kennen sie, sagte er. –

6. Nicht wahr also, hernach nun wollen wir den Spruch des Aeschylos anwenden:

> „bei einer jeden Stadt ein Anderer hingestellt",

oder vielmehr gemäß unserer Voraussetzung zuerst den Staat angeben. – Ja, allerdings so, sagte er. – Es möchte aber wohl, wie ich glaube, die Oligarchie die zunächst nach einer solchen folgende Staatsverfassung sein. – Welcherlei Einrichtung aber, sagte er, nennst du Oligarchie? – Die auf Vermögensschätzung beruhende Staatsverfassung, erwiederte ich, in welcher die Reichen die Herrscher sind, die Armen aber keinen Theil an der Herrschaft haben. – Ich verstehe, sagte er. – Nicht wahr also, zuerst müssen wir den Uebergang von der Timarchie zur Oligarchie angeben? – Ja. – Und in der That, sagte ich, ist dieser Uebergang auch einem Blinden klar. – Wie so? – Jene Vorrathskammer, sagte ich, richtet dadurch, daß sie bei einem Jeden mit Gold gefüllt wird, jene so beschaffene Staatsverfassung zu Grunde. Erstens nemlich werden sie Gegenstände des Aufwandes für sich ausfindig machen und die Gesetze nach dieser Seite hinüber drehen, Ungehorsam gegen sie zeigend, sie selbst und ihre Weiber. – Ja, so scheint es, sagte er. – Sodann ja, glaube ich, sieht hiebei der Eine auf den Anderen und geräth in Eifersucht, und so machen sie die gesammte Masse ihrer selbst zu einer derartigen. – So scheint es. – Von da aus demnach, sagte ich, schreiten sie im Gelderwerbe vorwärts, und je ehrenhafter ihnen eben dieß gilt, desto unehrenhafter die Vortrefflichkeit; oder ist nicht auf diese Weise von Reichthum die Vortrefflichkeit getrennt, wie wenn beide in den Schalen einer Wage lägen und jedes von beiden stets nach der entgegengesetzten Seite zöge? – Ja wohl, gar sehr, sagte er. – Wenn demnach der Reichthum und die Reichen in einem Staate geehrt werden, so werden die Vortrefflichkeit und die Guten mißachtet sein. – Dieß ist klar. – Geübt aber wird ja immer, was man ehrt, vernachlässigt hingegen, was man mißachtet. – Ja, so ist es. – Aus streitliebenden und ehrliebenden Männern sind sie demnach zuletzt erwerbliebende und geldliebende geworden, und den Reichen preisen und bewundern sie und führen ihn zu den Ausübungen der Herrschaft, den Armen aber mißachten sie. – Ja, gewiß. – Nicht wahr also, dann stellen sie hiemit ein Gesetz als das Maß der oligarchischen Staatsverfassung auf, indem sie eine gewisse Menge Geldes festsetzen, und zwar eine größere, wo es in höherem Grade eine Oligarchie ist, und eine kleinere, wo in geringerem Grade, und sie sprechen es aus, daß an der Herrschaft keinen Theil habe, wer nicht ein Vermögen im Belange der festgesetzten Schätzung besitze. Solches aber setzen sie entweder mit Waffengewalt durch, oder sie haben schon vorher durch Erregung von Furcht die derartige Staatsverfassung eingesetzt; oder ist es nicht so? – Ja, allerdings so. – Die Herstellung derselben ist demnach, so zu sagen, diese. – Ja, sagte er; aber welches denn nun ist die Art und Weise dieser Verfassung, und welches sind die Fehler, die sie unserer Behauptung zu Folge enthält? –

Erstens, sagte ich, eben jenes, wie beschaffen ihr Maß ist; sieh nemlich nur zu; wenn Jemand auf diese Weise die Steuermänner von Schiffen in Folge der Vermögensschätzung einsetzen wollte, dem Armen aber, selbst wenn er mehr Geschick zum Steuern hätte, es nicht gestatten würde. – Wohl eine schlechte Schifffahrt, sagte er, würden sie dann vollbringen. – Nicht wahr also, auch betreffs jedweden anderen Dinges oder überhaupt irgend einer Herrschaft verhält es sich ebenso? – Ich wenigstens glaube es. – Etwa mit Ausnahme des

Staates? sagte ich; oder auch betreffs des Staates? – Gewiß ja zu höchsten Grade, sagte er, je mehr diese Herrschaft die schwierigste und größte ist. – Dieß demnach wäre der Eine so bedeutende Fehler, welchen die Oligarchie enthält. – Ja, so zeigt sich's. – Wie aber? ist der folgende etwa kleiner als Dieser? – Welcher? – Daß der derartige Staat nothwendig nicht Einer, sondern zwei sein muß, nemlich einerseits ein Staat der Armen und andrerseits ein Staat der Reichen, welche an der nemlichen Stelle beisammen wohnen und immer einander nachstellen. – Bei Gott, sagte er, kein kleinerer Fehler ist dieß. – Ist aber nun etwa Folgendes etwas Schönes, daß sie vielleicht unfähig sind, irgend einen Krieg zu führen, da sie ja genöthigt sind, entweder die Menge als eine bewaffnete beizuziehen und dann diese mehr als selbst die Feinde zu fürchten, oder sie nicht beizuziehen und dann in der That als ein Herrscherreich Weniger bei dem Kampfe sich zu zeigen, und dann auch, daß sie nicht den Willen haben, Geld beizutragen, weil sie ja eben geldliebend sind? – Allerdings nichts Schönes ist dieß. – Wie aber? was wir schon längst getadelt haben, nemlich jene Vielgeschäftigkeit, daß Ein und die Nemlichen zugleich Ackerbauer und Gelderwerber und Krieger sind, wie es bei der derartigen Staatsverfassung der Fall ist, scheint dir dieß sich richtig zu verhalten? – In keiner Weise. –

7. Sieh demnach zu, ob diese Verfassung nicht die erste sei, welche von all diesen Uebeln noch das größte im Folgenden enthält. – In welchem? – Daß es erlaubt ist, all das Seinige zu verkaufen, und jedem Andern, die Habe dessen, der sie verkauft, zu erwerben, und so nach dem Verkaufe Einer in dem Staate wohne, welcher kein Theil des Staates mehr ist, nemlich weder ein Gelderwerber noch ein Handwerker, noch ein Berittener, noch ein Schwerbewaffneter, sondern eben nur als Einer, welcher arm und mittellos genannt wird. – Allerdings die erste, sagte er, ist diese Verfassung. – Verhindert wenigstens wird Derartiges in den oligarchisch regierten Staaten nicht; denn sonst wären nicht die Einen übermäßig reich und die Anderen gänzlich arm. – Dieß ist richtig. – Sieh aber auch Folgendes: Hat etwa, wenn der Derartige als ein Reicher einen Aufwand gemacht hat, dieß dann dem Staate irgend einen größeren Nutzen in der eben angegebenen Beziehung verschafft, oder war es nur Schein, daß er zu den Herrschern gehöre, er selbst hingegen in Wirklichkeit weder ein Herrscher, noch ein Diener des Staates, sondern eben nur ein Aufzehrer des Bereitliegenden? – Ja, sagte er, es war ein Schein, er selbst aber war nichts Anderes, als ein Aufzehrer. – Willst du also, sagte ich, daß wir von ihm behaupten sollen, er sei, sowie in den Wachswaben eine Drohne als eine Krankheit des Bienenstockes

entsteht, in gleicher Weise in seinem Hause als Drohne und als eine Krankheit des Staates entstanden? – Ja, allerdings so, o Sokrates, sagte er. – Nicht wahr also, o Adeimantos, die geflügelten Drohnen hat der Gott sämmtlich ohne Stachel entstehen lassen, von diesen zweibeinigen aber Einige ohne Stacheln, Andere hingegen mit fürchterlichen Stacheln? und aus den Stachellosen werden zuletzt Bettler bis in ihr Greisenalter, aus den mit einem Stachel Versehenen aber alle Diejenigen, welche als Uebelthäter bezeichnet werden. – Völlig wahr ist dieß, sagte er. – Klar also ist, sagte ich, daß, wo du in einem Staate Bettler siehst, dort auch irgendwo in dieser Gegend versteckte Diebe und Beutelschneider und Tempelräuber und Verüber aller derartigen Uebel sein werden. – Ja, klar ist es, sagte er. – Wie nun? siehst du nicht, daß in den oligarchisch regierten Staaten sich Bettler finden? – Ja, beinahe Alle, sagte er, sind es, mit Ausnahme der Herrscher. – Sollen wir also nicht glauben, sprach ich, daß auch viele Uebelthäter, welche mit Stacheln versehen sind, in denselben seien, welche von den Obrigkeiten sorgfältig mit Gewalt im Zaume gehalten werden? – Wir werden es wohl glauben, sagte er. – Werden wir also nicht behaupten, daß in Folge eines Mangels an Bildung und einer schlechten Pflege und der Einrichtung der Staatsverfassung sich die Derartigen dortselbst einfinden? – Ja, wir werden es behaupten. – Also derartig beschaffen dürfte der oligarchisch regierte Staat sein und so viele Uebel dürfte er enthalten, vielleicht aber auch noch mehrere. – So ziemlich wohl, sagte er. – Erledigt demnach, sprach ich, sei uns hiemit auch diese Staatsverfassung, welche man Oligarchie nennt, und welche in Folge der Vermögensschätzung ihre Herrscher hat.

8. Aber von dem ihr ähnlichen Menschen wollen wir nun hiernach erwägen, sowohl wie er entstehe, als auch wie beschaffen, wenn er entstanden, er sei. – Ja, allerdings, sagte er. – Wird er also wohl in folgender Weise zumeist aus jenem timokratischen Menschen in einen oligarchischen umschlagen? – In welcher? – Wann ihm nemlich ein Sohn geboren wird und dieser vorerst seinem Vater nacheifert und die Spuren desselben verfolgt, dann aber plötzlich sieht, wie er an einer Felsenklippe an dem Staate strandete und all seine Habe und sich selbst über Bord warf, nachdem er entweder eine Feldherrnwürde oder ein anderes bedeutendes Amt geführt hatte, und dann dem Gerichtshofe anheimfiel, wo er, von Verleumdern benachtheiligt, entweder zum Tode oder zur Verbannung oder zum Verluste seiner Bürgerrechte und des gesammten Vermögens verurtheilt wurde. – Ja, so scheint es, sagte er. – Nachdem er aber dieß, mein Freund, gesehen und erduldet und seine Habe verloren hat, wird er aus Furcht, glaube

ich, sogleich kopfüber von dem in seiner Seele befindlichen Throne die Ehrliebe und jenes Muthige herabstoßen, und erniedrigt durch Armuth sich zum Gelderwerbe wenden und in filziger Weise und mit kleinlicher Sparsamkeit und Arbeitsamkeit sich Geld sammeln. Glaubst du etwa nicht, daß dann der Derartige auf jenen Thron das begehrliche und Geldliebende setzen und es in sich selbst zum Großkönige machen wird, es mit Stirnbinde und goldener Kette und Schwert umgürtend? – Ja, gewiß, sagte er. – Das Vernünftige aber und das Muthige wird er auf den Boden zu beiden Seiten unter dasselbe setzen und, indem er die beiden knechtet, wird er das Eine derselben nichts Anderes vernünftig betrachten und erwägen lassen, als durch welche Mittel aus kleinerem Vermögen ein größeres werde, das Andere aber nichts Anderes, als den Reichthum und die Reichen bewundern lassen, und in nichts Anderes seine Ehre setzen, als in den Geldbesitz und wenn irgend sonst Etwas eben dahin führt. – Es gibt, sagte er, keine andere so schnelle und mächtige Veränderung eines ehrliebenden Jünglinges in einen geldliebenden. – Ist also dieser, sprach ich, ein oligarchischer? – Seine Veränderung wenigstens ging aus einem Manne vor sich, welcher jenem Staate ähnlich war, aus dem die Oligarchie hervortrat. – Wollen wir demnach erwägen, ob er nun ihr ähnlich sei. – Ja, wir wollen dieß erwägen. –

9. Nicht wahr also, erstens darin, daß er das Geld am höchsten schätzt, dürfte er ihr ähnlich sein? – Wie sollte er auch nicht? – Und ja auch darin, daß er sparsam und arbeitsam ist, indem er unter seinen Begierden nur die nothwendigen befriedigt, weiteren Aufwand aber nicht macht, sondern die übrigen Begierden als eitle unterjocht. – Ja, allerdings. – Gewissermaßen schmutzig ja ist er, sagte ich, und indem er von Allem sich Gewinn macht, wird er ein Schätze sammelnder Mann, und diese ja preist dann auch der große Haufe; oder wäre nicht ein Solcher derjenige, welcher dem derartigen Staate ähnlich ist? – Mir wenigstens, sagte er, scheint es so; Geld wenigstens steht am meisten in Ehren bei einem solchen Staate und bei einem solchen Menschen. – Nicht auf Bildung ja, sagte ich, hat ein Solcher, wie ich glaube, seinen Sinn gerichtet. – Es scheint wenigstens nicht, sagte er; denn sonst würde er nicht einen Blinden als Führer seines Reigens aufstellen. – Und erwäge noch Folgendes, sprach ich, sehr genau: Sollen wir nicht behaupten, daß drohnenartige Begierden in Folge der Ungebildetheit in ihm entstehen, theils eben bettlerische, theils aber die eines Uebelthäters, welche mit Gewalt durch die übrige Sorgfalt im Zaume gehalten werden? – Ja wohl, gar sehr, sagte er. – Weißt du also, sprach ich, wohin du blicken mußt, um die Uebelthaten derselben zu sehen? – Wohin wohl? sagte er.

– Auf Vormundschaften über Waisen, und wenn ihnen sonst etwas Derartiges sich ergibt, daß sie eine reiche Möglichkeit des Unrechtthuns erlangen. – Dieß ist wahr. – Ist also nicht hiebei klar, daß der Derartige bei dem übrigen Verkehre, wo er ein Gerechter zu sein scheint und in gutem Rufe steht, eben nur durch eine ziemlich starke Gewalt über sich selbst andere in ihm befindliche Begierden im Zaume hält, nicht durch Ueberredung, daß es so nicht besser sei, und nicht durch Beschwichtigung vermittelst eines Grundes, sondern nur aus Nothwendigkeit und Furcht, indem er wegen seines übrigen Vermögens zittert? – Ja wohl, allerdings, sagte er. – Und bei Gott ja, mein Freund, sprach ich, bei den Meisten derselben wirst du finden, daß, wenn es sich darum handelt, fremdes Gut aufzuzehren, eben jene mit den Drohnen verwandten Begierden in ihnen sind. – Ja wohl, in sehr hohem Grade, sagte er. – Wohl nicht ohne Zwiespalt also möchte ein Solcher in sich selbst sein, und nicht ein Einer, sondern ein Zweifacher, und er möchte wohl Begierden in sich enthalten, welche als die besseren zumeist über die schlechteren die Oberhand gewinnen. – Ja, so ist es. – Darum demnach, sagte ich, wird der Derartige wohl anständiger als Viele sein, aber die wahrhafte Vortrefflichkeit einer einträchtigen und harmonisch gestimmten Seele flieht wohl weit von ihm. – So scheint es mir. – Und in der That ja auch ein schlechter Wettkämpfer als einzelner Mann im Staate ist der Sparsame, wenn es irgend einen Sieg oder sonst einen Wetteifer im Schönen gilt, denn er will um des Ruhmes und der derartigen Kämpfe willen kein Geld aufwenden, weil er sich ja scheut, die auf Aufwand bezüglichen Begierden zu wecken und zu irgend einer Bundesgenossenschaft und einem Wetteifer des Streites herbeizurufen, sondern nur vermittelst einiger weniger Dinge, welche in ihm liegen, führt er in oligarchischer Weise den Kampf, mit der Mehrzahl derselben aber unterliegt er und bleibt dabei reich. – Ja wohl, gar sehr, sagte er. – Werden wir also, sprach ich, es noch bezweifeln, daß entsprechend dem oligarchisch regierten Staate vermöge einer Aehnlichkeit der Sparsame und der Gelderwerber seine Stelle habe? – Nein, keineswegs, sagte er. –

10. Betreffs der Demokratie demnach müssen wir, wie es scheint, es nun erwägen, sowohl auf welche Weise sie entstehe, als auch, welche Art und Weise sie, wenn sie entstanden, an sich habe, damit wir hinwiederum auch die Art und Weise des derartigen Menschen erkennen und ihn zur Beurtheilung aufstellen. – Wir würden dann wenigstens, sagte er, uns bei unserem Wege, welchen wir gehen, gleich bleiben. – Nicht wahr also, sprach ich, es schlägt wohl irgend auf folgende Weise aus einer Oligarchie in eine Demokratie um, in Folge einer

Unersättlichkeit in jenem, was als Gut gilt, nemlich daß man so reich als möglich werden solle? – Wie so? – Weil die Herrscher in derselben wegen ihrer großen Besitzthümer bei ihrer Herrschaft es nicht gesetzlich verwehren wollen, daß diejenigen unter den Jünglingen, welche zügellos sind, ihre Habe aufwenden und durchbringen dürfen, damit nemlich sie selbst dann die Habe Solcher käuflich an sich bringen und durch Geld-Darlehen an sie noch reicher und hiedurch noch angesehener werden. – Ja, um jeden Preis. – Nicht wahr also, dieß ist von vorneherein in diesem Staate klar, daß es bei den Bürgern eine Unmöglichkeit ist, zugleich den Reichthum zu ehren und Besonnenheit in genügender Weise zu erlangen, sondern daß sie nothwendig entweder das eine oder das andere von diesen beiden vernachlässigen müssen. – Ja, so ziemlich klar ist dieß, sagte er. – Indem sie demnach in den Oligarchien zuweilen gar nicht unedle Naturen auf diese Weise vernachlässigen und in Ziellosigkeit leben ließen, nöthigten sie dieselben, arm zu werden. – Ja, gar sehr. – Diese dann sitzen nun, glaube ich, im Staate da, mit Stacheln versehen und zugleich entwaffnet, die Einen als Schuldner, Andere der Bürgerrechte verlustig, Andere beides zugleich, in Haß und Tücke gegen jene, welche ihre Habe an sich gebracht haben, sowie gegen alle Uebrigen, stets nach Neuerung strebend. – Ja, so ist es. – Die Gelderwerber hingegen sind eben auf dieß erpicht und scheinen dieselben gar nicht zu bemerken, sondern schleudern auf jeden der Uebrigen, welcher immer sich ihnen darbietet, wieder Geld als verwundenden Pfeil, und indem sie die Zinsen als Sprößlinge des Kapitales in vervielfachtem Maße eintreiben, erzeugen sie im Staate eine große Menge Drohnen und Bettler. – Wie sollte auch, sagte er, nicht eine große Menge derselben entstehen? – Und weder durch jenes Verfahren, sagte ich, wollen sie das auflodernde derartige Unheil löschen, daß sie die beliebige Veräußerung der Habe verhindern, noch auch durch folgendes, durch welches hinwiederum gemäß eines anderen Gesetzes derartiges abgeschnitten würde. – Gemäß welchen Gesetzes? – Gemäß eines Gesetzes, welches nach jenem das zweite wäre und die Bürger nöthigen würde, der Vortrefflichkeit sich hinzugeben; nemlich wenn es vorschriebe, daß man auf seine Gefahr hin den größten Theil der freiwilligen Contracte abschließe, so würde man wohl weniger unverschämt Geldgeschäfte im Staate machen, und in geringerer Zahl würden die derartigen Uebel, von welchen wir so eben sprachen, hervorsprossen. – Ja, bei Weitem, sagte er. – Nun aber, sprach ich, führen ja durch all Derartiges die Herrscher einen solchen Zustand der Beherrschten in dem Staate herbei; was aber sie selbst und die Ihrigen betrifft, werden sie nicht die Jünglinge üppig und arbeitsscheu bezüglich des Körpers und bezüglich der Seele machen, und weichlich betreffs der Selbstbeherrschung in Vergnügen und Schmerz, und überhaupt thatenlos? – Wie sollte es anders sein? – Sie selbst aber werden Alles mit Ausnahme des Gelderwerbes vernachlässigen und auf die Vortrefflichkeit eben so wenig Sorgfalt verwenden, wie auch die Armen? – Allerdings keine. – Wenn demnach in solchem Zustande die Herrscher und die Beherrschten zusammentreffen, sei es auf Reisen oder in anderer Gemeinschaft oder bei Festgesandtschaften oder in Feldzügen oder als Schiffs- oder Zelt-Genossen oder als gegenseitige Beobachter im Augenblicke einer Gefahr, dann werden wohl keineswegs die Armen von den Reichen verschmäht werden, sondern wenn häufig ein armer, hagerer, sonnverbrannter Mann im Kampfe neben einem Reichen steht, welcher in behaglichem Schatten aufgewachsen und von fremdem Schweiße gar wohl beleibt geworden ist, und er das Keuchen und die Unbeholfenheit desselben sieht, glaubst du dann nicht, er werde der Ansicht sein, daß die Derartigen nur durch ihre Schlechtigkeit reich seien, und es werde, wenn sie einzeln zusammenkommen, der Eine dem Anderen zuflüstern: „unsere Herren sind Nichts werth"? – Ich weiß allerdings sehr wohl, sagte er, daß sie dieses thun. – Nicht wahr also, sowie ein krankhafter Körper nur einen kleinen Anstoß von Außen zu erhalten braucht um krank zu werden, bisweilen aber auch ohne die äußeren Dinge selbst in sich selbst zerrüttet wird, ebenso wird nun auch ein Staat, welcher in einem diesem entsprechenden Zustande ist, durch eine geringe Veranlassung, wenn von Außen her entweder die Eine Partei aus einem oligarchischen Staate oder die andere aus einem demokratischen Bundesgenossenschaft herbeiführt, sofort erkranken und gegen sich selbst kämpfen, zuweilen aber auch ohne die äußeren Ereignisse in sich in Zwiespalt sein. – Ja wohl, gar sehr. – Eine Demokratie demnach, glaube ich, entsteht, wenn die Armen den Sieg über die Anderen davon tragen und die Einen derselben tödten, Andere verbannen, und allen Uebrigen nach gleichen Theilen am Staate und an den Ausübungen der Herrschaft Antheil geben, und daher zumeist durch das Loos die Beamtungen in dem Staate eintreten. – Es ist auch wirklich, sagte er, dieß die Herstellung einer Demokratie, mag sie durch Waffengewalt vor sich gehen, oder in Folge der Furcht, da die Uebrigen selbst vom Platze weichen. –

11. Auf welche Art und Weise denn nun, sagte ich, leben diese im Staate, und wie wird hinwiederum diese Staatsverfassung beschaffen sein? denn klar ist, daß in eben solcher Beschaffenheit sich uns der demokratische Mensch zeigen wird. – Ja, klar ist dieß, sagte er. – Nicht wahr also, erstens sind sie frei, und von Freiheit im Handeln und von Redefreiheit ist der ganze Staat erfüllt, und Jeder

hat in demselben die Unbeschränktheit, zu thun, was er will? – So sagt man ja wenigstens, sprach er. – Wo aber diese Unbeschränktheit ist, wird klärlich Jeder eine ihm einzeln eigenthümliche Einrichtung seines Lebens treffen, welche ihm eben gefällt. – Ja, klärlich. – Menschen aller Art demnach, glaube ich, werden zumeist bei dieser Staatsverfassung entstehen. – Wie sollte es auch anders sein? – So kömmt es darauf hinaus, daß diese die herrlichste von den Staatsverfassungen ist; sowie ein Kleid, welches mit allen Farben bunt gefärbt ist, so möchte wohl auch dieser Staat, da er mit allen Charakteren gefärbt ist, als der herrlichste sich zeigen. – Warum auch nicht? sagte er. – Und wirklich dürften vielleicht auch, sagte ich, Viele das Urtheil fällen, er sei der herrlichste, sowie Kinder und Weiber beim Anblicke bunter Dinge urtheilen. – Ja wohl, gar sehr, sagte er. – Auch ist es, sprach ich, o du Hochzupreisender, ganz passend, in ihm überhaupt eine Staatsverfassung zu suchen. – Wie so? – Weil er ja alle Gattungen von Staatsverfassungen in Folge jener Unbeschränktheit in sich enthält, und für jenen, welcher einen Staat einrichten will, was ja doch wir jetzt thaten, es darauf hinauskömmt, daß er nothwendig in einen demokratisch regierten Staat sich begeben und dort die Art und Weise, welche ihm eben gefällt, auswählen muß, gerade wie wenn er in ein Waarenlager von Staatsverfassungen käme und sich eine auswählte und so den Staat dann gründete. – Vielleicht wenigstens, sagte er, an einer wahren Musterkarte würde es ihm nicht gebrechen. – Ferner aber, daß in diesem Staate, sprach ich, kein Zwang besteht, eine Herrschaft auszuüben, selbst wenn du tüchtig genug bist, sie auszuüben, und hinwiederum auch kein Zwang, dich beherrschen zu lassen, wenn du nicht willst, noch auch Krieg zu führen, wenn man Krieg führt, oder Frieden zu halten, wenn die Uebrigen ihn halten, falls nicht etwa du selbst ein Verlangen nach Frieden hast, und hinwiederum auch, daß du, wenn ein Gesetz dich hindert, eine Herrschaft auszuüben oder zu Gericht zu sitzen, du nichts desto weniger sie eben doch ausübst und zu Gericht sitzest, sobald es dir nur in den Sinn kömmt, ist dieß Alles nicht etwa eine göttliche und reizende Lebensweise für den Augenblick? – Ja, vielleicht, sagte er, für den Augenblick. – Wie aber? ist jene zarte Gesinnung einiger Verurtheilter nicht etwas gar Feines? oder hast du es in einem derartigen Staate noch nie gesehen, daß Menschen, welche zum Tode oder zur Verbannung verurtheilt waren, nichts desto weniger ungestört dort blieben und vor Aller Augen sich herumtrieben? und gerade als bekümmere sich Niemand darum und sähe es Niemand, stolzirt ein Solcher wie ein Heros umher. – Ja, gar Viele, sagte er. – Und jene Nachsicht dann eines solchen Staates und jener wahrlich von Kleinigkeitskrämerei freie Sinn, ja vielmehr daß man all jenes unter seiner

Würde hält, was wir anführten und womit wir uns groß machten, als wir unseren Staat gründeten, nemlich daß Keiner, woferne er nicht eine überaus tüchtige Begabung habe, jemals ein guter Mann werden könne, wenn er nicht schon sogleich als Kind im Schönen sein Kinderspiel betreibe und all Derartiges bereits übe, – in wie großartiger Weise tritt dieser Staat dieß Alles mit Füßen und bekümmert sich durchaus nicht darum, aus welcherlei Thätigkeit Jemand zu den staatlichen Verhältnissen sich wende und in diesen thätig sei, sondern er ehrt ihn schon, sobald er nur von sich behauptet, daß er gegen den großen Haufen wohlgesinnt sei. – Ja, wahrlich, sagte er, ein wackerer Staat. – Diese Dinge demnach, sprach ich, und noch andere hiemit verschwisterte enthält die Demokratie, und sie ist wohl, wie es scheint, eine reizende und herrscherlose und buntfärbige Staatsverfassung, welche ja die Gleichheit in gleicher Weise unter Gleiche und Ungleiche vertheilt. – Ja wohl, sagte er, gar sehr verständlich sprichst du. –

12. So sieh denn nun zu, sagte ich, wer als einzelner Mensch der so beschaffene sei; oder müssen wir zuerst erwägen, wie wir es auch beim Staate erwogen, auf welche Art und Weise er entstehe? – Ja, sagte er. – Etwa nicht auf folgende Weise: Jenem Sparsamen und Oligarchischen dürfte wohl, glaube ich, ein Sohn geboren werden, welcher dann von dem Vater in dem Charakter desselben auferzogen wird. – Warum auch nicht? – Mit Gewalt demnach wird auch dieser über jene in ihm befindlichen Begierden herrschen, welche auf den Aufwand, nicht aber auf Gelderwerb gerichtet sind, nemlich über jene, welche als die nicht nothwendigen bezeichnet werden. – Dieß ist klar, sagte er. – Willst du also, sprach ich, daß wir, um nicht in dunkler Weise die Erörterung zu führen, vorerst feststellen, welches die nothwendigen Begierden seien und welches die nicht nothwendigen? – Ja, ich will es, sagte er. – Nicht wahr also, diejenigen, welche wir nicht im Stande sind, abzuwenden, möchten wohl mit Recht die nothwendigen genannt werden, und alle jene, welche bei ihrer Erfüllung uns einen Nutzen bringen; denn daß wir nach diesen beiden streben, ist eine von Natur uns angeborene Nothwendigkeit; oder nicht? – Ja wohl, gar sehr. – Mit Recht demnach werden wir bei solchen von einer Nothwendigkeit sprechen. – Ja, mit Recht. – Wie aber? diejenigen, welche man losbringen könnte, woferne man von Jugend auf sich bemühte, und welche in uns befindlich zu nichts Gutem, zuweilen sogar zum Gegentheile wirken, möchten wir wohl sämmtlich als nicht nothwendige bezeichnen, und sodann wohl den richtigen Ausdruck gebrauchen. – Ja, allerdings den richtigen. – Wollen wir denn nun irgend ein Beispiel der

beiderseitigen, welche sie eben sind, vornehmen, um sie hiedurch in einem allgemeinen Gepräge zu erfassen? – Wir müssen wohl. – Wäre also nicht die Begierde nach Essen bis zur Gränze der Gesundheit und des Wohlverhaltens und jene nach Brod und Zuspeise eine nothwendige? – Ich glaube wohl. – Jene wenigstens nach Brod ist nach den beiden Seiten hin eine nothwendige, insoferne sie Nutzen schafft und insoferne sie auf die Fortdauer des Lebens einen Einfluß hat. – Ja. – Jene nach Zuspeise aber, woferne sie irgend einen Nutzen bezüglich des Wohlverhaltens mit sich bringt. – Ja wohl, allerdings. – Wie aber? die hierüber hinausgehende und auf anderweitige Speisen oder dergleichen sich erstreckende Begierde, bei welcher aber die Möglichkeit besteht, daß durch Züchtigung von Jugend auf und durch Bildung sie aus den Meisten sich entfernt, und welche schädlich ist für den Körper, schädlich aber auch für die Seele bezüglich der Einsicht und der Besonnenheit, möchte also diese nicht wohl mit Recht als eine nicht nothwendige bezeichnet werden? – Ja, allerdings völlig mit Recht. – Nicht wahr also, auch Begierden des Aufwandes wollen wir diese nennen, jene aber Begierden des Gelderwerbes, weil sie zur äußeren Thätigkeit brauchbar sind? – Wie anders? – In dieser Weise demnach wollen wir es auch bezüglich des Liebesgenusses und der übrigen Begierden behaupten? – Ja, in dieser Weise. – Und von jenem also, welchen wir so eben jetzt als Drohne bezeichneten, sagten wir, daß er von derartigen Vergnügungen und Begierden strotze und durch die nicht nothwendigen beherrscht werde, daß hingegen, wer von den nothwendigen beherrscht werde, ein Sparsamer und Oligarchischer sei. – Wie sollte es aber auch anders sein? –

13. Von vorne demnach, sagte ich, wollen wir wieder angeben, wie aus einem Oligarchischen ein Demokratischer entstehe; es zeigt sich mir aber, daß er meistenteils in folgender Weise entstehe. – In welcher? – Wenn er als Jüngling, wie wir so eben angaben, ohne Bildung und in Sparsamkeit aufgewachsen den Honig der Drohnen zu kosten bekommen hat und in Verkehr mit flammenden und fürchterlichen Thieren tritt, welche die Fähigkeit haben, allerlei bunte und mannigfaltige Vergnügungen zu bereiten, glaubst du dann, daß da wohl der Anfang davon sei, daß die in ihm befindliche oligarchische Richtung in eine demokratische umschlägt? – Ja, durchaus nothwendig, sagte er, muß sie es. – Wird also wohl, sowie der Staat dann umschlug, wenn der einen der beiden Parteien von Außen her eine Bundesgenossenschaft, nemlich eine gleiche der gleichen, zu Hülfe kam, ebenso auch jener Jüngling umschlagen, wenn hinwiederum von Außen her eine Gattung von Begierden dem einen der in ihm

befindlichen Theile zu Hülfe kömmt, nemlich eine mit diesem verwandte und ihm gleiche? – Ja, durchaus wohl. – Und wenn ja nun, glaube ich, wieder eine Bundesgenossenschaft dem Oligarchischen in ihm Gegenhülfe leistet, sei es von Seite des Vaters oder der übrigen Angehörigen, welche ihn belehren oder schelten, dann entsteht Partei und Gegenpartei und ein Kampf in ihm gegen sich selbst. – Warum nicht? – Und irgend einmal, glaube ich, weicht das Demokratische vor dem Oligarchischen zurück und die einen der Begierden gehen dabei zu Grunde, andere werden verbannt, da ein Schamgefühl sich in der Seele des Jünglinges einstellte, und er ist wieder ein Ordentlicher geworden. – Ja, bisweilen geschieht dieß, sagte er. – Hinwiederum aber, glaube ich, sind andere Begierden, welche mit den so eben verbannten verwandt sind, neuerdings herangezogen worden und durch die Unkenntniß des Vaters bezüglich der Erziehung in großer Anzahl und Macht entstanden. – Es pflegt wenigstens, sagte er, so zu geschehen. – Nicht wahr also, diese ziehen ihn zu eben jenem nemlichen Umgangs hin und erzeugen in geheimer Uebung dieses Verkehres wieder eine Menge. – Warum nicht? – Zuletzt denn nun, glaube ich, besehen sie die Burg der Seele des Jünglinges, da sie bemerkten, daß dieselbe leer sei von Unterrichtsgegenständen und von schönen Bestrebungen und von wahren Begründungen, welche ja die besten Beschützer und Wächter in den Gedanken gottgeliebter Männer sind. – Ja, bei Weitem wohl, sagte er. – Unwahre und prahlerische Reden und Meinungen, glaube ich, sind demnach anstatt jener hinaufgedrungen und haben eben diesen Ort des derartigen Menschen besetzt. – Ja, in hohem Grade, sagte er. – Ist er also nicht wiederum offenkundig zu jenen Lotophagen gekommen und hat sich bei ihnen niedergelassen? Und wenn von Seite der Angehörigen irgend eine Hülfe für das Sparsame in seiner Seele kömmt, so schließen jene prahlerischen Reden die Thore der königlichen Schutzmauer in ihm und lassen weder die Bundesgenossenschaft selbst herzu, noch auch empfangen sie die begründenden Reden einzelner Aelterer als Gesandte, sondern sie selbst gewinnen im Kampfe die Oberhand, und indem sie das Schamgefühl als Einfältigkeit bezeichnen, stoßen sie es ehrlos hinaus in die Verbannung, die Besonnenheit aber nennen sie Unmännlichkeit und jagen sie mit Beschimpfungen fort, die Mäßigkeit hingegen und einen nicht ungebührlichen Aufwand stellen sie als bäuerischen und unfreien Sinn dar, und bringen sie, unter Beihülfe vieler und nutzloser Begierden, über die Gränze. – Ja, in hohem Grade. – Nachdem sie aber all dieß fortgeschafft und die Seele des von ihnen festgehaltenen und eingeweihten Menschen mit großen Einweihungskosten gereinigt haben, so führen sie hiernach sogleich den

Uebermuth und die Unordnung und die Schwelgerei und die Unverschämtheit in glänzenden Gewändern und bekränzt mit einem zahlreichen Reigen zurück, indem sie Loblieder singen und milde Schmeichelnamen gebrauchen; Uebermuth nennen sie Wohlgezogenheit, Unordnung Freiheit, Schwelgerei Großartigkeit, Unverschämtheit Tapferkeit. Wird also nicht ungefähr auf diese Weise ein Jüngling, welcher in den nothwendigen Begierden auferzogen wurde, zur Freiheit und Schlaffheit der nicht nothwendigen und nutzlosen Vergnügungen übergehen? – Ja wohl, sagte er, und zwar in sehr deutlicher Weise. – Es lebt denn nun, glaube ich, hernach der Derartige, indem er nicht in höherem Grade auf die nothwendigen Vergnügungen, als auf die nicht nothwendigen, sein Vermögen und seine Mühe und seine Zeit aufwendet; aber wenn er vom Glücke begünstigt ist und in bacchantischem Toben nicht allzu weit ging, sondern älter geworden nach Verlauf des ersten argen Getümmels einige von jenen verbannten Theilen wieder aufnimmt und den Eindringlingen sich nicht völlig hingibt, so wird er in irgend ein Gleichgewicht die Vergnügungen bringen und so fortleben, indem er immer dem je ihn überkommenden, gerade als wäre dieses durch das Loos dazu bestimmt, die Herrschaft über sein Wesen übergibt, so lange bis er an ihm sich gesättigt hat, und hierauf wieder einem anderen, keines dabei mißachtend, sondern sämmtliche in Gleichberechtigung pflegen. – Ja wohl, allerdings. – Und eine wahrhafte Begründung, sagte ich, nimmt er nicht an und läßt sie in seine Burg nicht ein, falls Jemand sagen würde, daß unter den Vergnügungen die Einen zu den schönen und guten Begierden gehören, die anderen aber zu den schlechten, und daß man die ersteren betreiben und ehren, die letzteren aber züchtigen und knechten solle; sondern bei all diesem wird er den Kopf schütteln und behaupten, sie seien sämmtlich einander gleich und in Gleichberechtigung zu ehren. – Ja, in hohem Grade, sagte er, ist er in einem solchen Zustande und thut Solches. – Nicht wahr also, sprach ich, er bringt sein Leben dahin, indem er so Tag für Tag der ihn je überkommenden Begierde zu Gefallen ist, bald sich betrinkend und dem Flötenspiele lauschend, bald wieder Wasser trinkend und sich abmagernd, dann hinwiederum Gymnastik betreibend, zuweilen Nichts thuend und Alles vernachlässigend, dann auch wieder gleichsam mit Weisheitsliebe sich die Zeit vertreibend; häufig aber übt er staatliche Thätigkeit aus und springt auf die Rednerbühne und spricht und thut da, was ihm eben einfällt; und wann er irgend Kriegerischen nacheifert, stürmt er in dieser Richtung hin, oder wann Gelderwerbern, hinwiederum dorthin; und weder irgend eine Ordnung noch eine Nothwendigkeit leitet sein Leben, sondern ein reizendes und freies und glückseliges nennt er dieses Leben und bedient sich desselben fortan stets. – Ja, durchaus wohl, sagte er, hast du hiemit das Leben eines Mannes der Gleichberechtigung durchgegangen. – Ich glaube aber ja, sprach ich, daß er auch ein buntes Allerlei und mit der größten Menge von Charakteren erfüllt sei, und daß der Herrliche und Buntgefärbte, wie jener Staat, auch eben dieser Mensch sei, welchem viele Männer und viele Frauen wegen seines Lebens nacheifern dürften, weil er ja die reichste Musterkarte von Staatsverfassungen und von Sinnesarten in sich enthält. – Ja, so ist es allerdings, sagte er. – Wie also nun? soll uns hiemit entsprechend der Demokratie der derartige Mensch hingestellt sein, welcher mit Recht auch der demokratische genannt werden dürfte? – Ja, sagte er, er soll uns hiemit hingestellt sein. –

14. Also die herrlichste Staatsverfassung und der herrlichste Mensch, sagte ich, sind uns noch übrig, daß wir sie durchgehen, nemlich die Gewaltherrschaft und der Gewaltherrscher. – Ja gewiß, sagte er. – Wohlan denn nun, mein lieber Freund, welches wird die Art und Weise der Alleinherrschaft sein? denn daß sie aus der Demokratie umschlägt, ist so ziemlich klar. – Ja, dieß ist klar. – Entsteht also wohl gewissermaßen auf die nemliche Weise aus einer Oligarchie eine Demokratie und aus einer Demokratie eine Gewaltherrschaft? – Wie so? – Was jene, sagte ich, als das Gut aufstellte und wodurch sie eben zur Oligarchie wurde, das war das Uebermaß des Reichthumes; oder wie? – Ja. – Die Unersättlichkeit im Reichthume demnach und die Vernachlässigung des Uebrigen richtete in Folge des Gelderwerbes jene Staatsverfassung zu Grunde? – Dieß ist wahr, sagte er. – Wird also auch in jenem, was die Demokratie als ihr Gut bezeichnet, eben die Unersättlichkeit nun diese zur Auflösung bringen? – Was aber meinst du hiemit, daß sie als Gut bezeichne? – Die Freiheit, sagte ich; denn von ihr doch wohl möchtest du in einem demokratisch regierten Staate stets hören, daß sie am herrlichsten sich verhalte, und daß es um derentwillen allein in diesem Staate zu wohnen sich für jeden lohne, der von Natur aus frei sei. – Ja, so sagt man wenigstens, sprach er, und ein gar häufiges ist dieses Wort. – Wird also nun, sagte ich, was ich ja so eben auszusprechen im Begriffe war, die Unersättlichkeit in dem Derartigen und die Vernachlässigung des Uebrigen auch diese Staatsverfassung zu einer Aenderung bringen und es herbeiführen, daß sie der Gewaltherrschaft bedarf? – Wie so? sagte er. – Wenn, glaube ich, ein demokratisch regierter Staat nach Freiheit dürstend schlechte Mundschenken als Vorsteher bekömmt und weit über das richtige Maß hinaus an untermischter Freiheit sich berauscht, dann wird er wohl seine Herrscher, falls dieselben nicht

sehr sanftmüthig sind und ein großes Maß von Freiheit gestatten, zur Strafe ziehen, sie als Verbrecher und oligarchisch Gesinnte anschuldigend. – So machen sie es wenigstens, sagte er. – Jene aber, sprach ich, welche den Herrschern gehorsam sind, wird er als sklavisch Gesinnte und Nichtswürdige beschimpfen, die Herrscher aber in gleicher Weise wie die Beherrschten und die Beherrschten in gleicher Weise wie die Herrscher im Einzeln-Verkehre und in staatlichen Dingen loben und ehren. Muß es also nicht nothwendig in einem derartigen Staate bis zu jedem möglichen Grade der Freiheit kommen? – Wie sollte es auch anders sein? – Und daß also auch, mein Freund, sagte ich, diese Unordnung sich in die Wohnungen der Einzelnen hineinzieht und zuletzt selbst in die Natur der Thiere sich einpflanzt? – Wie meinen wir, sagte er, dieß letztere? – Wie z. B., erwiederte ich, daß der Vater sich gewöhnt, dem Kinde gleich zu werden, und vor seinen Söhnen sich fürchtet, die Söhne aber dem Vater gleich und weder Scham noch Scheu vor den Eltern haben, damit man eben frei sei, und daß der bloße Insasse dem Bürger und der Bürger dem Insassen gleichgestellt werde, und ebenso auch der Fremde. – Allerdings geschieht dieß, sagte er, auf solche Weise. – Ja, sowohl Solches, sprach ich, als auch noch andere Kleinigkeiten dieser Art geschehen; der Lehrer fürchtet bei solchem Zustande seine Schüler und hätschelt sie, und die Schüler mißachten den Lehrer, sowie auch den Knabenaufseher, und überhaupt machen sich die Jungen den Aelteren ähnlich und wetteifern mit ihnen in Wort und That; die Greise aber lassen sich zu den Jungen herab, und sind voll Zuvorkommenheit und Liebenswürdigkeit gegen sie, indem sie die Jungen nachahmen, damit sie ja nicht als unangenehme und herrische Leute erscheinen möchten. – Ja wohl, allerdings, sagte er. – Der äußerste Grad aber ja, sprach ich, jener Freiheit der Masse, welcher überhaupt in dem derartigen Staate entsteht, ist es, wenn die gekauften Sklaven und Sklavinnen um Nichts weniger frei sind als ihre Käufer; welche Gleichberechtigung und Freiheit aber unter den Weibern gegen die Männer und unter den Männern gegen die Weiber entstehe, hätte ich fast vergessen anzugeben. – Nicht wahr also, sagte er, wir werden hiebei zufolge einem Worte des Aeschylos aussprechen, „was uns eben in den Mund kömmt". – Ja, allerdings, erwiederte ich, und auch ich werde nun so sprechen; nemlich um wie viel freier auch die unter den Menschen stehenden Thiere dortselbst im Vergleiche mit anderen Staaten seien, dürfte derjenige wohl nicht glauben, der keine Erfahrung hierin hat; so ziemlich nemlich werden sowohl die Hündinnen, wie das Sprüchwort sagt, ihren Herrinnen ähnlich werden, als auch die Pferde und die Esel werden sich gewöhnen, in gar freier und stolzer Weise einherzuschreiten, und auf der Straße gegen jeden, der ihnen begegnet, ausschlagen, wenn er nicht aus dem Wege geht; und ebenso werden auch alle übrigen Thiere von Freiheitsschwindel erfüllt sein. – Hiemit sprichst du nur aus, sagte er, was mir selbst schon träumte; denn gar häufig ja ergebt es mir so, wenn ich auf der Landstraße wandle. – Was aber nun die Hauptsache von all diesem zusammengenommen ist, sprach ich, bemerkst du wohl, wie weichlich nemlich es die Seele der Bürger mache, so daß, wenn man auch nur den geringsten Grad von Sklaverei ihnen zumuthet, sie entrüstet werden und es nicht ertragen; denn du weißt doch gewiß, daß sie zuletzt auch um die Gesetze, seien es geschriebene oder ungeschriebene, sich nicht bekümmern, nur damit in keiner Weise irgend Jemand über sie Herr sei. – Ja wohl, sagte er, gar sehr weiß ich es. –

15. Dieß demnach, mein Freund, sagte ich, ist der so herrliche und jugendlich übersprudelnde Anfang, aus welchem die Gewaltherrschaft erwächst, wie mir wenigstens scheint. – Ja wohl, ein jugendlich übersprudelnder, sagte er; aber was ist es, das hernach kömmt? – Jene nemliche Krankheit, sprach ich, welche in der Oligarchie eintrat und sie zu Grunde richtete, tritt auch in diesem Staate in größerer Menge und mit mehr Macht in Folge der Unbeschränktheit ein und knechtet so die Demokratie; und in Wahrheit ja pflegt das Uebermaß eines Thuns den Umschlag in das Gegentheil herbeizuführen, sowohl in den Jahreszeiten und in den Pflanzen und in den Körpern, als auch denn nun in den Staaten in einem nicht geringeren Grade. – Aus guten Gründen, sagte er. – Nemlich das Uebermaß der Freiheit scheint in nichts Anderes als in ein Uebermaß der Sklaverei umzuschlagen, sowohl für den Einzelnen, als auch für einen Staat. – Allerdings scheint es so. – Wahrscheinlich demnach, sagte ich, wird nicht aus einer anderen Staatsverfassung die Alleinherrschaft hergestellt, als aus der Demokratie, nemlich, glaube ich, aus der äußersten Freiheit eben die höchste und härteste Sklaverei. – Allerdings, sagte er, hat es seinen Grund. – Aber nicht darum ja, sprach ich, fragtest du, wie ich glaube, sondern welcherlei Krankheit es sei, welche in der Oligarchie hervorsprosse und als die nemliche nun auch in der Demokratie entstehe und die Knechtung derselben herbeiführe. – Es ist wahr, was du sprichst, sagte er. – Nemlich jenes Geschlecht ja, sprach ich, meinte ich damals, das der thatenlosen und auszehrungssüchtigen Männer, wovon das eine das muthigste ist und vorangeht, das andere aber das unmännlichste ist und nachfolgt, jene Männer, welche wir oben mit den Drohnen verglichen, deren die einen Stacheln haben, die anderen aber ohne Stachel sind. – Ja, und zwar mit Recht meintest du diese, sagte er. – Diese beiden

denn nun, sprach ich, verursachen in jeder Staatsverfassung, sobald sie entstehen, Verwirrung, wie Schleim und Galle im Körper; und vor diesen beiden ja muß sich der gute Arzt und Gesetzgeber eines Staates nicht weniger als ein weiser Bienenzüchter schon von Weitem in Acht nehmen, vor Allem, daß sie von vorneherein sich nicht einfinden, und sodann, wenn sie sich doch eingefunden, daß sie so schleunig als möglich mitsammt den Wachswaben herausgeschnitten werden. – Ja, bei Gott, sagte er, durchaus so. –

16. Folgendermaßen demnach, sagte ich, laß es uns erfassen, damit wir deutlicher einsehen, was wir beabsichtigen. – Wie meinst du? – In drei Theile wollen wir in unserer Begründung den demokratisch regierten Staat theilen, wie es auch wirklich sich verhält; Ein Theil nemlich ist doch wohl eben das derartige Geschlecht, welches in ihm in Folge der Unbeschränktheit nicht weniger, als in dem Oligarchien, hervorsproßt. – Ja, so ist es. – Aber ein viel eindringlicheres ist es in diesem, als in jenem. – Wie so? – Dort nemlich ist es, weil es nicht in Ehren steht, sondern von den Ausübungen einer Herrschaft weggetrieben wird, ungeübt und wird nicht kräftig; in der Demokratie aber hat ja gerade dieses die Vorsteherschaft, mit wenigen Ausnahmen, und jener Theil desselben, welcher der eindringlichste ist, spricht und handelt, der Rest aber sitzt um die Rednerbühne herum und summt und duldet es nicht, wenn Jemand Anderes spricht, so daß Alles in dieser Staatsverfassung durch das derartige Geschlecht geleitet wird, eben mit wenigen Ausnahmen. – Ja wohl, gar sehr, sagte er. – Folgendes anderweitige Geschlecht nun scheidet sich immer aus dem großen Haufen aus. – Welches wohl? – Während alle auf Gelderwerb sinnen, werden die Ordentlichsten doch wohl von Natur aus meistenteils die Reichsten sein. – Aus guten Gründen. – Also der meiste Honig für die Drohnen, glaube ich, und auch der zugänglichste fließt eben von dorther. – Wie sollte auch Jemand, sagte er, von denjenigen Honig ziehen, welche nur wenig haben? – Die derartigen Reichen demnach, glaube ich, werden auch Drohnenfutter genannt. – Ja wohl, so ziemlich, sagte er. – Das Volk selbst aber dürfte wohl das dritte Geschlecht sein, alle jene, welche nur ihren Bedarf sich selbst bereiten und ohne weitere Geschäfte sind, auch nicht viele Habe besitzen, ein Geschlecht, welches in der Demokratie, wann es in Eins vereinigt ist, der Zahl nach das größte und der Bedeutung nach das wichtigste ist, – Ja, so ist es auch, sagte er; aber nicht häufig ja will es so auftreten, wenn es nicht auch seinen Antheil am Honige bekömmt. – Nicht wahr also, es bekömmt ihn auch, sagte ich, stets, insoweit die Vorsteher es vermögen, bei Plünderung der Reichen die Habe derselben an das Volk zu

vertheilen, für sich selbst aber den größten Theil zu behalten. – Einen Antheil also bekömmt es jedenfalls, sagte er, in dieser Weise. – Genöthigt also, glaube ich, werden Diejenigen, welche man plündern will, sich zu wehren, indem sie vor dem Volke sprechen und thun, was sie nur können. – Wie sollten sie auch nicht? – Irgend eine Beschuldigung demnach wird seitens der Anderen auf ihnen, auch wenn sie gar kein Verlangen nach Neuerung haben, haften, als stellten sie dem Volke nach und seien oligarchisch gesinnt. – Wie sollte es anders sein? – Nicht wahr also, zuletzt, wenn sie sehen, daß das Volk nicht freiwillig sondern aus Unkenntnis und durch Verleumder getäuscht ihnen Unrecht zu thun versuchte, werden sie dann erst wirklich, mögen sie wollen oder nicht, oligarchisch gesinnt werden, nicht freiwillig, sondern eben dieses Uebel hat jene Drohne, indem sie dieselben stach, selbst erzeugt. – Ja wohl, gar sehr. – Also gegenseitige Vorladungen, Urtheilssprüche und Gerichtsverhandlungen stellen sich nun ein. – Nicht wahr also, irgend Einen pflegt stets das Volk in hervorragender Weise zu seinem Vorsteher zu machen, und diesen groß zu ziehen und zu fördern? – Ja, dieß pflegt es zu thun. – Dieß also, sagte ich, ist nun klar, daß, wenn ein Gewaltherrscher hervorsproßt, er aus der Wurzel einer solchen Vorsteherschaft und nirgend andersher hervorkeimt? – Ja, sehr klar ist dieß. – Welches also ist nun der Anfang der Verwandlung eines Vorstehers in einen Gewaltherrscher? oder ist klar, daß dann, wenn der Vorsteher das Nemliche zu verüben beginnt, wie in dem Mythus betreffs des Heiligthumes des lykäischen Zeus in Arkadien berichtet wird? – Welcher ist dieß? sagte er. – Daß Derjenige, welcher menschliches Eingeweide gekostet hat, das unter jenes anderer Opferthiere hineingeschnitten worden war, nothwendig in einen Wolf verwandelt werden muß; oder hast du diese Sage nicht gehört? – Ja gewiß. – Derjenige also, welcher als Vorsteher eines Volkes einen ihm sehr gefügigen Pöbel findet und sich des Blutes der Stammgenossen nicht enthält, sondern mit ungerechten Anschuldigungen, wie man sie gewöhnlich liebt, Einen vor Gericht zieht und ihn tödtet, das Leben eines Mannes vernichtend, und mit seiner Zunge und frevelm Munde stammverwandtes Blut kostet, und Bürger verbannt und hinrichtet und dabei auf Schuldenverminderung und Ländervertheilung hinweist, – muß also ein Solcher nicht nothwendig und durch Fügung des Schicksales hernach entweder durch seine Feinde zu Grunde gehen oder als Gewaltherrscher auftreten und aus einem Menschen ein Wolf werden? – Ja, durchaus nothwendig, sagte er. – Dieser demnach, sprach ich, wird es werden, der den Zwiespalt gegen die Besitzenden erzeugt. – Ja, dieser. – Wird er also, wenn er verbannt wurde und wider Willen seiner Feinde zurückkehrt, als vollendeter Gewaltherrscher zurückkehren? – Dieß ist klar. – Wenn sie aber nicht die Möglichkeit haben, ihn zu verbannen, oder dadurch, daß sie ihn vor dem Staate anklagen, ihn zu tödten, so werden sie wohl ihm nachstellen, um heimlich durch gewaltsamen Tod ihn aus dem Leben zu schaffen. – Es pflegt wenigstens, sagte er, so zu geschehen. – So wird denn nun jene vielberühmte Forderung der Gewaltherrscher von all denjenigen, welche einmal so weit vorgeschritten sind, erfunden, daß sie von dem Volke eine Leibwache fordern, damit ihnen ihr Retter des Volkes unversehrt bleibe. – Ja wohl, gar sehr, sagte er. – Und sie geben sie ihm denn auch, glaube ich, weil sie wegen seiner in Furcht, wegen ihrer selbst aber voll Hoffnung sind. – Ja wohl, gar sehr. – Nicht wahr also, wenn dieses ein Mann sieht, welcher Vermögen besitzt und zugleich mit dem Vermögen auch mit der Anschuldigung behaftet ist, ein Feind des Volkes zu sein, so wird dieser dann wohl, mein Freund, entsprechend dem Orakelspruche, welcher dem Krösus zu Theil ward,

„zum kieselreichen Flusse Hermos fliehen,
und nicht mehr bleiben, noch auch sich scheuen, als Feigling zu gelten“. –

Allerdings möchte er schwerlich, sagte er, ein zweitesmal in den Fall kommen, sich scheuen zu können. – Wer hingegen, sagte ich, ergriffen wird, dieser wird wohl, glaube ich, dem Tod überliefert. – Ja, nothwendig. – Jener Vorsteher selbst aber wird kläglich nicht „als ein Riese riesig hingestreckt am Boden liegen“. sondern Andere gar viele wird er zu Boden strecken und auf dem Streitwagen des Staates stehen, nunmehr ein vollendeter Gewaltherrscher, nicht ein Vorsteher, – Warum sollte er auch nicht? sagte er. –

17. Wollen wir denn nun, sagte er, jene Glückseligkeit durchgehen, sowohl des Mannes, als auch des Staates, in welchem ein derartiger Sterblicher sich findet? – Ja, allerdings, sagte er, wollen wir sie durchgehen. – Wird er also nicht, sprach ich, in den ersten Tagen und der ersten Zeit gegen Alle, mit welchen er zusammentrifft, lächeln und sie liebkosen, und sowohl sagen, er sei kein Gewaltherrscher, als auch gar Vieles den Einzelnen und dem Staate versprechen, von Schulden sie befreien und Ländereien unter das Volk und unter seine eigene Umgebung vertheilen, und gegen Alle sich sanft und mild stellen? – Ja, nothwendiger Weise, sagte er. – Wann er hingegen in Bezug auf die äußeren Feinde mit den einen derselben Frieden geschlossen und andere auch wirklich vernichtet hat, und hiemit seitens jener es ruhig geworden ist, dann wird er vorerst immer irgend Kriege anregen, damit das Volk stets das Bedürfniß nach einem Führer habe. – Ja, so scheint es. – Nicht wahr also, auch damit sie durch

Geldbeiträge arm werden und hiemit genöthigt seien, beim Erwerbe des täglichen Unterhaltes zu verbleiben, und demnach ihm selbst weniger nachstellen. – Ja, klärlich. – Und ja auch, falls er, glaube ich, bei einigen argwöhnen muß, daß sie Selbstvertrauen besitzen und ihm die Herrschaft nicht belassen wollen, damit er dann diese unter einem scheinbaren Vorwande verderbe, indem er sie den Feinden preisgibt; – aus all diesen Gründen also muß ein Gewaltherrscher nothwendig stets Krieg anzetteln. – Ja, nothwendig. – Und wenn er dieses thut, wird er hiemit stets geneigter werden, sich mit den Bürgern zu verfeinden? – Wie sollte er auch nicht. – Nicht wahr also, nothwendig müssen auch Einige von denen, welche bei seiner Einsetzung thätig waren und nun in hoher Geltung stehen, sich freimüthig sowohl gegen ihn, als auch unter sich äußern, indem sie, was geschieht, tadeln, jene nemlich, welche noch die tapfersten sind. – Ja, so scheint es. – Aus dem Wege räumen muß also der Gewaltherrscher, woferne er seine Herrschaft behaupten will, alle diese, so lange bis er unter Freunden und Feinden keinen mehr übrig hat, der irgend etwas nütz ist. – Ja, klärlich. – Einen scharfen Blick also muß er darüber haben, wer tapfer, wer hochherzig, wer verständig, wer reich sei; und in so hohem Grade beglückt ist er, daß er nothwendig gegen alle Diese, mag er wollen oder nicht, Feind sein und ihnen nachstellen muß, so lange, bis er den Staat gereinigt hat. – Gewiß eine herrliche Reinigung, sagte er. – Ja, allerdings, erwiederte ich, die entgegengesetzte derjenigen, welche die Aerzte bei dem Körper vornehmen; denn jene nehmen das Schlechteste weg und lassen das Beste zurück, dieser aber umgekehrt. – Wie es scheint, sagte er, muß er nothwendig so, woferne er herrschen will. –

18. Also in einer glückseligen Nothwendigkeit, sprach ich, ist er gebunden, welche ihm gebietet, entweder mit der Masse der Schlechten zu hausen und dabei von ihr gehaßt zu werden, oder überhaupt nicht zu leben. – Ja, in einer solchen Nothwendigkeit, sagte er. – Wird er also nicht, je mehr er durch solche Handlungen sich mit den Bürgern verfeindet, desto mehrere und getreuere Schildträger bedürfen? – Wie sollte er auch nicht? – Wer also sind ihm die Getreuen, und woher wird er sie sich kommen lassen? – Ganz von selbst ja, sagte er, werden Viele im Fluge herbeikommen, wenn er ihnen Sold gibt. – Wieder Drohnen ja, beim Hunde, sagte ich, scheinst du mir hiemit zu meinen, Fremdlinge und Leute aller Art. – Mit Recht, sagte er, scheine ich dir diese zu meinen. – Die Eingebornen aber, sollte er etwa diese nicht wollen? – Wie so? – Die Sklaven wird er den Bürgern nehmen, sie freilassen und unter die ihn

umgebende Leibwache aufnehmen. – Ja wohl, gar sehr, sagte er, weil ja diese ihm auch die getreuesten sind. – Wahrlich ein glückseliges Wesen, sprach ich, bezeichnest du hiemit im Gewaltherrscher, wenn er sich derartiger Freunde und getreuer Männer bedient, nachdem er jene obigen Anderen zu Grunde gerichtet hat. – Aber er bedient sich ja, sagte er, auch wirklich derselben. – Und diese seine Genossen nun bewundern ihn und diese neuen Bürger bilden seine Umgebung, die Tüchtigen aber hassen und meiden ihn.. – Warum sollten sie auch nicht? – Nicht umsonst also, sagte ich, scheint sowohl die Tragödie überhaupt etwas sehr Weises zu sein, als auch Euripides hierin noch besonders sich hervorzuthun. – Wie so? – Weil er auch dieß in Folge seines tiefen Nachdenkens aussprach, daß „weise die Gewaltherrscher sind durch Umgang mit Weisen“, und hiemit in klaren Worten sagte, daß jene, mit welchen der Gewaltherrscher in Umgang steht, weise seien. – Und als eine „göttergleiche“ preist er ja, sagte er, die Gewaltherrschaft und auch noch viel Anderes, er sowohl, als auch die übrigen Dichter. – Demnach, sprach ich, werden die Tragödien-Dichter, weil sie ja weise sind, es uns und allen jenen, welche ähnlich wie wir den Staat einrichten wollen, wohl verzeihen, daß wir sie in unseren Staat nicht aufnehmen werden, weil sie eben die Gewaltherrschaft besingen. – Ich glaube, sagte er, daß wenigstens die Feineren unter ihnen es uns verzeihen werden. – Aber in den übrigen Staaten ja gehen sie umher und versammeln den Pöbel, und verführen, indem sie gar herrliche und hochtrabende und glaubhafte Sprüche zu leihen nehmen, die Staaten zur Gewaltherrschaft und Demokratie. – Ja wohl, gar sehr. – Nicht wahr also, auch Lohn bekommen sie noch dazu und werden geehrt, zumeist wohl, wie es kaum anders sein kann, von Gewaltherrschern, und zweitens auch von Demokratien; je höher aber sie in dem aufwärts gehenden Wege der Verfassungen nach Oben kommen, desto mehr läßt sie diese Ehre im Stiche, indem dieselbe gleichsam aus Beklemmung des Athems nicht mehr gehen kann. – Ja, allerdings. –

19. Aber wir sind ja hiemit, sagte ich, auf einen Nebenweg gekommen; wir wollen aber nun wieder von Vorne in Bezug auf jenes Heerlager des Gewaltherrschers, jenes herrliche und zahlreiche und bunte, welches niemals das nemliche ist, angeben, woher es denn erhalten werde. – Klar ja ist, sagte er, daß wenn Tempel-Vermögen sich im Staate findet, er dieses verwenden werde, so weit nemlich immer das Veräußerte reichen wird, indem er dann dem Volke weniger Geldbeiträge auferlegt. – Wie aber, wenn dieses nicht reicht? – Dann ist klar, sagte er, daß aus dem Vermögen seines Vaters sowohl er selbst, als auch

seine Trinkgenossen und seine Gefährten und Gefährtinnen werden erhalten werden. – Ich verstehe, sprach ich, daß dann das Volk, welches der Erzeuger des Gewaltherrschers ist, ihn und seine Gefährten ernähren wird. – Ja, durchaus nothwendig, sagte er, ist dieß für ihn. – Wie meinst du aber dann? sagte ich, wenn das Volk hierüber entrüstet wird und sagt, es sei nicht gerecht, daß der in der Kraft der Jahre gehende Sohn von seinem Vater ernährt werde, sondern umgekehrt von dem Sohne der Vater, und es habe ihn nicht deshalb erzeugt und eingesetzt, um, wenn er groß geworden, dann ein Sklave seiner Sklaven zu sein und ihn nebst den Sklaven und anderem Gesindel zu ernähren, sondern nur um von den Reichen und von denjenigen, welche im Staate als die"Guten und Trefflichen" bezeichnet werden, unter seiner Vorsteherschaft befreit zu werden; und dann nun heißt das Volk ihn und seine Genossen aus dem Staate sich entfernen, sowie auch ein Vater seinen Sohn nebst lästigen Trinkgenossen desselben aus dem Hause jagt. – Zur Einsicht, bei Gott, sagte er, wird dann das Volk kommen, welch ein Ungethüm es erzeugt und liebkost und gefördert habe, und daß es als der Schwächere den Stärkeren fortjagen will. – Wie sagst du da? sprach ich; wird er es wagen, dem Vater Gewalt anzuthun, und, wenn er ihm nicht Folge leistet, ihn zu schlagen, er der Gewaltherrscher? – O ja, sagte er, indem er es entwaffnet. – Als einen Vatermörder, sprach ich, bezeichnest du hiemit den Gewaltherrscher und als einen gefährlichen Pfleger des Greisenalters, und, wie es scheint, möchte nun bereits zugestanden sein, daß solcher Art die Gewaltherrschaft sei, und daß nach dem Sprüchworte das Volk, indem es schon vor dem Rauche einer Knechtschaft unter Freien flieht, in das Feuer der Herrschaft von Sklaven gerathen ist, indem es statt jener reichhaltigen und unvermischten Freiheit in die drückendste und bitterste Sklaverei unter Sklaven sich schmiegt. – Ja wohl, gar sehr, sagte er, findet dieß auf diese Weise statt. – Wie nun also? sprach ich, werden wir nicht passend sprechen, wenn wir behaupten, wir hätten es nun genügend durchgegangen, auf welche Weise eine Gewaltherrschaft in ihrem Uebergange aus der Demokratie entstehe und wie sie beschaffen sei? – Ja wohl, durchaus genügend, sagte er. –

Neuntes Buch

1. Jener Mensch selbst demnach, sagte ich, welcher der Gewaltherrschaft entspricht, ist uns noch übrig, daß wir betreffs seiner erwägen, sowohl wie er aus dem demokratischen Menschen hervorgehe, als auch wie beschaffen er sei, wenn

er entstanden ist, und in welcher Art und Weise er lebe, ob unglücklich oder glückselig. – Ja, allerdings, sagte er, dieser ist uns noch übrig. – Weißt du also, sprach ich, wornach ich noch ein Verlangen habe? – Wornach wohl? – Was die Begierden und deren Beschaffenheit und Zahl betrifft, scheint es mir, als hätten wir sie noch nicht erschöpfend eingetheilt; so lange aber dieß noch mangelhaft ist, wird die Untersuchung, welche wir vornehmen, etwas unklar sein. – Ist es also nicht noch an der Zeit, sagte er, dieß nachzuholen? – Ja, allerdings; und erwäge demnach, was ich betreffs derselben noch zu betrachten wünsche. Es ist dieß aber Folgendes: Von jenen nicht nothwendigen Vergnügungen und Begierden scheinen mir einige gesetzwidrig zu sein, von welchen einem Jeden die Gefahr droht, daß sie in ihm entstehen, welche jedoch durch die Gesetze und die besseren Begierden mit Beiziehung der Vernunft im Zaume gehalten werden können und dann aus einigen Menschen entweder ganz sich entfernen, oder nur in geringer Anzahl und schwach in ihnen zurückbleiben, bei anderen aber stärker und in größerer Anzahl. – Welche aber meinst du hiemit? sagte er. – Jene, erwiederte ich, welche zur Zeit des Schlafes erwachen, wann nemlich jener übrige Theil der Seele, welcher vernünftig und zahm ist und über den anderen herrscht, in Schlaf gesunken ist, der thierische und wilde Theil aber, von Speise oder Trank erfüllt, üppig sich bäumt und den Schlaf abschüttelnd fortzustürmen und seinen eigenen Sinn zu befriedigen sucht; weißt du wohl, daß in solchem Zustande er Alles zu thun wagt, wie wenn er von allem Schamgefühle und aller verständigen Einsicht entblößt und losgeschält wäre; daß er nemlich, wie es ihm dünkt, keinen Anstoß daran nimmt, seine eigene Mutter oder jedweden anderen Menschen oder einen Gott oder ein Thier zu seiner geschlechtlichen Lust zu mißbrauchen, daß er Jedweden mordet, daß er von keinem Gegenstande seiner Eßbegierde sich enthält, und mit Einem Worte es an Unverstand und Unverschämtheit in Nichts fehlen läßt. – Sehr wahr, sagte er, sprichst du da. – Wann hingegen, glaube ich, Jemand in sich selbst durchaus gesund und besonnen sich verhält und zum Schlafen sich begibt, nachdem er den vernünftigen Theil seiner selbst erweckt und mit trefflichen Reden und Erwägungen bewirthet hat, und so zu einer Einkehr des Nachdenkens in sich selbst gelangt ist, das Begehrliche aber weder Mangel leiden, noch sich überfüllen ließ, damit es sich zur Ruhe begebe und dem besten Theile keine Störung durch seine Freudigkeit oder seine Traurigkeit bereite, sondern ihm gestattet, daß es für sich allein in seiner Reinheit etwas betrachte und ein Verlangen nach Wahrnehmung eines noch nicht Gekannten habe, sei es eines Vergangenen oder eines Gegenwärtigen oder eines Zukünftigen, und wenn er ebenso auch das Muthige besänftigt hat und ohne durch Leidenschaftlichkeit gegen irgend Jemanden seinen Muth erregt zu haben, einschläft, wohl hingegen jene zwei Formen seiner Seele zur Ruhe gebracht, die dritte aber, in welcher die verständige Einsicht entsteht, in Bewegung gesetzt hat, – weißt du, daß er dann in solchem Zustande zumeist die Wahrheit erfassen wird und am wenigsten gesetzwidrige Traumgesichte erscheinen werden? – Ja, durchaus, sagte er, bin ich dieser Meinung. – Dieß denn nun etwas weiter auszuführen, ließen wir uns fortreißen; hingegen was wir hiebei erkennen wollen, ist das, daß eine arge und wilde und gesetzlose Art von Begierden einem Jeden einwohnt, und selbst Einigen von uns, welche gar mäßige Menschen zu sein scheinen, dieß aber ja eben im Schlafe deutlich werde. Erwäge also, ob dir, was ich sage, einen Werth zu haben scheine und ob du es zugebest. – Ich gebe es aber ja zu. –

2. Erinnere dich demnach, wie beschaffen wir behaupteten, daß der demokratische Mensch sei. Er war uns aber ja von seiner Geburt an unter Leitung eines sparsamen Vaters gestanden, welcher nur die auf Gelderwerb gerichteten Begierden ehrte, diejenigen hingegen mißachtete, welche nicht nothwendig sind, sondern um eines Spieles und um einer Verschönerung willen sich einstellen; oder wie anders? – Ja. – Kömmt er aber nun mit jenen feineren Männern zusammen, welche voll sind von den so eben durchgegangenen Begierden, so stürmt er in allem Uebermuthe eben zu jener Art von Begierden hin, da ihm des Vaters Sparsamkeit verleidet ist, und weil er doch noch eine bessere Begabung, als seine Verführer, hat, so treibt es ihn nach beiden Seiten und er bleibt in der Mitte beider Sinnesarten stehen, und ganz mäßig, wie er glaubt, ein Jedes genießend, führt er weder ein unfreies, noch ein gesetzwidriges Leben, nachdem er aus einem Oligarchischen ein Demokratischer geworden. – Ja, dieß war auch und ist noch, sagte er, unsere Meinung betreffs des Derartigen. – Stelle dir demnach vor, sagte ich, daß hinwiederum von Diesem, wenn er älter geworden, ein junger Sohn da ist und in den Sitten desselben auferzogen wurde. – Ja, ich stelle es mir vor. – So stelle dir demnach auch vor, daß jenes Nemliche mit ihm, wie mit seinem Vater vorgehe, daß er nemlich zu aller Widersetzlichkeit hingeleitet werde, welche ja von den ihn Verleitenden sämmtlich als Freiheit bezeichnet wird, und daß seinen in der Mitte sich befindenden Begierden der Vater und die übrigen Angehörigen zu Hülfe kommen, die Anderen aber hinwiederum Gegenhülfe leisten, daß aber jene argen Zauberer und Heranbildner von Gewaltherrschern, wenn sie in keiner anderen Weise den Jüngling zu fesseln hoffen, es veranstalten, daß sie irgend

einen Liebesdrang als Vorsteher jener Begierden, welche unthätig sind und nur das Bereitliegende verarbeiten, nemlich eben eine beflügelte und große Drohne ihm einpflanzen; oder hältst du den Liebesdrang solcher Menschen für irgend etwas Anderes? – Nein, für nichts Anderes, sagte er, sondern eben für dieß. – Nicht wahr also, wann ihn auch die übrigen Begierden nun umsummen, strotzend von Räucherwerk und Salben und Kränzen und Wein und überhaupt jenen ausgelassenen Vergnügungen solcher Zusammenkünfte, und durch eine Steigerung und Pflege bis zum äußersten Grade den Stachel der Sehnsucht in jene Drohne einpflanzen, dann wohl umgibt sich dieser Vorsteher der Seele in Folge des Wahnsinnes mit einer Leibwache und schwärmt wie besessen dahin, und wenn er in sich selbst noch irgend einige Ansichten und Begierden trifft, welche als tüchtig gelten und noch ein Schamgefühl enthalten, so tödtet er sie und stößt sie außerhalb seiner hinaus, bis er sich von Besonnenheit gereinigt, hingegen mit einem von Außen herbeigezogenen Wahnsinne erfüllt hat. – Durchaus, sagte er, gibst du hiemit die Entstehung eines der Gewaltherrschaft entsprechenden Menschen an. – Heißt ja nicht wohl auch, sprach ich, eben deswegen schon von Alters her der Liebesdrang ein Gewaltherrscher? – Es kömmt darauf hinaus, sagte er. – Nicht wahr also, mein Freund, sprach ich, auch der Betrunkene hat gewissermaßen die Gesinnung eines Gewaltherrschers? – Ja, er hat sie wirklich. – Der Rasende aber und Halbverrückte vergreift sich nicht bloß an Menschen, sondern auch an Göttern und hofft, er werde fähig sein, über sie zu herrschen. – Ja wohl, gar sehr, sagte er. – Ein der Gewaltherrschaft entsprechender Mensch aber wird er, o du hochzupreisender Freund, genau dann, wenn er entweder durch seine Begabung oder durch seine Thätigkeiten, oder durch beides zu einem dem Trunke und dem Liebesdrange Ergebenen und zu einem Menschen wird, welcher in Folge der schwarzen Galle wahnsinnig ist. Ja, durchaus so. –

3. Er entsteht also, wie es scheint, auf diese Weise und als ein so beschaffener Mensch; wie aber nun führt er wohl sein Leben? – Da gebt es wie bei den Sprech-Spielen, und wohl du wirst es mir sagen. – So sage ich es denn, erwiederte ich. – Es werden nemlich hernach Festlichkeiten und nächtliches Herumschwärmen und Schmausereien und Verkehr mit Dirnen und all dergleichen bei jenen sich einstellen, in deren Innerem der Liebesdrang als Gewaltherrscher wohnt und Alles lenkt, was die Seele betrifft. – Ja, nothwendig, sagte er. – Sprossen nun nicht gar viele arge Begierden bei Tage und in jeder Nacht hervor, welche Vieles bedürfen? – Ja wohl, viele. – Schnell also werden die Einkünfte, welche etwa da

sind, aufgezehrt? – Wie sollten sie auch nicht? – Und hierauf demnach wird geborgt und das Vermögen angegriffen. – Warum auch nicht? – Wann aber denn nun Alles nicht mehr reicht, müssen da nicht nothwendig die Begierden, welche in dichten Reihen und mit großer Heftigkeit sich eingenistet haben, zu schreien beginnen, er selbst aber wie von Stacheln getrieben durch die übrigen Begierden und insbesondere durch den Liebesdrang selbst, welcher allen anderen wie einer Leibwache vorausschreitet, als ein besessener dahinschwärmen und spähen, wer Etwas besitze, den er durch Trug oder Gewalt plündern könnte? – Ja wohl, in hohem Grade, sagte er. – Nothwendig demnach muß er entweder von allen Seiten her herbeischleppen oder von argen Wehen und Schmerzen ergriffen sein. – Ja, nothwendig. – Wird also wohl ebenso, wie die in ihm neu entstandenen Begierden mehr an sich rissen, als die alten gehabt hatten, und diesen das ihrige nahmen, nun auch er selbst, als der Jüngere, Mehr zu besitzen verlangen, als sein Vater und seine Mutter besitzen, und es ihnen nehmen, indem er nach Verbrauch seines Anteiles von der väterlichen Habe zehrt? – Aber wie sollte es auch anders sein? sagte er. – Wann jene aber ihm dieß nicht gestatten, wird er da nicht erstens es versuchen, Etwas zu stehlen und seine Eltern zu betrügen? – In jeder Weise. – Wann er aber dieß nicht kann, so wird er hernach wohl rauben und Gewalt brauchen. – Ich glaube wohl, sagte er. – Und wenn dann, du Wunderlicher, der Greis und die alte Frau sich widersetzen und gegen ihn kämpfen, würde er da wohl sich hüten und dessen sich enthalten, etwas Gewaltherrscherisches zu verüben? – Allerdings, sagte er, hege ich für die Eltern eines Derartigen eben keine große Hoffnung. – Aber, bei Gott, o Adeimantos, scheint es dir nicht, daß ein Solcher um einer erst kurz gewonnenen Freundin und um einer nicht unentbehrlichen Dirne willen seine längst vorhandene Freundin und unentbehrliche Mutter, oder um eines blühenden Jünglings willen, welcher erst kurz sein Geliebter geworden und nicht unentbehrlich ist, seinen verblühten und unentbehrlichen greisen Vater, welcher der älteste unter seinen Freunden ist, sogar den Schlägen preisgeben und unter die Herrschaft jener Anderen knechten würde, falls er jene unter Ein Dach mit diesen brächte? – Ja, gewiß, bei Gott, sagte er. – Etwas außerordentlich Glückseliges ja, sprach ich, scheint es zu sein, einen gewaltherrscherischen Sohn zu erzeugen. – Doch nicht gar zu sehr, sagte er. – Wie aber? wenn dann die Habe des Vaters und der Mutter einem Derartigen nicht mehr ausreicht, aber in ihm der Bienenschwarm der Vergnügungen bereits in großer Menge sich angesammelt hat, wird er dann nicht zuerst einmal an der Mauer eines Hauses sich vergreifen, oder spät des Nachts an dem Kleide eines Vorübergehenden, und hernach etwa auch einen

Tempel rein fegen; und bei all diesem nun werden über die älteren Ansichten, die er von Kindheit an für das Schöne und das Schimpfliche als gerecht sich zeigende hatte, jene neuen erst kürzlich aus der Sklaverei freigelassenen Schildträger des Liebesdranges in Verbindung mit ihm selbst die Oberhand gewinnen, jene nemlich, welche vorher nur im Traume beim Schlafen freigelassen wurden, als er selbst noch unter Leitung der Gesetze und seines Vaters ein demokratischer Mensch gewesen war; jetzt aber steht er unter der Gewaltherrschaft des Liebesdranges und wird nun ein Derartiger, wie er vorher selten im Träumen gewesen war, im Wachen immerwährend sein; und keines argen Mordes und keines Gegenstandes seiner Eßbegierde und keiner That überhaupt wird er sich enthalten, sondern nach Art eines Gewaltherrschers lebt in ihm der Liebesdrang in aller Unordnung und Gesetzlosigkeit, da er ja der Alleinherrscher ist, und er wird den von ihm Besessenen ebenso wie einen Staat zu jedem Wagniß treiben, woher nur Nahrung zu bekommen ist für ihn selbst und für das Getümmel um ihn herum, von welchem der Eine Theil von Außen durch schlechten Umgang eingedrungen ist, der andere aber eben durch die nemlichen Sitten und durch ihn selbst losgelassen und befreit worden war. Oder ist dieses nicht das Leben eines so Beschaffenen? – Ja, dieses ist es, sagte er. – Und wenn nun, sprach ich, einige Wenige dergleichen in einem Staate sind und die übrige Masse besonnen ist, so wandern sie aus und werden zur Leibwache irgend eines anderen Gewaltherrschers, oder leisten um Sold Hülfe, wenn es Krieg gibt; finden sie sich aber im Zustande des Friedens und der Ruhe ein, so verüben sie dortselbst in dem Staate viel kleines Unheil. – Was meinst du hiemit? – Z. B. sie stehlen, brechen ein, sind Beutelschneider, Kleiderdiebe, plündern Tempel, treiben Menschenverkauf, zuweilen aber, wenn sie gewandte Redner sind, treten sie als Angeber auf, legen falsche Zeugnisse ab und leben von Bestechung. – Ein kleines Unheil, sagte er, ist dieß allerdings, woferne die Zahl der Derartigen gering ist. – Das Kleine aber, sprach ich, ist nur im Vergleiche mit Großem klein, und all dieses trifft im Vergleiche mit einem Gewaltherrscher bezüglich der Schlechtigkeit und des Unglückes eines Staates, wie es im Sprüchworte heißt, nicht einmal in die Nähe des Zieles, geschweige denn das Ziel selbst. Wann nemlich viele Derartige in einem Staate sich einfinden und andere ihnen sich anschließen und sie ihre Anzahl fühlen, dann sind diese es, welche in Verbindung mit dem Unverstande des Volkes den Gewaltherrscher erzeugen, jenen nemlich, welcher unter ihnen selbst im höchsten Grade in seiner Seele den größten und umfassendsten Gewaltherrscher enthält. – Ja, so scheint es, sagte er; denn dieser wäre wohl zum Gewaltherrscher der geeignetste. – Nicht wahr also, wenn sie freiwillig ihm nachgeben; wenn es hingegen der Staat nicht zuläßt, dann wird er, sowie er damals Mutter und Vater züchtigte. nun wohl ebenso hinwiederum, wenn er es im Stande ist, sein Vaterland züchtigen, indem er junge Genossen herbeiruft und unter der Herrschaft dieser sein ehemals befreundetes Vaterland oder, wie die Kreter sagen, Mutterland in Sklaverei hält und so es hegt und pflegt; und dieß demnach möchte wohl das Endziel der Begierde des derartigen Menschen sein. – Ja, durchaus dieses, sagte er. – Nicht wahr also, sagte ich, diese werden von solcher Beschaffenheit auch schon als Einzelne sein, noch ehe sie herrschen? Sie wenden vor Allem in ihrer Umgebung, sei es, daß sie mit Schmeichlern und in jeder Beziehung Dienstfertigen umgehen, oder daß sie, falls sie Jemanden brauchen, sich selbst ihm so unterwerfen, jedenfalls die Stirne haben, in allen möglichen Galten sich als Freunde zu zeigen, wenn sie aber ihren Zweck durchgesetzt haben, als Fremde. – Ja wohl, gar sehr. – Also ihre ganze Lebenszeit hindurch leben sie niemals mit Jemandem in Freundschaft, sondern stets entweder als Herren oder als Knechte eines Anderen; Freiheit und wahrste Freundschaft aber hat die Begabung eines Gewaltherrschers noch nie gekostet. – Ja, allerdings noch nie. – Werden wir also nicht auch mit Recht die Derartigen als unzuverlässig bezeichnen? – Wie sollten wir auch nicht? – Und nun doch wohl als Ungerechte im höchsten Grade, woferne wir im Früheren uns in richtiger Weise über die Gerechtigkeit und deren Beschaffenheit verständigt haben. – Aber wir haben dieß ja, sagte er, in richtiger Weise. – Wollen wir demnach, sprach ich, diesen Schlechtesten nun zusammenfassen; er ist aber hiemit wohl jener, der im Wachen so beschaffen ist, wie wir als träumend ihn dargestellt hatten. – Ja, allerdings. – Nicht wahr also, zu einem Solchen wird derjenige, welcher mit der größten Begabung eines Gewaltherrschers wirklich als Alleinherrscher auftritt, und je längere Zeit er in der Gewaltherrschaft lebt, in desto höherem Grade wird er ein so Beschaffener? – Ja, nothwendig ist es so, sagte Glaukon, welcher nun das Wort nahm. –

4. Wird also nun, sagte ich, derjenige, welcher als der Schlechteste sich zeigte, auch als der Unglücklichste sich zeigen? und wird jener, welcher die längste Zeit und im höchsten Grade Gewaltherrscher ist, auch im höchsten Grade und die längste Zeit in Wahrheit in solchem Zustande sein? die Menge hingegen hat freilich eine Menge verschiedener Ansichten. – Aber nothwendig wenigstens, sagte er, muß jenes sich so verhalten. – Wird es also anders sein, sprach ich, als daß der Gewaltherrscher bezüglich einer Aehnlichkeit dem durch Gewaltherrschaft regierten Staate entspricht und der demokratische Mensch

dem demokratisch regierten, und ebenso auch bei den übrigen? – Wie sollte es auch anders sein? – Nicht wahr also, was ein Staat im Vergleiche mit einem anderen Staate bezüglich der Vortrefflichkeit und des Glücksstandes ist, das ist auch ein Mensch im Vergleiche mit einem anderen Menschen? – Warum auch nicht? – Wie also verhält sich der durch Gewaltherrschaft regierte Staat zu dem königlich regierten, wie wir ihn oben zu Anfang durchgingen? – Gerade entgegengesetzt, sagte er; denn der eine ist der beste und der andere der schlechteste. – Ich werde dich hiebei nicht fragen, welchen von beiden du je meinest, denn dieß ist an sich klar, aber urtheilst du auch betreffs des Glückes oder Unglückes in der nemlichen oder in anderer Weise? Und lassen wir uns hiebei nicht erschrecken, indem wir auf den Gewaltherrscher als auf Einen hinblicken, auch dann nicht, wenn einige Wenige ihn umgeben, sondern, sowie es nothwendig ist, in den ganzen Staat einzutreten und ihn zu betrachten, indem wir uns in den gesammten vertiefen und ihn anschauen, so wollen wir auf diese Weise auch unsere Meinung abgeben. – Aber mit Recht ja, sagte er, ermunterst du uns; und es ist somit klar, daß es keinen unglücklicheren Staat als jenen durch Gewaltherrschaft regierten gibt und keinen glücklicheren, als jenen königlich regierten. – Wenn ich dich also, sagte ich, auch bezüglich der Menschen zu dem nemlichen Urtheile ermuntere, werde ich dann richtig handeln, indem ich verlange, daß über dieselben jener urtheilen solle, der durch sein Nachdenken sich in den Charakter eines Menschen vertiefen und ihn durchschauen kann, nicht aber wie ein Kind beim äußerlichen Anblicke in Folge jenes Glanzes erschrickt, welchen der Gewaltherrscher den Außenstehenden gegenüber als Form an sich trägt, sondern eben in genügender Weise hindurchblickt; und wenn ich also der Meinung wäre, wir Alle sollten denjenigen anhören, welcher die Fähigkeit zu einem Urtheile hat, aber auch an dem nemlichen Orte wohnte und zugegen war sowohl bei den häuslichen Handlungen desselben, wie er dort gegen jeden seiner Angehörigen sich benehme, wo er am meisten von jenem Bühnen-Gewande entblößt gesehen werden kann, als auch hinwiederum in den Gefahren des Staates, und wenn ich dann diesen, der all dieß gesehen, auffordern würde, es auszusprechen, wie sich der Gewaltherrscher zu den Uebrigen bezüglich des Glückes und Unglückes verhalte. – Durchaus richtig, sagte er, würdest du uns auch hiezu ermuntern. – Willst du also, sprach ich, daß wir uns selbst so benehmen, als gehörten wir zu denjenigen, welche die Fähigkeit zu einem Urtheile haben und auch mit derartigen Menschen schon zusammengetroffen sind, um nemlich Einen zu haben, der auf unsere Frage antworten könnte? – Ja, allerdings will ich es. –

5. Wohlan denn nun, sagte ich, erwäge es folgendermaßen. Indem du an die Aehnlichkeit zwischen Staat und Mensch dich erinnerst, sollst du auf diese Weise bei Jedem seinerseits es betrachten und so die Zustände eines jeden von beiden angeben. – Welche meinst du hiemit? sagte er. – Erstens, erwiederte ich, um vom Staate zu sprechen, wirst du den durch Gewaltherrschaft regierten als einen freien, oder als einen sklavischen bezeichnen? – Im höchsten Grade, sagte er, als einen sklavischen. – Nun aber siehst du ja in ihm doch Herren und Freie. – Ich sehe allerdings, sagte er, wenigstens irgend eine kleine Anzahl von diesen; aber das Ganze in ihm, so zu sagen, und der tüchtigste Theil ist in ehrloser und unglücklicher Weise ein Sklave, – Wenn also, sprach ich, der Mensch dem Staate ähnlich ist, so muß wohl nothwendig auch im Menschen die gleiche Stellung sich finden, und seine Seele von arger Sklaverei und Unfreiheit strotzen, und noch dazu jene Theile derselben, welche die tüchtigsten sind, in Sklaverei sich befinden, ein geringer Theil aber, welcher der schlechteste und wahnsinnigste ist, Herr sein. – Ja, nothwendig, sagte er. – Wie nun? wirst du von einer so beschaffenen Seele behaupten, daß sie sklavisch oder daß sie frei sei? – Ich wenigstens gewiß, daß sie sklavisch sei. – Nicht wahr also, ein Staat ja, welcher sklavisch ist und unter einer Gewaltherrschaft steht, wird am wenigsten thun, was er will? – Ja, bei Weitem. – Also auch die unter einer Gewaltherrschaft stehende Seele wird am wenigsten thun, was sie will, insoferne man hiebei von der gesammten Seele spricht, sondern von einem Stachel stets mit Gewalt fortgetrieben, wird sie voll Unruhe und Reue sein. – Wie sollte sie auch nicht? – Muß aber ein durch Gewaltherrschaft regierter Staat nothwendig reich oder arm sein? – Arm. – Also auch die gewaltherrscherische Seele muß nothwendig stets armselig und ungesättigt sein? – Ja, so ist es, sagte er. – Wie aber? muß nicht nothwendig ein derartiger Staat und ein derartiger Mann von Furcht erfüllt sein? – Gewiß in hohem Grade, – Glaubst du wohl Wehklagen und Stöhnen und Thränen und Schmerzen in einem anderen Staate in größerer Menge zu finden? – Keinenfalls. – Meinst du aber, daß in einem anderen Menschen Derartiges in größerer Menge vorhanden sei, als eben in diesem von Begierden und Liebesdrang wahnsinnigen Gewaltherrscherischen? – Wie sollte es auch möglich sein? sagte er. – Auf dieß Alles demnach, glaube ich, und auf anderes Derartiges blicktest du hin und urtheiltest, daß unter den Staaten dieser Staat der unglücklichste sei. – Und that ich nicht Recht daran? sagte er. – Jawohl, gar sehr, erwiederte ich; aber hinwiederum bezüglich des Menschen, welcher der Gewaltherrschaft entspricht, was wirst du da sagen, wenn du auf dieses Nemliche hinblickst? – Daß er bei Weitem, sagte er, der Unglücklichste von allen

Uebrigen ist. – Hierin aber, sprach ich, hast du nicht mehr Recht. – Wie so? sagte er, – Noch nicht, erwiederte ich, ist, wie ich glaube, im höchsten Grade dieser der Derartige. – Aber wer denn dann? – Der Folgende wird vielleicht auch dir noch unglücklicher, als dieser, zu sein scheinen. – Welcher? – Derjenige, sagte ich, welcher befähigt zur Gewaltherrschaft ist und nicht das Leben eines Einzel-Menschen führt, sondern das Unglück hat, daß ihm durch irgend ein Geschick zu Theil wird, wirklich Gewaltherrscher zu werden. – Ich entnehme aus dem früher Gesagten, sprach er, daß du Recht habest. – Ja, erwiederte ich; aber nicht bloß meinen soll man dergleichen, sondern sehr genau es durch eine Begründung folgender Art erwägen; denn die Begründung betrifft ja das Größte, nemlich das gute und das schlechte Leben. – Völlig richtig, sagte er. – Erwäge demnach, ob wohl einen Werth habe, was ich sage; nemlich es scheint mir, als müsse man es erkennen, wenn man von Folgendem aus hierüber die Erwägung anstellt. – Von welchem aus? – Von einem jeden Einzelnen unter den Leuten aus, welche in den Staaten reich sind und viele Sklaven besitzen; denn diese haben die Aehnlichkeit mit einem Gewaltherrscher, daß sie über Viele herrschen; einen Unterschied aber macht nur die Anzahl derselben. – Ja, diese macht allerdings einen Unterschied. – Weißt du also, daß jene Leute ohne Angst sind und sich vor ihrem Gesinde nicht fürchten? – Warum sollten sie sich auch fürchten? – Allerdings nicht, sagte ich; aber bemerkst du auch die Ursache davon? – Ja, weil nemlich der ganze Staat einem jeden der Einzelnen zu Hülfe kömmt. – Du gibst dieß richtig an, sagte ich; wie aber? wenn irgend Einer der Götter einen einzelnen Mann, welcher fünfzig oder mehr Sklaven hat, aus dem Staate entrücken und ihn selbst und sein Weib und seine Kinder in eine Wüste versetzen würde nebst seiner übrigen Habe und auch dem Gesinde, woselbst Keiner unter den Freien ihm je zu Hülfe kommen könnte, in welch großer Furcht glaubst du da wohl, daß er sich betreffs seiner selbst und seiner Kinder und seines Weibes befinden werde, sie möchten durch das Gesinde ihren Untergang finden? – Gewiß in aller möglichen Furcht, sagte er. – Nicht wahr also, er wäre wohl bereits genöthigt, Einige seiner Sklaven zu hätscheln und ihnen Vieles zu versprechen und ohne Noth sie freizulassen, und er selbst würde als ein Schmeichler seiner Diener sich zeigen? – Ja, durchaus nothwendig, sagte er, muß er entweder dieß, oder er muß zu Grunde gehen. – Wie aber? sprach ich; wenn der Gott auch andere rings um ihn als Nachbarn in großer Menge ansiedeln würde, welche es nicht duldeten, wenn Jemand über einen Anderen Herr zu sein sich erlaubt, sondern jeden Derartigen, dessen sie habhaft würden, mit den äußersten Strafen belegten? – Dann, sagte er, würde er noch in höherem Grade, glaube ich, vollständig im Unglücke sein, da er rings von sämtlichen Feinden bewacht würde. – Ist also nun nicht in derartigen Banden der Gewaltherrscher gefesselt, seiner Begabung nach ein Solcher, wie wir ihn durchgegangen haben, und dabei von vieler und mannigfacher Furcht und Liebesneigung erfüllt; während er aber lüstern ist, darf er allein unter allen im Staate Wohnenden weder irgendwohin eine Reise machen oder einer Fest-Gesandtschaft sich anschließen, wornach doch alle Uebrigen eine Begierde haben, sondern versteckt in seiner Wohnung lebt er meistenteils wie ein Weib, auch die übrigen Bürger darum beneidend, wenn Einer nach Außen eine Reise macht und irgend Gutes sieht. – Ja, durchaus ist es so, sagte er. –

6. Nicht wahr also, bezüglich derartiger Uebel bekömmt jener Mann, welcher ohndieß schon in sich selbst in schlechter Verfassung ist, und welchen du so eben als den Gewaltherrscherischen für den Unglücklichsten erklärt hast, noch mehr daran zu genießen, daß er nicht als Einzelner sein Leben führt, sondern durch ein Geschick genöthigt wird, wirklich Gewaltherrscher zu werden und, während er nicht seiner selbst mächtig ist, über Andere zu herrschen versucht; gerade wie wenn Jemand mit einem kranken und seiner selbst nicht mächtigen Körper nicht einzeln für sich lebte, sondern genöthigt würde, in Wettkämpfen und im Streite gegen andere Körper sein Leben zu verbringen. – Durchaus, o Sokrates, sagte er, ist treffend ähnlich und höchst wahr, was du da angibst. – Nicht wahr also, o lieber Glaukon, sprach ich, schlechthin unglücklich ist dieser Zustand, und der wirkliche Gewaltherrscher hat ein noch mißlicheres Leben als jener, dessen Leben du als das mißlichste bezeichnetest? – Ja wohl, in hohem Grade, sagte er. – Es ist also in Wahrheit, auch falls es Jemandem nicht so scheinen sollte, der wirkliche Gewaltherrscher ein wirklicher Sklave vermöge der ärgsten Kriecherei und Dienstbarkeit, und ein Schmeichler der Schlechtesten, und ein Mensch, welcher in keiner Weise seine Begierden sättigen kann, sondern den höchsten Mangel leidet und in Wahrheit als arm sich zeigt, woferne es Jemand versteht, die ganze Seele zu betrachten, und ein Mensch, welcher Zeit seines Lebens von Furcht beseelt und voll von Zuckungen und Schmerzen ist, falls er nemlich dem Zustande des Staates gleicht, über welchen er herrscht; er gleicht demselben aber wirklich; oder etwa nicht? – Ja wohl, gar sehr, sagte er. – Nicht wahr also, nebst all diesem wollen wir dem so beschaffenen Menschen auch noch zutheilen, was wir schon früher angaben, daß er nemlich nothwendig bereits sein und auch noch in höherem Maße als vorher in Folge seiner Herrschaft werden müsse: ein Neidischer, ein Unzuverlässiger, ein Ungerechter,

ein Frevler, ein Aufbewahrer und Pfleger jeder Schlechtigkeit, und daß in Folge von all diesem im höchsten Grade zunächst er selbst unglücklich sei, sodann aber seine Nebenmenschen zu eben solchen mache. – Kein Verständiger, sagte er, wird hiegegen widersprechen. – Wohlan also, sprach ich, nun sollst auch du, sowie der Alles umfassende Richter sein Urtheil abgibt, ebenso jetzt urtheilen, welcher nach deiner Meinung bezüglich des Glückes der erste, und welcher der zweite sei, und so der Reihe nach bei jenen Fünf, nemlich dem Königlichen, dem Timokratischen, dem Oligarchien, dem Demokratischen, dem Gewaltherrscherischen. – Aber leicht ja, sagte er, ist das Urtheil; denn sowie sie eben jetzt hereintraten, ebenso ordne ich sie wie Chöre nach meinem Urtheile bezüglich der Vortrefflichkeit und der Schlechtigkeit und des Glückes und seines Gegentheiles. – Wollen wir nun also einen Herold dingen, sprach ich, oder soll ich selbst es ausrufen, daß der Sohn des Ariston in seinem Urtheile den Besten und Gerechtesten als den Glücklichsten bezeichnete, dieser aber der Königlichste sei und als ein König über sich selbst herrsche, daß hingegen der Schlechteste und Ungerechteste der Unglücklichste sei, dieser aber hinwiederum der Gewaltherrscherischeste sei und im höchsten Grade als Gewaltherrscher über sich selbst und über den Staat herrsche. – Ja, verkündet, sagte er, soll dieß hiemit von dir sein. – Soll ich also auch noch hiezu es aussprechen, sagte ich, daß dieß so sei, sowohl wenn alle die Derartigen in ihrem Sein allen Menschen und Göttern unbemerkt bleiben, als auch wenn nicht? – Ja, sagte er, sprich auch dieß noch hiezu aus. –

7. Weiter also, sagte ich; dieß wäre uns wohl der Eine Nachweis, ein zweiter aber muß, wenn es uns so richtig dünkt, folgender sein. – Welcher? – Nachdem, sagte ich, ebenso, wie der Staat in drei Formen getheilt ist, auch die Seele eines jeden Einzelnen dreifach getheilt ist, so wird die Sache, wie mir scheint, auch noch eines anderweitigen Nachweises fähig sein. – Welchen meinst du hiemit? – Folgenden: Da es drei sind, so zeigen sich mir auch drei Vergnügungen, für jedes je Ein ihm eigenthümliches, und dann auch eben so viele Begierden und Arten des Herrschens. – Wie meinst du dieß? sagte er. – Das Eine war gemäß unserer Behauptung dasjenige, vermittelst dessen der Mensch lernt, das andere jenes, vermittelst dessen er muthig erregt ist, das Dritte aber können wir wegen seiner Vielartigkeit nicht mit Einem ihm eigenthümlichen Namen bezeichnen, sondern wir benannten es nach demjenigen, was in ihm das Größte und Mäßigste ist; ein Begehrliches nemlich nannten wir es wegen der Heftigkeit der Begierden, welche sich auf Speise und Trank und Liebesgenuß und alles sonst

hieran sich Knüpfende beziehen, und dann auch ein Geldliebendes, weil vermittelst der Gelder zumeist die derartigen Begierden befriedigt werden. – Ja, und mit Recht nannten wir es so, sagte er. – Wir würden also wohl auch, wenn wir von dem Vergnügen und der Liebe des Letzteren sagen würden, daß sie auf Gewinn gerichtet seien, uns hiemit in unserer Begründung zumeist auf Einen Hauptpunkt stützen, so daß uns hiedurch es klar würde, so oft wir von diesem Theile der Seele sprechen; und wir ihn mit Recht als das Geldliebende und Gewinnliebende bezeichnen würden. – Ja, mir wenigstens, sagte er, scheint es so. – Wie aber bei dem Muthigen? sagen wir nicht, daß es sämmtlich immer auf Bewältigung und auf Sieg und auf das Ruhmvolle hinstrebe? – Ja wohl, gar sehr. – Wenn wir es also als ein Streitliebendes und Ehrliebendes bezeichnen würden, wäre dieß dann passend? – Ja, höchst passend. – Nun aber von demjenigen, vermittelst dessen wir lernen, ist es ja Jedem klar, daß es stets in gespannter Thätigkeit auf das Wissen der Wahrheit, wie sich nemlich diese bei Allem verhalte, gerichtet ist, und daß diesem unter den Teilen der Seele am wenigsten an Geld und Ruhm liegt. – Ja, bei Weitem. – Wenn wir es demnach ein Lernbegieriges und Weisheitsliebendes nennen, so wäre dieß wohl sachgemäß? – Wie sollte es auch nicht so sein? – Nicht wahr also, sagte ich, es übt nun auch in den Seelen der Einen dieser Theil die Herrschaft aus, in jenen Anderen aber ein anderer, je nachdem sich's eben trifft? – Ja, so ist es, sagte er. – Darum also wollen wir auch bezüglich der Menschen sagen, daß es drei ursprüngliche Gattungen derselben gebe, eine weisheitsliebende, eine streitliebende, eine gewinnliebende. – Ja, gewiß. – Und daß es also auch drei Arten von Vergnügungen gebe, deren je Eine einer jeden von jenen zu Grunde liege. – Ja, allerdings. – Weißt du also, sagte ich, daß, wenn du drei derartige Menschen, der Reihe nach jeden Einzelnen, fragen würdest, welche von diesen Lebensweisen die vergnüglichste sei, gewiß ein Jeder die seinige am meisten preisen wird? Der Gelderwerber wird sagen, daß im Vergleiche mit der Erreichung eines Gewinnes das Vergnügen der Ehre oder des Lernens Nichts werth sei, woferne nemlich man sich hieraus nicht Geld macht. – Dieß ist wahr, sagte er. – Wie aber ist es bei dem Ehrliebenden? sagte ich; wird er nicht der Ansicht sein, daß das aus Geld fließende Vergnügen ein niedriges, hinwiederum aber das aus dem Lernen fließende, insoweit der Lerngegenstand nicht Ehre bringt, nur Dunst und Geschwätz sei? – Ja, so verhält es sich, sagte er. – Was aber den Weisheitsliebenden betrifft, sprach ich, welche Meinung sollen wir glauben, daß er von den übrigen Vergnügungen habe im Vergleiche mit jenem, wenn man das wirkliche Verhalten des Wahren weiß und in Derartigem stets als ein

Lernender sich bewegt? sollen wir nicht glauben, daß er dieselben, da sie von seinem wahren Vergnügen weit entfernt sind, in der That nur als nothwendige bezeichnen wird, weil er eben jene übrigen nicht bedarf, außer nur so weit es nothwendig ist? – Allerdings, sagte er, sollte man dieß sehr wohl wissen. –

8. Da also demnach, sagte ich, die Vergnügungen und die Lebensweise einer jeden jener drei Arten Gegenstand eines Streites sind, und zwar nicht in Bezug auf den höheren Grad eines schönen oder schimpflichen, noch den eines guten oder schlechten Lebens, sondern gerade in Bezug auf den höheren Grad des Vergnüglichen und Schmerzlosen, so fragt sich's, wie wir wohl wissen können, welcher von Jenen am meisten Recht habe. – Ich wenigstens, sagte er, bin nicht völlig im Stande, es anzugeben. – Aber erwäge es folgendermaßen: Wodurch muß man Alles beurtheilen, was richtig beurteilt werden soll? nicht etwa durch Erfahrung und durch Verstand und durch begründende Rede? oder könnte man einen besseren Maßstab des Urtheiles als diese anführen? – Wie sollte man auch? sagte er. – So erwäge denn: Welcher ist unter jenen drei Menschen der Erfahrenste in allen von uns angegebenen Vergnügungen? Scheint dir der Gewinnliebende bei dem Erlernen des Wesens der Wahrheit mehr Erfahrung über das aus dem Wissen fließende Vergnügen zu haben, als der Weisheitsliebende über das aus dem Gewinn fließende? – Da besteht allerdings, sagte er, ein großer Unterschied; denn der Letztere muß nothwendig auch die anderweitigen Vergnügungen von Jugend angefangen zu kosten bekommen, hingegen der Gewinnliebende, inwieferne er etwa dazu begabt ist, das Seiende zu lernen, muß nicht nothwendig die Süßigkeit dieses Vergnügens zu kosten bekommen, oder hierin Erfahrung erlangen, ja vielmehr würde ihm dieß, auch wenn er hiezu bereitwillig wäre, nicht leicht sein. – Also besteht, sagte ich, ein großer Unterschied zwischen dem Gewinnliebenden und dem Wahrheitsliebenden in Bezug auf Erfahrung in den beiderseitigen Vergnügungen. – Ja, gewiß ein großer. – Wie aber ist es im Vergleiche mit dem Ehrliebenden? Wird etwa der Weisheitsliebende unerfahrener in dem aus der Ehre fließenden Vergnügen sein, als jener in dem aus der Verstandesthätigkeit fließenden? – Aber die Ehre ja, sagte er, folgt Sämmtlichen selbst, sobald sie nur in's Werk setzen, worauf Jeder hinstrebt; denn sowohl der Reiche wird von Vielen geehrt, als auch der Tapfere und der Weise, so daß seitens der Ehre, wie sie ist, Sämmtliche in dem aus ihr fließenden Vergnügen erfahren sind; welcherlei Vergnügen hingegen die Anschauung des Seienden enthalte, kann unmöglich irgend ein Anderer gekostet haben, als nur der Weisheitsliebende

allein. – Also von Seite der Erfahrung, sprach ich, wird unter jenen Menschen dieser das schönste Urtheil fällen. – Ja, bei Weitem. – Und nun wird er allein ja auch im Besitze der mit Verstand verbundenen Erfahrung sein. – Wie sollte es anders sein? – Nun aber ist ja auch jenes Werkzeug, durch welches das Urtheil stattfinden soll, nicht ein Werkzeug des Gewinnliebenden, noch des Ehrliebenden, sondern nur des Weisheitsliebenden. – Welches meinst du? – Durch begründende Reden ja, sagten wir, solle das Urtheil stattfinden; oder etwa nicht? – Ja. – Begründende Reden aber sind doch zumeist ein Werkzeug zu jenem. – Wie sollte es auch nicht so sein? – Nicht wahr also, wenn vermittelst des Reichthumes und Gewinnes der Gegenstand der Beurtheilung am besten beurtheilt würde, so müßte nothwendig jenes das Wahrste sein, was der Gewinnliebende in Lob und Tadel ausspricht? – Ja gewiß, nothwendig. – Wenn hingegen vermittelst der Ehre und des Sieges und der Tapferkeit, so müßte es jenes sein, was der Ehrliebende und Streitliebende ausspricht? – Klärlich. – Da aber vermittelst der Erfahrung und des Verstandes und der begründenden Rede, was nun? – Nothwendig, sagte er, muß dann jenes das Wahrste sein, was der Weisheitsliebende und Redeliebende in Lob ausspricht. – Also, da es drei Vergnügungen gibt, so wird die desjenigen Theiles der Seele, vermittelst dessen wir lernen, die vergnüglichste sein, und auch jenes Leben, in welchem dieser Theil über uns die Herrschaft hat, das vergnüglichste. – Wie sollte es auch nicht so sein, sagte er; als ein sachverständiger Lobredner wenigstens lobt sein eigenes Leben der Verständige. – Welches Leben aber, sprach ich, und welches Vergnügen bezeichnet dieser Richter als das zweite? – Klärlich das des Kriegerischen und Ehrliebenden; denn näher an jenem ist es, als das des Gelderwerbers. – Als das letzte aber das des Gewinnliebenden, wie es scheint. – Wie sollte es anders sein? sagte er. –

9. Dieß demnach wären zwei so auf einander folgende Punkte, und zweimal schon hätte hiemit der Gerechte den Ungerechten besiegt. Als dritten Punkt aber sollst du in olympischer Weise für den rettenden und olympischen Zeus noch betrachten, daß das Vergnügen der übrigen außer jenem des Verständigen gar nicht einmal durchaus wahr oder rein, sondern nur gewissermaßen ein Schattenbild ist, wie ich von irgend Einem der Weisen einmal gehört zu haben glaube. Und dieß wäre doch wohl die größte und entscheidendste Niederlage. – Ja, bei Weitem; aber wie meinst du dieß? – Folgendermaßen, sagte ich, werde ich es ausfindig machen, es gleichzeitig suchend, während du mir antwortest. – So frage nur, sagte er. – So sprich denn, erwiderte ich; behaupten wir nicht, daß

Schmerz dem Vergnügen entgegengesetzt sei? – Ja wohl, gar sehr. – Nicht wahr also, auch daß irgend ein Zustand es sei, sich weder zu freuen, noch Schmerz zu empfinden? – Ja, gewiß. – Ein Zustand in Mitte jener beiden, gewissermaßen eine Ruhe der Seele in dieser Beziehung; oder meinst du dieß nicht in dieser Weise? – Ja, so ist es, sagte er. – Erinnerst du dich also nicht an die Aussprüche der Kranken, welche sie thun, wenn sie eben krank sind? – An welche? – Daß es also wirklich nichts Angenehmeres gebe, als gesund zu sein, hingegen sie selbst, ehe sie erkrankten, nicht bemerkt hätten, daß jenes das angenehmste sei. – Ja, ich erinnere mich, sagte er. – Nicht wahr also, auch von denjenigen, welche von irgend heftigen Schmerzen gequält sind, hörst du den Ausspruch, daß es nichts Angenehmeres gebe, als das Aufhören der Schmerzen? – Ja, ich höre ihn. – Und ja auch in vielen anderen derartigen Fällen, glaube ich, bemerkst du bei den Menschen, daß, wenn sie Schmerz empfinden, sie eben die Schmerzlosigkeit und die Ruhe vor solchem als das Angenehmste lobpreisen, nicht aber die Freude. – Dieß eben, sagte er, ist ihnen dann vielleicht schon ein Angenehmes, und sie sind es zufrieden, wenn nur Ruhe eintritt. – Also wird auch, sprach ich, wenn Jemand aufhört, sich zu freuen, diese Ruhe des Vergnügens ihm schmerzlich sein? – Ja, vielleicht, sagte er. – Also jenes, was wir als ein Mittleres zwischen beiden bezeichnen, nemlich die Ruhe, ist hiemit zuweilen beides, sowohl Schmerz, als auch Vergnügen. – So scheint es. – Ist es nun etwa auch möglich, daß, was keines von beiden ist, beides werde? – Mir dünkt es nicht möglich. – Und nun ist ja beides, sowohl das Angenehme, als auch das Schmerzliche, wenn sie in der Seele entstehen, irgend eine Bewegung, oder etwa nicht? – Ja. – Jenes hingegen, was weder schmerzlich, noch angenehm ist, zeigte sich uns dieß nicht so eben als eine Ruhe und als ein Mittleres zwischen diesen? – Allerdings zeigte es sich so. – Wie kann man also in richtiger Weise die Schmerzlosigkeit für etwas Angenehmes und die Freudelosigkeit für etwas Widerwärtiges halten? – Keineswegs wohl. – Also ist es dieß nicht wirklich, sagte ich, sondern es scheint nur so die Ruhe im Vergleiche mit dem Schmerzlichen ein Angenehmes und im Vergleiche mit dem Angenehmen ein Schmerzliches zu sein, und keine von diesen Erscheinungsweisen ist bezüglich des wahren Wesens des Vergnügens stichhaltig, sondern eine bloße Vorspiegelung. – Ja, sagte er, wenigstens wie unsere Begründung andeutet. – So blicke denn nun, sprach ich, auf Vergnügungen hin, welche nicht in Folge von Schmerzen vorhanden sind, damit du für die gegenwärtige Untersuchung nicht öfters in die Meinung verfallest, es sei dieß von Natur aus das Wesen dieser beiden, daß das Vergnügen ein Aufhören des Schmerzes und der Schmerz ein Aufhören des Vergnügens sei. –

Wo sind solche, sagte er, und welcherlei meinst du hiemit? – Sowohl gar viele andere, sprach ich, gibt es, als auch insbesondere wenn du die den Geruchssinn betreffenden Vergnügungen bedenken willst; denn diese ergeben sich, ohne daß man vorher Schmerz empfunden hat, in außerordentlicher Heftigkeit, und sie lassen nach ihrem Aufhören keinerlei Schmerz zurück. – Sehr wahr ist dieß, sagte er. – Nicht also können wir uns davon überzeugen, daß ein reines Vergnügen die Befreiung von Schmerz, und Schmerz die Befreiung von Vergnügen sei. – Allerdings nicht. – Aber wirklich ja, sagte ich, sind die vermittelst des Körpers an die Seele hin sich erstreckenden sogenannten Vergnügungen so ziemlich größtenteils und gerade die größten derselben eben solcher Art, nemlich nur Befreiungen von Schmerzen, – Allerdings sind sie dieß. – Nicht wahr also, auch was sich bezüglich künftiger solcher Dinge in Folge einer Erwartung als Vorfreude und als Vorgefühl des Schmerzes ergibt, verhält sich in gleicher Weise? – Ja, in gleicher Weise. –

10. Weißt du also, sagte ich, von welcher Beschaffenheit sie sind und welchem Dinge sie am meisten gleichen? – Welchem? sagte er. – Glaubst du, sprach ich, daß es in der Natur ein Oben und ein Unten und eine Mitte gebe? – Ja, gewiß, – Glaubst du also, daß, wenn Jemand von Unten gegen die Mitte zu sich bewegt, er etwas Anderes glauben werde, als er werde nach Oben bewegt, und wenn er in der Mitte, steht und dorthin hinabblickt, von wo hinweg er sich bewegt hatte, er irgendwo anders zu sein meinen würde, als eben oben, indem er das wahrhaft oben Seiende nicht sieht. – Ich wenigstens, sagte er, glaube bei Gott nicht, daß ein Derartiger eine andere Meinung haben werde. – Aber wenn er wieder in entgegengesetzter Richtung sich bewegte, so würde er wohl der Meinung sein, nach Unten bewegt zu werden, und hiemit die richtige Meinung haben? – Wie sollte er auch nicht? – Nicht wahr also, dieß Alles würde ihm darum begegnen, weil er keine Erfahrung hat über das wahrhaft Oben und in der Mitte und Unten Seiende? – Ja, klärlich. – Würdest du dich also wundern, wenn sie ohne Erfahrung der Wahrheit sowohl in vielen anderen Dingen keine gesunde Meinung haben, als auch in Bezug auf Vergnügen und Schmerz und das Mittelding derselben in diesem Zustande sind, daß, wenn sie zu dem Schmerzlichen hinbewegt werden, sie die richtige Meinung haben und wirklich Schmerz empfinden, hingegen wenn vom Schmerze hinweg zum Mitteldinge, sie bereits bei einer Erfüllung ihres Verlangens und bei einem Vergnügen sich zu befinden glauben, und gerade wie man im Vergleiche mit dem Schwarzen das Graue aus Unkenntniß des Weißen betrachtet, sie ebenso auch im Vergleiche

mit dem Schmerzlosen auf den Schmerz hinblicken und aus Unkenntniß des Vergnügens getäuscht werden? – Nein, bei Gott, sagte er, nicht wundern würde ich mich hierüber, sondern weit eher darüber, wenn es sich nicht so verhielte. – Bedenke es also wenigstens folgendermaßen, sagte ich; sind nicht Hunger und Durst und das Derartige ein gewisses Leersein bezüglich des körperlichen Zustandes? – Wie sollte es anders sein? – Unkenntniß aber und Unverstand, sind diese nicht hinwiederum eine Leerheit bezüglich des Zustandes der Seele? – Ja wohl, gar sehr. – Nicht wahr also, ein Vollwerden träte sowohl bei jenem ein, welcher Nahrung bekömmt, als auch bei demjenigen, welcher verständig wird? – Wie sollte es anders sein? – Ist aber in höherem Grade ein wahrhaftes Erfüllen jenes mit einem geringeren Sein, oder jenes mit einem höheren Sein? – Klärlich jenes mit einem höheren Sein. – Welche von beiden Gattung nun ist nach deiner Meinung in höherem Grade der Wesenheit theilhaftig, die Gattung, zu welcher Brod und Getränke und Zuspeise und überhaupt die gesammte Nahrung gehört, oder jene, zu welcher die wahre Meinung und das Wissen und im Allgemeinen die gesammte Vortrefflichkeit? Beurtheile es aber folgendermaßen: Scheint dir dasjenige, was an das stets Gleiche und an das Unsterbliche und an die Wahrheit sich anreiht und selbst ein Derartiges ist und in Derartigem entsteht, in höherem Grade ein Sein zu haben, oder jenes, was an das niemals Gleiche und an das Sterbliche sich anreiht und eben ein Derartiges ist und in Derartigem entsteht? – Bei Weitem ja, sagte er, ragt jenes hervor, was an das stets Gleiche sich anreiht. – Ist aber die Wesenheit des stets Gleichen etwa in höherem Grade der Wesenheit als der Wahrheit theilhaftig? – Keineswegs. – Wie aber? etwa der Wahrheit in höherem Grade theilhaftig? – Auch dieß nicht. – Falls sie aber etwa in geringerem Grade der Wahrheit theilhaftig wäre, würde sie dann nicht auch in geringerem Grade der Wesenheit theilhaftig sein? – Ja, nothwendiger Weise. – Nicht wahr also, überhaupt ist jene Gattung, welche die Pflege des Leibes betrifft, in geringerem Grade der Wahrheit und der Wesenheit theilhaftig, als diejenige, welche die Pflege der Seele betrifft? – Ja, bei Weitem. – Glaubst du aber nicht das Nemliche auch vom Körper selbst im Vergleiche mit der Seele? – Ja, gewiß. – Nicht wahr also, dasjenige, was mit einem in höherem Grade Seienden erfüllt wird und selbst ein in höherem Grade Seiendes ist, wird auch in höherem Grade wirklich erfüllt, als jenes, was mit einem in geringerem Grade Seienden erfüllt wird und selbst ein in geringerem Grade Seiendes ist? – Wie sollte es auch nicht so sein? – Wenn es also etwas Angenehmes ist, mit dem von Natur aus Verwandten erfüllt zu werden, so wird jenes, was in höherem Grade wirklich und mit Seiendem erfüllt wird, auch in höherem Grade wirklich und wahrhaftiger eine Freude durch wahrhaftes Vergnügen erzeugen, hingegen dasjenige, was an dem in geringerem Grade Seienden Theil nimmt, wird auch in geringerem Grade wahrhaft und fest erfüllt werden und an einem unzuverlässigeren und weniger wahren Vergnügen Theil nehmen. – Ja, höchst nothwendig, sagte er. – Jene also, welche an Verstandesthätigkeit und Vortrefflichkeit keine Erfahrung haben, sondern stets mit Schwelgerei und Derartigem verkehren, werden, wie es scheint, nach Unten und wieder bis zum Mittelpunkte hin bewegt und irren ihr Leben hindurch in dieser Gegend umher, über diese Stufe hinauf aber zum wahrhaft oben Seienden blickten sie weder jemals hin, noch wurden sie je dorthin bewegt, noch auch wurden sie mit dem Seienden wirklich erfüllt, oder bekamen je ein festes und reines Vergnügen zu kosten, sondern wie Thiere stets nach Unten blickend und zur Erde und auf volle Tische hingebeugt weiden sie sich an Fraß und Liebesgenuß, um der Bereicherung in diesen Dingen willen schlagen und stoßen sie sich gegenseitig mit eisernen Hörnern und Hufen und tödten sich einander aus Unersättlichkeit, weil sie nicht mit Seiendem dasjenige, was an ihnen selbst das Seiende oder dessen Schutzwehr ist, erfüllen. – Durchaus, o Sokrates, sagte Glaukon, verkündest du hiemit die Lebensweise der Menge. – Ist es also nun nicht auch nothwendig, daß sie mit Vergnügungen verkehren, welche mit Schmerzen vermischt sind, mit Abbildern und Schattenrissen des wahrhaften Vergnügens, welche durch ihre wechselseitige Lage eine Färbung erhalten, so daß sie nach beiden Seiten sehr heftig erscheinen und einen rasenden Liebesdrang zu ihnen in den Unverständigen erzeugen und Gegenstand vieler Kämpfe sind, wie Stesichoros sagt, daß das Abbild der Helena seitens der vor Troja Versammelten Gegenstand vieler Kämpfe gewesen sei, in Folge der Unkenntniß der wahren Helena. – Durchaus nothwendig, sagte er, ist es, daß Derartiges stattfinde. –

11. Wie aber? muß nicht nothwendig auch betreffs des Muthigen Anderweitiges dergleichen eintreten, wenn Jemand nur eben dieses verwirklicht, entweder vermittelst des Neides aus Ehrliebe, oder vermittelst der Gewalt aus Streitliebe, oder vermittelt des Zornes aus Unwillen, indem er dabei eine Sättigung in Ehre und Sieg und Zorn ohne Vernunft und Verstand verfolgt? – Ja, Derartiges, sagte er, muß nothwendig auch bei diesem der Fall sein. – Wie also nun? sprach ich; wollen wir es jetzt getrost aussprechen, daß auch unter den das Gewinnliebende und das Streitliebende betreffenden Begierden alle diejenigen, welche dem Wissen und der Vernunft folgen und in Verbindung mit diesen den Vergnügungen nachstreben und nur die von dem verständigen Theile

vorgezeichneten Vergnügungen ergreifen, noch am meisten wahre ergreifen werden, so weit ihnen Solches überhaupt möglich ist, weil sie eben der Wahrheit folgen, und daß sie hiemit auch die ihnen eigenthümlichen ergreifen, weil ja, was für ein Jedes das Beste ist, diesem auch das Eigenthümlichste ist. – Aber es ist dieß, sagte er, ja auch wirklich das ihm Eigenthümlichste. – Wenn also dem Weisheitsliebenden die gesammte Seele folgt und nicht in Zwiespalt ist, so wird bei jedem einzelnen Theile derselben es der Fall sein, daß er sowohl in den übrigen Beziehungen das Seinige thut und hiemit gerecht ist, als auch bezüglich der Vergnügungen jeder nur die seinigen und die besten und nach Möglichkeit die wahrsten genießt. – Ja wohl, in hohem Grade. – Wann aber Einer der anderen Theile die Oberhand hat, so wird es der Fall sein, daß er sowohl selbst nicht das ihm eigenthümliche Vergnügen findet, als auch die übrigen Theile nöthigt, einem fremden und unwahren Vergnügen nachzustreben. – Ja, so ist es, sagte er. – Nicht wahr also, dasjenige, was am weitesten von Weisheitsliebe und Vernunft entfernt ist, würde wohl am meisten Derartiges thun? – Ja, bei Weitem. – Ist aber nicht am weitesten von Vernunft jenes entfernt, was von Gesetz und Ordnung am weitesten entfernt ist? – Ja, klärlich. – Zeigten sich uns aber nicht als am weitesten entfernt jene Begierden, welche auf Liebesdrang und Gewaltherrschaft sich beziehen? – Ja, bei weitem. – Am wenigsten aber jene königlichen und ordentlichen? – Ja. – Am weitesten also, glaube ich, wird von dem wahren und eigenthümlichen Vergnügen der Gewaltherrscher entfernt sein, jener Andere hingegen am wenigsten. – Ja, nothwendig. – Also auch am wenigsten angenehm, sagte ich, wird der Gewaltherrscher leben, jener König aber am angenehmsten. – Ja, durchaus nothwendig ist dieß. – Weißt du also, sagte ich, um wie viel der Gewaltherrscher unangenehmer als der König lebt? – Sobald du es angibst, sagte er. – Da es drei Vergnügungen sind, wie es scheint, nemlich Eine ächte und zwei unächte, so wird der Gewaltherrscher, indem er selbst noch über die unächten hinausgeht und dem Gesetze und der Vernunft sich entzieht, mit sklavischen und auf die Leibwache bezüglichen Vergnügungen verkehren, und es ist hiebei nicht leicht, anzugeben, um wie viel eben er hiedurch verkürzt werde, außer etwa in folgender Weise. – In welcher? – Von dem Oligarchischen ist der Gewaltherrscher in dritter Entfernung, weil zwischen ihnen noch der Demokratische in Mitte steht. – Ja. – Nicht wahr also, auch bezüglich des Vergnügens wäre es im Verhältnisse zur Wahrheit nur ein Abbild in dritter Linie, mit welchem er im Vergleiche mit dem Oligarchischen verkehrt, woferne das vorhin Gesagte wahr ist? – Ja, so ist es. – Der Oligarchische aber ja steht hinwiederum gleichfalls in dritter Linie vom Königlichen entfernt, wenn wir den

Aristokratischen und den Königlichen als Einen zählen?– Ja, in dritter Linie. – Um ein dreimal Dreifaches also ist der Zahl nach der Gewaltherrscher vom wahren Vergnügen entfernt. – Ja, so zeigt sich's. – Also eine Flächenzahl, sagte ich, welche der ersteren Längen-Zahl entspricht, ist, wie es scheint, das Bild des gewaltherrscherischen Vergnügens selbst. – Ja wohl, gar sehr. – Entsprechend aber dann der Potenzirung und der dritten Dimension ist es ohnedieß klar, in welchem Abstande er entfernt sei. – Ja, klar ist dieß, sagte er, wenigstens dem des Rechnens Kundigen. – Nicht wahr also, wenn man es umkehrt und bezüglich der Wahrheit des Vergnügens es bei dem Könige angibt, wie weit dieser von dem Gewaltherrscher entfernt sei, so wird man durch wirklichen Vollzug jener Vermehrung finden, daß Ersterer siebenhundertneunundzwanzigmal angenehmer lebt, der Gewaltherrscher hingegen um eben diesen Abstand unglücklicher ist. – Eine unaussprechlich schöne Berechnung, sagte er, hast du hiemit vorgebracht bezüglich des Unterschiedes jener beiden Männer, nemlich des Gerechten und des Ungerechten, was das Vergnügen und den Schmerz derselben betrifft. – Und in der That, sprach ich, eine Zahl, welche wahr ist und zu den Verhältnissen des Lebens derselben gehört, woferne zu denselben auch Tage und Nächte und Monate und Jahre gehören. – Aber diese gehören ja, sagte er, wirklich zu denselben. – Nicht wahr also, wenn bezüglich des Vergnügens um so viel der Gute und Gerechte den Schlechten und Ungerechten übertrifft, so wird er ihn wohl auch um unaussprechlich Mehreres bezüglich der Wohlanständigkeit des Lebens und bezüglich der Schönheit und Vortrefflichkeit übertreffen. – Ja, bei Gott, sagte er, um unaussprechlich Vieles. –

12. Weiter nun, sagte ich. Nachdem wir bis zu diesem Punkte in unserer Begründung gekommen sind, wollen wir das zu Anfang Gesagte, durch welches wir bis hieher kamen, wieder auffassen. Es wurde nemlich dort die Ansicht angeführt, gewinnbringend sei das Unrechtthun für jenen, welcher in vollendeter Weise ungerecht sei, aber gerecht scheine; oder wurde nicht so gesagt? – Ja, allerdings so. – Jetzt demnach, sagte ich, wollen wir mit dem Vertreter jener Ansicht sprechen, nachdem wir uns darüber verständigt haben, welche Geltung ein jedes von beiden, nemlich das Unrechtthun und die Uebung des Gerechten, besitze. – In welcher Weise? sagte er. – Indem wir in unserer Begründung ein gleichnißweises Bild der Seele gestalten, damit, wer jenes sagt, einsehe, was er sage. – Welches Bild? sprach er. – Eines von jener Art, erwiederte ich, wie der Sage nach vor Alters Naturgebilde entstanden sein sollen, eine Chimära und eine Scylla und ein Kerberos, und wie man von zahlreichen

anderen sagt, daß viele Formen zusammengewachsen und Eins geworden seien. – Allerdings sagt man so. – Gestalte demnach als die Eine Form die eines bunten und vielköpfigen Thieres, welches ringsum Köpfe von zahmen und von wilden Thieren hat und die Fähigkeit besitzt, sich zu verwandeln und all Solches aus sich selbst hervorwachsen zu lassen. – Eines gar gewandten Bildners Aufgabe ist dieß, sagte er; dennoch aber möge, da die Rede bildsamer als Wachs und all derartiges ist, es hiemit wirklich gebildet sein. – Demnach bilde nun noch Eine andere Form eines Löwen und Eine eines Menschen; bei Weitem aber die größte sei die erste, und die zweite an Größe die zweite. – Dieß, sagte er, ist schon leichter, und sie sind hiemit gleichfalls gebildet. – Nun füge die Drei in Eins zusammen, so daß sie irgendwie mit einander zusammengewachsen sind. – Sie sind schon zusammengefügt. – Und nun gestalte rings um sie von Außen herum das Bild eines Einzigen, nemlich das eines Menschen, so daß demjenigen, der das Innere nicht zu sehen vermag, sondern nur die äußere Scheide sieht, es als Ein lebendes Wesen erscheint, nemlich als ein Mensch. – Es ist so ringsum gestaltet, sagte er. – Und nun wollen wir zu jenem, welcher behauptet, es sei für diesen Menschen gewinnbringend, Unrecht zu thun, und Gerechtes zu üben bringe ihm keinen Nutzen, jetzt sagen, daß er hiemit nichts Anderes behauptet, als es sei ihm gewinnbringend, in aller Ueppigkeit jenes buntgestaltete Thier stark zu machen und ebenso auch den Löwen in allem Löwenartigen, den Menschen aber Hungers zu tödten und schwach zu machen, so daß er dahin gezogen wird, wohin jedes von jenen beiden ihn führt, und er keines derselben an das andere gewöhnt oder befreundet macht, sondern es zuläßt, daß sie unter sich einander beißen und im Kampfe auffressen. – Ja, durchaus wohl, sagte er, möchte Solches derjenige aussprechen, welcher das Unrechtthun lobt. – Nicht wahr also, jener hinwiederum, welcher sagt, daß das Gerechte gewinnbringend sei, würde hiemit behaupten, man solle Solches thun und Solches sprechen, wodurch der im Innern des Menschen befindliche Mensch die größte Macht erhalte und für das vielköpfige Unthier sorgen könne wie ein Landmann, indem er das Zahme an ihm nährt und pflegt, das Wilde aber nicht wachsen läßt, und hiebei als Bundesgenossen die Begabung des Löwen benützt, und daß er für alle Theile gemeinsam sorgend sie unter sich und mit ihm selbst befreundet mache und so sie ernähre. – Ja, in hohem Grade hinwiederum spricht Solches jener, welcher das Gerechte lobt. – In jeder Weise demnach möchte wohl der das Gerechte Lobpreisende wahr sprechen, hingegen unwahr der das Ungerechte Preisende; denn wenn man es sowohl bezüglich des Vergnügens, als auch bezüglich des guten Rufes und des Nutzens erwägt, spricht der Lobredner des

Gerechten die Wahrheit, hingegen der Tadler desselben bringt nichts Gesundes vor und weiß auch bei seinem Tadel gar nicht, was er tadelt. – Allerdings, sagte er, scheint er mir dieß in keiner Weise zu wissen. – Wollen wir ihn demnach in sanfter Weise überzeugen, denn nicht freiwillig ja irrt er, und wollen wir ihn fragen: „O du Hochzupreisender, dürfen wir nicht behaupten, daß auch dasjenige, was als schön und als schimpflich gilt, eben durch das Derartige entstanden sei? nemlich daß das Schöne jenes sei, wodurch das Thierische in der Natur unter die Leitung des Menschen, oder vielmehr vielleicht unter die Leitung des Göttlichen gebracht wird, schimpflich hingegen dasjenige, wodurch das Zahme unter die Leitung des Wilden geknechtet wird?“ Wird er dieß bejahen, oder wie meinst du? – Ja wohl, sagte er, wenn er von mir sich überzeugen läßt. – Gibt es also wohl, sprach ich, Jemanden, dem es in Folge dieser Begründung gewinnbringend sein könnte, in ungerechter Weise Gold zu empfangen, woferne ja irgend Derartiges eintreten muß, daß, sobald er das Gold empfangen, er zugleich das Beste in ihm unter die Herrschaft des Schlechtesten knechtet? oder wenn Jemand auf den Empfang des Goldes hin seinen Sohn oder seine Tochter in Sklaverei brachte, und noch dazu in das Haus wilder und schlechter Männer, so würde es ihm doch wohl nicht gewinnbringend sein, selbst wenn er unter solcher Bedingung gar viel Gold empfinge; wenn er aber nun das Göttlichste in ihm selbst unter die Herrschaft des Gottlosesten und Verwerflichsten knechten würde und kein Erbarmen damit hatte, würde er da nicht unglücklich sein und zu einer weit ärgeren verderblichen Handlung durch Gold sich bestechen lassen, als Eriphyle, welche für das Leben ihres Mannes jenen Halsschmuck empfing. – Allerdings bei Weitem etwas Aergeres, sagte Glaukon; nemlich ich will anstatt desjenigen, den du fragst, antworten. –

13. Nicht wahr also, du glaubst wohl auch, daß die Zügellosigkeit eben deswegen schon von Alters her getadelt werde, weil bei Derartigem jenes Arge, nemlich jenes große und vielgestaltige Unthier, mehr als es sein sollte, freigelassen wird? – Ja, klärlich, sagte er. – Wird aber nicht die Anmaßung und Unverträglichkeit eben dann getadelt, wenn das Löwenartige und Drachenartige in unharmonischer Weise wächst und schroffer gespannt wird? – Ja wohl, allerdings – Hingegen Ueppigkeit und Weichlichkeit, werden diese nicht bezüglich einer Schlaffheit und eines Nachlassens eben dieses Theiles getadelt, wann sie in ihm Feigheit erzeugen? – Warum auch nicht? – Schmeichelei aber und unfreier Sinn, werden diese nicht dann getadelt, wenn Jemand eben diesen Theil, nemlich das Muthige, unter die Herrschaft jenes pöbelhaften Thieres

bringt, und um des Geldes willen und aus solcher Unersättlichkeit ihn mit Füßen tritt und von Jugend an daran gewöhnt, statt eines Löwen ein Affe zu werden? – Ja wohl, gar sehr, sagte er. – Warum aber, glaubst du, bringen niedriger Erwerb und Handarbeit Schande? Werden wir hiefür einen anderen Grund angeben, als daß Jemand vermöge seiner natürlichen Begabung die Form des besten in sich als eine schwache besitzt, so daß er über jene Unthiere in ihm selbst nicht zu herrschen vermag, sondern ihnen dient, und nur Schmeicheleien gegen sie zu lernen im Stande ist. – Ja, so scheint es, sagte er. – Nicht wahr also, damit auch der Derartige durch ein Gleiches wie der Beste beherrscht werde, sagen wir, er solle ein Sklave desjenigen sein, welcher der Beste ist und in sich selbst das Göttliche als Herrschendes besitzt, und zwar indem wir nicht glauben, er müsse zum Schaden des sklavisch Dienenden beherrscht werden, wie Thrasymachos von den Beherrschten meinte, sondern daß es für einen Jeden besser sei, durch ein Göttliches und Verständiges beherrscht zu werden, zumeist wenn er dasselbe als ein ihm Eigenthümliches in sich selbst besitzt, oder, falls dieß nicht, wenn es von Außen her sein Vorsteher ist, damit wir Alle nach Möglichkeit einander gleich und befreundet seien, indem wir durch Ein und das Nemliche gelenkt werden. – Ja, und mit Recht, sagte er. – Es drückt ja aber, sprach ich, auch das Gesetz es aus, daß es etwas Derartiges beabsichtigt, indem es sämtlichen im Staate Befindlichen ein Bundesgenosse ist, und ebenso auch die Herrschaft über die Kinder, nemlich daß wir denselben nicht Freiheit gestatten, bis wir in ihnen wie in einem Staate eine Verfassung hergestellt und durch Pflege des Besten in ihnen für jenes, was in uns so ist, einen entsprechenden ähnlichen Wächter und Herrscher in ihnen eingesetzt haben, und eben dann erst sie frei lassen. – Ja, auch dieses drückt es uns aus, sagte er. – In welcher Beziehung demnach, o Glaukon, und nach welchem Grunde sollen wir behaupten, daß es gewinnbringend sei, Unrecht zu thun oder zügellos zu sein oder irgend Schimpfliches zu verüben, in Folge dessen man wohl schlechter wird, aber mehr Geld oder sonstige Macht erwirbt? – In keiner Beziehung, sagte er. – Oder in welcher Beziehung, daß es gewinnbringend sei, beim Unrechtthun unbemerkt zu bleibe und nicht bestraft zu werden? Oder wird nicht der unbemerkt Bleibende noch schlechter, wohingegen bei jenem, welcher nicht unbemerkt bleibt und bestraft wird, das Thierische beschwichtigt und gezähmt, das Zahme aber befreit wird; und gewinnt nicht überhaupt die ganze Seele, wenn sie zur besten Begabung sich hinwendet, indem sie Besonnenheit und Gerechtigkeit in Verbindung mit Verständigkeit erwirbt, eine vorzüglichere Haltung, als der Leib, wenn er Kraft und Schönheit in Verbindung mit Gesundheit gewinnt, und zwar um so mehr, je vorzüglicher die Seele im Vergleiche mit dem Leibe ist? – Ja, durchaus so, sagte er. –

Nicht wahr also, der Verständige wird Alles, was in ihm ist, auf dieses hin anspannen und so sein Leben führen, indem er erstens die Unterrichtsgegenstände ehrt, welche seine Seele zu einer derartigen machen, alle übrigen aber mißachtet? – Ja, klärlich, sagte er. – Sodann aber, sagte ich, wird er das Verhalten und die Pflege des Körpers keinenfalls dem thierischen und unvernünftigen Vergnügen preisgeben und etwa dorthin gerichtet sein Leben führen, aber auch nicht auf Gesundheit wird er hinblicken, oder jenes hoch in Ehren halten, daß er stark oder gesund oder schön sei, falls nicht auch Besonnenheit hieraus ihm erwächst, sondern stets wird es sich zeigen, daß er die Harmonie seines Körpers nur um des Einklanges in seiner Seele willen harmonisch herstellt. – Ja, durchaus so, sagte er, woferne er in Wahrheit musisch gebildet sein will. – Nicht wahr also, sprach ich, ebenso auch bezüglich der Ordnung und des Einklanges im Gelderwerbe? und er wird die massenhafte Menge desselben nicht etwa betäubt durch die Lobpreisungen seitens des großen Haufens in's Unbegrenzte vermehren, dabei unbegrenzt viele Uebel besitzend. – Ich glaube sicher nicht, sagte er. – Sondern hinblicken, sprach ich, wird er auf die in ihm befindliche Staatsverfassung, und wohl sich davor bewahren, daß er nicht an irgend einem der dortigen Verhältnisse wegen der Menge oder des Mangels des Vermögens rüttle, und auf diese Weise es lenkend, wird er das Vermögen vermehren und verwenden, so weit er es im Stande ist. – Ja wohl, gar sehr, sagte er. – Aber auch bezüglich der Ehre ja wird er, auf das Nemliche hinblickend, an jenen einen freiwillig theilnehmen und sie kosten, von welchen er glaubt, daß sie ihn besser machen, diejenigen aber wird er als Einzelner und im Staate fliehen, von welchen er glaubt, daß sie das bestehende Verhalten zerstören. – Also eine staatliche Thätigkeit, sagte er, wird er nicht ausüben sollen, woferne er auf jenes bedacht ist. – Beim Hunde, sprach ich, wahrlich in seinem eigenen Staate in hohem Grade, hingegen vielleicht nicht in seinem Vaterlande, wenn nicht irgend eine göttliche Fügung eintritt. – Ich verstehe, sagte er; du meinst nemlich, in jenem Staate, welchen wir bisher so eben gründeten und durchgingen, in jenem, welcher in den begründenden Reden vorliegt, da er ja, glaube ich, auf Erden wenigstens nirgends besteht. – Aber vielleicht ja, sprach ich, ist im Himmel irgend ein Musterbild aufgestellt für denjenigen, der es sehen und, wenn er es sieht, seinen Staat in sich selbst hiernach gründen will; jenes aber macht keinen Unterschied, ob dieser Staat irgendwo bestehe oder bestehen werde; denn Jener richtet seine Handlungen nur nach diesem, und nach keinem anderen ein. – Ja, so scheint es, sagte er. –

Zehntes Buch

1. Und in der That, sprach ich, sowohl in vielen anderen Beziehungen denke ich über jenen Staat nach, daß wir ihn auf das richtigste einrichten, als auch insbesondere erwäge ich es betreffs der Dichtkunst und sage – Was denn? sprach er. – Daß man in keiner Weise alle diejenige unter derselben aufnehmen solle, welche nachahmend ist; es wird sich nemlich, wie mir scheint, jetzt noch viel deutlicher zeigen, daß man sie um keinen Preis aufnehmen soll, nachdem wir ja die Formen der Seele einzeln von einander getrennt aufgestellt haben. – Wie meinst du dieß? – Unter uns gesagt, – denn ihr werdet mich nicht den Tragödiendichtern und übrigen Künstlern der Nachahmung verrathen –, eine Makel scheint mir all das Derartige für die Denkthätigkeit jener Hörenden zu sein, welche nicht ein Heilmittel hiegegen in dem Wissen des wirklichen Seins der Dinge besitzen. – In welcher Beziehung, sagte er, betrachtest du dieses, um so zu sprechen? – Ich muß es wohl sagen, erwiederte ich, obwohl mich eine gewisse Liebe und Scheu, welche ich von Kindheit an gegen Homeros hege, daran hindert, es auszusprechen; denn er scheint der erste Lehrer und Führer all dieser herrlichen Tragiker geworden zu sein; aber höher als die Wahrheit darf ein Mensch nicht geschätzt werden, und ich muß demnach sagen, was ich meine. – Ja wohl, allerdings, sagte er. – So höre denn nun, oder vielmehr antworte mir. – Frage du nur. – Könntest du mir im Ganzen sagen, was wohl Nachahmung sei? denn ich selbst sehe es nicht völlig ein, was ihr eigentliches Sein wohl sein möge. – Werde dann etwa ich, sagte er, es einsehen? – Dieß wäre ja, erwiederte ich, nichts Unbegreifliches, denn viele Dinge sehen Stumpfsichtigere eher als Scharfsichtigere. – Allerdings, sagte er, ist es so; aber in deiner Anwesenheit dürfte ich nicht einmal den Muth haben können, es auszusprechen, falls sich mir wirklich Etwas zeigen würde, sondern sieh du nur selbst. – Willst du also, daß wir die Erwägung von folgendem Ausgangspunkte aus in Folge unseres gewöhnlichen Verfahrens beginnen? Wir sind nemlich doch wohl gewohnt, irgend Eine einzelne Idee betreffs des vielheitlichen Einzelnen, welches immer mit dem nemlichen Namen bezeichnet wird, aufzustellen oder verstehst du dieß nicht? – Ja, ich verstehe es. – So wollen wir denn auch jetzt, welches von den vielen Dingen du irgend willst, aufstellen; so etwa, wenn dir

dieses Beispiel gefällt, gibt es ja gewiß viele Stühle und Tische. – Warum auch nicht?– Aber Ideen gibt es bezüglich dieser Geräthe nur zwei, nemlich Eine ist die des Stuhles, und Eine die des Tisches, – Ja. – Nicht wahr also, wir sind auch gewohnt, zu sagen, daß der Verfertiger eines jeden dieser beiden Geräthe auf die Idee desselben hinblickt und so der Eine Stühle, der Andere aber Tische verfertigt, deren wir uns dann bedienen; und so auch bei allem Uebrigen; denn die Idee selbst ja verfertigt Keiner der Verfertiger; oder wie? – Nein, in keiner Weise. – Aber sieh zu, welchen Namen du wohl folgendem Verfertiger gebest. – Welchem? – Demjenigen, welcher Sämmtliches macht, was alle einzelnen Handarbeiter machen. – Einen gar gewandten und wundersamen Mann meinst du hiemit. – Noch nicht ja, sondern sogleich erst wirst du dieß in noch höherem Maße sagen; denn dieser nemliche Handarbeiter ist nicht bloß im Stande, sämmtliche Geräthe zu machen, sondern er macht auch alle aus der Erde hervorwachsenden Pflanzen und verfertigt alle lebenden Wesen, sowohl die übrigen, als auch sich selbst, und zudem noch Erde und Himmel und Götter, und Alles, was im Himmel und unter der Erde im Hades ist, verfertigt er. – Einen sehr wundersamen Tausendkünstler, sagte er, meinst du hiemit. – Du glaubst es etwa nicht? sprach ich; und doch sage mir, scheint es dir schlechthin überhaupt keinen derartigen Verfertiger zu geben, oder glaubst du, daß er nur in gewisser Weise zum Hervorbringer all dieser Wesen geworden sei, in gewisser Weise aber hinwiederum auch nicht? oder bemerkst du nicht, daß sogar du selbst im Stande wärest, all Jenes wenigstens in gewisser Weise zu machen? – Und welches, sagte er, soll diese gewisse Weise sein? – Nicht schwierig ist sie, sagte ich, sondern vielfach und schnell ausführbar; am schnellsten aber doch wohl würdest du, wenn du einen Spiegel nehmen und ihn nach allen Seiten umhertragen wolltest, alsbald die Sonne und was am Himmel ist, machen, alsbald aber auch die Erde, alsbald auch dich selbst und die anderweitigen lebenden Wesen und alle Geräthe und Pflanzen, welche wir so eben anführten. – Ja, sagte er, als erscheinende wohl, hingegen ja doch wohl nicht als wahrhaftig seiende. – Recht, erwiederte ich; und ganz passend für unsere Begründung gehst du hierauf ein; nemlich gerade zu den derartigen Verfertigern, glaube ich, gehört auch der Maler; oder wie anders? – Wie sollte es auch nicht so sein? – Du wirst aber eben behaupten, glaube ich, daß er nicht als ein Wahres mache, was er macht; und doch ja macht in gewisser Weise auch der Maler einen Stuhl; oder nicht? – Ja, sagte er, wenigstens einen erscheinenden Stuhl macht auch dieser. –

2. Wie aber ist es mit dem Stuhl-Verfertiger? Sagtest du nicht so eben, daß er nicht jene Idee macht, welche wir als das eigentliche Sein des Stuhles bezeichnen, sondern eben nur einen einzelnen Stuhl? – Ja, so sagte ich. – Nicht wahr also, wenn er nicht dasjenige macht, was eigentlich ist, so macht er wohl nicht das Seiende, sondern Etwas, was irgend derartig, wie das Seiende, nicht aber ein Seiendes ist; hingegen wenn Jemand behaupten würde, das Werk des Stuhl-Verfertigers sei vollständig ein Seiendes oder überhaupt das irgend eines anderen Handarbeiters, so kömmt es wohl darauf hinaus, daß er Unwahres spräche? – Allerdings Unwahres, sagte er, wie wenigstens Jenen scheinen muß, welche mit derartigen Begründungen sich beschäftigen. – Durchaus also wollen wir uns nicht wundern, wenn auch Solches im Vergleiche mit der Wahrheit irgend ein Dunkles ist. – Nein, allerdings nicht. – Willst du also, sagte ich, daß wir an eben diesen Beispielen untersuchen, wer wohl hierin der Nachahmer sei? – Ja, wenn du willst, sagte er. – Nicht wahr also, irgend drei Stühle sind dieses: Einer ist der in der natürlichen Wesenheit vorhandene, von welchem wir, wie ich glaube, wohl behaupten würden, daß ihn Gott verfertigt habe; oder wer wohl sonst? – Niemand anderer, glaube ich. – Einer aber ist jener, welchen der Handwerker verfertigt? – Ja, sagte er. – Einer aber jener, welchen der Maler macht; oder wie? – Ja, so sei es. – Also Maler, Stuhl-Verfertiger, Gott, sind die drei Vorsteher für die drei Arten von Stühlen. – Ja, drei. – Der Gott also hat, sei es, daß er nicht anders wollte, oder daß für ihn irgend eine Nothwendigkeit vorlag, selbst nicht mehr als Einen Stuhl in der natürlichen Wesenheit zu verfertigen, auf diese Weise eben nur jenen Einen allein gemacht, welcher der eigentliche Stuhl ist; zwei oder mehrere derartige aber sind von Gott weder gepflanzt worden, noch dürften sie jemals hervorsprossen. – Wie so? sagte er. – Weil, erwiederte ich, wenn er auch nur zwei gemacht hätte, doch wieder ein Einer sich zeigen würde, dessen Form hinwiederum jene beiden hätten, und dann eben jener der eigentliche Stuhl wäre, nicht aber die zwei. – Dieß ist richtig, sagte er. – Dieß also wußte der Gott, glaube ich, und da er der wirkliche Verfertiger eines wirklichen Stuhles sein wollte, nicht aber irgend eines einzelnen Stuhles und auch nicht irgend ein einzelner Stuhl-Verfertiger, so ließ er eben jenen Einen von Natur aus hervorsprossen. – Ja, so scheint es. – Willst du also, daß wir diesen als den Natur-Urheber desselben, oder als sonst einen Derartigen bezeichnen? – Ja, gerecht wenigstens ist dieß, sagte er, da er ja von Natur aus sowohl dieses Ding, als auch alles Uebrige gemacht hat. – Wie aber? den Handwerker nicht etwa als den Verfertiger des Stuhles? – Ja. – Also etwa den Maler gleichfalls als einen Verfertiger und Hervorbringer von Derartigem? –

Keineswegs. – Aber als was bezüglich des Stuhles wirst du ihn denn bezeichnen? – Eben dieß, sagte er, scheint mir die passendste Benennung, daß er ein Nachahmer desjenigen sei, dessen Verfertiger jene Anderen sind. – Gut, sprach ich; denjenigen also, welchem als dritten von der natürlichen Wesenheit aus gezählt das Erzeugniß angehört, nennst du einen Nachahmer? – Ja wohl, allerdings, sagte er. – Dieß also wird auch der Tragödiendichter sein, woferne er ein Nachahmer ist, in dritter Linie vom Königlichen und von der Wahrheit entfernt hervorgewachsen, und ebenso auch alle übrigen Nachahmer. – Ja, es kömmt darauf hinaus. – Was also den Nachahmer betrifft, so haben wir uns hiemit über ihn verständigt. Sage mir aber betreffs des Malers Folgendes: Scheint er dir eben jenes, was jedes Einzelne nach seiner natürlichen Wesenheit an und für sich ist, nachahmen zu wollen, oder die Werke jener Verfertiger? – Die Werke der Verfertiger, sagte er. – Etwa so, wie sie sind, oder so, wie sie sich zeigen? dieß nemlich sollst du mir noch entscheiden. – Wie meinst du dieß? sagte er. – Folgendermaßen: Wenn du einen Stuhl von der Seite her und wenn du ihn gerade gegenüber oder sonst in irgend einer Richtung betrachtest, unterscheidet er sich dabei selbst von sich selbst, oder ist es so, daß er sich von sich nicht unterscheidet, hingegen nur dem Scheine nach von anderer Beschaffenheit ist; und ebenso auch bei den übrigen Dingen? – Ja, so ist es, sagte er; er scheint wohl ein anderer zu sein, unterscheidet sich aber in sich nicht. – Eben dieß nun erwäge. Nach welchem von diesen beiden hin ist die Malerei bei jedem Einzelnen gerichtet? etwa darauf, das Seiende, wie es sich verhält, nachzuahmen, oder auf das Erscheinende, wie es erscheint, und ist sie eine Nachahmung einer Erscheinung, oder einer Wahrheit? – Einer bloßen Erscheinung, sagte er. – Also weit von dem Wahren entfernt ist die nachahmende Kunst, und dadurch, wie es scheint, bewerkstelligt sie Alles, daß sie nur ein Kleines an jedem, und zwar nur ein Abbild ergreift; wie z. B. der Maler, sagen wir, wird uns einen Lederarbeiter, einen Baumeister, und alle übrigen Handwerker malen, ohne betreffs der Kunst irgend Eines derselben Etwas zu verstehen; aber dennoch wird er, wenn er ein guter Maler ist, Kinder und unverständige Menschen dadurch, daß er einen Baumeister malt und von Weitem ihnen zeigt, so täuschen, daß sie glauben würden, es sei wirklich ein Baumeister. – Warum auch nicht? – Aber dieß ja, mein Freund, glaube ich, müssen wir betreffs all des Derartigen bedenken, daß, wenn jemand uns erzählt, er habe einen Menschen getroffen, welcher alle Handwerke und alles Uebrige, was Jeder als Einzelner weiß, sämmtlich genauer als jeder Sachverständige gewußt habe, man hiernach annehmen müsse, es habe irgend ein einfältiger Mensch, wie es scheint, einen Zauberer und Nachahmer getroffen, und sei von ihm so getäuscht worden, daß jener ihm als ein Allweiser erschien, weil er eben selbst nicht im Stande war, Wissen und Nichtwissen und Nachahmung prüfend zu unterscheiden. – Sehr wahr, sagte er. –

3. Nicht wahr also, sprach ich, hiernach nun müssen wir es betreffs der Tragödie und des Homeros, ihres Führers, erwägen, da wir ja von Einigen hören, daß diese es seien, welche alle Künste verstehen, und alle menschlichen Verhältnisse bezüglich der Vortrefflichkeit und der Schlechtigkeit, und auch alle göttlichen Dinge. Nothwendig nemlich muß der gute Dichter, woferne er jenes, worüber er dichtet, schön dichten will, als ein Wissender es dichten oder außerdem zum Dichten unfähig sein. Demnach also müssen wir erwägen, ob Jene etwa gleichfalls nur auf Wahrsager gestoßen und von diesen getäuscht worden seien und beim Anblicke der Werke derselben nicht bemerkten, daß diese in dritter Linie vom wirklich Seienden entfernt sind und gar leicht von Einem verfertigt werden können, welcher die Wahrheit nicht weiß, denn nur Erscheinungen, nicht aber wirklich Seiendes verfertigen Jene, oder ob dieselben Etwas sagen, was Grund hat, und ob wirklich die guten Dichter ein Wissen betreffs desjenigen haben, worüber sie der Menge gut zu sprechen scheinen. – Ja, allerdings, sagte er, muß man dieses prüfen. – Glaubst du also, es würde Jemand, falls er die Fähigkeit hätte, Beides zu verfertigen, nemlich sowohl den Gegenstand der Nachahmung, als auch das Abbild, sich selbst der Anfertigung von Nachbildern mit allem Eifer hingeben, und dieß als seine Lebensaufgabe sich stellen, gerade als wäre er hiemit schon in dem besten Zustande? – Nein, gewiß nicht. – Sondern, er würde, glaube ich, wenn er je in Wahrheit ein Wissen über jenes hätte, was er nachahmt, doch weit eher seinen Eifer auf die Dinge selbst, als auf deren Nachahmungen verwenden, und es versuchen, viele herrliche Dinge als Werke seiner selbst zu hinterlassen, und würde es vorziehen, der Gepriesene, nicht aber der Preisende zu sein. – Ich glaube es allerdings, sagte er: denn nicht in gleichem Maße besteht in beiden Fällen Ehre und Nutzen. – Betreffs der übrigen Dinge also wollen wir von Homeros oder irgend anderen Dichtern keine Rechenschaft fordern, indem wir etwa fragen, falls Einer von ihnen wirklich ein Arzneikundiger oder nur ein Nachahmer arzneikundiger Reden war, welche Menschen denn Einer von den Alten oder von den Neueren eben als Dichter gesund gemacht habe, wie Asklepios, oder welche Schüler der Arzneikunde er hinterlassen habe, wie jener seine Nachkommen; und auch hinwiederum betreffs der übrigen Künste wollen wir sie nicht fragen, sondern dieß bei Seite lassen; hingegen betreffs des Größten und Schönsten, worüber

Homeros zu sprechen versuchte, betreffs der Kriege und Feldherrnwürde und Staatsverwaltung und Menschenbildung dürfen wir doch wohl gerechter Weise fragen, indem wir zu ihm sprechen: „Lieber Homeros, wenn du nicht als Dritter, von der Wahrheit aus gezählt, betreffs der Vortrefflichkeit nur ein Verfertiger eines Abbildes bist, wie wir eben den Nachahmer bezeichneten, sondern wenn du auch nur ein Zweiter und zu erkennen im Stande warst, welche Thätigkeit die Menschen als Einzelne und im Staate besser und schlechter mache, so sage uns, welcher unter allen Staaten durch dich eine bessere Einrichtung erhalten habe, wie ja Lakedämon durch Lykurgos und viele andere große und kleine Staaten durch viele andere Männer; welcher Staat hingegen schreibt dir das Verdienst zu, daß du ein guter Gesetzgeber gewesen seist und den Bürgern Nutzen gebracht habest? dem Charondas schreibt Italien und Sicilien dieses Verdienst zu, und wir dem Solon; wer aber dir?" Wird er dann wohl irgend einen Staat nennen können? – Ich glaube nicht, sagte Glaukon; es wird wenigstens auch selbst von den Homeriden keiner genannt. – Aber wird etwa ein Krieg erwähnt, welcher zur Zeit des Homeros unter seiner Leitung oder auf seinen Beirath hin gut geführt wurde? – Nein, keiner. – Aber etwa solche Werke eines weisen Mannes, wie gar viele erfinderische Gedanken bezüglich der Künste oder anderweitigen Thuns berichtet werden, wie z. B. von dem Milesier Thales und dem Skythen Anacharsis? – Keineswegs irgend Etwas dieser Art. – Aber wenn denn nicht in staatlichen Dingen, wird Etwa betreffs Einzelner erwähnt, daß ihnen Homeros bei Lebzeiten ein Führer der Bildung geworden sei, welche ihn dann wegen des Verkehres mit ihm liebgewonnen und den Nachkommen einen homerischen Pfad des Lebens hinterlassen hätten, sowie Pythagoras sowohl selbst ausnehmend deswegen geliebt wurde, als auch die Späteren noch jetzt in einer Lebensweise, welche sie als die pythagoreische bezeichnen, besonders unter den Uebrigen hervorzuleuchten scheinen. – Auch Derartiges hinwiederum, sagte er, wird Nichts erwähnt; denn Kreophylos, der Freund des Homeros, möchte vielleicht, o Sokrates, noch lächerlicher, als sein Name schon ist, bezüglich der Bildung sich zeigen, woferne wahr ist, was über Homeros gesagt wird; man sagt nämlich, daß er, so lange er lebte, eben unter dem Einflusse Jenes sehr vernachlässigt wurde. –

4. Allerdings sagt man wenigstens so, sprach ich; aber glaubst du, o Glaukon, daß, wenn Homeros wirklich im Stande gewesen wäre, Menschen zu bilden und besser zu machen, insoferne er in dieser Beziehung nicht bloß zur Nachahmung, sondern auch zur Einsicht befähigt gewesen wäre, er sich dann nicht gar viele

Freunde erworben hätte und von diesen geehrt und gelabt worden wäre, wohingegen ja Protagoras von Abdera und Prodikos von Keos und gar viele Andere befähigt sind, ihren Gefährten durch Einzel-Umgang so beizustehen, daß jene weder ihr eigenes Haus, noch ihren Staat einzurichten vermögen, wenn nicht sie über die ganze Bildung wachen, und sie dann wegen dieser Weisheit so sehr geehrt werden, daß ihre Genossen sie fast auf den Köpfen herumtragen; den Homeros aber, oder auch den Hesiodos hätten etwa seine Zeitgenossen, wenn er im Stande gewesen wäre, den Menschen bezüglich der Vortrefflichkeit Nutzen zu bringen, als Volksänger herumziehen lassen, und nicht in weit höherem Grade, als an Gold, sich an ihn angeklammert und ihn nicht genöthigt, bei ihnen zu Hause zu bleiben, oder falls sie ihn nicht hiezu überreden konnten, nicht selbst sich auf den Weg gemacht und dort die Erziehung veranstaltet, bis sie in genügender Weise Bildung erreicht werden? – Durchaus, o Sokrates, sagte er, scheinst du mir wahr zu sprechen. – Nicht wahr also, nun wollen wir die Behauptung aufstellen, daß von Homeros angefangen alle Dichter nur Nachahmer von Abbildern der Vortrefflichkeit und der übrigen Dinge, welche sie dichten, seien, aber die Wahrheit gar nicht berühren, sondern daß, wie wir so eben sagten, der Maler einen Lederarbeiter eben als einen Scheinbaren malen wird, wobei sowohl er selbst von der Lederverarbeitung Nichts versteht, als auch für Leute malt, welche gleichfalls Nichts davon verstehen, hingegen nur aus den Farben und Formen es betrachten. – Ja wohl, allerdings. – Auf diese Weise demnach, glaube ich, werden wir behaupten, daß auch der Dichter irgend einige Farben der einzelnen Künste vermittelst der Namen und Worte hinstreiche, ohne selbst Etwas zu verstehen, sondern er eben nur es nachahme, so daß anderen eben so Beschaffenen, welche es aus den Sprachausdrücken betrachten, es ganz gut gesagt zu sein scheint, mag von der Lederverarbeitung oder von Feldherrnwürde oder irgend etwas Anderem in Versmaß und Rhythmus und musikalischer Composition die Rede sein, und daß dann auf diese Weise Solches von Natur aus einen gewissen mächtigen Zauber-Reiz ausübe; denn was die Produkte der Dichter betrifft, wenn sie von den musischen Farben entkleidet sind und bloß an und für sich ausgesprochen werden, so glaube ich wohl, du wissest bereits, wie sie dann sich zeigen; denn du hast sie wohl schon gesehen. – Ja, gewiß. – Nicht wahr also, sagte ich, sie gleichen den Gesichtern derjenigen, welche nur jugendlich frisch, aber nicht schön sind, wie nemlich Dieselben später dann anzuschauen sind, wenn die Jugendblüthe sie verlassen hat. – Ja wohl, durchaus so, sagte er. – So komm denn und betrachte nun Folgendes: Der Verfertiger des Abbildes, nemlich der Nachahmer, sagen wir, versteht von dem wirklich Seienden Nichts, wohl aber Etwas von dem Erscheinenden; oder sagen wir nicht so? – Ja. – Wollen wir also nicht in halber Weise dieß bloß sagen und dann liegen lassen, sondern genügend es betrachten? – Sprich nur, sagte er. – Der Maler, sagen wir, wird das Lederwerk und das Gebiß eines Zügels malen? – Ja. – Verfertigen aber wird dieß ja der Lederarbeiter und der Metallarbeiter? – Ja, allerdings. – Versteht es nun der Maler, wie beschaffen jenes Lederwerk und das Gebiß sein müsse, oder versteht dieß auch nicht einmal der Verfertiger, nemlich der Metallarbeiter und der Lederarbeiter, sondern nur derjenige, welcher des Gebrauches jener Dinge kundig ist, nemlich der Reitkundige? – Dieß ist sehr wahr. – Werden wir also nun nicht sagen, daß es bei Allem sich ebenso verhalte? – Wie? – Daß bezüglich eines jeden Dinges es drei Künste gebe, eine gebrauchende, eine verfertigende und eine nachahmende? – Ja. – Nicht wahr also, Vortrefflichkeit und Schönheit und Richtigkeit eines jeden Geräthes und jeden lebenden Wesens und jeder Handlung beziehen sich auf nichts Anderes, als auf den Gebrauch, zu welchem jedes einzelne verfertigt oder von Natur entstanden ist? – Ja, so ist es. – Durchaus nothwendig also muß betreffs eines Jeden der Gebrauchende der Erfahrenste sein und dem Verfertiger es angeben, welcherlei jener als Gutes und als Schlechtes für jenen Gebrauch, den er davon macht, verfertige; wie z. B. der Flötenspieler gibt dem Flöten-Verfertiger betreffs der Flöten es an, welche tauglich seien zum Flötenspielen, und er trägt ihm auf, von welcher Beschaffenheit er sie verfertigen solle, jener aber wird das Taugliche in's Werk setzen. – Wie sollte es auch anders sein? – Nicht wahr also, der Wissende gibt es betreffs der guten und schlechten Flöten an, Jener aber glaubt ihm und verfertigt sie so? – Ja. – Also der Verfertiger Ein und des nemlichen Geräthes wird den richtigen Glauben betreffs der Schönheit und Schlechtigkeit haben, indem er mit dem Wissenden beisammen ist und genöthigt wird, es vom Wissenden zu hören; der Gebrauchende hingegen wird das Wissen haben? – Ja, allerdings. – Wird aber der Nachahmer etwa in Folge des Gebrauchens ein Wissen über dasjenige haben, was er malt, ob es schön und richtig sei oder nicht, oder wird er eine richtige Meinung darüber haben, weil er etwa nothwendig mit dem Wissenden beisammen ist und von ihm die Befehle erhält, welcherlei er malen soll? – Keines von beiden. – Weder ein Wissen also, noch eine richtige Meinung wird der Nachahmer betreffs dessen, was er nachahmt, in Bezug auf Schönheit oder Schlechtigkeit desselben haben. – Es scheint nicht. – Ein gar köstlicher Mensch also möchte wohl der vermöge der Nachahmung Nachahmende bezüglich der Weisheit bei jenem sein was er verfertigt. – Wohl nicht gar zu köstlich. – Aber dennoch ja nun wird er eben nachahmen, obwohl er bei dem Einzelnen nicht weiß, in welcher Beziehung es schlecht oder brauchbar sei; hingegen gerade das wird er, wie es scheint, nachahmen, was der Menge und den Nichtwissenden als schön erscheint. – Wie sollte er auch etwas Anderes nachahmen? – Darüber demnach haben wir uns, wie sich zeigt, nun so ziemlich verständigt, daß der Nachahmende Nichts der Rede Werthes über dasjenige weiß, was er nachahmt, sondern daß die Nachahmung irgend ein Spiel, nicht aber ein Ernst ist, und daß alle Diejenigen, welche an die hochtrabende Dichtkunst in jambischen oder in epischen Versen sich machen, im höchst möglichen Grade Nachahmer seien. – Ja wohl, allerdings. –

5. Bei Gott aber, sagte ich, steht eben dieses Nachahmen nicht in dritter Linie entfernt von der Wahrheit? Oder wie? – Ja. – Auf welchen Theil des Menschen nun übt es seine Macht aus? – Was meinst du wohl hiemit? – Folgendes: Ein und die nemliche Größe erscheint uns doch wohl vermittelst des Gesichtssinnes von Nahe und von Ferne nicht gleichgroß? – Nein, allerdings nicht. – Und Ein und das Nemliche erscheint gebogen und geradlinig, wenn wir es im Wasser und außerhalb desselben sehen, und auch wiederum hohl und erhaben erscheint Etwas wegen des die Farben betreffenden Irrthumes des Gesichtssinnes, und es ist klar, daß diese gesammte Verwirrung in unserer Seele sich einfindet; diesem Zustande unserer Natur bereitet dann die Kunst der Schattenrisse Nachstellungen und bleibt hierin hinter einer Zauberei nicht zurück, und ebenso auch die Taschenspielerkunst und viele andere derartige Veranstaltungen. – Dieß ist wahr. – Haben sich nun nicht das Messen und das Zählen und das Wägen als die köstlichsten Hilfsmittel hiegegen gezeigt, so daß in uns nicht der bloße Schein des Größeren oder Kleineren oder des Mehreren oder des Schwereren eine Herrschaft ausübe, sondern eben das Rechnende und Messende und Wägende? – Warum auch nicht? – Aber dieß ja nun wäre doch wohl ein Werk des vernünftigen Theiles in der Seele? – Ja, allerdings. – Häufig aber wird diesem, während er mißt und von irgend Dingen es ausspricht, daß sie größer oder kleiner als andere oder gleichgroß seien, zugleich betreffs der nemlichen Dinge das Gegentheil erscheinen. – Ja. – Nicht wahr also, wir behaupteten, es sei unmöglich, daß Ein und der nemliche Theil über das Nemliche zugleich entgegengesetzte Meinungen habe? – Ja, und mit Recht behaupteten wir es. – Also jener Theil der Seele, welcher eine dem Messen widersprechende Meinung hat, ist nicht der nemliche, wie jener, welcher eine dem Messen entsprechende hat? – Nein, allerdings nicht. – Nun aber möchte wohl jener Theil, welcher dem Messen und Rechnen vertraut, das Beste in der Seele sein. – Wie sollte es auch

anders sein? – Also dürfte wohl dasjenige, was diesem sich widersetzt, zu dem Schlechten in uns gehören. – Ja, nothwendig. – Dieß demnach ist es, worüber ich eine Verständigung erzielen wollte, als ich sagte, daß die Malerei und überhaupt die Kunst des Nachahmens weit von der Wahrheit entfernt ihr Werk vollbringt, und hinwiederum auch mit jenem in uns, was weit von der Verständigkeit entfernt ist, umgeht und mit ihm verbunden und befreundet ist zu keinem gesunden und keinem wahren Zwecke. – Ja, durchaus so, sagte er. – Also als eine schlechte mit Schlechten verkehrend erzeugt schlechte Dinge die Kunst der Nachahmung. – Ja, so scheint es. – Etwa nun bloß jene, sagte ich, welche sich auf den Gesichtssinn bezieht, oder auch die auf das Gehör bezügliche, welche wir als Dichtkunst bezeichnen? – Es scheint wenigstens, sagte er, daß auch diese. – Wir wollen demnach nicht bloß jenem Wahrscheinlichen vertrauen, welches sich uns aus der Malerei ergibt, sondern auch gerade zu jenem Theile der Denkthätigkeit uns wenden, mit welchem die nachahmende Dichtkunst in Verkehr steht, und sehen, ob derselbe schlecht oder tüchtig sei. – Dieß müssen wir wohl. – Folgendermassen denn nun wollen wir uns dieß vor Augen stellen: Handelnde Menschen, behaupten wir, ahmt diese Kunst der Nachahmung nach, welche entweder in gewaltmäßigen oder in freiwilligen Handlungen sich betätigen und in Folge hievon sich gut oder schlecht zu befinden glauben und bei all diesem entweder Schmerz oder Freude empfinden, oder etwa außer diesem auch noch anderes? – Nein, nichts Anderes. – Verhält sich nun bei all diesem der Mensch in seinem Denken einstimmig, oder wird er, sowie er bezüglich des Gesichtssinnes in Zwiespalt war und in sich selbst zugleich entgegengesetzte Meinungen betreffs des Nemlichen hatte, ebenso auch in den Handlungen in Zwiespalt sein und selbst mit sich selbst kämpfen? ich erinnere mich aber, daß es uns jetzt nicht mehr nöthig ist, uns hierüber zu verständigen, denn in den obigen Begründungen haben wir uns hinreichend über all dieses verständigt, daß unsere Seele von unzähligen derartigen Gegensätzen, welche zugleich eintreten, strotze. – Dieß ist richtig, sagte er. – Ja, allerdings richtig, sprach ich; aber was wir damals übergingen, müssen wir, wie mir scheint, jetzt nothwendig durchgehen. – Was meinst du hiemit? sagte er. – Daß ein tüchtiger Mann, sprach ich, wenn er eines derartigen Geschickes theilhaftig wird, indem er einen Sohn oder irgend etwas anderes hoch Geschätztes verliert, wohl am leichtesten unter allen Uebrigen solches ertragen wird, gaben wir auch damals schon an. – Ja, allerdings. – Jetzt aber wollen wir Folgendes erwägen, ob er überhaupt über Nichts sich betrüben wird, oder ob dieß wohl unmöglich sei, er aber bezüglich des Schmerzes irgend Maß halten werde. – In letzterer Weise, sagte er, ist es wohl eher das Wahre. – Sage mir aber Folgendes betreffs desselben: glaubst du, daß er eher mit dem Schmerze kämpfen und ihm widerstehen werde, wenn er von Seines Gleichen gesehen wird, oder wenn er in Einsamkeit allein bei sich selbst sich befindet? – Einen großen Unterschied doch wohl, sagte er, wird es machen, wenn er gesehen wird. – Hingegen ja in der Vereinsamung, glaube ich, wird er Vieles auszusprechen wagen, worüber er sich schämen würde, wenn es Jemand hörte, und Vieles auch thun, wovon er wohl nicht gerne hätte, daß man es ihn verüben sähe. – Ja, so verhält sich's, sagte er. –

6. Nicht wahr also, dasjenige, was ihn entgegenstreben heißt, ist die Vernunft und das Gesetz, hingegen was ihn zu dem Schmerze hinzieht, ist die Leidenschaft selbst? – Dieß ist wahr. – Wenn aber ein entgegengesetztes Ziehen stattfindet, so müssen in dem Menschen nothwendig betreffs Ein und des Nemlichen zugleich irgend zwei Dinge da sein. – Wie sollte es auch anders sein? – Nicht wahr also, das Eine ist bereit, dem Gesetze zu folgen, wie es eben das Gesetz ausspricht. – Wie so? – Es sagt doch wohl das Gesetz, daß es am schönsten sei, so sehr als möglich im Unglücke sich ruhig zu verhalten und nicht Unwillen zu zeigen, da weder das Gute und das Schlechte von solchen Dingen klar sei, noch auch dem Unmuthigen hiedurch irgend Etwas gefördert wird, noch auch irgend Etwas unter den menschlichen Dingen eines großen Eifers werth ist, und auch demjenigen, was in uns selbst so schleunig als möglich eintreten soll, das Schmerzgefühl hinderlich ist. – Welchem, sagte er, meinst du, daß es hinderlich sei? – Der Berathung, sagte ich, über das Geschehene, und dem, daß man, wie im Würfelspiele je nach dem gefallenen Wurfe, seine Verhältnisse einrichte, wie die Vernunft sie als die besten vorzieht, und daß man hingegen nicht noch einen Fehltritt hinzufügend gleich den Kindern, welche nach der verwundeten Stelle greifen, mit Schreien die Zeit zubringe, sondern die Seele stets daran gewöhne, so schleunig als möglich zur Hand zu sein, das Gefallene und das Erkrankte aufzurichten und zu heilen, indem man durch Heilkunde den Klagegesang verscheucht. – Am richtigsten wenigstens, sagte er, würde man so gegen die Wechselfälle des Glückes sich benehmen. – Nicht wahr also, das Beste, behaupten wir, will diesem Vernünftigen folgen. – Ja, dieß ist klar. – Hingegen dasjenige, was zur Rückerinnerung an den Unfall und zu Wehklagen führt und hierin unersättlich ist, werden wir von diesem etwa nicht behaupten, daß es unvernünftig sei und thatenlos und mit der Feigheit befreundet? – Dieß werden wir allerdings behaupten. – Nicht wahr also, das Eine enthält eine vielfache und bunte Nachahmung, nemlich das den Unwillen Erregende; hingegen der

verständige und ruhige Charakter wird, weil er stets sich selbst ähnlich ist, weder leicht nachzuahmen, noch auch durch Nachahmung rasch zu erkennen sein, zumal für eine Volksversammlung und für jenes bunte Allerlei von Menschen, welches in Theatern sich einfindet, denn für Solche wird es zur Nachahmung eines ihnen fremden Zustandes. – Ja wohl, durchaus so. – Der nachahmende Dichter aber besteht klärlicher Weise von Natur aus nicht für den derartigen Theil der Seele, und seine Weisheit ist nicht darauf erpicht, diesem zu gefallen, woferne er ja bei dem großen Haufen Ruhm erreichen will, sondern auf den zum Unwillen geneigten und bunten Charakter ist er gerichtet, weil dieser leicht nachzuahmen ist. – Ja, klärlich. – Nicht wahr also, mit Recht wohl möchten wir ihn jetzt aufgreifen und als Gegenstück ihn dem Maler gleichstellen? denn sowohl darin gleicht er ihm, daß er Dinge macht, welche im Vergleiche mit der Wahrheit schlecht sind, als auch darin ist er ihm ähnlich, daß er mit einem andern ihm entsprechenden Theile der Seele in Verkehr ist, nicht aber mit dem besten. Und auf diese Weise demnach möchten wir wohl berechtigt sein, ihn in einen Staat, welcher guter Gesetze sich erfreuen soll, nicht aufzunehmen, weil er eben jenen Theil der Seele erweckt und nährt und indem er ihn stark macht, den vernünftigen zu Grunde richtet, gerade wie wenn in einem Staate Jemand die Schlechten mächtig machen und ihnen den Staat übergeben, die Liebenswürdigsten aber vernichten würde; ebenso, werden wir behaupten, pflanze der nachahmende Dichter eine schlechte Verfassung der Seele eines jeden Einzelnen ein, indem er dem unverständigen Theile derselben zu Gefallen sei und Demjenigen, welcher weder das Größere, noch das kleinere unterscheidend zu erkennen vermag, sondern Ein und das Nemliche bald für groß und bald für klein hält, Abbilder von Abbildern verfertigt, und von der Wahrheit sehr weit entfernt steht. – Ja wohl, allerdings. –

7. Aber noch haben wir nicht die größte Anklage gegen die Kunst der Nachahmung ausgesprochen; nemlich daß sie Kraft genug hat, selbst den Tüchtigen eine Makel anzuheften, mit Ausnahme irgend sehr Weniger, ist doch wohl etwas gar Arges. – Wie sollte es auch nicht so sein, woferne sie wirklich Solches thut? – So höre denn und erwäge. Nemlich selbst wenn die Besten unter uns von Homeros oder auch irgend einem Anderen der Tragödiendichter die Nachahmung eines Helden hören, welcher in einem Leiden sich befindet und eine lange Rede in seinen Wehklagen hinausdehnt, oder auch wie die Helden singen und sich die Brust zerschlagen, so weißt du wohl, daß wir dabei Freude empfinden und uns dem Eindrucke hingeben und ihm folgen und in Mitgefühl

und eifriger Theilnahme jenen Dichter loben, welcher uns im höchsten Grade in einen solchen Zustand versetzt. – Ja, ich weiß es; wie sollte ich auch nicht? – Wann hingegen Einem von uns ein ihm eigener Kummer erwächst, so bemerkst du hinwiederum, daß wir gerade mit dem Gegenteile hievon uns brüsten, nemlich wenn wir im Stande sind, uns ruhig zu verhalten und auszuharren, eben als wäre dieß Sache eines Mannes, jenes aber, was wir damals lobten, Sache eines Weibes. – Ja, ich bemerke es, sagte er. – Ist also wohl, sprach ich, ein solches Lob richtig, wenn man beim Anblicke eines derartigen Mannes, wie man selbst nicht zu sein wünscht, sondern im Gegentheile sich schämen würde, nicht von Verachtung erfüllt wird, sondern Freude an ihm hat und ihn lobt? – Nein, bei Gott, sagte er, solches scheint nicht wohlbegründet zu sein. – Allerdings nicht, erwiderte ich, wenn du es in folgender Beziehung erwägst. – In welcher? – Wenn du bedenkst, daß dasjenige, was bei eigenen Unfällen im Zaume gehalten wird und darnach dürstet, weinen zu können und hinreichend Wehklagen aufzuschütten und hieran sich zu sättigen, weil es eben derartig beschaffen ist, daß es hiernach ein Verlangen hat, gerade von den Dichtern gesättigt und in Freude versetzt wird; wohingegen der von Natur aus beste Theil in uns, weil er nicht hinreichend durch Vernunft und Gewöhnung gebildet ist, die Aufsicht über jenes Weinerliche schlaffer führt, indem es bloß fremde Leidenschaften und Etwas, was keine eigene Schande ist, betrachte, so daß es, falls ein sich als einen Guten bezeichnender Mann zur Unzeit über Leiden klagt, ihn lobt und bemitleidet, dabei aber an eben jenem, nemlich an dem Vergnügen, Etwas zu gewinnen glaubt und es nicht sich gefallen ließe, Desselben beraubt zu werden, wobei es dann das ganze Dichtwerk unter seiner Würde hielte; denn jene vernünftige Erwägung, glaube ich, findet sich nur bei einigen Wenigen, daß man nothwendig von Fremden den Erfolg für das Eigene verspüren müsse; nemlich wenn man in jenem das Mitleidige stark werden läßt, so ist es nicht leicht, bei eigenen Leiden es im Zaume zu halten. – Sehr wahr, sagte er. – Gilt also nun der nemliche Grund nicht auch betreffs des Lächerlichen? während man selbst wohl sich schämt, nur Lachen erregen zu wollen, ist man, wenn man Solches in der Nachahmung in der Komödie, oder auch bei Einzelnen hört, gar erfreut darüber und haßt es durchaus nicht, und man thut hiemit wohl das Nemliche wie auch bei dem Mitleide; denn dasjenige, was man vermöge der Vernunft in sich selbst im Zaume hält, sobald es Lachen erregen will, indem man hiebei den Ruf der Possenreißerei scheut, läßt man dann frei schießen, und wenn man dort Solches häufig in jugendlich übersprudelnder Weise gethan hat, wird man häufig, ohne es zu bemerken, auch in seinen eigenen Verhältnissen dahin gebracht worden sein, daß man zu einem Komödiendichter geworden ist. – Ja wohl, gar sehr, sagte er. – Und auch betreffs des Liebesgenusses und des Zornes und aller Erregungen der Begierde und des Schmerzlichen und Angenehmen, wovon wir sagen, daß es bei jeder Handlung uns begleite, bewirkt die dichterische Nachahmung eben Derartiges in uns; sie nährt es nemlich, indem sie es gleichsam befeuchtet, während man es vertrocknen lassen sollte, und sie pflanzt es uns als Herrscher auf, während es beherrscht werden sollte, damit wir nemlich Bessere und Glücklichere, nicht aber Schlechtere und Unglücklichere werden. – Ich kann wohl nicht anders sagen, sprach er. – Nicht wahr also, o Glaukon, sagte ich, wenn du auf Lobredner des Homeros triffst, welche behaupten, dieser Dichter habe Griechenland herangebildet, und es lohne sich bezüglich der häuslichen Einrichtung und Fortbildung der menschlichen Verhältnisse irgend der Mühe, ihn wieder aufzunehmen und kennen zu lernen und nach diesem Dichter sein gesammtes eigenes Leben einzurichten, so mußt du solche Leute wohl gern haben und lieben, da sie nach Kräften die Besten sind, und mußt ihnen zugestehen, daß Homeros wohl eben im höchsten Grade ein Dichter und der erste in der Reihe der Tragödiendichter sei, aber du mußt dabei wissen, daß man unter der Dichtkunst nur Hymnen auf die Götter und Loblieder auf die guten Männer in den Staat aufnehmen dürfe; hingegen wenn du jene gewürzte Muse in lyrischen Liedern oder epischen Gesängen aufnehmen wirst, werden dir in dem Staate das Vergnügen und der Schmerz die Könige sein, nicht aber das Gesetz und die gemeinsam stets für das Beste geltende Vernunft. – Sehr wahr, sagte er. –

8. Dieß demnach, sagte ich, möge uns hiemit zur Vertheidigung bei Erwähnung der Dichtkunst darüber gesprochen sein, daß wir wohl aus guten Gründen sie damals aus dem Staate fortschickten, weil sie eine so beschaffene ist. Unsere Begründung nemlich fügte es so. Wir wollen aber noch hinzufügen, damit sie uns nemlich nicht einer gewissen Harte und Ungebildetheit beschuldige, daß die Entzweiung zwischen Weisheitsliebe und Dichtkunst schon eine alte ist; denn Aussprüche, wie „der gegen den eigenen Herrn klaffende und keifende Hund“, oder“groß in dem leeren Geschwätze der Unverständigen“, oder „die herrschende Schaar der in Bezug auf Zeus so Weisen“, oder „die Feinspinner im Denken, weil sie eben die Noth treibt“ und unzähliges Anderes dergleichen sind Anzeichen eines alten Gegensatzes zwischen jenen beiden. Dennoch aber möge hiemit gesagt sein, daß wir wenigstens, sobald die dem Vergnügen dienende Dichtkunst und Nachahmung

irgend einen Grund dafür anführen kann, daß sie in einem wohlgesetzlichen Staate nothwendig sei, sie bereitwillig aufnehmen würden, da wir uns gewiß dessen bewußt sind, daß auch wir selbst von ihr bezaubert werden; hingegen was uns hierüber als das Wahre erscheint, preiszugeben, wäre ein Frevel. Oder wie, mein Freund? wirst nicht auch du von ihr bezaubert, und zwar zumeist, wenn du sie vermittelst des Homeros betrachtest? – Ja, bei Weitem. – Nicht wahr also, auf diese Bedingung hin mag ihr mit Recht die Rückkehr gestattet werden, daß sie nemlich sich vertheidige, sei es in lyrischem, oder in einem anderen Versmaße? – Ja wohl, allerdings. – Wir möchten aber wohl auch ihren Beschützern, welche zwar nicht selbst Dichter, aber Freunde der Dichtkunst sind, verstatten, in ungebundener Rede zu ihren Gunsten anzuführen, daß sie nicht bloß etwas Vergnügliches sei, sondern auch wirklich Nutzen bringe für den Staat und für das menschliche Leben; und wir werden wohlwollend Solches anhören, denn wir können doch wohl nur dabei gewinnen, wenn es sich zeigen würde, daß sie nicht bloß vergnüglich, sondern auch wirklich nützlich sei. – Wie sollten wir auch, sagte er, hiebei nicht gewinnen? – Wenn aber jenes sich nicht zeigt, mein lieber Freund, so werden, wie diejenigen, welche einmal in Etwas verliebt waren, bei erlangter Einsicht, daß diese Liebe nicht nützlich sei, von ihr sich, wenn auch mit Gewalt, enthalten, ebenso auch wir in Folge der Liebe, welche zu einer derartigen Dichtkunst durch die Erziehung in unseren herrlichen Staatsverfassungen uns eingepflanzt wurde, zwar wohlmeinend uns dabei verhalten, daß sie als die beste und wahrste sich gezeigt habe, hingegen werden wir, so lange sie nicht im Stande ist, sich zu vertheidigen, sie nur anhören, indem wir uns selbst die von uns angeführte Begründung als zauberbannendes Lied vorsingen und uns davor hüten, wieder in jene kindische und dem großen Haufen zustehende Liebe zu verfallen. Wir wollen also hiemit fühlen, daß man um die derartige Dichtkunst nicht im Ernste sich bemühen solle, als enthielte sie Wahrheit und als sei sie eine ernste, sondern daß man vor ihr beim Anhören sich in Acht nehmen müsse, indem man um die im eigenen Inneren bestehende Staatsverfassung besorgt ist, und daß man überhaupt für wahr halten müsse, was wir betreffs der Dichtkunst gesagt haben. – Ja, durchaus, sagte er, bejahe ich dieß. – Groß allerdings, sprach ich, ist der Kampf, o lieber Glaukon, groß, wie man sich ihn nicht vorstellt, da es sich darum handelt, entweder gut oder schlecht zu werden, so daß weder durch Ehre, noch durch Geld, noch durch irgend eine Ausübung der Herrschaft, noch aber auch durch Dichtkunst sich verleiten zu lassen sich's lohnt, so daß man Gerechtigkeit und die übrige Vortrefflichkeit vernachlässigen würde. – Auch dieß bejahe ich, sagte er, in Folge dessen, was wir durchgegangen haben; ich glaube aber auch, daß jedweder Andere es bejahen würde. –

9. Und in der That nun, sprach ich, den größten Lohn ja und die großen für Vortrefflichkeit ausgesetzten Kampfpreise haben wir bisher noch nicht durchgegangen. – Eine unaussprechliche Größe derselben, sagte er, deutest du hiemit an, wenn es noch anderes Größeres, als das bisher Gesagte, gibt. – Wie aber, sprach ich, sollte auch in kleiner Zeit Großes entstehen? denn diese ganze Zeit, vom Kinde an bis zum Greise gerechnet, ist im Vergleiche mit der gesammten Zeit überhaupt doch wohl eine kleine. – Ja, allerdings so viel wie Nichts, sagte er. – Wie also nun? Glaubst du, ein unsterbliches Wesen müsse um einer so unbedeutenden Zeit willen sich eifrig bemühen, und nicht um der gesammten willen? – Ich glaube gewiß Letzteres, sagte er; aber was meinst du hiemit? – Hast du denn nicht bemerkt, sprach ich, daß unsere Seele unsterblich ist und niemals zu Grunde geht? – Und er schaute mich an und sprach verwundert: Nein, bei Gott, ich gewiß nicht; kannst aber du vielleicht dieß behaupten? – Ja, sagte ich, woferne ich hiemit kein Unrecht begehe; ich glaube aber, auch du werdest es können, denn es ist nichts Schwieriges. – Für mich gewiß, sagte er; von dir aber möchte ich sehr gerne dieses nicht Schwierige hören. – Allerdings magst du es hören, erwiederte ich. – So sprich nur, sagte er.

Bezeichnest du, sprach ich, Etwas als ein Gutes und Etwas als ein Schlechtes? – Ja, gewiß. – Denkst du über dieselben auch ebenso wie ich? – In wieferne? – Daß alles Zerstörende und Verderbende das Schlechte sei, das Bewahrende und Nutzenbringende aber das Gute? – Ja gewiß, sagte er. – Wie aber? sagst du, daß es für jedes Einzelne ein Schlechtes und ein Gutes gebe? Wie z. B. für die Augen eine Augenentzündung und überhaupt für den ganzen Körper eine Krankheit, für das Getraide den Mehlthau, Fäulniß für das Holz, für Erz und Eisen aber den Rest, und, wie ich eben sagte, so ziemlich für alle Dinge ein einem jeden von Natur aus eigenthümliches Schlechtes und eine Krankheit? – Ja gewiß, sagte er. – Nicht wahr also, wenn irgend einem Dinge Etwas von diesen zustößt, so macht es dasjenige, welchem es zustößt, zu einem schlechten und löst es zuletzt ganz auf und richtet es zu Grunde? – Wie sollte es auch nicht so sein? – Also das von Natur aus eigenthümliche Schlechte eines jeden Dinges und seine eigene Schlechtigkeit richtet es zu Grunde, und wenn nicht Solches es zu Grunde richtet, so möchte wohl nichts Anderes mehr es verderben; denn das Gute ja wird es doch wohl niemals zu Grunde richten, und hinwiederum auch jenes nicht, was weder schlecht, noch gut ist. – Wie sollte es auch? sagte er. – Falls wir also Etwas unter dem Seienden finden sollten, für welches es zwar ein Schlechtes gibt, wodurch es untauglich wird, dieß aber nicht im Stande ist, jenes Ding durch Auflösung zu Grunde zu richten, würden wir dann nicht hiemit bereits wissen, daß es für das von Natur aus so beschaffene Ding keinen Untergang gibt? – Allerdings, sagte er, scheint es auf diese Weise. – Wie also nun? sprach ich; gibt es etwa für die Seele Nichts, was sie zu einer schlechten macht? – Ja wohl, gar sehr, sagte er; eben alles dasjenige, was wir vorher durchgingen, Ungerechtigkeit und Zügellosigkeit und Feigheit und Unwissenheit. – Führt also nun irgend Etwas von diesen ihre Auflösung und ihren Untergang herbei? und zwar bedenke es wohl, damit wir nicht durch die Meinung getäuscht werden, es gehe der ungerechte und unverständige Mensch, wann er beim Unrechtthun ertappt wird, eben durch die Ungerechtigkeit, welche eine Schlechtigkeit der Seele ist, zu Grunde; sondern mache es folgendermaßen: sowie den Körper die Schlechtigkeit des Körpers, welche eine Krankheit ist, dahinschwinden macht und zu Grunde richtet und dahin bringt, daß er nicht einmal mehr ein Körper ist, und sowie Sämmtliches, was wir vorhin so eben nannten, durch die ihm eigenthümliche Schlechtigkeit, welche durch das bloße Anwohnen und Vorhandensein verderbend wirkt, zum Nichtsein gelangt, – soll es nicht ebenso sein? – Ja. – Wohlan also, erwäge es auch bei der Seele in der nemlichen Weise. Wirkt die in ihr vorhandene Ungerechtigkeit und übrige Schlechtigkeit durch das bloße Vorhandensein und Anwohnen verderbend auf sie und macht sie abzehren, bis sie zuletzt dieselbe zum Tode führt und vom Körper trennt? – Nein, in keiner Weise, sagte er, findet wenigstens dieß Statt. – Aber jenes wäre ja gewiß unbegründet, daß die Schlechtigkeit eines anderweitigen Dinges Etwas zu Grunde richte, und die eigene des Dinges selbst nicht dieß thue. – Ja, unbegründet. – Bedenke nemlich, o Glaukon, sagte ich, daß ja auch nicht durch die Schlechtigkeit des Getraides, welche an ihm es eben geben mag, sei es Schimmel oder Fäulniß, oder irgend eine jedwede andere, nach unserer Meinung der Körper zu Grunde gehe; sondern erst, wenn die Schlechtigkeit des Getraides dem Körper eine Schlechtigkeit des Körpers einpflanzt, werden wir sagen, daß derselbe durch jenes in Folge seiner eigenen Schlechtigkeit, welche eine Krankheit ist, zu Grunde gegangen sei; hingegen werden wir niemals die Zumuthung aussprechen, daß durch die Schlechtigkeit des Getraides, welches etwas Anderes ist, der Körper, welcher ein anderer ist, und hiemit nemlich durch ein fremdes Schlechtes, ohne daß dieses das von Natur aus eigenthümliche Schlechte ihm einpflanzte, er verdorben werde. – Völlig richtig, sagte er, sprichst du da. –

10. Nach dem nemlichen Grunde demnach, sagte ich, werden wir auch, falls nicht die Schlechtigkeit des Körpers der Seele die Schlechtigkeit einpflanzt, niemals die Zumuthung aussprechen, daß durch ein fremdes Schlechtes ohne die eigene Schlechtigkeit eine Seele zu Grunde gehe, nemlich ein Anderweitiges durch das Schlechte eines Anderweitigen. – Es hat dieß allerdings sagte er, seinen guten Grund, – Entweder demnach wollen wir dieß widerlegen, da es nicht richtig gesagt sei, oder, so lange es nicht widerlegt ist, wollen wir niemals behaupten, daß durch Fieber oder hinwiederum durch eine andere Krankheit, oder durch Hinschlachten, oder auch nicht, wenn Jemand den ganzen Körper in die kleinsten Stücke zerschnitte, darum irgend in höherem Grade jemals die Seele zu Grunde gehe, bis uns nicht Jemand bewiesen hat, daß durch diese Zustände des Körpers eben jene selbst eine ungerechtere und frevelhaftere werde; so lange hingegen ein fremdes Schlechtes in einem Anderweitigen entsteht, das einem jeden eigenthümliche Schlechte aber nicht entsteht, wollen wir weder von einer Seite, noch von irgend einem anderen Dinge die Behauptung gelten lassen, daß ein Zugrundegehen stattfinde. – Aber dieß ja, sagte er, wird wohl niemals Jemand beweisen, daß die Seelen der Sterbenden eben durch den Tod ungerechter werden. – Falls aber Jemand, sagte ich, wirklich auf diese Begründung einzugehen und es auszusprechen wagen sollte, es werde der Sterbende ein Schlechterer und ein Ungerechterer, um nemlich nur nicht zu dem Geständnisse, daß die Seelen unsterblich seien, gezwungen zu werden, so müssen wir doch wohl die Zumuthung machen, daß, wenn der Vertreter dieser Behauptung Recht habe, die Ungerechtigkeit für den sie Besitzenden gerade so wie eine Krankheit tödtlich sei, und daß eben durch eine solche den Tod herbeiführende Ursache die mit ihr Behafteten vermöge ihrer eigenen Natur sterben, nemlich schneller die am meisten und langsamer die weniger mit ihr Behafteten. nicht aber daß, wie es jetzt der Fall ist, durch eine solche Ursache erst von Seite Anderer, welche ihnen die Strafe auferlegten, die Ungerechten den Tod erleiden. – Als nichts sehr Arges also, bei Gott, sagte er, würde sich dann die Ungerechtigkeit zeigen, woferne sie dem mit ihr Behafteten tödtlich ist; denn eine Befreiung ja von allen Uebeln wäre sie dann; sondern vielmehr glaube ich, daß sie gerade als das Gegentheil hievon sich zeigen werde, da sie den Tod Anderer herbeiführt, sobald dieß möglich ist, denjenigen aber, der mit ihr behaftet ist, gar sehr mit einem zähen Leben ausrüstet, und noch außer dem zähen Leben ihm Schlaflosigkeit verleiht; in so großer Entfernung davon, daß sie tödtlich wäre, hat sie, wie es scheint, ihr Zelt aufgeschlagen, – Du sprichst richtig, sagte ich; denn wann die eigene Verdorbenheit und das eigene Schlechte nicht

genügende Kraft hat, um eine Seele zu tödten und zu Grunde zu richten, so möchte wohl schwerlich ein Schlechtes, welches auf das Verderben eines Anderen hingewiesen ist, die Seele oder irgend etwas Anderes zu Grunde richten, außer eben jenes, auf welches es hingewiesen ist. – Ja wohl, schwerlich, sagte er, wie es wenigstens scheint. – Nicht wahr also, da sie nicht durch ein einziges Schlechtes, weder durch eigenes, noch durch fremdes, zu Grunde geht, so ist klar, daß sie nothwendig ein immerwährend Seiendes sein muß; wenn aber ein immerwährend Seiendes, so auch ein Unsterbliches. – Ja, nothwendig, sagte er, muß sie dieß sein. –

11. Dieß demnach, sagte ich, möge so sich verhalten; wenn es sich aber so verhält, so bemerkst du wohl, daß hiemit die Seelen immer die nemlichen sein müssen; denn weder wenigere können sie werden, da keine zu Grunde geht, noch auch hinwiederum mehrere; nemlich wenn irgend Eines von den unsterblichen Dingen ein Mehreres würde, so weißt du doch wohl, daß es ja nur aus dem Sterblichen es werden könnte, und hiemit zuletzt Alles unsterblich wäre. – Du sprichst wahr. – Aber, sagte ich, weder diese Meinung wollen wir hegen, denn unsere Begründung läßt dieß nicht zu, noch auch hinwiederum, daß ihrer wahrsten Natur nach die Seele derartig sei, daß sie selbst an und für sich von vieler Buntheit und Ungleichheit und Verschiedenheit strotze. – Wie meinst du dieß? sagte er. – Nicht leicht, sprach ich, kann es sein, daß Etwas ein Immerwährendes sei, was aus Vielem zusammengesetzt ist und dabei nicht der schönsten Weise der Zusammensetzung sich erfreut, wie sich uns dieß jetzt betreffs der Seele zeigte. – Allerdings scheint es so nicht. – Daß demnach die Seele unsterblich sei, ergibt sich mit Nothwendigkeit sowohl aus der so eben gegebenen Begründung, als auch aus den übrigen; von welcher Beschaffenheit aber sie in Wahrheit sei, hiezu dürfen wir sie nicht mit jenen Makeln, welche ihr in Folge der Gemeinschaft mit dem Körper und in Folge anderer Uebel anheben, betrachten, wie wir jetzt thun, sondern in jener Beschaffenheit, in welcher sie rein entsteht, genügend vermittelst der Vernunft durchschauen; und weit herrlicher ja wird unsere Vernunft sie dann finden und weit deutlicher die Gerechtigkeiten und Ungerechtigkeiten und all dasjenige erblicken, was wir bisher durchgegangen haben. Jetzt aber sprechen wir die Wahrheit über sie ebenso aus, wie sie sich für den gegenwärtigen Augenblick uns zeigt. Wir haben sie aber hiebei ja in einem Zustande geschaut, wie etwa auch diejenigen, welche den Meergott Glaukos sehen, wohl nicht leicht die ursprüngliche Beschaffenheit desselben erblicken würden, da ja die älteren Theile seines Körpers theils

ausgebrochen, theils zermalmt und überhaupt durch die Wellen voll von Makeln geworden sind, hiefür aber Anderes an ihn hingewachsen ist, nemlich Muscheln und Seegras und Steine, so daß er jedem Thiere eher ähnlich ist, als seiner ursprünglich natürlichen Beschaffenheit; in einem eben solchen Zustande befindet sich in Folge unzähliger Uebel auch die Seele, wie wir sie nemlich betrachten; aber wir müssen, o Glaukon, eben nothwendig auch dorthin blicken. – Wohin? sagte er. – Auf die Weisheitsliebe der Seele; und wir müssen erkennen, was sie ergreife und mit welchen Dingen sie in Umgang zu stehen wünsche, da sie verwandt ist mit dem Göttlichen und Unsterblichen und immerwährend Seienden, und welche Beschaffenheit sie wohl erlange, wenn sie in ihrer Gesammtheit dem Derartigen nachfolgt und durch dieses Bestreben aus dem Meerwasser, in welchem sie sich jetzt befindet, sich erhebt und die Steine und Muscheln rings von sich streift, welche ihr jetzt, da sie von der Erde lebt, als viele erdige und steinigte und häßliche Dinge in Folge jener glücklich gepriesenen Tafelgenüsse angewachsen sind. Und dann wohl möchte man ihre wahre Natur erblicken, mag dieselbe vielartig oder einartig sein, und in welcher Weise oder Beziehung sie immer sich verhalten mag. Jetzt aber haben wir hiemit, wie ich glaube, die Zustände und Formen derselben, welche sie im menschlichen Leben hat, genügend durchgegangen. – Ja wohl, durchaus so, sagte er. –

12. Nicht wahr also, sagte ich, sowohl das Uebrige haben wir in unserer Begründung abgestreift, als auch brachten wir insbesondere nicht jene Belohnungen und jenen äußeren Ruhm der Gerechtigkeit bei, wie ihr sie aus dem Munde des Hesiodos und Homeros anführtet, sondern die Gerechtigkeit an und für sich haben wir für die Seele an und für sich als das Beste gefunden, sowie daß sie das Gerechte üben müsse, mag sie jenen Ring des Gyges besitzen oder nicht, und etwa außer diesem Ringe auch noch die Hades-Kappe. – Du sprichst sehr wahr, sagte er. – Mag es also, o Glaukon, sprach ich, wohl jetzt hiemit uns unverwehrt sein, außer jenem Bisherigen der Gerechtigkeit und der übrigen Vortrefflichkeit auch jene Belohnungen zuzutheilen, welche und wie viele sie der Seele seitens der Menschen und der Götter zutheile, sowohl so lange der Mensch noch lebt, als auch wenn er gestorben ist? – Ja wohl, durchaus so, sagte er. – Werdet ihr mir also zurückerstatten, was ihr in der Begründung von mir als Darlehen erhieltet? – Was soll dieß wohl sein? – Ich habe euch es hingegeben, daß der Gerechte allerdings ungerecht zu sein scheine und der Ungerechte gerecht; ihr nemlich waret der Ansicht, daß, wenn man auch in Solchem den Göttern und den Menschen nicht verborgen bleiben könne, dieß dennoch um

der Begründung willen zugegeben werden müsse, damit die Gerechtigkeit an und für sich im Vergleiche mit der Ungerechtigkeit an und für sich beurtheilt werde; oder erinnerst du dich nicht mehr? – Ich würde ja sehr Unrecht thun, sagte er, wenn ich mich nicht erinnerte. – Da demnach das Urtheil über beide gefällt ist, so fordere ich hinwiederum von euch es zu Gunsten der Gerechtigkeit zurück, daß ihr, wie es sich bezüglich ihres Ruhmes bei Göttern und Menschen wirklich verhält, es ebenso auch betreffs dieses ihres Scheines zugesteht, damit sie auch jenen Siegerpreis davontrage, welchen sie seitens des Scheines erwirbt und den mit ihr Behafteten verleiht, nachdem sich ja gezeigt hat, daß sie seitens des wirklichen Seins in der That Güter verleiht und die wirklich mit ihr Behafteten nicht täuscht. – Ja, eine gerechte Forderung, sagte er, stellst du hiemit. – Nicht wahr also, sprach ich, erstens werdet ihr mir dieß zurückerstatten, daß Keiner der Beiden in seiner Beschaffenheit den Göttern unbemerkt bleibt? – Ja, wir erstatten dieß zurück, sagte er. – Woferne sie aber nicht unbemerkt bleiben, wird wohl der Eine ein Gottgeliebter und der andere ein Gottverhaßter sein, wie wir auch zu Anfang dieß zugestanden. – Ja, so ist es. – Werden wir aber nicht zugestehen, daß dem Gottgeliebten Alles, was ihm seitens der Götter zu Theil wird, als das möglichst Beste zu Theil werde, woferne ihm nicht irgend ein nothwendiges Uebel in Folge eines früheren Fehltrittes anklebt? – Ja wohl, allerdings. – Also diese Annahme müssen wir betreffs des gerechten Mannes hegen, mag er in Armuth oder in Krankheit oder in irgend einem anderen der scheinbaren Uebel sich befinden, daß nemlich diesem all Solches zuletzt bei Lebzeiten oder nach seinem Tode zum Guten ausschlagen werde; denn seitens der Götter wird ja doch wohl derjenige niemals vernachlässigt, welcher sich darnach bemühen will, gerecht zu werden und durch Bethätigung in der Vortrefflichkeit, so weit es nur einem Menschen möglich ist, sich dem Gotte ähnlich zu machen. – Ja, es scheint wohl, sagte er, daß der so Beschaffene von dem ihm Gleichen nicht vernachlässigt werde. – Nicht wahr also, betreffs des Ungerechten müssen wir wohl das Gegentheil hievon denken? – Ja, in hohem Grade. – Also seitens der Götter möchte wohl der Siegerpreis für den Gerechten irgend ein derartiger sein. – Ja, wenigstens nach meiner Meinung, sagte er. – Wie aber, sprach ich, seitens der Menschen? Verhält es sich da nicht, woferne man das Wirkliche aufstellen will, folgendermaßen: Thun nicht jene, welche in der Ungerechtigkeit gewandt sind, das Nemliche wie jene Wettläufer, welche von den Schranken hinweg gut laufen, von der Mitte der Bahn an aber nicht gut? Anfangs nemlich sprengen sie gar hitzig ab, zuletzt aber werden sie zum Gespötte, indem sie die Ohren bis auf die Schultern herabhängen lassen und unbekränzt ihren Lauf beschließen; hingegen diejenigen, welche in Wahrheit Wettläufer sind, kommen an das Ziel und erhalten den Kampfpreis und werden bekränzt. Ergeht es nun nicht ebenso meistentheils auch betreffs der Gerechten? Am Ziele einer jeden Handlung und eines jeden Verkehres und des ganzen Lebens erhalten sie Ruhm und empfangen die Kampfpreise von den Menschen? – Ja wohl, gar sehr. – Wirst du es also ertragen können, wenn Jemand über Dieselben das Nemliche sagt, was du über die Ungerechten sagtest? Ich werde nemlich behaupten, daß die Gerechten, wann sie älter geworden, in ihrem Staate herrschen, sobald sie eine Herrschaft auszuüben wünschen, und Ehen schließen werden, aus welchen Familien sie wollen, und ihre Töchter ausheirathen werden, an wen sie nur wünschen, und überhaupt Alles, was du damals über Jene sagtest, sage ich jetzt über diese. Und auch hinwiederum betreffs der Ungerechten, daß die meisten derselben, auch wenn sie in ihrer Jugend unbemerkt blieben, zuletzt am Ziele des Laufes erwischt werden und man sie verlacht, und daß sie als Greise unglücklich sind und von Fremden und Bürgern mit Füßen getreten und gegeißelt werden und auch, was du dort mit Recht als ein Gröberes bezeichnetest, sie gefoltert und durch Ausbrennen ihrer Augen beraubt werden. Stelle dir hiemit vor, du habest nun auch von mir gehört, daß Diesen all Jenes widerfahre, und sieh nun zu, ob du, wenn ich dieß sage, es ertragen könnest. – Ja wohl, allerdings, sagte er; denn du sprichst Gerechtes. –

13. Dasjenige demnach, sprach ich, was dem Gerechten bei seinen Lebzeiten seitens der Götter und Menschen als Kampfpreis und als Lohn und als Geschenk noch außer jenen Gütern zu Theil wird, welche die Gerechtigkeit an und für sich ihm schon verschaffte, möchte wohl Derartiges sein. – Ja wohl, sagte er, sehr herrliche und sichere Güter. – Dieß jedoch, sprach ich, ist an Zahl und Größe Nichts im Vergleiche mit demjenigen, was Jeden von beiden noch nach dem Tode erwartet. Wir müssen aber auch dieses hören, damit vollständig Jeder von Beiden bekomme, was unsere Begründung ihm schuldet, daß er es höre. – Du wirst es wohl sagen, sprach er, da ich nicht vieles Andere lieber hören möchte, als dieses. – Nicht jedoch werde ich dir eine Erzählung berichten, wie sie Alkinous zu hören bekam, sondern die eines wackeren Mannes, nemlich des Er, des Sohnes des Armenios, seiner Geburt nach eines Pamphyliers. Dieser war einst im Kriege gestorben und wurde, als man am zehnten Tage die bereits verwesten Leichen aufhob, noch unverwest aufgehoben, und als er, in seine Heimat gebracht, eben beerdigt werden sollte, lebte er am zwölften Tage wieder

auf und erzählte hierauf, was er dort gesehen hatte. Er berichtete aber, er sei, nachdem seine Seele den Leib verlassen, in Gemeinschaft mit Vielen gewandert, und sie seien in irgend einen dämonischen Ort gekommen, in welchem zwei sich aneinander reihende Oeffnungen der Erde und hinwiederum oben gegenüber zwei Oeffnungen des Himmels waren. Richter aber seien zwischen diesen inmitten gesessen, und diese hätten, nachdem sie jedesmal das Urtheil gefällt, den Gerechten befohlen, den Weg rechts und nach Oben durch den Eingang des Himmels zu gehen, wobei sie ihnen Zeichen der Urtheilssprüche an der Vorderseite anhefteten, den Ungerechten aber hatten sie befohlen, den Weg links und nach Unten zu gehen, indem auch diese auf ihrer Rückseite Zeichen alles desjenigen, was sie verübt, trugen. Da aber er selbst gekommen sei, hätten Jene gesagt, er müsse als Verkündiger der dortigen Dinge zu den Menschen gehen, und sie hätten ihm ausdrücklich befohlen, Alles an jenem Orte zu hören und zu beschauen. Gesehen habe er nun, wie einerseits an je einer von den beiden Oeffnungen des Himmels und der Erde die Seelen fortgingen, nachdem über sie geurtheilt war, andrerseits aber an den beiden anderen sie aus der einen von der Erde her voll Schmutz und Staub emporstiegen, aus der anderen aber wieder andere vom Himmel her rein herabkamen. Und alle immer, welche ankamen, seien offenbar wie von einer weiten Wanderung angelangt, und hätten sich vergnügt auf jene Wiese begeben und dort wie bei einer Festversammlung sich niedergelassen, und jene, welche sich kannten, hätten sich liebkosend gegenseitig begrüßt und die von der Erde her Kommenden hätten sich bei den anderen um die dortigen Verhältnisse erkundigt, sowie die vom Himmel her Kommenden um die Dinge bei jenen. Und sie hätten es sich gegenseitig erzählt, die einen unter Wehklagen und Thränen, indem sie sich erinnerten, Welcherlei und wie Vieles sie bei ihrer Wanderung unter der Erde, – es sei aber diese Wanderung eine tausendjährige –, gesehen und geduldet hätten, jene aber hinwiederum, welche aus dem Himmel kamen, hätten von wohlthuenden Zuständen und unaussprechlich herrlichen Anblicken erzählt. Der größte Theil nun hievon, o Glaukon, würde zu lange Zeit erfordern, um es zu erzählen; die Hauptursache aber davon, berichtete er, habe darin bestanden, daß für Alles, was jeder Einzelne jemals Unrecht übte und gegen wie viele er es übte, jeder der Reihe nach Buße gethan, und zwar zehnmal für jedes Einzelne: dieß aber trete je in einem Zeitraume von hundert Jahren wieder ein, weil dieß die Dauer eines menschlichen Lebens ist, damit nemlich die Buße, in welcher sie büßen, eben eine zehnfache sei, und damit z. B. wenn Einige an vielen Mordthaten die Schuld tragen oder Staaten oder Heerlager verrieten und in Sklaverei brachten, oder an irgend anderen schlechten Thaten Mitschuldige waren, sie für jedes Einzelne von all diesem zehnfache Schmerzen davontragen, und hinwiederum auch, wenn Einige treffliche Thaten geübt haben und gerecht und frevellos gewesen waren, sie in der nemlichen Weise den verdienten Lohn davontragen. Betreffs derjenigen aber, welche eben erst neu geboren waren und nur kurze Zeit gelebt hatten, erzählte er noch Anderes, was der Erwähnung nicht werth ist. Aber für Frevel und für Ehrerbietung gegen die Götter und die Eltern und für eigenhändig geübten Mord erzählte er noch größere Wiedervergeltungen. Er sagte nemlich, er sei auch zugegen gewesen, wie Einer einen Anderen fragte, wo wohl der große Ardiäos sei; es war aber dieser Ardiäos in irgend einer Stadt Pamphyliens Gewaltherrscher gewesen, gerade im tausendsten Jahre von jener Zeit, und hatte seinen greisen Vater und seinen älteren Bruder getödtet und noch vielen anderen Frevel verübt, wie man sagte.

14. Und da habe nun, erzählte er, der Gefragte geantwortet: „Dieser ist nicht mitgekommen, und wird wohl auch schwerlich hieher kommen; wir haben wenigstens selbst bei folgendem schrecklichen Anblicke zugeschaut. Als wir nahe an jener Oeffnung und bereits im Begriffe emporzusteigen waren und alles Uebrige überstanden hatten, erblickten wir plötzlich Jenen und auch so ziemlich die meisten übrigen Gewaltherrscher; es waren aber darunter auch einige Einzel-Bürger, welche nemlich zu jenen gehörten, die großes Unrecht verübt hatten. Und wie nun diese bereits glaubten, emporsteigen zu können, ließ die Oeffnung sie nicht herauf, sondern brüllte, so oft Einer von denjenigen heraufzukommen versuchte, welche in solchem Grade bezüglich der Schlechtigkeit unheilbar waren oder noch nicht genug gebüßt hatten. Und da standen denn nun wilde feurige Männer daneben, und indem sie die brüllende Stimme verstanden, ergriffen sie Jene und führten sie fort, nemlich den Ardiäos und die Uebrigen, gefesselt an Händen und Füßen und am Nacken, warfen sie zu Boden und zogen ihnen die Haut ab und schleiften sie seitab vom Wege über Dorngebüsche und peinigten sie, und deuteten es den jedesmal Vorübergehenden an, warum Jene solches dulden müßten, und daß dieselben fortgeführt würden, um in den Tartarus gestürzt zu werden.“ Und da nun, erzählte er, sei für Jeden, obwohl ihnen vieles und mannigfaches Fürchterliche begegne, jene Furcht bei Weitem die überwiegende, es möchte beim Emporsteigen jene brüllende Stimme sich vernehmen lassen, und höchst vergnügt steige ein Jeder empor, wenn jene Stimme schweigt. Und die Arten der Buße und Strafe seien hiemit irgend derartige, und hinwiederum auch die wohltuenden Belohnungen diesen

entgegengesetzt entsprechend. Nachdem aber für jeden von den auf der Wiese Befindlichen sieben Tage verflossen sind, müssen sie von dort am achten sich wieder erheben und weiter wandern, und nach vier Tagen kamen sie an einen Punkt, von wo aus sie von Oben herab ein durch den ganzen Himmel und die Erde in gerader Linie wie eine Säule gespanntes Licht erblicken, welches die meiste Ähnlichkeit mit einem Regenbogen hat, aber viel heller und reiner ist. Zu diesem selbst hin seien sie nun gekommen, nachdem sie noch eine Tagereise gewandert seien, und hätten dann dortselbst in der Mitte des Lichtes gesehen, wie von dem Himmel aus die Enden seiner Bande gespannt seien; es sei nemlich dieses Licht die Binde des Himmels und halte so, wie der Plankengürtel der Dreiruderer, den ganzen Umkreis zusammen. Von den beiden Enden aus aber sei die Spindel der Nothwendigkeit gespannt, vermittelst deren alle Umläufe gedreht werden; und ihre Spitze und ihr Widerhaken seien aus Diamant, der Wirbelring aber gemischt aus Diamanten und anderen Steinarten. Die Beschaffenheit aber dieses Wirbelringes sei folgende: die Gestalt zwar sei dieselbe, wie auch hier bei uns; aber man muß ihn sich in Folge dessen, was Jener erzählte, ungefähr so vorstellen, wie wenn in Einem großen hohlen und inwendig geglätteten Wirbelringe mitten durch ein zweiter derartiger kleinerer stäke und in ihn hineinpaßt, wie etwa auch bei jenen Bechern, welche ineinander passen; und ebenso denn nun auch noch ferner ein dritter und wieder ein vierter und noch vier andere; denn acht Wirbelringe seien es im Ganzen, welche ineinander stecken, und deren Ränder von Oben her gesehen als Kreise erscheinen, Eine zusammenhängende Rückenfläche des Wirbelringes um die Spitze der Spindel herum bildend; diese letztere aber sei mitten durch den achten Wirbelring hindurchgetrieben. Der erste und äußerste Wirbelring nun habe als seinen Rand den breitesten Kreis, der nächste bezüglich dieser Breite sei der Rand des sechsten Wirbelringes, als dritter folge dann der des vierten, als vierter der des achten, als fünfter der des siebenten, als sechster der des fünften, als siebenter der des dritten, als achter der des zweiten. Und zwar sei der Kreis des größten Wirbelringes buntfarbig, der des siebenten der hellste, der des achten erhalte seine Farbe von dem ihn beleuchtenden siebenten, die Kreise des zweiten und des fünften seien einander ähnlich, mehr rothgelb als jene, der des dritten habe die weißeste Farbe, der des vierten sei röthlich, der des sechsten aber sei an Uebermaß der Weiße der zweite. Im Kreise aber drehe sich die ganze Spindel in Ein und der nemlichen Bewegung; in dem gesamten Umschwunge aber drehen sich die sieben inneren Kreise ruhig in einer dem Ganzen entgegengesetzten Bewegung herum, und von allen diesen gehe am schnellsten der achte Kreis, die nächsten bezüglich der Schnelligkeit und gleichen Schritt haltend seien der siebente und der sechste und der fünfte, als dritter bezüglich der Bewegung rolle, wie ihnen scheine, der vierte, als vierter aber der dritte und der fünfte und der zweite. Es drehe sich aber die Spindel in dem Schooße der Nothwendigkeit; oben aber auf den Kreisen desselben stehe auf jedem eine Sirene, welche mit herumgedreht werde, jede Einen scharfen lauten Ton von sich gebend, aus all diesen acht Tönen aber erklinge Eine Harmonie:

1	die	Fixsternsphäre		
2	die	Sphäre	des	Saturnus
3	"	"	"	Jupiter
4	"	"	"	Mars
5	"	"	der	Venus
6	"	"	dcs	Mercurius
7	"	"	der	Sonne
8	"	"	des	Mondes.

Drei andere Frauen aber säßen ringsum in gleichen Abständen, jede auf einem Throne, nemlich die Töchter der Nothwendigkeit, die Parcen, in weißen Gewändern, mit Kränzen auf den Häuptern, Lachesis und Klotho und Atropos, und sängen zur Musik der Sirenen, nemlich Lachesis das Vergangene, Klotho das Gegenwärtige, Atropos das Zukünftige, und Klotho greife zuweilen nach gewissen Zeitabschnitten mit der rechten Hand zu und helfe, den äußeren Umschwung der Spindel herumzudrehen, Atropos hinwiederum mit der linken Hand ebenso bei den inneren Umläufen, Lachesis aber greife abwechslungsweise mit jeder der beiden Hände in jede der zwei Drehungen helfend ein.

15. Sie selbst also nun hätten, sobald sie angekommen wären, sogleich zur Lachesis gehen müssen, und irgend ein Herold habe sie zuerst in der Reihe aufgestellt und dann aus dem Schoße der Lachesis Loose und Probebilder von Lebensweisen genommen, sei dann auf eine hohe Rednerbühne gestiegen und habe gesagt: „Ausspruch der Lachesis, der Tochter der Nothwendigkeit: Ihr Eintagsseelen, es ist jetzt der Anfang eines neuen Kreislaufes des sterblichen

Geschlechtes, welcher dereinst wieder den Tod bringen wird. Nicht euch wird ein Dämon durch das Loos bekommen, sondern ihr werdet euch einen Dämon wählen. Wen aber als ersten das Loos hiezu trifft, dieser wähle als erster sich eine Lebensweise, mit welcher er aus Nothwendigkeit verbunden bleiben wird. Die Vortrefflichkeit aber ist herrenlos, und je nachdem sie Einer ehrt oder mißachtet, wird er einen größeren oder kleineren Antheil an ihr haben. Die Schuld trägt der Wählende. Gott trägt keine Schuld." Nachdem Jener dieß gesprochen, habe er auf Alle hin Loose geschleudert, und jeder Einzelne habe das neben ihn hingefallene aufgehoben, nur er, der Pamphylier, nicht; ihn nemlich habe Jener dieß nicht thun lassen. Jedem aber, welcher das Loos aufgehoben, sei hiemit klar gewesen, der wievielste er in der Reihe sei. Hernach aber hinwiederum habe Jener die Probebilder der Lebensweisen vor ihnen auf die Erde hingelegt, und zwar weit mehrere, als die Anwesenden waren, und es seien dieselben sehr mannigfaltig gewesen, nemlich sowohl Lebensweisen von Thieren, als auch sämmtliche der Menschen; denn sowohl Gewaltherrschaften seien unter denselben gewesen, die einen dauernde, andere inmitten zerstört und in Noth und Verbannung und Bettlerstand endigend, als auch Lebensweisen angesehener Männer, bei deren einigen der Grund des Ansehens in Gestalt und Schönheit und anderer Kraftäußerung und solchem Wetteifer beruhte, bei anderen aber in Geschlechtsadel und vortrefflichen Eigenschaften der Vorfahren, und auch wiederum Lebensweisen von Männern, welche in diesen nemlichen Beziehungen ohne Ansehen sind; ebenso aber auch von Frauen. Aber eine Rangordnung der Seele sei hierin nicht enthalten gewesen, weil es sich ja nothwendiger Weise schon so verhält, daß sie durch die Wahl eines anderen Lebens auch eine andere Beschaffenheit erhält. Die übrigen Verhältnisse aber seien sowohl unter sich, als auch mit Reichthum und Armuth, und die einen mit Krankheit, die anderen mit Gesundheit gemischt gewesen, andere aber inmitten zwischen diesen gestanden.

Und hier denn nun, mein lieber Glaukon, besteht alle Gefahr für einen Menschen, und deswegen müssen wir am meisten Sorge tragen, daß jeder von uns die übrigen Unterrichtsgegenstände vernachlässige und nur ein Nachforscher und Schüler dieses einzigen Unterrichtsgegenstandes werde, falls er nemlich irgendwoher im Stande ist, zu lernen und ausfindig zu machen, wer ihm die Fähigkeit und das Wissen verleihen könne, um eine gute und eine schlechte Lebensweise zu unterscheiden und nach Kräften stets überall die bessere zu wählen, indem er all dasjenige wohl erwägt, was jetzt gesagt und gegenseitig zusammengestellt und unterschiedlich auseinander gehalten wurde bezüglich des Verhältnisses zur Vortrefflichkeit der Lebensweise, und um ein Wissen davon zu haben, was die Schönheit, mit Armuth oder mit Reichthum vermischt, und mit welcher Seelen-Beschaffenheit verbunden sie Gutes oder Schlechtes erzeuge, und ebenso was hohe und niedere Geburt und zurückgezogenes Leben und Ausübung einer Herrschaft und Kraft und Schwäche und Reichthum an Kenntnissen und Unwissenheit und all das derartige, was der Seele durch natürliche Begabung anhaftet und von Außen dazu erworben wird, was denn dieß Alles durch seine gegenseitige Mischung zur Folge habe, so daß er aus all diesem einen Schluß zu ziehen und im Hinblicke auf die natürliche Begabung der Seele die Wahl zu treffen befähigt sei zwischen schlechterem und besserem Leben, indem er als schlechteres dasjenige bezeichnet, welches ihn dorthin führen wird, ungerechter zu werden, als besseres aber jenes, welches dazu führt, gerechter zu werden, alles Uebrige aber hiebei bei Seite zu lassen. Denn wir haben gesehen, daß für den Menschen bei Lebzeiten und nach seinem Tode dieß die beste Wahl ist. Felsenfest demnach muß man diese Ansicht haben und so auch in den Hades kommen, damit man auch dort sich nicht blenden lasse durch Reichthum und derartige Uebel und nicht, auf Gewaltherrschaften und andere derartige Handlungen verfallend, vieles und unheilbares Uebel stifte und selbst noch viel größeres erdulde, sondern daß man die Einsicht habe, immer die mittlere Lebensweise unter den derartigen zu wählen und das Übermaß nach beiden Seiten zu meiden, sowohl in diesem Leben nach Kräften, als auch in dem gesammten künftigen; denn auf diese Weise wird der Mensch der glücklichste werden.

16. Und so habe denn nun auch damals, berichtete jener Verkündiger, der dortige Götter- Herold folgende Worte gesprochen: „Auch für jenen, welcher zuletzt herbeikömmt, liegt, wenn er mit Verstand wählt und in gespannter Thätigkeit sein Leben führt, eine annehmbare, und nicht eine schlechte Lebensweise bereit. Weder jener, welcher als der Erste im Wählen den Anfang macht, sei sorglos, noch auch jener, welcher den Schluß macht, trostlos." Nachdem aber Jener dieß gesprochen, habe der Erste, welchen das Loos traf, sogleich, als er hintrat, die höchste Gewaltherrschaft sich gewählt und so aus Unverstand und Gier nicht Alles genugsam erwägend, die Wahl getroffen, sondern es sei ihm entgangen, daß als Fügung des Schicksales das Aufzehren seiner eigenen Kinder und noch anderes Unheil darin enthalten war. Nachdem er aber in Muße es hernach erwog, habe er sich die Brust zerschlagen und die

Wahl bejammert, den Worten nicht getreu bleibend, welche der Herold vorher verkündet hatte; nemlich er maß sich nicht selbst die Schuld dieser Uebel bei, sondern dem Zufalle und den dämonischen Wesen und überhaupt allem Anderen eher, nur sich selbst nicht. Es sei aber dieß einer von denjenigen gewesen, welche aus dem Himmel kamen, nachdem er sein früheres Leben in einem wohlgeordneten Staate zugebracht hatte, bloß durch Gewöhnung ohne Weisheitsliebe an der Vortrefflichkeit Theil nehmend; und es seien, so zu sagen, die aus dem Himmel Kommenden überhaupt nicht die geringere Anzahl derer, welche auf Solchem sich ertappen ließen, weil sie nemlich in Anstrengungen nicht geübt sind; wohingegen die meisten der von der Erde her Kommenden, da sie sowohl selbst sich anstrengten, als auch von Anderen dieß sahen, nicht auf den ersten Anlauf die Wahl träfen. Daher denn auch den meisten der Seelen ein Wechsel bezüglich des Guten und Schlechten sich ergebe, und dieß auch vermittelst des Zufalles des Looses eintrete; denn wenn Jemand, so oft er in das hiesige Leben gelangt, in gesunder Weise an der Weisheitsliebe festhält und ihn das Loos zum Wählen dort nicht unter den letzten trifft, so kömmt es in Folge des von dorther uns berichteten wohl darauf hinaus, daß er nicht bloß hier auf Erden glücklich sein wird, sondern auch die Wanderung von hier dorthin und wieder von dort hieher zurück ihm keine unterirdische und rauhe, sondern eine glatte und himmlische sein werde. Und diesen Anblick denn nun zu sehen, erzählte er, lohne sich der Mühe, wie nemlich die einzelnen Seelen damals ihre Lebensweisen gewählt hätten; denn bemitleidenswert und lächerlich und wunderbar sei es zu sehen gewesen; sie hätten nemlich meistens in Folge der Gewöhnung aus dem früheren Leben die Wahl getroffen. So habe er gesehen, wie die Seele, welche einst die des Orpheus gewesen war, das Leben eines Schwanes wählte, indem sie aus Haß gegen das Geschlecht der Weiber wegen ihres durch jene erfolgten Todes nicht aus einem Weibe geboren werden wollte; gesehen aber habe er auch, wie die Seele des Thamyras das Leben einer Nachtigall wählte, und auch gesehen, wie ein Schwan bei der Wahl in das Leben eines Menschen sich verwandelte und ebenso, wie sich erwarten läßt, auch andere musikliebende Thiere; eine andere Seele aber habe, nachdem sie das Loos getroffen, daß Leben eines Löwen gewählt, es sei aber dieß jene des Telamoniers Ajas gewesen, welche es vermied, ein Mensch zu werden, indem sie jenes Urtheilspruches bei der Waffenvertheilung gedachte; hierauf habe jene des Agamemnon gewählt, aus Feindschaft aber gegen das Menschengeschlecht habe auch diese wegen dessen, was sie erduldet hatte, das Leben eines Adlers eingetauscht; ungefähr in der Mitte der Uebrigen aber habe die Seele der

Atalante das Loos getroffen, und dieselbe habe, da sie große Ehren eines im Wettkampfe siegenden Mannes erblickte, nicht vorübergehen können, sondern dieses Leben gewählt; hernach aber habe er gesehen, wie die Seele des Epeios, des Sohnes des Panopeus, in die Natur eines kunstreichen Weibes sich begab; weit zurück aber unter den Letzten habe die Seele des lachenerregenden Thersites das Leben eines Affen angenommen; zufällig aber habe das Loos von allen Seelen zuletzt die des Odysseus getroffen, um zum Wählen sich zu begeben; in Erinnerung aber an die früheren Leiden sei seine Seele vom Ehrgeize abgestanden und habe lange Zeit umhergehend das Leben eines zurückgezogenen geschäftslosen Mannes gesucht und mit Mühe habe sie es irgendwo liegend und von allen Uebrigen bei Seite gesetzt gefunden und, als sie es erblickt, habe sie gesagt, daß sie das Nemliche auch dann gethan hätte, wenn das Loos sie als erste getroffen hätte, und vergnügt habe sie es gewählt. Und auch anderweitig unter den Thieren seien einige in Menschen und gegenseitig unter sich in Thiere eingegangen, die ungerechten in wilde, die gerechten aber in zahme sich verwandelnd, und in allen möglichen Mischungen hätten sie sich vermengt. Nachdem aber nun sämmtliche Seelen ihre Lebensweisen gewählt hätten, seien sie in der nämlichen Reihenfolge, in welcher sie das Loos getroffen, zur Lachesis hingetreten; diese aber habe einem Jeden den Dämon, welchen er gewählt hatte, als Wächter des Lebens und als Vollstrecker des Gewählten mitgegeben; und dieser habe die Seele zuerst zur Klotho unter die Hand derselben und unter die Drehung des Wirbels der Spindel hineingeführt, um dem Schicksale Gültigkeit zu verleihen, welches Jeder nach dem Loose sich gewählt hatte; nachdem er aber diese berührt hatte, habe er sie hinwiederum zum Rocken der Atropos geführt, um das Zugesponnene unabwendbar zu machen. Von da hinweg dann sei er, ohne sich umzuwenden, unter den Thron der Nothwendigkeit hingegangen, und nachdem er unter demselben durchgegangen und hernach auch alle Uebrigen das Gleiche gethan hatten, seien sie sämmtlich in die Ebene der Lethe gewandert durch fürchterliche Glut und Stickhitze hindurch; es sei nemlich dieselbe leer von Bäumen und überhaupt Allem, was der Erde entsproßt. Niedergelassen nun hätten sie sich, als es bereits Abend geworden, am Flusse Ameles, dessen Wasser kein Gefäß gedeckt zu halten vermöge; und ein gewisses Maß nun von diesem Wasser zu trinken, sei für Sämmtliche eine Nothwendigkeit, wer aber durch Verständigkeit sich nicht bewahre, trinke mehr als jenes Maß, ein Jeder aber stets, welcher trinke, vergesse Alles. Nachdem sie aber sich zur Ruhe begeben hatten, und es Mitternacht geworden war, sei Donner und Erdbeben entstanden, und sofort seien plötzlich der Eine dahin, der Andere dorthin nach Oben zur neuen Geburt fortgetragen worden, blitzend wie Sternschnuppen. Er selbst aber sei gehindert worden, von jenem Wasser zu trinken. Wie aber und auf welche Weise er in seinen Körper gekommen sei, wisse er nicht, sondern plötzlich habe er die Augen geöffnet und des Morgens gesehen, wie er bereits auf dem Scheiterhaufen liege.

Diese Kunde denn nun, o Glaukon, ist bewahrt worden und ging nicht verloren, und sie möchte wohl auch uns bewahren, wenn wir ihr Folge leisten, und dann werden wir den Fluß der Lethe glücklich durchschreiten und unsere Seele nicht beflecken; sondern wenn wir dem von mir Gesagten folgen und daran festhalten, daß die Seele unsterblich und befähigt sei, alles Schlimme und alles Gute über sich ergehen zu lassen, so werden wir immer dem nach Oben führenden Wege folgen und in Gerechtigkeit, verbunden mit Verständigkeit, auf jede Weise uns bethätigen, damit wir sowohl uns selbst, als auch den Göttern befreundet seien, mögen wir hier auf Erden verweilen, oder nach Empfang des Kampfpreises hiefür wie die Sieg-Gekrönten Lohn einsammeln, und damit es auch bei jener tausendjährigen Wanderung, welche wir durchgegangen haben, uns wohl ergehe.